知识分子的精神家园

与会领导、嘉宾、专家学者合影

时任中共泉州市委常委、宣传部部长、统战部部长陈辉宗致辞

时任中共泉州市委常委、宣传部部长、统战部部长陈辉宗，泉州市政协原副主席李冀平为给"卓吾书苑"捐赠书籍的爱心人士颁发捐赠证书

研讨会编印的资料

研讨会会场

李贽故居（位于泉州市鲤城区）

卓吾书苑

泉州西湖公园李贽纪念牌坊

泉州南安李贽纪念馆（榕桥中学内）

泉州西湖李贽塑像

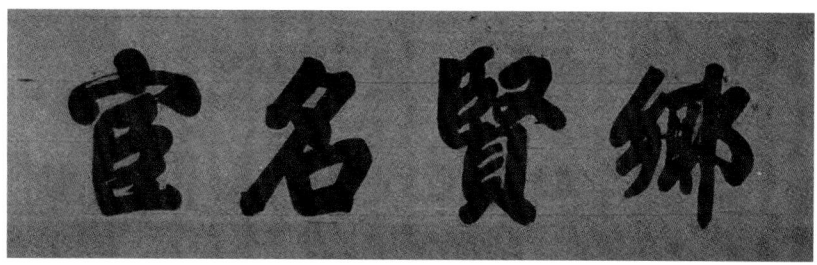

李贽手书"乡贤名宦"

李贽题于泉州清源山赐恩岩

李贽手迹（上海博物馆藏）

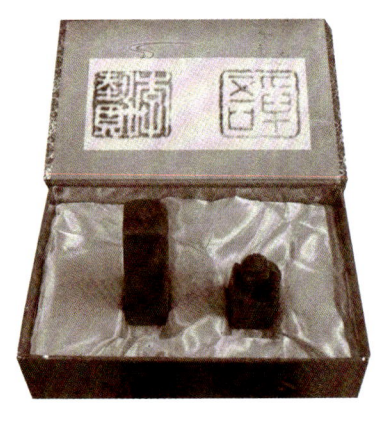

同治年间于故居出土的李贽名号印章

中共泉州市委宣传部
泉州市社会科学界联合会　编
泉州市李贽学术研究会

李贽思想的当代价值

陈辉宗　主编

光明日报出版社

图书在版编目（CIP）数据

李贽思想的当代价值/陈辉宗主编.—北京：光明日报出版社，2023.12

ISBN 978-7-5194-7132-3

Ⅰ.①李… Ⅱ.①陈… Ⅲ.①李贽（1527-1602）—哲学思想—文集 Ⅳ.① B248.915-53

中国国家版本馆 CIP 数据核字（2023）第 254858 号

李贽思想的当代价值
LIZHI SIXIANG DE DANGDAIJIAZHI

主　　编：陈辉宗

责任编辑：舒　心	责任校对：曲建文
封面设计：李　阳	责任印制：董建臣

出版发行：光明日报出版社
地　　址：北京市西城区永安路 106 号，100050
电　　话：010-63169890（咨询），010-63131930（邮购）
传　　真：010-63131930
网　　址：http://book.gmw.cn
E - mail：gmrbcbs@gmw.cn
法律顾问：北京市兰台律师事务所龚柳方律师

印　　刷：天津融正印刷有限公司
装　　订：天津融正印刷有限公司
本书如有破损、缺页、装订错误，请与本社联系调换，电话：010-63131930

开　　本：170mm×240mm	
字　　数：362 千字	印　　张：28
版　　次：2023 年 12 月第 1 版	印　　次：2023 年 12 月第 1 次印刷
书　　号：ISBN 978-7-5194-7132-3	

定　　价：98.00 元

版权所有　翻印必究

《李贽思想的当代价值》

编委会

主　任：陈辉宗

副主任：王斯诚　李培德

编　委：谢伯辉　陈志雄　曾惠阳　蔡文吉　陈少牧

　　　　　陈鹏鹏　李正清　范正义　万冬青　骆文伟

　　　　　陈曙光　陈永章　姚鸣琪　张　明　陈桂炳

　　　　　林振礼　苏黎明　蔡振翔　黄海德　吴湘霖

　　　　　卓亚龙　邱庆龙　彭新国　陈小华

编　辑：郑梅聪

前言

2022年是中国历史上著名的思想家、文学家、史学家李贽诞辰495周年。泉州是李贽的故乡。为纪念这位杰出先贤，中共泉州市委宣传部联合有关单位组织开展"泉州市纪念李贽诞辰495周年系列活动"，其中，"李贽思想的当代价值"学术研讨会是重要活动之一。为此，除了邀请国内外专家学者撰写论文参加本次研讨会之外，我们还选编李贽研究论文（2017—2022年）、汇编历年来李贽研究目录索引、建立李贽研究专家名录、创建"卓吾书苑"图书资料库、发动社会捐赠李贽研究图书资料、举办刺桐讲坛向市民宣讲"晚明进步思想家李贽"等。

负责组织协调和承担相关工作的有：中共泉州市委宣传部、泉州市社科联、中共鲤城区委、中共南安市委、中共鲤城区委宣传部、中共南安市委宣传部、鲤城区社科联、南安市社科联、泉州市李贽学术研究会。同时，各项工作得到了广大专家学者和社会各界的大力支持和帮助，在此一并致以衷心的感谢！

活动结束后，主办单位收集汇总"李贽思想的当代价值"学术研讨会相关论文，由光明日报出版社出版。不足之处，敬请方家指正！

编者

2022年12月21日

目 录

前言 001

在纪念李贽诞辰495周年"李贽思想的当代价值"学术研讨会上
 的致辞 .... 陈辉宗 003
在纪念李贽诞辰495周年"李贽思想的当代价值"学术研讨会上
 的致辞 .... 张建业 005
李贽"童心说"的美学意义及其影响 .... 张建业 008
李贽重商思想的当代价值 .... 胡沧泽 029
韩国对李卓吾的接受与研究 ....〔韩〕金惠经 040
从比较视角看李贽思想见解的现代价值 .... 秦学智 062
宁折不弯的晚明进步思想家李贽论略 .... 陈笃彬 079
日本国会图书馆藏《李卓吾批评〈西游记〉》之辨伪
 ....〔中国香港〕孙立川 101
李贽《史纲评要》的时代评论 ....〔中国台湾〕林其贤 106
关于李贽思想学术体系当代意义的几点思考 ...... 李冀平 116
明刻陈仁锡评正本《续藏书》版本胜谈 .... 林 坚 120
论李贽文艺思想的当代价值 .... 田文兵 124
李贽论女性平等受教育权之思想史意蕴发微
 ——基于李贽、俞正燮、康有为三家论述的比较研究 ... 王水涣 135
略谈李贽的性格和斗争精神 .... 颜章炮 160
论李贽评"海盗"林道乾所体现的思想及社会思潮
 ——从《因记往事》讲起 .... 庄小芳 171
欧洲文献与李贽女性观 .... 刘亚轩 184

被写入史书的李贽

——张岱《石匮书·李贽列传》的文献和思想意义 ... 张则桐 196

李贽"童心说"的易学阐释 .... 章志炜 207

李贽文论经典《童心说》《杂说》 .... 方保营 224

李贽和他的《阳明先生道学钞》 .... 张山梁 237

从《阳明先生道学钞》读李贽 .... 叶茂樟 叶 帆 245

李贽"崇商富民"思想与泉州精神 .... 李正清 257

李贽与赵恒 .... 赵守通 264

重新认识李贽

——源自传统文化内部的思想启蒙 .... 郑运钟 273

李贽边疆民族地区治理思想的现实价值 .... 戴国斌 282

李贽民族观对铸牢中华民族共同体意识的意义 ...... 杨海虹 295

李贽"以狂释真"的文学创作观念与实践对当代文学的启示
.... 于 婧 307

从高中历史教材中分析李贽的思想特点及其形成原因 ... 王小龙 322

李贽"咸以孔子之是非为是非"辨正 .... 于 水 331

探寻文化自信

——李贽的"真""我"精神 .... 郭思嘉 346

李贽民族观及其当代价值探析 .... 谢坤宏 骆文伟 360

纪念李贽诞辰495周年"李贽思想的当代价值"学术研讨会
综述 .... 陈永章 371

附录

关于李卓吾评《水浒传》 .... 〔日〕佐藤炼太郎 张志合译 383

李卓吾与利西泰

——万历中西超儒之晤 .... 〔中国澳门〕刘月莲 396

在纪念李贽诞辰495周年"李贽思想的当代价值"学术研讨会上的致辞

在纪念李贽诞辰495周年"李贽思想的当代价值"学术研讨会上的致辞

陈辉宗

尊敬的各位领导、专家学者、来宾朋友们：

革故鼎新开荆路，一身正气出温陵。今天，我们相聚在海丝重要节点、世遗城市、李贽故乡泉州，隆重举行纪念李贽诞辰495周年"李贽思想的当代价值"学术研讨会。在此，我谨向线上线下出席盛会的各位领导、专家学者、来宾朋友们表示热烈的欢迎！向所有关心、支持、参与李贽思想文化研究的各界朋友表示衷心的感谢和崇高的敬意！

李贽是明代杰出的思想家、文学家、史学家，在中国思想文化史上具有重要地位，习近平总书记在2016年5月17日的哲学社会科学工作座谈会上的讲话中，把李贽列为中华文明悠久历史中的25位思想大家之一。作为明末重要的思想启蒙先驱，他"反对保守践迹，主张与时俱进""反对唯圣唯上，主张以人为本""反对迷信盲从，主张实践验证""反对官吏贪赃，主张廉洁治政"。他的思想极具开拓性和超前性，富有革新精神和进取精神，对明清两代、"五四"时期，乃至对日本明治维新，对东亚、东南亚文化圈产生了重要而深远的影响。

李贽是泉州的、中国的，更是世界的。李贽出生在泉州、成长在泉州，在这片故土上，他留下的文化遗产是中华文明的宝贵财富，是中华优秀传统文化的重要组成部分。近年来，泉州市委、市政府高度重视优秀传统文化的传承和弘扬，充分发挥世界遗产城市历史文化厚重优势，加快建设海丝名城、文化强市。成立了李贽学术研究会等研究机构，组织召开了"李贽与东亚文化"国际学术研讨会等一系列学术交流活动，取得了丰硕的学术成果和扎实的工作成效。

今年是李贽495周年诞辰，我们在这里隆重举办学术研讨会，目的是加强李贽思想的挖掘、研究和传承，推动李贽思想创造性转化、创新性发展。在座的各位都是李贽思想研究方面的专家、翘楚，我们衷心希望，大家能以本次学术研讨会为契机，加强沟通交流，促进学术发展，进一步挖掘李贽思想与习近平新时代中国特色社会主义思想的契合点，研究阐释李贽思想在新时代的价值和启示，让李贽思想闪耀时代光芒。我们也希望大家对李贽思想的研究和宣传工作多提宝贵建议，共同努力把李贽思想打造成为泉州又一张亮丽的文化名片。同时，我们也热忱欢迎大家来到李贽的故乡泉州走一走、看一看，这里不仅有李贽故居、李贽纪念馆等一系列与李贽相关的历史遗存，还有充满文化底蕴的古城、古街、古巷、古迹。希望大家在故居遗存中实现与李贽思想跨越时空的对话，在烟火气息中尽情感受闽南文化、海丝文化的独特魅力。

最后，预祝纪念李贽诞辰495周年"李贽思想的当代价值"研讨会取得圆满成功！

2022年12月21日

在纪念李贽诞辰 495 周年"李贽思想的当代价值"学术研讨会上的致辞

张建业

尊敬的各位领导、专家学者,各位来宾:

很荣幸受邀参加泉州市纪念李贽诞辰 495 周年研讨会。在这个特殊的时刻,首先我对泉州市开展纪念李贽诞辰 495 周年活动,召开"李贽思想的当代价值"学术研讨会,推进李贽研究宣传工作致以衷心的祝贺!

2014 年 10 月,泉州隆重庆祝荣膺首个"东亚文化之都"之际,举办了"李贽与东亚文化"国际学术研讨会,我非常荣幸受邀参与和见证了这一盛事,与来自世界各地的 100 多名专家学者,共同探讨著名泉州籍明代思想家李贽在东亚文化中的贡献、地位及影响。2017 年 12 月,南安市举办纪念李贽诞辰 490 周年"李贽与海上丝绸之路"学术研讨会,我也参加了研讨。泉州历史悠久,拥有深厚的文化底蕴。这里是"光明之城",是海上丝绸之路的重要节点,宋元中国的世界海洋商贸中心,是多元文化的汇集地、展示"亚洲价值"的榜样。在世界处于激变期的 16 世纪,李贽不仅是中国,也是当时朝鲜、日本乃至整个东亚文化的碰撞交流、走向近现代的最具有代表性的思想大家。李贽提出的许多理论命题,如从民之性、顺民之欲的治国理念,圣凡一律、人生平等的社会理想,与世推移、反对践迹的发展史观,希求童心真心、反对假人假言的人格修炼,弘扬小说戏曲重情重俗的美学思想等，在当时都具有振聋发聩的批判精神和启蒙意义，时至今日也同样值得借鉴与吸取。李贽提出的很多命题具有开拓精神、进取精神和前瞻精神，受到明清以来众多思想家、文学家的尊崇与赞颂。从这些尊崇与赞颂中，我们清晰地看到李贽思想闪烁着时代的光辉与价值。正如冯其庸题赞："李卓吾是中国走向现代化的历史进程中最早的呼喊者和先行者，是一名以身殉道的伟大斗士。"

同时，李贽也是一位具有世界影响的思想家，特别是对东南亚诸国有着深远的影响。如日本明治维新的思想先驱吉田松阴对李贽极为崇拜，他对李贽的著作"反复甚喜"，并抄录《焚书》《续焚书》《续藏书》。当李贽的著作被中国的封建统治者禁毁之时，却在日本起到推动历史改革与进步的作用。李贽对朝鲜半岛也有重要影响。与李贽同时代的朝鲜著名使臣和诗人许筠，多次出使中国，深受当时在中国兴起的阳明学派的影响，更从李贽身上和著作中得到启迪，对当时的社会进行了激烈的批判。韩国汉学研究的学术泰斗申龙澈，更是韩国研究李贽思想的领军人物，读硕士和博士学位时都是把李贽作为自己的研究方向，三十多年来撰写了大量有关李贽的论文。当代世界文化界学术界对李贽的研究也极为重视，据美国的 Amazon（亚马逊网站）和 World（世界猫网站），鄙人的《李贽评传》和主编的《李贽全集注》，已被日本国会图书馆、美国国会图书馆、澳大利亚国家图书馆等收藏，并分别被美国 28 所大学、英国的剑桥大学、澳大利亚的国立大学以及韩国、法国、加拿大、荷兰等国部分大学与科研单位收藏；日本收藏《李贽评传》的大学与科研单位更多。这都显示出李贽这位思想家的影响力。可以说，李贽思想的批判精神，不同世俗的见解，以及包容的多元价值，打破二元对立偏狭专断之桎梏，以"真"为唯一最高价值，以至情至性、至真无伪的胸襟、爱深责切的反省，印证其一以贯之的学术精神的基色，并启迪着 21 世纪的后人们。

以李贽为代表的这种传统文化中的启蒙思潮,既体现着中华文化传统中的精华所在,并与当今的时代精神有一定程度的内在相通。因此,无论是从对传统文化的继承上讲,还是从借鉴传统文化为当今现实服务上讲,加强对传统文化中启蒙思潮的研究,都是一项极为重要、极为迫切的任务,而李贽就是这一启蒙思潮的代表。在李贽诞辰 495 周年这一重要历史时刻,更应该责无旁贷地承担起这一历史使命,我们应该为此而努力。

最后祝愿泉州的李贽研究事业蒸蒸日上,祝愿泉州市纪念李贽诞辰 495 周年系列活动圆满成功!

2022 年 12 月 21 日

李贽"童心说"的美学意义及其影响

张建业

在长期的封建社会中,封建统治者是很重视文学为其统治服务的。到明代,这一思想更加自觉和强化。明代统治者曾多次明令,杂剧戏文只许演"神仙道扮、义夫节妇、孝子顺孙、劝人为善及欢乐太平者",违令者"一律拿送法司究治"。[①] 诗文创作更是以宗经、宗圣、宗道为准则。就是哲学思想上颇具启蒙色彩的王阳明,也主张应该把不符合孔孟之道的"妖淫词调俱去了,只取忠臣孝子故事,使愚俗百姓,人人易晓,无意中感激他良知起来,却于风化有益"。[②] 高则诚在《琵琶记》中明白提出"不关风化体,纵好也枉然"的创作原则,而这种"风化体",则是"只看子孝共妻贤",可见这种为封建统治者服务的文学思想如何深入作家之心。

针对这样的文艺思想与创作现实,李贽提出了著名的"童心说"[③]。他说:"天下之至文,未有不出于童心焉者。""童心"就是"真心",是人们"绝假纯真,最初一念之本心",这当然是一种抽象的唯心主义观点。但李贽提出文艺要表现"童心",其矛头正是指向封建统治者要文艺成为孔孟之道的传声筒的理论。李贽说得很明

---

① 〔明〕顾起元:《国初榜文》,《客座赘语》卷十。转引自王晓传:《元明清三代禁毁小说戏曲史料》,作家出版社1958年版,第13页。
② 〔明〕刘宗周:《人谱类记》卷下。转引自王晓传:《元明清三代禁毁小说戏曲史料》,作家出版社1958年版,第181页。
③ 〔明〕李贽:《焚书》卷三。

李贽"童心说"的美学意义及其影响

白,如果以"多读书识义理"而得来的"闻见道理"充斥内心,那么人就变成了"假人",写出的文章也只能是"皆闻见道理之言,非童心自出之言"的"假文"。统治阶级所鼓吹的"文以载道",正是以"假人""言假言""事假事""文假文"的假文学,这种文艺只会"障其童心",使人们成为"假人"一类奴隶。李贽反对文学受"闻见道理"的注入,在当时就是反对以孔孟之道的统治思想影响文学;李贽主张文学要表现"童心",就是要求文学表现不受孔孟之道毒害的发自内心的真情实感。而且,这些作品都是作者"其胸中有如许无状可怪之事,其喉间有如许欲吐而不敢吐之物,其口头又时时有许多欲语而莫可所以告语之处,蓄极积之,势不能遏","一旦见景生情,触目兴叹",便借着某种原因以发其端,终于"发狂大叫,流涕恸哭,不能自止"①,喷口而出,发泄心中的感慨。总之,文学作品都是发自作家的内心、来自对现实生活的深刻感受,而不是什么充满"闻见道理"宗经、宗圣、宗道之作。很明显,"童心说"的真谛,就是提倡绝假纯真地表现情感和表现生活,要求文学打上创作者的个人印迹而具个性美。这实际上是李贽在人生哲学上张扬个性的思想在文学主张上的表现,是与泯灭个性的封建统治与传统思想相对立的。李贽强调"童心""真心"在文学创作中的决定作用,强调文学要表现"童心""真心""最初一念之本心",用现代理论术语看,就是要求文学表现人类的自然本性,这是对文学作为人学这一根本的文学内在规律的肯定,是对人的价值和尊严的肯定,是和他要求尊重个性的社会思想相一致。

在《童心说》中,李贽从正反两方面论述了"童心"在文学创作中的意义。从反面说,如果童心一旦被蒙蔽,写出的文章就会言不由衷,情不动人。这样的作品没有内在的真情美,因为"童心既

---

① 〔明〕李贽:《杂说》,《焚书》卷三。

障，而以从外入者闻见道理为之心也"。就是说，童心被身外社会上的闻见道理所蒙蔽，失去了本来的真心，写出的文章也只能是"以假人言假言，而事假事文假文"，"其人既假，则无所不假矣"。这就是说，童心的丧失，人性的虚伪，必然导致文学创作的虚假，其作品只能是假文学。从正面说，李贽提出："苟童心长存，则道理不行，闻见不立，无时不文，无人不文，无一样创制体格文字而非文者。"只要保持纯真的童心，不受外界道理闻见的干扰，抒写的是发自内心的真诚之情，不管什么人不管什么时候都可以写出好文章，因为"天下之至文，未有不出于童心焉者也"。

"童心说"是李贽文艺美学的核心，贯穿在李贽文艺理论与文艺批评的各个方面。他在《读律肤说》中论到作家的个性与作品的风格的关系时说：

> 盖声色之来，发于情性，由乎自然，是可以牵合矫强而致乎？故自然发于情性，则自然止于礼义，非情性之外复有礼义可止也。惟矫强乃失之，故以自然之为美耳，又非于性情之外复有所谓自然而然也。故性格清彻者音调自然宣畅，性格舒徐者音调自然疏缓，旷达者自然浩荡，雄迈者自然壮烈，沉郁者自然悲酸，古怪者自然奇绝。有是格，便有是调，皆性情自然之谓也。莫不有情，莫不有性，而可以一律求之哉！然则所谓自然者，非有意为自然而遂以为自然也。若有意为自然，则与矫强何异。[①]

在这里，李贽论述了文学创作者情性与文学作品的风格的关系。李贽认为文学既然发于自然情性，那么有什么样的情性，就有什么

---

① 〔明〕李贽：《焚书》卷三。

李贽"童心说"的美学意义及其影响

样的风格,情性的不同,决定了风格的不同,而且是不能矫强而致的。李贽还认为,由于情性的多样,从而影响到文学风格的多样。这就不但极重创作主体的情感意义,也极重创作个性的价值。李贽还特别提出:"故自然发于情性,则自然止于礼义,非情性之外复有礼义可止也。"这是对"童心说"的引申。"发乎情,止乎礼义",① 是封建传统观念中为人处世及文学创作的不可违背的金科玉律,成为束缚文艺创作的最大障碍。李贽却反其道行之,认为"自然发于情性,则自然止于礼义,非情性之外复有礼义可止也"。所谓"自然发于情性"就是自然发自内心,也就是不为闻见道理所障的童心,这种发自内心出于自然的情性就是礼,从而也就否定了传统观念中所说的外加的人为的逆自然的礼,使文艺创作从"发乎情,止乎礼义"的桎梏中解放出来。这一思想在李贽的《四勿说》中更从哲理的高度给以论证。《论语·颜渊》提出:"非礼勿视,非礼勿听,非礼勿言,非礼勿动。""四勿"作为封建统治者的一种意识形态,是千百年来封建统治者套在人们身上的精神枷锁,多少奇思异想的人类思想精华被禁锢,多少青年男女充满活力的生命被扼杀。李贽的《四勿说》用以我解经的手法,对之"博为注解",提出:"盖由中而出者谓之礼,从外而入者谓之非礼;从天降者谓之礼,从人得者谓之非礼;由不学、不虑、不思、不勉、不识、不知而至者谓之礼,由耳目闻见、心思测度、前言往行、仿佛比拟而至者谓之非礼。语言道断,心行路绝,无蹊径可寻,无涂辙可由,无藩卫可守,无界量可限,无扃钥可启,则于四勿也当不言而喻矣。"② 把发自内心的称为礼,把从外界而入的斥之为非礼;把顺从自然的称为礼,把人为规定的斥之为非礼;把不必经过学习与思考、探究与认识的自然

---

① 佚名:《诗大序》。
② 〔明〕李贽:《焚书》卷三。

之识称为礼,把外来影响、亦步亦趋地依照所谓前代圣贤的言行斥之为非礼。只有"语言道断,心行路绝,无蹊径可寻,无涂辙可由,无藩卫可守,无界量可限,无扃钥可启"地摆脱一切藩篱障碍,泯弃一切规范,冲决一切罗网的完全自由,才是真正的礼。这真是石破天惊的"异端"之论,在这样的"四勿"面前,还有什么不能视、不能听、不能言、不能动呢?而这样的"四勿"之礼,不正是反对"有道理从闻见而入",反对"多读书识义理"的"绝假纯真,最初一念之本心"的"童心"吗?李贽所主张的"童心""真心""本心",内涵就是人的自然之性,本真之性,与封建统治者以礼乐仁义残害人的自然之性针锋相对。这一哲理的立论为李贽文艺创作的"童心说"美学理论奠定了坚实的基础,而"童心说"指导下的文艺创作又为这一哲理的立论提供了宝贵的实证。

对于李贽"童心说"的进步意义,学界是肯定的,但对其认识又有些差异。有学人认为李贽把"道理闻见"一概排斥在外,那就有可能使作家远离现实,陷入超越于客观世界之外的个人主观精神,使"童心说"带有一定的主观唯心主义色彩,这是受王阳明"心学"影响的结果。王阳明在《答陆原静书》中提出了"良知说"[1],认为"良知即是未发之中",是"寂然不动之本体"。这"未发之中"与李贽的"心之初""寂然不动之本体""最初一念之本心"实质是一致的。王阳明还认为"良知""不能不昏蔽于物欲",与李贽所说的"童心"为外界道理闻见所蒙蔽也大体相似。王阳明提出"故须学以去其昏蔽",则与李贽认为"多读书识义理障其童心"相径庭。由此可知,李贽的"童心说"受到王阳明"良知说"的影响,但又不为其藩篱。李贽张扬"童心""真心""最初一念之本心",反对"多读书识义理障其童心",并不是排斥一切"道理闻见"。他反对的"道

---

[1] 〔明〕王阳明:《语录二·传习录中》,《王阳明全集》卷二,上海古籍出版社1992年版。

理闻见"，主要是指传统思想中的封建伦理说教与道德标准，并特指当时占统治地位的以理学为代表的封建意识形态，以及其在社会上的种种表现形态，这就具有很强的批判意义与战斗精神。李贽反对这些意识形态对人的束缚，就是强调要张扬个体的主体精神，发挥作家的个性意识，这也具有很强烈的启蒙意义。李贽反对用封建的"道理闻见""障其童心"，但他对正当的道理闻见还是很重视的，与理学家那种言行不一、虚谈空疏的思想相对立，李贽实是一位"实学"鼓吹者。如他强调"穿衣吃饭，即是人伦物理；除却穿衣吃饭，无伦物矣"[1]；强调"道不虚谈，学务实效"[2]；强调"治贵适时，学必经世"[3]；称赞贾谊"通达国体，真实切用"[4]；称赞"能臣"是"真才实学，足以集事，断断乎不可以虚名胜也"[5]。这一切都显示了李贽重视现实重视实践的科学态度，并不是把一切"道理闻见"排斥在外，从而也可以说，李贽的"童心说"并没有陷入主观唯心主义的泥坑。

众所周知，李贽评点过小说、戏曲。他对小说、戏曲的评点，正是遵循着"童心说"这一美学思想进行的。同时又是这一美学思想的具体体现。李贽在小说、戏曲的批点中，特别注意情感的作用，从具有普遍意义的情感考察，肯定小说、戏曲的创作价值与意义。如《水浒传》第十一回"朱贵水亭施号箭，林冲雪夜上梁山"，写林冲被高俅陷害得家破人亡，"仰天长叹道：'不想我今日被高俅那贼陷害，流落到此，天地也不容我，直如此命蹇时乖！'"李贽夹批

---

[1]〔明〕李贽：《答邓石阳》，《焚书》卷一。
[2]〔明〕李贽：《定林庵记》，《焚书》卷三。
[3]〔明〕李贽：《藏书》卷三五《儒臣传·行业儒臣·赵汝愚》。
[4]〔明〕李贽：《贾谊》，《焚书》卷五。
[5]〔明〕李贽：《初潭集》卷二四《君臣四·能臣》。

曰："可怜。"眉批曰："摹写愤恨语情真，使英雄堕泪。"① 正是因为"愤恨语情真"，也就是说是发自内心的真情，才能"使英雄堕泪"。在《童心说》中，李贽提出《西厢记》《水浒传》都是"有感于童心者之自文也"。就是说这些小说、戏曲因为具有自然的"童心"之情，才成为感人的好作品。应该指出，李贽强调情感在文艺创作中的意义，并不是单纯的纯情说，还进而把普遍意义的个人之情，扩展到社会人生之中，从而引发对社会人生的探索与思考。如《〈忠义水浒传〉序》②，李贽从评《水浒传》中提出了"民族之愤""不平之愤""忠义之愤"，融入浓厚的社会思考。在《红拂》中提出："孰谓传奇不可以兴，不可以观，不可以群，不可以怨乎？"③ "兴观群怨"见于《论语·阳货》，是孔子所创的儒家诗教，后来成为封建社会的文艺准则。李贽把戏曲提高到"兴观群怨"的高度，这与在《童心说》中把小说戏曲与"六经"《语》《孟》并列，甚至说比"六经"《语》《孟》更有意义、更有价值，都表现出李贽对小说、戏曲的重视与推崇。应该指出，孔子的"兴观群怨"，终归"迩之事父，远之事君"，是为统治者服务的。李贽的"兴观群怨"则在于"饮食宴乐之间，起义动慨多矣"。即着眼于人们的自身，也就是普通人的饮食宴乐之需，义气感慨之情。这一文艺观同样显示着李贽张扬个性主体意识的一贯精神。

在中国文学发展史上，诗词文是文学的正统，占据着文坛的统治地位。元明时期，随着小说戏曲的发展与繁盛，成为那个时代文学艺术的主流，受到广大群众的欢迎。但是，一些封建士大夫却对其不屑一顾，甚至横加斥责与杀伐。鲁迅先生曾说："在中国，小

---

① 〔明〕李贽：《出像评点水浒全书》第十一回评语，张建业主编：《李贽全集注》第二十六册，第257页。
② 〔明〕李贽：《焚书》卷三。
③ 〔明〕李贽：《焚书》卷四。

李贽"童心说"的美学意义及其影响

说是向来不算文学的。"①又说:"小说和戏曲,中国向来是看作邪宗的。"②李贽通过宣传与评点赋予小说、戏曲与诗文的同等地位,使之成为中国文学正宗。李贽对小说、戏曲的大力提倡,不但促进了小说戏曲创作的繁荣,也促进了小说、戏曲理论的发展,其功绩实可称赞。还应指出,批点作为一种文学批评的形式,曾被运用于诗文,但在古代文学批评史上并没有重要影响。李贽把批点这一文学批评形式,广泛运用到小说、戏曲的创作上,为古代文学批评开辟了一条新的途径。从此,批点蔚然成风,产生了金圣叹、毛宗冈、张竹坡、脂砚斋等大家,小说、戏曲批点成为一笔宝贵的文化遗产,而开创之功应归于李贽。

李贽的"童心说"及其启蒙思想,对晚明和清代以及五四时期的新文化运动都产生了重大影响。举其要者如以公安三袁为代表的诗歌创作的"性灵说",以汤显祖为代表的戏曲创作的"至情说",冯梦龙的"情教观",张岱的文学理论与创作,清代曹雪芹的《红楼梦》,五四时期以鲁迅为代表的新文化运动,无不受到李贽"童心说"的影响。以公安三袁为例,李贽对公安三袁的影响极为深刻,这在三袁的诗文中有着鲜明的体现。袁宗道称赞李贽"龙湖老子手如铁""胆气精神不可当""莫道世无赏音人,袁也宝之胜琼玖"。③并说读李贽的著作"目力倦而神不肯休","读他人文字觉懑懑,读翁片言只语辄精神百倍"。④袁宏道把李贽直称为师:"自笑两家为弟子,空于湖海望仙舟。"⑤赞李贽的《焚书》是"愁可以破颜,病可

---

① 鲁迅:《〈草鞋脚〉(英译中国短篇小说集)小引》,《且介亭杂文》。
② 鲁迅:《徐懋庸作〈打杂集〉序》,《且介亭杂文二集》。
③ 〔明〕袁宗道:《书〈读书乐〉后》,《白苏斋类集》卷一。
④ 〔明〕袁宗道:《李卓吾·又》,《白苏斋类集》卷一五。
⑤ 〔明〕袁宏道:《送焦弱侯老师使梁,因之楚访李宏甫先生》,《袁宏道集笺校》卷二。

• 015 •

以健脾，昏可以醒眼，甚得力"的佳作。① 袁宏道还把天地比作一个大罗网，把李贽比作要用"无羽镞""扇海作洪炉，燎山煮精玉"，从而解除这个大罗网的"大妄人"。② 袁中道在诗文中多次赞誉李贽，在李贽被迫害致死后，特意撰写了《李温陵传》，满腔热情赞颂李贽的斗争精神，称李贽的著作是"黜虚文，求实用；舍皮毛，见神骨；去浮理，揣人情"。是"剔肤见骨，迥绝理路。出为议论，皆为刀剑上事，狮子迸乳，香象绝流，发咏孤高，少有酬其机者"。③ 公安三袁曾多次把李贽比为三教大圣人之一的老子，可见其对李贽是如何的尊崇。在这种尊崇中，也足见其在思想上受到的深刻影响。袁中道在《吏部验封司郎中中郎先生行状》中写了李贽在文学上对袁宏道的影响："先生既见龙湖，始知一向掇拾陈言，株守俗见，死于古人语下，一段精光不得披露。至是浩浩焉如鸿毛之遇顺风，巨鱼之纵大壑；能为心师，不师于心；能转古人，不为古转。发为语言，一一从胸襟流出，盖天盖地，如象截急流，雷开蛰户，浸浸乎其未有涯也。"④ 这段文字形象而生动地描绘了袁宏道在文学创作上受到李贽的深刻影响，实际上也是对公安三袁及整个晚明文学的影响。正是在李贽的影响下，公安三袁摆脱了统治文坛的复古思潮的束缚，把文学导向表情达意的正确方向，使文学创作走向一个无限广阔的坦途，显示出与传统文学观念明文相背离的一股强大的文艺启蒙思潮，为近代人文主义文学运动的发展创造了条件。

作为文学家，公安三袁受李贽的影响，当然要表现在文学主张与文学创作上。公安三袁"性灵说"的理论在袁宏道的《叙小修诗》

---

① 〔明〕袁宏道：《李宏甫》，《袁宏道集笺校》卷五《焚书》，《李温陵外纪》和《锦帆集》作《藏书》。
② 〔明〕袁宏道：《送王静虚访李卓吾师》，《袁宏道集笺校》卷八。
③ 〔明〕袁中道：《珂雪斋集》卷一七。
④ 〔明〕袁中道：《珂雪斋集》卷一八。

李贽"童心说"的美学意义及其影响

一文中得到了最为鲜明的体现。袁宏道赞美其弟袁中道的诗是:"大都独抒性灵,不拘格套,非从自己胸臆流出,不肯下笔。有时情与境会,顷刻千言,如水东注,令人夺魄。"所以,其作品是"愁极则吟,故尝以贫病无聊之苦,发之于诗,每每若哭若骂,不胜其哀生失路之感。予读而悲之。大概情至之语,自能感人,是谓真诗,可传也"。在此文中,袁宏道特别称赞"闾阎妇人孺子所唱《擘破玉》《打草竿》之类,犹是无闻无识真人所作,故多真声",而且"任性而发,尚能通于人之喜怒哀乐嗜好情欲,是可喜也"。[1] 袁宏道强调的"独抒性灵""愁极则吟""若哭若骂""任性而发",无疑都是要表现真情实感,而特别提出《擘破玉》《打草竿》之类民间文学是"无闻无识真人所作,故多真声",不但表现出对俗文学的重视,也显示出反对"闻见道理"对文学创作的影响。这不正是李贽"童心说"的体现吗?袁中道曾说过,诗文之作要"抒自性灵","性情之发,无所不吐"。[2] 他称赞其兄袁宏道的作品是"山情水性,花容石貌,微言玄旨,嘻语谑词,口能如心,笔又如口"[3]。称赞在袁宏道的影响下,"天下之慧人才士,始知心灵无涯,搜之愈出;相与各呈其奇,而互穷其变,然后人人有一段真面目溢露于楮墨之间"[4]。显然,这与李贽的"童心说"都是一脉相承的。

当然,公安三袁在接受了李贽文艺思想的熏陶后,并不是简单地重复李贽所提出的理论命题,而是包含了自己的创作体验。公安三袁在倡导"性灵说"时,特别强调"趣"在文学创作中的作用即是一例。袁宏道在《叙陈正甫会心集》中说:"世人所难得者唯趣,趣如山上之色,水中之味,花中之光,女中之态,虽善说者不能下

---

[1]《袁宏道集笺校》卷四。
[2]〔明〕袁中道:《花雪赋引》,《珂雪斋集》卷十。
[3]〔明〕袁中道:《解脱集序》,《珂雪斋集》卷九。
[4]〔明〕袁中道:《中郎先生全集序》,《珂雪斋集》卷一一。

一语,唯会心者知之。……夫趣得之自然者深,得自学问者浅。当其为童子也,不知有趣,然无往而非趣也。面无端容,目无定睛,口喃喃而欲语,足跳跃而不定,人生之至乐,真无逾于此时也。孟子所谓不失赤子,老子所谓能婴儿,盖指此也。趣之正等正觉,最上乘也。山林之人,无拘无缚,得自在度日,故虽不求趣,而趣近之。愚不肖之近趣也,以无品也,品愈卑故所求愈下,或为酒肉,或为声伎,率心而行,无所忌惮,自以为绝望于世,故举世非笑之,不顾也,此又一趣也。迨夫年渐长,官渐高,品渐大,有身如梏,有心如棘,毛孔骨节,俱为闻见知识所缚,入理愈深,然其去趣愈远矣。"[1]

在这里,袁宏道赞童子的虽不知趣而趣无处不在,赞山林之人虽不求趣而无拘无缚、自在度日的无上乐趣,赞愚不肖率心而行、无所忌惮的独乐之趣,以及对高官显宦由于"闻见知识所缚,入理愈深"而"去趣愈远"的揭示,核心都在强调趣是"得之自然者深,得自学问者浅"。接下来,袁宏道又指出,陈正甫的《会心集》,由于作者是"深于趣者",故所述人物也是"趣居其多,不然,虽介若伯夷,高若严光,不录也"。袁中道在《夏道甫诗序》中指出,夏道甫挟数千金经商,却不得其道;"神情静嘿"而沉醉于诗,却取得了优异成绩。由此得出这样的结论:"士之有趣致者,其于世也,相远莫如贾,而相近莫如诗。"[2] 袁宏道对"趣"的称赞,对陈正甫作品中所体现的求趣精神的肯定,袁中道对夏道甫趣与诗近的赞赏,和李贽"童心说"中强调文学要表现"绝假纯真"的童心,其精神完全一致。同时,他们所强调的"趣"在文学创作中的作用,又是对李贽"童心说"的一种拓展。他们把作家个性的解脱与作品创作的

---

[1] 《袁宏道集笺校》卷十。
[2] 〔明〕袁中道:《珂雪斋集》卷一一。

李贽"童心说"的美学意义及其影响

尽情抒写情趣进行了更为紧密的联系,其中既包含着自身创作的深切体验,也是对当时宗经、宗圣、宗道传统文学观念的一种背离,也是深受李贽"童心说"影响的一种表现。

李贽深刻地影响了公安三袁,公安三袁直接承继着李贽的思想。但是,二者又有所不同。这种不同袁中道在《李温陵传》中有着极为生动的论述。他说:"或问袁中道曰:'公之于温陵也学之否?'予曰:'虽好之,不学之也。其人不能学者有五,不愿学者有三。'"①并详细地论述了"不能学者有五,不愿学者有三"的具体内容,把公安三袁与李贽的不同说得极为明白。有些论者以此认为这是公安三袁与李贽思想的实质区别,是从李贽进步思想的倒退,这并不确切。有论者认为这只是为了尊重与突出李贽而故为的夸饰之词,同样不符合历史实际。李贽与公安三袁在人生态度和文学思想上有着一致的一面,也有着鲜明的差异。大致说来,李贽更为激进,对封建压迫与传统思想有着强烈的反抗。他反对封建束缚,公开批判封建统治者的"德礼政刑"对人民的统治,要求"各从所好,各骋所长"②,自由地发展人的自然之性。他反对封建等级制,提出"庶人非下,侯王非高"③"尧舜与途人一,圣人与凡人一"④的平等思想。他提出不以孔子之是非为是非,指责封建统治者"咸以孔子之是非为是非,故未尝有是非"⑤,并对儒家"经典"及当时占统治地位的道学及道学家进行了猛烈的攻击。这一切都显示着他独特的与传统思想相对立的大无畏精神。正因为如此,他鼓吹"童心说"的文学主张时,特别强调愤怒之情在文学创作中的作用。他认为愤怒也是

---

① 〔明〕袁中道:《珂雪斋集》卷一七。
② 〔明〕袁中道:《答耿中丞》,《焚书》卷一。
③ 〔明〕袁中道:《老子解》,张建业主编:《李贽全集注》第十四册,第17页。
④ 〔明〕袁中道:《明灯道古录》,张建业主编:《李贽全集注》第十四册,第260页。
⑤ 〔明〕李贽:《藏书·世纪列传总目前论》,张建业主编:《李贽全集注》第四册,第1页。

一种发自本心的自然之情,所以"不愤则不作",好的文学作品如《水浒传》,都是"发愤之所作也"[①]。而且,这种愤怒之情,"喷玉唾珠",形成文字,不但作者是"发狂大叫,流涕恸哭,不能自止",而且能使见者闻者产生"切齿咬牙,欲杀欲割"的愤激之情。[②] 李贽把愤怒之情纳入他的"童心说"理论之中,就是主张文学要有强烈的爱憎。就是要用文艺这一武器揭露压迫者、道学家的丑恶面目,用文艺去冲击传统思想对人们的禁锢。由此可以说,李贽的"童心说",既重文学的个性美,又重文学的社会性,是个性美与社会性的统一。李贽创作的大量作品,就是这种文艺主张的实践。

与李贽相对照,公安三袁则有所不同。前引袁中道在《李温陵传》所说,他们对李贽"不能学者有五,不愿学者有三",归结为一点,就是李贽在追求自我解脱、个性自由的同时,对束缚自我、束缚个性的社会及传统思想进行了猛烈的抨击,并企图以此解除由社会与传统思想造成的束缚自我、束缚个性的樊篱。公安三袁则不然,他们追求自我的解脱,追求个性的自由,却想在山水和物欲中去实现。袁中道曾作《感怀诗》五十八首,其十曰:"山村松树里,欲建三层楼。上层以静息,焚香学薰修。中层贮书籍,松风鸣飕飕。右手持《净名》,左手持《庄周》。下层贮妓乐,置酒召冶游。四角散名香,中央发情讴。闻歌心已醉,欲去辖先投。房中有小妓,其名唤莫愁。《七盘》能妙舞,百转弄珠喉。平时不见客,骄贵坐上头。今日乐莫乐,请出弹箜篌。"[③]在幽雅的山林之中建楼栖息,读诗书,谈佛道,听歌狎妓,醉酒冶游,身心俱爽,在这种自适愉悦之中,精神为之彻底解脱。从这种人生态度中,我们也可以窥视到为什么公安三袁那么热衷于山水,创作了那么多的游记。这和李贽

---

① 〔明〕李贽:《忠义水浒传序》,《焚书》卷三。
② 〔明〕李贽:《杂说》,《焚书》卷三。
③ 〔明〕袁中道:《珂雪斋集》卷五。

那种愤世嫉俗的人生态度和创作态度确实是有距离的。但也不像有的论者所说,公安三袁沉湎于山光水色之间,只是对现实生活的逃避。其实公安三袁借山水以自遣、以自适、以解脱,这都是存在的,但更主要的是借助山水的自然真趣来表达对社会现实虚伪黑暗的对抗。周作人曾说:"明朝的名士的文艺诚然是多有隐遁的色彩,但根本却是反抗的。"① 公安三袁正是这样。公安三袁在耽于山水和物欲中反抗社会,这是他们人生与创作的特点。同时,公安三袁也有对社会黑暗的愤激,袁宏道就有不少作品直接揭露了统治者对人民的压迫与剥削,表现了当时社会的黑暗与混乱。鲁迅指出:"中郎正是一个关心世道,佩服'方巾气'人物的人,赞《金瓶梅》,作小品文,并不是他的全部。"② 当然,与李贽相比照,公安三袁也确有其隐遁、消极的一面。李贽直面社会人生,痛斥道学家的丑恶与虚伪,批判封建统治及传统思想对人们个性的戕害,以及他所提出的文化思想命题,在当时的形势下,都具有振聋发聩、惊世骇俗的启蒙意义。正因为如此,我们称李贽为近代人文主义启蒙思想的代表与旗帜,是不为过的。从这一意义上说,公安三袁当然不及李贽。但公安三袁在李贽"童心说"思想影响下,提出的"性灵说"等文学命题,和以寄情山水的自适与社会的对抗,其目的也是追求个性的自由,追求自我价值的实现,与严密的封建统治和传统思想是相对立的。从这一方面看,公安三袁在李贽"童心说"思想影响下,也为近代人文主义的启蒙做出了贡献。

论述李贽"童心说"的影响,当然要说到曹雪芹的《红楼梦》。由于多种原因,现在保存下来的有关曹雪芹的资料极少,更没有曹雪芹受李贽影响的资料。但是,说曹雪芹深受李贽的影响,那是确

---

① 周作人:《〈燕知草〉跋》,《知堂序跋》,岳麓书社1987年版,第317页。
② 鲁迅:《且介亭杂文二集·招贴即扯》,《鲁迅全集》第六卷,人民文学出版社1981年版,第228页。

凿有据的。《红楼梦》被誉为中国封建社会百科全书式的伟大的现实主义作品，就其美学意义上说，也可以概括为赞真批假尊重个性的伟大杰作。赞真批假，尊重个性，是李贽的一贯思想，也是"童心说"的重要精神。曹雪芹在《红楼梦》中描绘了"情种"与"禄蠹"两种形象的对立。"情种"就是具有"童心"的真人，像贾宝玉及没有受男权社会封建礼教污染的清净女儿世界。"禄蠹"就是失去"童心"的假人，像贾赦、贾政、贾珍、贾雨村等人。我们可以《红楼梦》的主角贾宝玉为例做进一步的论述。贾宝玉生活于"功名奕世，富贵传流"的贾府这一贵族世家，他本应该严遵封建礼教，走科举仕途的人生之路，荣宗耀祖，但他却"行为偏僻性乖张""最不喜务正"，似傻如狂，与封建礼教格格不入。对于科举仕途更是极为反感，他"潦倒不通世务，愚顽怕读文章"，认为"可笑的是八股文，拿它诓功混饭吃也罢了，还说要代圣人立言"。他甚至对封建统治者视为最高的伦理准则"文死谏，武死战"加以嘲讽和否定。他说："必定有昏君，他才谏，他只顾邀名，猛拼一死，将来弃君于何地？必定有刀兵，他方战，猛拼一死，他只顾图汗马之名，将来弃国于何地？"在贾宝玉看来，"文死谏，武死战"只不过是博取名利的工具，是一种虚假的手段。对"文死谏，武死战"的批判，最早见于李贽的《答耿司寇》，原文为："夫君犹龙也，下有逆鳞，犯者必死，然而以死谏者相踵也，何也？死而博死谏之名，则志士亦愿为之，况未必死而遂有巨福也？避害之心不足以胜其名利之心，以故犯害而不顾，况无其害而且大有利乎？"[①]贾宝玉对"文死谏，武死战"的嘲讽和否定，和李贽之论如出一辙。曹雪芹读没读过《焚书》已不可考，但从这一事例说明，曹雪芹受到李贽思想的影响却是确定不疑的。

---

① 〔明〕李贽：《焚书》卷一。

大家知道，李贽是男女平等的鼓吹者，对于男尊女卑的封建伦理道德进行了猛烈的批判。《红楼梦》继承了李贽这一思想，充满激情地对女儿世界作为理想境界进行颂扬，写她们的纯真可爱，多才多智，写她们的不幸遭遇，"千红一哭，万艳同悲"，为清净的女儿们鸣不平唱赞歌。这一点在主人翁贾宝玉这一形象上得到更深刻的表现。曹雪芹笔下的贾宝玉有一个突出的特征，那就是对封建社会男尊女卑的严格礼教等级制的否定。贾宝玉把满腔绝假纯真美好爱悦之情都倾注在大观园洁白无瑕的女儿们身上。他说："女儿是水作的骨肉，男人是泥作的骨肉。我见了女儿，我便清爽；见了男子，便觉浊臭逼人。"又说："凡山川日月之精秀，只钟于女子，须眉男子不过是些渣滓浊沫而已。"对纯洁可爱的少女的欣赏、同情和爱悦，固然是少男少女自然的互相吸引，也是绝假纯真的童心的表现。这一点在贾宝玉与林黛玉、薛宝钗的爱情上表现得更为突出。贾宝玉对林黛玉的爱，是心灵真情的爱，因为林黛玉具有这种心灵真情。林黛玉对虚伪的假情和庸俗极为反感。她"质本洁来还洁去，强于污淖陷泥沟"，保持着心灵的纯洁和人格的尊严，也就是李贽所说的绝假纯真的童心。她从不劝贾宝玉去追求仕途经济，以显身扬名，这是她与贾宝玉心心相通的炽热爱情的精神所在。与此相对照，贾宝玉也喜欢薛宝钗的美貌，喜欢她皮肤细腻而健美的肉体，这是少男少女间相互吸引的童心的表现。但薛宝钗是封建正统思想的信奉者，她虽然也爱贾宝玉，但她不理解贾宝玉的童心。她希望贾宝玉顺从地走仕途经济的道路，从而引起贾宝玉的极大反感，说她"入了国贼禄鬼之流"，并以林黛玉从来不说这些"混账话"与之相比，这当然也是绝假纯真的童心的表现。

从以上论述可知，曹雪芹的《红楼梦》创作在美学思想上深受李贽"童心说"的影响，主人翁贾宝玉可以说就是李贽"童心说"美学思想的一个形象化。

李贽"童心说"的美学思想，对五四时期的新文化运动也产生了重要影响。过去谈五四新文化运动所受的影响，多是谈外来影响，西风东渐，这也是客观存在。郭沫若受惠特曼的影响，鲁迅受厨川白村的影响，都是客观存在。但是五四新文化运动有没有内在的因素？用哲学理论来说，内因是决定因素，那么五四新文化运动的外因很清楚，内因是什么？笔者认为晚明以李贽为代表的人文主义启蒙思潮就是五四新文化运动的内因。李贽的"童心说"是就文艺的创作而发，是对文艺创作的一个美学理论的创意，同时又是对封建专权文化统治的批判，与他反封建传统文化反封建专制的思想相联系。正因为这样，在《童心说》中李贽对儒学的经典"六经"《语》、《孟》等进行了辛辣的嘲讽，指它们是"道学之口实，假人之渊薮，断断乎其不可以语于童心之言明矣"。表明李贽所提倡的"童心"正是与封建统治的文化与封建专制思想的对立，显示出冲破封建伦理纲常的罗网及封建统治的精神。这一点在《红楼梦》中有着显明的体现，五四新文化运动与此也一脉相承。以李贽为代表的人文主义启蒙运动对晚明到五四新文化运动的影响极为深远。如黄宗羲、王夫之、戴震、谭嗣同、严复、章炳麟、吴虞等，虽然其中有些人对李贽未必好感，甚至激烈地批判李贽，但他们对孔学及封建礼教的批判，对封建专制主义的揭露，都显示着李贽的影响。如黄宗羲指责封建皇帝任意"屠毒天下之肝脑，离散天下之子女"，以求一己的统治，这种君主专制制度正是"天下之大害"[1]。这是李贽反封建专制思想的继承与进一步发展。又如王夫之从唯物论的感觉论出发，批判理学家"去欲存理"的说教，提出"欲即天之理"[2]，"终不离欲而别有理"[3]。欲就是理，理就在欲中，而且"饮食男女之欲，人人

---

[1] 〔清〕黄宗羲：《明夷待访录·原君》。
[2] 〔明〕王夫之：《读四书大全说》卷四。
[3] 〔明〕王夫之：《读四书大全说》卷八。

李贽"童心说"的美学意义及其影响

之大共"①。这和李贽"穿衣吃饭,即是人伦物理;除却穿衣吃饭,无伦物矣"的命题一脉相承。②戴震对理学家"存天理,灭人欲"的说教进行过激烈的批判,显示受到李贽思想的影响。论到以李贽为代表的人文主义启蒙思潮是五四新文化运动的内因,当然不能忘掉被胡适称为"只手打孔家店的英雄"(后来人们传为"只手打倒孔家店的英雄"加一'倒'字)的吴虞。吴虞非孔反儒,对封建传统思想文化进行了猛烈的攻击,是五四时代反传统思想文化的一位杰出代表。他对封建传统思想文化进行猛烈攻击的理论支柱就是李贽的人文主义启蒙思想。这鲜明地体现在他于1916年撰写的《李卓吾别传》中。在该文中,对李贽反对封建压迫,尊重个性发展,主张男女平等的思想,给予了热烈的赞扬,对于封建统治者对李贽的迫害予以了激烈的批判。借对李贽的介绍与评价,对孔教进行了猛烈抨击。全文饱含激情,文辞泼辣。该文写于1916年,五四新文化运动发生于1919年,因此,完全可以称此文为五四新文化运动的先声。

论述五四新文化运动与李贽的人文启蒙运动的关系,当然要说到鲁迅。说到李贽与鲁迅,像李贽与曹雪芹一样,没有什么原始资料可用。查遍《鲁迅全集》,只有在《中国小说史略》中论到《水浒传》的版本时,才提到李贽之名,说《水浒传》的"缀集者,或曰罗贯中(王圻田汝成郎瑛说),或曰施耐庵(胡应麟说),或曰施作罗编(李贽说),或曰施作罗续(金人瑞说)"。学术界论到李贽与鲁迅之文也只寥寥数篇,而且不深入,有的也只是随笔而已。但在日本,对李贽与鲁迅的比较研究极为深入,其代表人物有沟口雄三和竹内好。他们注重从历史发展的宏观上把李贽与鲁迅进行比较,论证其思想精神的神似。如沟口雄三说:"李卓吾作为此一时期最

---

① 〔明〕王夫之:《诗广传·陈风》。
② 〔明〕李贽:《答邓石阳》,《焚书》卷一。

具典型的思想者——很像民国的鲁迅。"①就是把李贽置于"明代后期的思想转换"中，与把鲁迅置于民国时期的思想转换中加以研究一样，是独具眼光的。沟口雄三在多种有关李贽的著作中对李贽的"童心说"做过深入的论证，但没有涉及与鲁迅的比较，这里勿论。笔者认为，鲁迅受李贽的影响是多方面的，如对封建传统思想的批判，李贽批判封建传统思想甚至在"童心说"中对"六经"、《语》《孟》，都斥之为不过是迂阔门徒记忆师说的"有头无尾，得后遗前"的说教，甚至是"道学之口实，假人之渊薮"。鲁迅对封建传统的批判同样激烈，他说："我们目下的当务之急，是：一要生存，二要温饱，三要发展。苟有阻碍这前途者，无论是古是今，是人是鬼，是三坟五典，百宋千元，天球河图，金人玉佛，祖传丸散，秘制膏丹，全都踏倒他。"②

李贽从"童心"即"真心"这一命题出发，对于言行不一的假人和言不由衷的假文进行了激烈的批判。在《童心说》中借谈文艺问题，痛斥封建统治者及理学家是"失却真心"，专门说假话做假文的"假人"，以此把社会变成了"无所不假""满场是假"的欺诈场所。李贽在很多著作中，从"童心"即"真心"这一命题出发，以泼辣而尖锐的笔锋，揭露了封建道学家的伪善面孔。在《三教归儒说》中，斥责他们是"阳为道学，阴为富贵，被服儒雅，行若狗彘"③。在《又与焦弱侯》中，揭露他们是"口谈道德而心存高官，志在巨富"的两面人④。在《答耿司寇》中斥责他们是"实多恶也，而专谈志仁无恶；实偏私所好也，而专谈泛爱博爱；实执定己见也，

---

① 〔日〕沟口雄三：《中国前近代思想的曲折和发展》。
② 鲁迅：《华盖集·忽然想到（六）》。
③ 〔明〕李贽：《续焚书》卷二。
④ 〔明〕李贽：《焚书》卷二。

李贽"童心说"的美学意义及其影响

而专谈不可自是"的伪君子。① 鲁迅同样把真伪作为评判人物与文学的首要标准。他对"伪士"之类进行了深刻激烈的批判。他强调文学家要正视现实，面对人生，真实为人，而反对"瞒和骗"。他在《论睁了眼看》中说：有些文学家"万事闭眼睛，聊以自欺，而且欺人，那方法是：瞒和骗"②。他在《忽然想到（十）》中说，应该"将实话说出来""将假面揭下来"。③ 这都与李贽"童心说"的思想一脉相承。

正是从这种相同的社会思想与哲学思想出发，鲁迅在文学上的理论与实践，与李贽的"童心说"美学思想一脉相承。鲁迅很早就提出了"心声"说。他说："盖人文之留遗后世者，最有力莫如心声。古民神思，接天然之閟宫，冥契万有，与之灵会，道其能道，爰为诗歌。"又说："诗人为之语，则握拨一弹，心弦立应，其声澈于灵府，令有情皆举其首，如睹晓日。"④ 后来又说："我们能够大叫，是黄莺便黄莺般叫；是鸱鸮便鸱鸮般叫。我们不必学那才从私窝子里跨出脚，便说'中国道德第一'的人的声音。"⑤ 文学能留遗后世最有力的是发自"神思""天然""冥契""灵会"的心声，才能以情动人，这不就是李贽"童心说"所提出的"绝假纯真最初一念的本心"的"真心"说吗？鲁迅反对"才从私窝子里跨出脚，便说'中国道德第一'的人的声音"，这不就是李贽在"童心说"中批判的由"闻见道理"而制造的"文假文"吗？再就文学创作而言，鲁迅与李贽在内容与形式上也多为相承。李贽与鲁迅都是杂感文体的能手，他们都是以杂感作为解剖社会和抨击敌人的艺术武器，其战斗性与艺

---

① 〔明〕李贽：《焚书》卷一。
② 鲁迅：《坟》。
③ 鲁迅：《华盖集》。
④ 鲁迅：《摩罗诗力说》。
⑤ 鲁迅：《热风·随感录四十》。

术性高度统一,风格精悍凝练泼辣。郁达夫曾说:"鲁迅的文体简练得像一把匕首,能以寸铁杀人,一刀见血。"[1]这一评论同样可以用于李贽。

总之,李贽的"童心说"具有深刻的美学意义,对晚明以来的文学创作产生了深远和重要的影响,对今天的文学创作也具有重要的借鉴意义。我们应该重视这一宝贵的文化遗产,对之进行深入的研究。

(作者简介:首都师范大学文学院,教授)

---

[1] 郁达夫:《中国新文学大系·散文二集导言》。

李贽重商思想的当代价值

胡沧泽

李贽是我国封建社会后期重要的思想家,他强烈地反对封建传统思想,对于商人和商业活动同情支持的重商思想在我国思想史上占有重要地位,并具有积极的当代价值。

一

李贽(1527—1602),字宏甫,号卓吾,别号温陵居士、百泉人、龙湖叟,福建泉州府晋江县(今泉州市鲤城区)人,祖籍南安。明嘉靖六年(1527年)生。初姓林,名载贽,早年丧母,7岁随父钟秀读书。嘉靖三十一年(1552年)中举人,时名李载贽。嘉靖三十五年(1556年),选河南辉县教谕。嘉靖三十八年(1559年)迁南京国子监博士。不数月,丁父忧南归。时值倭寇攻打泉州郡城,李载贽亲率弟侄,尽夜登城守备。服满,携家眷入京,补北京国子监博士。有一年,途经河南,留妻、女于辉县。恰遇辉县大旱,二女、三女均饿死。嘉靖四十五年(1566年)世宗崩,朱载坖继位,李载贽为避讳,遂名李贽。万历五年(1577年),李贽出任云南姚安知府,政令清简,倡修府学,带头捐俸,聚徒讲学,关心民生,倡修连厂桥,方便城西民众的交通往来,他曾书一楹联:"从故乡而

来，两地疮痍同满目；当兵事之后，万家疾苦总关心。"[1]

李贽出生在我国东南沿海的港口城市泉州，他的童年和青壮年时期，都在泉州度过，与泉州结下了不解之缘，泉州地区的社会状况，对他的思想形成产生重大的影响。

唐宋元时期，泉州商业繁盛，海上贸易兴旺发达，中外交往频繁。正如唐代诗人所写："云山百越路，市井十洲人，执玉来朝远，还珠入贡频。"[2] 泉州是唐代我国的四大贸易港口之一。到了宋代，这里成为闻名世界的大港，造船业发达，"州南有海浩无穷，每岁造舟通异域"[3]，海外贸易兴盛。政府设有"泉州市舶司"管理海外贸易。据赵汝适《诸蕃志》记载，当时与泉州有海外贸易关系的国家和地区已达58个，"涨海声中万国商"，海外贸易收入已成为国家税收的重要支柱。元朝时，大旅行家意大利人马可·波罗、摩洛哥人伊本·白图泰等外国人曾来到这里，留下了"财产富厚""人口众庶""宏伟秀丽"的泉州港的珍贵历史记录。宋元时期的泉州港是中国的世界海洋商贸中心，泉州港与埃及的亚历山大港是世界上最大的两个港口，伊本·白图泰甚至称泉州"为世界上最大之港"。明朝时期，这里的繁荣虽然不及宋元，但仍是我国东南沿海的重要商港。锡兰国王子世利巴交喇勒曾在此定居，购置产业、繁衍生息。

李贽出生于明朝嘉靖年间，他所处的时代为明朝嘉靖、隆庆、万历时期，这时中国已进入封建社会的后期。随着封建社会内部地主阶级和农民阶级矛盾的积累和日益尖锐化，随着商品经济的发展

---

[1] 林海权:《李贽年谱考略》，福建人民出版社1992年版，第1、2、99、104页；《福建省志·人物志》，中国社会科学出版社2003年版，"第一章人物传明李贽"第169-171页；《李贽研究参考资料》，福建人民出版社1975年版。

[2] 〔清〕曹寅、彭定求等:《全唐诗》卷二〇八，中华书局1960年版；《文苑英华》卷二七一，《舆地纪胜》卷一〇三。

[3] 〔宋〕谢履:《泉南歌》。

和资本主义萌芽的出现,明朝的统治面临巨大的危机。

关于中国封建社会中资本主义萌芽出现于何时,众说纷纭,有唐代说、宋代说、明代说、清代说。比较多的意见倾向于明朝中叶以后嘉靖、万历年间。马克思认为:"较多的工人在同一时间、同一空间(或者说同一劳动场所),为了生产同种商品,在同一资本家的指挥下工作,这在历史上和逻辑上都是资本主义生产的起点。"① 这里所指的工人,既不同于农奴,也不同于奴隶,而是脱离了封建依附关系、有人身自由的雇佣劳动者。他们靠出卖劳动力,以工资收入为生。雇佣工人的是资本家,主要是产业资本家,他们通过购买劳动力,榨取工人的剩余价值以获得利润。

明中叶以后,在中国江南的苏、松、杭、嘉、湖五府,特别是苏州城内及其所属的某些城镇,出现了一些小商品生产者,他们是以织绸绢为生的机户。随着生产工具、生产技术的不断发展,这些机户与市场的联系不断密切,机户之间产生了分化。明成化年间(1465—1487),杭州仁和县一家张姓机户,由于产品质量好,市场需求量不断增加,从一张织机发展到20余张,"家业大饶"②,逐渐富裕发达起来。明代小说《醒世恒言》中描写苏州府盛泽镇丝绸机户施复,经过多年的努力,"开起三四十张绸机"③。这些拥有20余张或三四十张织机的机户,称为"大户",而没有生产资料的则称为"小户"。隆庆、万历年间,苏州"大户张机为生,小户趁织为活"④,逐步形成了"机户出资,机工出力"⑤ 的一种新型劳动力买卖关系。这种新型劳动力买卖关系与马克思所说的"资本主义生产的

---

① 马克思:《资本论》第一卷,人民出版社1975年版,第358页。
② 〔明〕张瀚:《松窗梦语》卷六《异闻记》。
③ 〔明〕冯梦龙:《醒世恒言》卷十八《施润泽滩阙遇友》。
④ 〔明〕蒋以化:《西台漫记》卷四。
⑤ 《万历实录》卷三六一。

起点"有很多相同之处。可以认为,这些资本主义生产方式的起点,是产生于封建社会内部的资本主义生产关系的萌芽。

在中国东南沿海的福建,明代农村的经济作物及林业生产相当发达,不少农村纷纷将粮田改种甘蔗、烟草、荔枝、龙眼等作物。他们出售经济作物产品,购入粮食,形成一种小商品生产性质的农产品交换与消费方式。在手工业生产方面,各种手工业生产,尤其是陶瓷业、造纸业、矿冶业、造船业、制盐业等方面都有长足的进步。如泉州的德化窑,生产的白瓷造型美观,色白如雪,远销世界各国。这些手工业生产比起宋元时期的显著进步是形成相当规模的商品生产。因此可以说,从明代嘉靖、万历年间开始出现的中国资本主义萌芽,在福建的手工业中也开始出现,雇佣多人甚至数十人的手工工场已屡见不鲜,尤其是在制瓷业、制茶业、造纸业等行业。

明朝初年,由于统治者实行"严海禁"政策,严禁居民出海,泉州一度萧条。但是中叶以后,泉州的商业和海外贸易又得到迅速发展。"泉、漳二郡商民,贩东西二洋,代农贾之利,比比然也"。[①]泉州由于海内外商人聚集交往,各种外来思想、宗教并存,相互影响,宋元以来逐渐成为我国东南沿海地区具有浓厚商业和海外贸易气息,各种中外文化相互并存、影响乃至交融的独特的文化区。李贽故居在泉州南门外聚宝街一带,正是这个文化区的中心地带。从中古至宋元的商业和对外贸易事业的发展繁荣,特别是明中叶以后中国封建社会内部的资本主义萌芽,泉州商业和海外贸易事业的继续发展,对人们的思想意识、风俗习惯以深刻的影响。李贽思想中浓厚的市民意识、商业意识,显然与泉州的环境关系极大。

李贽出生于泉州一个世代为商的家庭里,祖上原籍河南汝宁府光州固始县。一世祖林闾于元朝末年挟资来泉州做生意,后定居于

---

① 〔明〕顾炎武:《天下郡国利病书》。

泉州。林闾"藉前人蓄积之资，常扬帆航海外诸国"①，是个从事海外贸易的商人。从林闾到李贽有八代，这八代中，经商的很多，如二世祖林驽"壮年航吴泛越，为泉州巨商。洪武十七年，奉命发航西洋忽鲁模斯等"②。李贽的族人也有很多经商的，如开纸店、棉行、开杂货摊、经营粮坊等。

中国封建社会实行"重农抑商"政策，商人居于"四民之末"，为儒家所轻视，社会地位很低。李贽出生于这样的家庭中，对孔孟之道的反叛精神，对商人的同情和赞扬，传播具有资本主义萌芽的思想意识，也就不是平白无故，而是在情理之中了。

二

李贽的思想体大思精，充满强烈的反对封建传统的战斗精神。他的一生著作宏富，生前就刊有《藏书》《焚书》《初潭集》《说书》等；死后刊有《续藏书》《续焚书》《李卓吾遗书》等。

强烈的反对封建传统是李贽思想的主线。针对宋明理学家提出的"存天理、去人欲"的说教，李贽针锋相对地提出了"人必有私"的命题。他认为："夫私者，人之心也。人必有私，而后其心乃见；若无私，则无心矣。"③他进一步论证说：人们努力种田，是为了"私有秋之获"；尽力持家，是为了"私积仓之获"；勤奋读书，是为了"私进取之获"；当官的假如"不私以禄"，"则虽召之，必不来矣"，"虽有孔子之圣，苟无司寇之任，相事之摄，必不能一日安其

---

① 《清源林李宗谱》。
② 《清源林李宗谱》。
③ 〔明〕李贽：《藏书·德业儒臣后论》。

身于鲁也决矣。此自然之理，必至之符，非可以架空而臆说也"。①李贽认为，要求物欲享受，人人都是一样，即使圣人也不例外，这是"自然之理"，从而揭露宋明理学家的空谈和虚伪说教。

李贽认为"人必有私"，是对封建统治者把人欲说成是罪恶的东西的公开反对。封建统治者为了维护其统治秩序，把人民群众起码的物质要求和生存欲望说成是丑恶的，要灭人欲。李贽则主张，物质欲望是人人都有的，这在一定程度上反映了人民群众对物质生活的要求，具有进步意义。李贽"人必有私"的思想，是当时资本主义萌芽在思想领域的一种反映，表达了当时工商业者和没有特权的一般地主阶级求生存求发展的愿望。如李贽认为"天下尽市道之交也"②，把人与人之间的关系，说成像做生意一样的利害相处。这种观点是对当时封建正统思想的直接冲击，是当时社会新兴的市民阶层思想的体现。

李贽重视商人的作用，他在很多著述和言论中公开站在商人一边，替商人说话，为商人辩护。他在《又与焦弱侯》的一封信中指出：

> 商贾亦何可鄙之有？挟数万之资，经风涛之险，受辱于关吏，忍诟于市易，辛勤万状，所挟者重，所得者末。然必交结于卿大夫之门，然后可以收其利而远其害，安能傲然而坐于公卿大夫之上哉！③

商人有什么鄙贱的呢？他们带着数万资财，经历风涛的危险，还要受尽关卡官吏的欺辱，忍受市场交易时人们的辱骂，万分辛苦，

---

① 〔明〕李贽：《藏书·德业儒臣后论》。
② 〔明〕李贽：《续焚书·论交难》。
③ 〔明〕李贽：《焚书》卷二。

李贽重商思想的当代价值

所带的资财很多,所得的收入很少,而且还必须交结那些官僚大夫,才能获利。李贽站在商人的立场,同情他们的遭遇,从商人经商要经受的艰辛和风险的角度来为他们正名,肯定了他们经商取利的正当性;同时揭露了封建政府对商人的鄙视,贪官污吏对商人的巧取豪夺;指出这种做法的不合理性,这在一定程度上维护了商人的利益。

李贽看到了人与人之间的个性、能力等差异,赞扬商人的才干,为他们的致富讴歌。他说:

> 今子但见世人挟其诈力者,唾手即可立致,便谓富贵可求,不知天与以致富之才,又借以致富之势,畀以强忍之力,赋以趋势时之识,如陶朱、猗顿辈,程郑、卓王孙辈,亦天与之以富贵之资也。是亦天也,非人也。若非天之所与,则一邑之内,谁是不欲求富贵者?而独此一两人也耶?①

李贽批判了一些人的偏见,他们看到有人特别是商人发财致富,便认为富贵唾手可得。李贽认为,有些人能够致富贵,是因为他们具有致富的才、势、力、识。他举出古代富人中以治产致富的陶朱公(范蠡)、以制盐起家致富的猗顿、以鼓铸铁器而发财的程郑、以冶铁巨富卓王孙等人的事例,认为,他们能够致富,完全是客观条件即"天"造就了他们的致富之才,给他们以致富之势,加上他们本身的"强忍之力""趋时之识"而努力奋斗拼搏。才、势、力、识四项,是自然选择的结果,不然,一邑之内,欲富贵者众多,为何独此一两人得到呢?

李贽肯定商人的社会地位,这在整个封建社会中是极为难得的

---

① 〔明〕李贽:《明灯道古录》卷下第7章。

远见卓识。这些大胆的离经叛道之论，正是适应了社会的发展，适应了资本主义萌芽发展的趋势，因而形成了时代的最强音。

李贽支持竞争，鼓励兼并，反对封建社会对商人的压制、对自然法则的践踏。封建社会的基本国策是重农抑商。要把整个国家的经济控制在统治者手中，"强干弱枝"，反对自由竞争，抑制兼并，害怕商人由于经营获利过大而"尾大不掉"，不利于封建君主的专制统治。然而，资本主义的发展靠的是自由竞争，优胜劣汰，因而兼并是发展过程中必然出现的事情。李贽赞扬竞争与兼并，认为这是"天道"，是自然法则而不可违抗。他在《明灯道古录》中写道：

> 夫栽培倾复，天必因材，而况于人乎？强弱众寡，其材定矣。强者弱之归，不归必并之；众者寡之附，不附即吞之。此天道也；虽圣人其能违天乎哉！今子乃以强凌众暴为法所禁，而欲治之，以逆天道之常，反因材之笃，所谓拂人之性，灾必及其身者，尚可以治人耶？[1]

李贽认为强并弱、众吞寡是天道自然，圣人只能顺应天道的发展，而不能违背天道。否则，违背天道、人性，必然会招来祸害。李贽的这种支持竞争、鼓励兼并、反对封建生产关系束缚的异端思想，客观上为资本主义萌芽的发展制造了舆论。因此可以认为，李贽的思想反映了商人和新兴市民阶层的某些利益，李贽是资本主义萌芽时期的杰出思想代表。

李贽出生于封建社会末期资本主义萌芽开始出现的时代，成长于具有浓厚商业意识的东南沿海城市泉州，有世代为商的家庭背景。他的思想和著作，深受时代、环境和家庭的影响。他提出"人必有

---

[1]〔明〕李贽：《明灯道古录》卷上第9章。

私"的命题，直接冲击了封建正统思想；他重视商人的作用，替商人辩护，为商人的致富讴歌，提高了资本主义生产关系出现的重要因素——商人的社会地位；他支持竞争，鼓励兼并，为资本主义的发展制造了舆论。时代造就了李贽，李贽的思想又促进了时代的进步，促进了封建社会中资本主义思想因素的发展。这就是李贽思想所以会高出时代、高出他人，在中国封建社会思想史上具有独特的崇高地位的原因。李贽的思想产生于福建，也深刻地影响了福建人乃至中国人。

三

李贽的思想是对封建传统的"离经叛道"。他的"人必有私"、同情商人，重视发展商业的重商思想以及他的《藏书》《焚书》《续焚书》等一系列著作，猛烈地冲击了封建社会的思想藩篱，被统治者视为洪水猛兽。万历三十年（1602年）闰二月乙卯（二十二日），礼科都给事中张问达秉承首辅沈一贯的旨意，疏劾李贽。疏曰：

> 李贽壮岁为官，晚年削发，近又刻《藏书》《焚书》《卓吾大德》等书，流行海内，惑乱人心。以吕不韦、李园为智谋，以李斯为才力，以冯道为吏隐，以卓文君为善择佳偶，以司马光论桑弘羊欺武帝为可笑，以秦始皇为千古一帝，以孔子之是非为不足据。狂诞悖戾，未易枚举。大都刺谬不经，不可不毁也！

同时，对李贽无中生有，造谣诬蔑，欲置之死地而后快。疏曰：

> 尤可恨者，寄居麻城，肆行不简，与无良辈游于庵院，挟妓女，白昼同浴。勾引士人妻女，入庵讲法，至有携衾枕而宿庵观者，一境如狂。又作《观音问》一书。所谓观音者，皆士人妻女也。而后生小子，喜其猖狂放肆，相率煽惑，至于明劫人财，强搂人妇，同于禽兽而不之恤。①

于是明神宗以"敢倡乱道，惑世诬民"罪名将李贽逮捕入狱，李贽著作"已刊未刊者，令所在官司尽搜烧毁，不许存留"②。

后来顾炎武在《日知录》卷十八引用张问达疏，评论道："自古以来，小人之无忌惮而敢于犯圣人者，莫甚于李贽，然虽奉严旨，而其书之行于人间自若也。"认为李贽的著作传播于人间，很有社会基础。同书记载天启五年（1625年）四川道御史王雅量疏奉旨禁止流行，但"士大夫多喜其书，往往收藏，至今未灭"③。可知李贽著作及思想的流传和广受欢迎。

李贽作为中华民族悠久的文化发展史上25位思想大家之一，敢于冲破封建思想的羁绊，提出符合社会历史发展方向的进步主张，对于今天的改革开放、解放思想具有重要的借鉴意义。

李贽重视商人，重视发展商业，重视各种经济活动，对于今天发展国有经济、民营经济，加强中外经济交流，也具有重要的现实意义。

2013年9月和10月，中国国家主席习近平在出访中亚和东南亚国家期间，先后提出共建"丝绸之路经济带"和"21世纪海上丝绸之路"（即"一带一路"）的重大倡议，得到国际社会的热烈响应和广泛参与。"一带一路"倡议可以促进沿线各国经济繁荣和区域经

---

① 《明神宗实录》卷三六九。
② 《明神宗实录》卷三六九。
③ 〔清〕顾炎武：《日知录集释》卷十八，中华书局刊行。

济合作,加强不同文明的交流互鉴,是维护世界和平的伟大事业。福建作为 21 世纪海上丝绸之路核心区,实至名归。泉州作为李贽的出生地,是李贽思想萌芽的重要发源地之一。研究李贽的反封建思想、重视商人和商业活动思想,更是具有重要的当代价值。

(作者简介:福建师范大学社会历史学院,教授)

韩国对李卓吾的接受与研究

[韩] 金惠经

一、序言

从古到今，中韩两国之间的交流领域广泛、源远流长，17 世纪的明朝和朝鲜的关系也极为密切。当时由于壬辰倭乱刚刚结束，朝鲜对明朝显得更加依赖，两国间的关系也比以前更加牢固，随之，交流也再度活跃起来。随着使节的往来和韩国学人的入明求学，李卓吾其人其事和著书等信息，也自然而然地传到了朝鲜。尽管他不是作为主流思想家被引进的，也没有像朱子、王阳明那样被朝鲜主流所接受，并进而影响着整个朝鲜乃至当今的韩国社会，但由于李卓吾正面批判了朱子学所涵盖的伪善面目，所以，在韩国思想界引起的反响并不比在中国少。当时朝鲜文人对李卓吾及其著作的研究，早在他被朝鲜人认知的那一刻就开始了，并且曾出现过相当多的有特色的文章或论著。内容涉及对李卓吾其人的纪念与评价，对李卓吾思想的感受与评论，以及对李卓吾论著的诠释、解评等诸多方面，颇具研究价值。

1910 年，朝鲜开始沦为日本帝国主义的殖民地，在残酷的殖民统治不断深化和救亡抗争运动不断展开的那段历史时期，人们连自己的未来都不可知，何谈学术研究。所以，自然也就没有对李卓吾感兴趣或写过文章的人士了。

中华人民共和国成立初期，关于李卓吾的研究仍然没有取得进

韩国对李卓吾的接受与研究

展，直到20世纪70年代，李卓吾这个名字才再度回归韩国社会。不过，当时由于韩国社会特别是政治的关系，对李卓吾的认识多限于表面和偏见。值得注意的是随着韩国经济的兴起和学术领域的不断发展，李卓吾研究也终于回归学界，并产生了一定的成效。尽管还有许多关于原著的翻译、如何客观地评论以及如何提高研究与论文的深度等问题存在，但随着学界的努力，这些正在慢慢地得到解决，也可期待今后会有更大的改善。为此，现在我们就具体探讨一下李卓吾在韩国的境遇与得到的评价吧！

二、朝鲜时代的李卓吾接受

在韩国研究李卓吾是一件很不容易的事。首先，语言、思想、历史环境都不太适合做这种工作。尽管如此，从他的名字被朝鲜学者所知道的那一刻开始，就有人对他的个性和思想很感兴趣，并很热情地阅读了他的著作，而且还写下了一些关于他的文章。

如仅限于朝鲜王朝而言，对当时影响最大的思想家是朱子，其次是王阳明。朝鲜时代的知识分子以集团形态受到他们的影响是不争的史实。除朱、王外，还有一位值得提及的，那就是李贽（1527—1602）了。然而，李卓吾的特异性在于个人性，而不在于集体性。

李卓吾的著作首次传到朝鲜，是在他去世12年之后的1614年。当时，朝鲜的朱子学者金中清（1566—1629）在自己的著作《朝天录》[①]中记载了万历四十二年为庆贺明朝太子的诞辰，谢恩使许筠和

[①] 金中清在《苟全先生文集·别集》的《朝天录》一文中记载，1614年4月21日离开汉阳，7月抵达北京；11月离开北京，1615年1月11日回到汉阳。在日记体的《朝天录》中记录了上司许筠的事迹。

书状官金中清被派往北京一事。他在文集中诗部的"前言"里写道:

> 上使得李氏藏书一部以为奇,示余其书。自做题目,勒诸前代君臣其是非予夺,无不徇其偏见,以荀卿为德业儒臣之首,屈我孟圣于乐克、马融、郑玄之列,明道先生仅参其末,与陆九渊并肩,若伊川、晦庵夫子,则又下于申屠嘉、萧望之,称之以行业,肆加升黜,少无忌惮,余见而太骇曰:'此等书宁火之,不可近'……所谓贽乃作藏书者,倡为异学,率其徒数千,日以攻朱为事,而卒为公论所弹,伏罪于圣明之下,至以妖谈怪笔多少,梓版一炬而尽烧,猗欤!大朝之有君臣也。①

这是到目前为止被证实的朝鲜学者与李卓吾著作相遇的第一篇记录。许筠在1614年前往中国,而《藏书》是在1599年出版的,前后相隔不过15年。许筠读了《藏书》之后,评价此乃奇书,但金中清却不是这么认为的。

金中清是一位正宗的朱子学之徒,有着非常强烈的"辟异端"思想。在他的眼里,李卓吾的论著融入佛教、道教、陆王学等被朱子学视为异端的思想,而李卓吾又是一个批判朱子学的逆徒,所以,他对卓吾不可能怀有好感。不仅如此,他还主张烧掉李卓吾的书,甚至还曾说:

> 其学始为佛,中为仙,终为陆。能文章言语,诬惑一世,其徒数千人,散处西南,以攻朱学为事云。②

---

① 《苟全先生文集》卷一《上使得李氏藏书一部以示余,感题二律·序文》。
② 《苟全先生文集·别集》《朝天录》。

韩国对李卓吾的接受与研究

当时对李卓吾的看法,朝鲜学者夹杂着赞叹和批评,不过负面意见占据着绝对优势。金中清的这种否定见解成了一种普遍的看法,大多数学者都依据听到的谣言批评卓吾。尽管如此,还是有一些人士对李卓吾持肯定的意见,代表人物就是许筠、丁若镛和李建昌三人。他们都是不盲目听从主流意见、因个性与思想而在韩国文学和学术研究的历史上留下不朽业绩的学人。他们对李卓吾的仰慕,也正是朝鲜时代李卓吾研究成果的反映。

1. 许筠

1614年,作为千秋使成员的许筠首次访问了中国,当时他第一次看到《藏书》并产生了很大的兴趣。1615年,以冬至使身份再次到访北京的许筠,在《乙丙朝天录》中记载了亲身经历的事件,其中包括阅读李卓吾《焚书》后撰写的《读李氏焚书》,文中写道:

> 清朝焚却秃翁文,其道犹存不尽焚,彼释此儒同一悟,世间横议自纷纷。
>
> 丘侯待我礼如宾,麟凤高标快睹亲,晚读卓吾人物论,始知先作卷中人。
>
> 老子先知卓老名,欲将禅悦了平生,书成纵未遭秦火,三得台抨亦快情。①

在此,许筠对儒佛会通的李卓吾思想深表理解和赞同。当时朝鲜的儒学家大多与他相反,都排斥道教与佛教的思想理念。尽管如此,许筠还是不顾主流思想,肯定了李卓吾所坚持的儒佛会通的观点,并强调指出卓吾的论著是不会因世俗偏见的压迫而消亡的。

如果要找寻许筠和李卓吾的共同点,可以说第一是儒佛会通

---

① 〔朝〕许筠:《乙丙朝天录·读李氏焚书》。

的观点，第二是对欲望或情感的肯定思维。容肇祖将李卓吾思想的特点概括为"很自由的、解放的、是个性很强的、并且适性主义的"①。这一观点跟韩国现代的一些学者认为许筠的主要思想是重视自由思考和肯定人类欲望的说法类似。

韩国的李家源曾经从思想、创作、行动、时代、结局等多方面对李卓吾和许筠进行过比较，断言"许筠是韩国的李卓吾"。李家源谈及许、李二人时，曾说："其否认儒家的绝对权威相同，笃好佛道之说相同，激赞农民起义陈胜相同，主张女性再嫁及性解放相同，欣赏批评小说文学相同，笃好《水浒》相同，补注《世说新语》相同，诗文不蹈前套相同，著作堆积得人身高相同，其所处时代相同，被辱骂为儒教叛徒相同，毕命囹圄相同。"②

许筠曾经写过五篇人物传记③，尽管这只是他作品中的冰山一角，但从中也可充分地领略到他否定儒家的绝对权威、笃好佛道之说的独特思想。如果考虑到许筠生活的时代儒教所占的地位，那么他能赞赏"真儒"、崇拜佛道的奇行无疑就是一种叛逆，因为这是常人做梦都不敢想的事情。

如此看来，李卓吾的个性和思想，被许筠在深刻理解的基础上接受了。然而，现实与许筠的理想完全相反，像金中清那样严厉地斥责才是李卓吾在朝鲜所遭遇的现实。所以，许筠的命运最终只能与李卓吾一样，以叛逆罪被处死。

---

① 容肇祖：《明代思想史》，齐鲁书社1992年版，第234页。
② 〔韩〕李家源：《儒教叛徒许筠》，首尔：延世大学出版部2000年版，第148页。
③ 许筠的文集《惺所覆瓿藁》收录《南宫先生传》《张山人传》《苏谷山人传》《长生传》《严处士传》等5篇人物传记。这些作品均是为消除对充满挫折和苦恼的现实世界的不满而创作的，且形式也与传统的传记样式颇为不同，由此也可窥见许筠渴望新的人物形象之内心世界。

2. 丁若镛

到了19世纪前期丁若镛生活的时代，李卓吾的思想再次得到正面评价，其中心内容是他的经学。茶山丁若镛把朝鲜实学推到了顶峰，他的思想是以朱子学为基础并结合了实用性思维和经世论而形成的，被誉为"实学的顶巅"。他的学术态度与朝鲜大多儒学家所坚持的墨守经典的态度相去甚远。在注释经典之时，他勇敢地打破陈规，甚至随意引用属于阳明左派的王龙溪、罗汝芳、李卓吾等人的著作，因而对经典做出了独到的解释。

1813年冬，被流放到全罗南道康津郡受难的丁若镛，在弟子李纲会（1789—？号击磬子）与尹峒（1793—1853，别名钟心，号绀泉）的协助下，终于完成了共计40卷的《论语古今注》。他们收集和考察了从汉、魏到明、清等各种有助于理解《论语》的注释，又抄录了带有赞同或反对意见的注释，然后进行了评论和判定，并对已有解释中不合理的部分提出了新的解释。值得注目的是，丁若镛在《论语古今注》中选择性地引用了李卓吾的《焚书》和《论语评》[1]的一些内容，比如：

> （一）季文子三思而后行。子闻之曰："再，斯可矣。"若曰："再尚未能，何以云三思也？"使能再思，不党篡而纳赂，专权而兴兵，封殖以肥己矣。文公不得其辞，乃云："思至于三，则私意起而反惑。"（见于《焚书》）案，此说真切明确，深中经旨，无遗憾矣。[2]

---

[1] 《焚书》和《论语评》都收录在张建业主编的《李贽全集注》中，分别载于第1册与第21册《四书评注》中。

[2] 〔朝〕丁若镛：《论语古今注·公冶长》第二十。卓吾原文见于《焚书·读史·季文子三思》，汇集茶山毕生业绩的《与犹堂全书》分为7集，计76册154卷。《论语古今注》属于第二经集，从第七卷到第十六卷。在此书中，茶山摆脱了朱熹评注的束缚，从实用和实践的角度讲解了经书，故这也成了一部可观察他的历史观和伦理观的哲学著作。

（二）互乡难与言，童子见，门人惑。子曰："与其进也，不与其退也，唯何甚？人洁己以进，与其洁也，不保其往也。"此章，未见其有错简。李卓吾云，"后十四字不倒转，文字更古。"①

（三）子路曰："桓公杀公子纠，召忽死之，管仲不死。"曰："未仁乎？"子曰："桓公九合诸侯，不以兵车，管仲之力也。如其仁！如其仁！"朱子曰："管仲虽不得为仁人，而其利泽及人，则有仁之功矣。"案，仁者，非本心之全德，亦事功之所成耳。然则既有仁功，而不得为仁人，恐不合理。李卓吾云："子路以一身之死为仁，孔子以万民之生为仁，孰大孰小？"②

丁若镛评注的特点是，当不赞同朱子注时，为了支持自己的看法，竟然引用了李卓吾对《论语》的评论。引文（一）中，关于"再，斯可矣"，程子曾经解释为："至于再则已审，三则私意起而反惑矣，故夫子讥之。"丁若镛以为不然，他解释为："再尚未能，何以云三思也？"于是，他从李卓吾的《焚书》中找到与他对这些经文的理解相符的文字，把原文转载到自己的书中。他还说卓吾的解释才是"真切明确，深中经旨，无遗憾矣"，显然完全接受了卓吾的看法。

引文（二）中，丁若镛不仅在经文的解释上，且在经文条理上都与朱子意见不同。朱子重新调整了经文，还说："疑此章有错简。'人洁'至'往也'十四字，当在'同进也'之前。"③丁若镛认为此经文本来完整无缺，并引用李卓吾《论语评》中的说法作为证据。

引文（三）中，朱子将"仁"解释为"爱之理，心之德"④，也

---

① 〔朝〕丁若镛：《论语古今注·述而》第二十九。
② 〔朝〕丁若镛：《论语古今注·宪问》第十六。
③ 〔宋〕朱熹：《论语集注·述而》第二十八。
④ 〔宋〕朱熹：《四书章句集注·学而》第一。

就是说将"仁"理解为"爱的原则",而不是"爱"本身。如果这样理解的话,"仁"将不再存在于实际行动中,而是存在于使行动成为可能性的抽象原则中。朱子的这种阐释很成功地将形而上学的抽象注入儒学,结果却削弱了儒学原有的伦理实践性。丁若镛对朱子的解释不满,认为"仁"是一个具体的概念,是人与人之间实践美德时才能建立的概念,因此,他提出:

> 仁者,二人相与也。事亲孝为仁,父与子二人也。事兄悌为仁,兄与弟二人也。事君忠为仁,君与臣二人也。牧民慈为仁,牧与民二人也。以至夫妇朋友,凡二人之间,尽其道者皆仁也。①

基于如上的"仁"之观念,丁若镛不仅反对朱子判定管仲不是仁者的意见,反而认为管仲如果能够把"仁"付诸实践,他就是一位仁者。为了确保其论点的合法性,丁若镛引用卓吾的言论作为佐证。这是因为他认为卓吾从子路和孔子的实践中看到了真相,并敢于断言"仁"就是实体行为。不过,丁若镛对李卓吾的观点并没有全面接受,当发现李卓吾的观点与自己意见相悖时,也会进行严厉的批评。② 尽管如此,在提出与朱子不同见解之时,只要李卓吾的观点符合自己的宗旨,就会毫不犹豫地引用,有时甚至会大加称赞。

丁若镛的这种态度,与其说是对李卓吾人格及学说的全力支持,不如说是选择性地接受可以支持自己评注观点的学说,尤其是与朱

---

① 〔朝〕丁若镛:《论语古今注·学而》第二。
② 比如《论语古今注·颜渊》第二章:"仲弓问仁,子曰'出门如见大宾,使民如承大祭。己所不欲,勿施于人。在邦无怨,在家无怨。'仲弓曰:'雍虽不敏,请事斯语矣。'"卓吾评说:"出门如见大宾,使民如承大祭。是居敬也。己所不欲,勿施于人,是行简也。"丁若镛对该句却评为:"驳曰,非也。不欲勿施,非行简也。"

子相反的主张。为了批评朱子的评论而引用李卓吾的经说，这意味着丁若镛已经接受并掌握了与朱子对立的卓吾之理论。总之，这可以说是在经典之外所发现的他们之间共同拥有的一致性。

3. 李建昌

李建昌（1852—1898）是朝鲜末期著名文人，也是朝鲜阳明学派的最后一位学者。年轻之时，由于接触李卓吾的著作并留下深刻的印象，所以写下了四言古诗《李卓吾赞》。这首诗是朝鲜文人留下的唯一关于李卓吾人格的长篇韵文。

> 大道之英，日远日湮，人或有为，不自其身。
> 依声附响，拾唾取津，狐狢喙之，死且不神。
> 卓哉卓吾，其人也真，宁自得已，毋苟同人。
> 迪慧入定，化腐生新，一家之言，百岁千春。
> 匪圣曷依，匪贤曷亲，婉婉妇寺，匪忠之纯。
> 起疑发难，有怀必申，彼夫何知，群怪众嗔。
> 身填牢狱，气于苍旻，激而赞之，愧彼头巾。[①]

《李卓吾赞》是由4言28句组成的，是李建昌20岁左右时的作品，全诗可分为三段：1到8句，描写了李卓吾出世前思想界的动向；9到22句，赞美了李卓吾的志趣和人品；23到28句，感怀李卓吾的悲惨死亡。其中特别引人注目的是第二段中"宁自得已，毋苟同人"之句，揭示出李建昌称颂李卓吾的理由，即他对李卓吾个性的同感。也就是说，卓吾不依赖任何权威人士或意识形态，只重视自得。即使是孔孟圣人之语，卓吾也不肯盲目地遵循，如果有疑

---

① 《李卓吾赞》收录于《明美堂集》。这本书是李建昌《明美香馆初稿》的初稿。从李建昌的生平来看，此书所载的文章大多是他在十几岁或二十出头的时候写成的，由此可以推定《李卓吾赞》是李建昌二十出头之时创作的。

问，便会质疑或猛烈地批评，自己构思然后用具体的语言表现出来。正因如此，李卓吾的文章随着时间的推移，仍可发人深省、让人觉悟，进而成为得到认可的一家之言。随之，卓吾的人格也上升到了真人的境界。

李建昌生活的时期，李卓吾的书在中国被禁毁，因而受到假道学人士的鄙视，但李建昌却称赞他。年轻时的李建昌放弃了科举，在家专心做学问，对人生和社会进行深深的思考。当朝鲜末期社会陷入混乱之时，因找不到出路，只能与书籍相伴的李建昌，无疑是非常郁闷的。但在度过了那段时期之后，他坦白地说，在接触了晚明学人否定现有权威而向往自得的学问之后，自己也能够洗去郁闷不乐的心情。①

从以上探讨的许筠到丁若镛再到李建昌的朝鲜儒学者对李卓吾的接受模式来看，许筠把卓吾看作与自己思想相同的人，丁若镛是把卓吾当成自己经学依据的出处，而对李建昌来说，卓吾则是他内心的坐标。尽管他们以不同的理由接受了李卓吾，但有一个共同点，即否认权威，充分肯定以自由为导向的思想和个性。

三、韩半岛解放后的李卓吾研究

1945 年，半岛解放了，但 20 世纪五六十年代的学术情况跟序言中所提及的日本统治时期没有什么太大的差别，即几乎没有关于李卓吾的学术研究。但是，70 年代以后，随着韩国经济的发展和政

---

① 李建昌说："侄于晚明诸人，其实有不可报之恩。侄自成童以后，不作应试文字，闭门深思，启发其昏蒙，而陶写其抑郁者，皆晚明诸人之力也。"《明美香馆初稿·上静堂从叔父书》，转引自李荣浩：《李卓吾与朝鲜儒学》，第 316 页；见于《阳明学》第 21 集，2008 年 12 月。

治与社会形势的迅速变化,李卓吾被接受和研究的情况也开始发生了变化。

1. 有关背景

在韩国,很多人直到20世纪70年代才开始知道李卓吾这个名字,当然,现在也还有很多不知其名的人。这主要是因为李卓吾在中国思想史上并不像孔子或朱熹那样广为人知;同时,卓吾其名被大众普遍认知的契机也与韩国社会的政治情况有着密不可分的关系。

70年代初期到80年代,韩国反对专制统治的学潮与社会运动达到了顶峰。反抗分子中许多骨干都是经过一系列有组织性的学习过程培训出来的,那种教育被称为思想的"意识化"过程。他们学习的文本跨越了各个领域,重要教材包括韩国近现代史、世界劳工运动、第三世界"从属"理论、中国与苏联的革命以及共产主义运动史等。说实话,这种意识化教育所使用的文本在各个领域都处于初级水平,没什么值得讨论的精辟理论,不过,对"革命"倒是始终抱着关注的态度。他们主张颠覆现有的世界秩序,赞扬建立社会主义体制的革命。只要是此类活动,他们都会给予肯定且赋予道义上的优越性,对中国革命的看法也不例外。

当时,"造反"是一个很流行的词语,它囊括了对权威或制度的各种挑战以及有关人士。所以,有儒家叛徒之称的李卓吾这个名字当然也被包含在内。不过,人们觉得,李卓吾因认为世人无法理解自己的言论而将著书命名为《焚书》和《藏书》的故事比"卓吾"更带有神秘色彩;尽管"卓吾"这个绰号,以"呈现我"的意思揭示了李贽的个人主义面目(现今被解释为含有他个人整体性的意义),但当时,人们认为《焚书》这一书名比"卓吾"的寓意更为重要。因而,除了一些专家学者,一般人都仅把李卓吾看成是封建的破坏者,实际上能够了解他的思想或人生历程的人寥寥无几。这又是为何呢?

主要是李卓吾的著书当时还没有被翻译成韩文,也未曾有专家能将他的思想和人生历程解释得通俗易懂。所以,李卓吾一直都被认为是反叛儒家的、具有神秘光环的非主流思想家,也可以简单地说成是儒家的叛徒。

随着时间的推移、意识的改变,韩国社会对李卓吾的偏见正在慢慢地得以纠正,逐步进入较为客观的讨论与相对公正的再认识阶段。这种变化主要得益于学术研究的不断发展,尽管与同类研究相比,关于李卓吾的研究还是较为缓慢的。

2. 研究概要

如前所述,到了经济发展开始的 20 世纪 70 年代,随着政治和社会形势的迅速变化,学术研究也呈现出不同于以往的景象。特别是关于李卓吾的研究也与此前大不相同,韩文译著和论文都在陆续出版发行。

从 90 年代末开始,对李卓吾著作的研究和正式的翻译,无论在数量方面还是在涉及的范围方面,都比以前有了明显的进步,这为韩国的李卓吾研究掀开了新的一页。那么,到目前为止,韩国关于卓吾著述作品的翻译与研究的具体情况到底是怎样的呢?

在译著方面,截至本文完稿,共有 4 人执笔,翻译了与卓吾有关的 6 部作品,具体译者如下。

李贽著,尹南汉翻译,《明灯道古录》(前半部),《世界的大思想》第 30 册,徽文出版社 1976 年版。

李贽著,洪承直翻译,《焚书》选译本,弘益出版社 1998 年版。

李贽著,金惠经翻译,《焚书》全译 2 册,Hangil 出版社 2004 年版。

李贽著,金惠经翻译,《续焚书》全译,Hangil 出版社 2007 年版。

李贽著,李荣浩翻译,《论语评》,成均馆大学出版部 2009 年版。

李贽著,金惠经翻译,《明灯道古录》全译,Hangil 出版社

2016年版。

李贽著，金惠经翻译，《孙子参同》，近刊。

朱建国、鄢烈山著，洪承直翻译，《李贽传》，石枕头出版社2005年版。

在创作性的学术论著或论文方面，除文学史、文化史、哲学史中收录的论文或提及的部分内容外，以李卓吾为标题的著作只有1本，即申龙彻撰写的《李卓吾，一个震撼中国孔子世界的自由人》（知识产业出版社2006年版）；此外，还有20多篇硕士、博士学位论文、100篇左右的一般论文。这些都是韩国社会一直以来因对李卓吾的关注而积累的成果。

在学位论文中，除了刘东焕的博士学位论文《李贽天人理欲论研究》（高丽大学博士学位论文，2000）之外，其余的都是硕士学位论文，而且大都倾向于对"童心说"等文学思想进行研究。不过，在考察了刊登在一般期刊上的论文后，却发现其主题反而比学位论文要广泛，且分布在文、史、哲诸领域。摘自这些期刊论文题目中的主题词，包括历史观、童心、平等、佛教、心学、思维方式、交友论、比较、女性、价值观、理欲观、真假论等，这几乎囊括了有关李卓吾的主要内容，但目前还不能说是丰富多彩，而且论文的深度也大多不够。除此之外，关于李卓吾对法家与墨家等诸子百家的研究、佛教解释、小说批评等内容的论文，虽然各有一两篇，但内容并未深入具体领域；对李卓吾既是儒家学者又是个人主义者的特殊定位的探讨，也尚处初级阶段。

在期刊论文中，引人注目的是，与20世纪出版的论文相比，21世纪的论文题目往往带有更具体的内容。例如主要谈论关于李卓吾女性观的金世瑞丽亚，她在20世纪末和21世纪初分别发表了论文《李卓吾的平等思想》与《在于差异哲学李卓吾"阴阳男女论"女性主义的理解》。① 尽管两篇论文的内容相差不远，但后者题目所指范围变得更加具体了。这大概是进入 21 世纪后，李卓吾的著作陆续被翻译成韩文出版，可参考的文献也更加多样，而且容易购得，加上写作论文的方式也有所改进的缘故。

虽然与 20 世纪后期相比，21 世纪关于李卓吾的论文数量增多了，题目也更加复杂化、具体化了，但是，研究的深度仍然不够，并没有发生质的飞跃。这应该是由于很多作者并没有对李卓吾这个人物进行长期的探索和不懈的省察，大多是在没有通读李卓吾著作，只依靠论文写作要领和技巧的增强，强迫性地撰写论文而产生的现象。

既然关于李卓吾的论文大抵都是这样写出来的，那就自然既不可能积累有价值的学术成果，也不可能与其他研究者相得益彰。所以，结果就导致韩国的李卓吾研究在整体上呈现不够活跃、难以飞跃的局面。

四、李卓吾研究不活跃的理由

既然从 20 世纪 70 年代开始，特别是进入 21 世纪以来，关于李卓吾的论文与译著的数量一直在增加，那么，为什么至今还未出现突破性的或者有意义的研究成果呢？除了上述提到的很多研究人员和论文作者只是为撰写论文而接触李卓吾的主观原因之外，还有没有其他更为客观的原因呢？特别是近二三十年来，李卓吾作为思想家在韩国的人气已经不逊色于朱子或王阳明等人了，但关于他的

---

① 两篇论文的出处如下：金世瑞丽亚：《李贽的平等思想》，《首善论集》第 18，成均馆大学研究所，1993；《在于差异哲学李卓吾"阴阳男女论"女性主义的理解》，《阳明学》第 26 辑，韩国阳明学会，2010。

研究，无论是数量还是质量，却都无法与关于朱、王的研究相比。同时，经过一段时间的考察，笔者发现与日本甚至是非汉字圈的欧洲相比，韩国在李卓吾研究方面也表现得相当低调，这又是为什么呢？恐怕只有把视野扩大到论文和作者自身的主观原因之外，才能看清庐山真面目，找到真正的症结所在，进而逐步解决。只有这样，才可期待李卓吾研究发生质的飞跃。为此，试从以下三个方面进行仔细的探究。

1. 通古今认识汉字的人员大量减少

一直到朝鲜时代，韩国都是将汉字作为正式文字使用的，所以，现在也仍然属于汉字文化圈。尽管这是毫无疑问的，但众所周知，汉字原本是少数知识分子才能学习与享用的，对普通民众来说，它甚至是一种不敢接近的特权性文字。历史上，由于大部分人口均为文盲，给国家发挥统治力量带来了障碍，所以，需要一种易懂易学的文字。于是，朝鲜世宗二十五年（1443年）在宫中设立了正音厅，负责研发《训民正音解例本》。世宗二十八年（1446年）正式颁布为国文。训民正音是一种由28个字符构成的、具有独创性、便于使用的表音文字，史上记载其创制宗旨是：

> 有天地自然之声，则必有天地自然之文。所以古人因声制字，以通万物之情，以载三才之道，而后世不能易也。然四方风土区别，声气亦随而异焉。盖外国之语，有其声而无其字。假中国文字以通其用，是犹枘凿之龃龉也，岂能达而无碍乎。要皆各随所处而安，不可强之使同也。[①]

这一宗旨虽然美好，可对于使用并崇尚汉字的朝鲜知识分子来

---

① 〔朝〕郑麟趾：《训民正音解例·序》。

韩国对李卓吾的接受与研究

说，训民正音是一种不可接受的庸俗文字。他们称之为"谚文"并鄙视之，因此，韩文便沦落为智力水平较低的平民和妇女们的文字，这种情况一直持续了400多年。

1894年，"甲午更张"的改革运动废除了科举制，社会也随之进入混乱时期。几年后的1910年，日本帝国主义强占了朝鲜半岛，随后开始的残酷的殖民统治（1910—1945）与接踵而至的韩国战争（1950—1953），几乎将传统学问的命脉完全斩断了。汉字的命运也同样悲惨，因日占期对日语的强制推行，常见的汉字几乎就剩下那点儿字形字义都有所改变的日语汉字词了。解放后，国土虽然光复了，但汉字的使用和能够使用汉字的人员却急剧减少了。20世纪60到70年代，又因国粹主义韩文专用论占据了优势，使汉字几乎从韩国人的日常语言生活中消失殆尽。尽管70年代经济开始发展，学术研究随之复兴，但是，除了忠实于传统儒学或者由于专业所需另学汉文的一些学人之外，在韩国再也找不到致力于钻研汉文的人士了。而各级学校教育中的汉字与汉文，结果大多也不过是过眼云烟而已。

在上述情况下，用汉字记录的古典文献只能翻成韩文才有可能进入现代人的视线。所以70年代开始了古籍翻译工作，但翻译对象主要限于有知名度的作品，那些从未被翻译过的古籍，大多都被回避。像李卓吾著作这样鲜为人知的古籍的命运就是如此。因为没有现成的韩文译著可供参考，很少有人愿意着手费时费心的初译工作。同时，由于社会上对不甚出名的古典感兴趣的人本来就少得可怜，所以，从出版市场的角度来说，此类译著就划不来了。

在朝鲜时代，知识分子都有读懂原文的能力，看汉文如同看母语一般，根本无须翻译这种苦差，而且可以迅速阅读，但进入20世纪以后，由于汉文素养的不足，李卓吾的著作便无法列入读书目录。加上汉文解读人士的减少，精通古典的翻译者也就极为罕见了，因而李卓吾著作的翻译工作，也只能一拖再拖，难以面世。尽管如此，

055

如果与其他古籍的翻译出版相比，恐怕这一理由还不能充分地说明李卓吾研究低迷的原因。俗话说解铃还须系铃人，也许真正的理由还应该从李卓吾本人身上寻找才是。

2. 晦涩难懂的学问与心理

晚明时期，无论文、史、哲的哪一方面，都没有比李卓吾的论著更丰富多彩的，也没有比李卓吾在学术界更生机勃勃的。他的著述最明显的特点是涉猎范围广泛，从传统到现实社会应有皆有，而且对待问题的观点和阐释也都十分犀利。

李卓吾除了儒家、佛教、道家思想之外，对诸子百家与历史都有很深的造诣，甚至对基督教和回教等也有兴趣，文学方面以古典为主。所以，就像他的小说和戏曲论所展示的那样，他比当时任何一位知识分子都具有更先进的意识。因此，这些认识背景让李卓吾在评价历史与社会时，常常使用犀利的词句来分辨是非，道出要害。但是，对读者来说，如果没有像李卓吾那样广博的知识基础和语言水平，便如同走进迷宫，很难了解到他字里行间的含义。

晚明的社会背景与李卓吾复杂的心理，也在客观上给后世研究带来了诸多难题。晚明末期的社会思潮以儒佛道混融为形式，以解放个性为内容。知识分子的主要立场是不拘泥于任何一个教义，广泛接受三教，关注其共同点。这种特性与尊重个性的明末社会思潮相契合，发展成为文学解放运动。当时，三教内部都盛行"离经慢教"之风，这是对传统思想新诠释的一种表现方式。李卓吾是热切实践自己主张的思想家中最具代表性的人物。所以，以他为首的左派思想家们主张儒佛道三教的类似性，并否认某个教派是绝对正确的。这种观念给李卓吾的著述带来一个看似矛盾的突出特点，那就是对时代强制的划一思维十分反感，但在某些方面又不会把传统本身说成是毫无价值的。比如：他希望不拘泥于任何教条而自由地思维、活动，但这并不意味着他完全自由自在；他攻击虚伪的道德，但他本身却从未违背道德；他和传统道学之间存在着一种微妙的紧张感，而对现有道学的排斥主要表现为对某些人的发泄，这与他所目睹的现实中的不合理和道学者的表里不一息息相关。所以，他一方面赞扬圣人的伟大；另一方面又无法接受或原谅由圣人及其后学衍生出来的不合理现实。因此，在李卓吾的言论中便同时表露出了对圣人和经典的爱护与憎恨，这就让未曾通读李卓吾作品或是未能把他的论著还原到晚明社会去思考的学人们感到困惑与难解。

笔者在读研究所时曾写过有关李卓吾的硕士学位论文，但当时决心毕业后再也不理睬他了。因为依据笔者当时的知识水平，阅读他的著作就像是在黑夜里摸索不可能拿到的物品一样。可后来经过近30年的一系列曲折，终于翻译出版了几部李卓吾的著作，并写下很多有关他的论文。与此同时，也发现了在韩国对于李卓吾这个宏伟的主题，没有孜孜不倦地研究或出版著作的人，当然，仅写一两篇论文的人还是有的。既然李卓吾本身在韩国还是极具魅力的，那作为研究主题为什么不受欢迎呢？这一疑问让人深思，也促使笔者不断地寻找答案。

李卓吾是一位拥有大陆性消化能力的思想家，集儒佛道、文史哲、天地人于一身，当然不可能是一丝不乱的教条；实际上就像是沸腾熔炉中的混杂物一样，统合在一起后又被分离出来，因而他不仅不偏向于任何一条主线，反而吸收了复杂的社会与人类的否定性侧面，走向统合与个性多样化。所以，即使具备了充分的汉语能力，也还需要对中国历史、文化、哲学体系等都有长期积累的素养，才能深刻地钻研李卓吾的论著。由此可见，难懂的学问、复杂的心理是李卓吾研究处于低迷的内在客观原因，但绝非仅止于此，因为韩国社会的地理、历史等客观现实也使李卓吾研究进展缓慢。

3. 韩国文化的特殊性——道德主义

日本学者小仓纪藏把韩国文化的特性定义为"道德主义"[①]。将道德主义视为韩国哲学的这一观点，从根本上将韩国社会和文化放置到世界史的普遍性中去了，这是依据雅斯贝尔斯规定的"轴心世纪"（Achsenzeit）[②]的观点来理解韩国社会的。

如果从支配手段的角度粗略地概括人类历史，可以将其分为巫术暴力时代、道德宗教时代和科学理性时代。根据勒内·吉拉尔的《暴力与神圣》，巫术时代就是暴力时代，中国历史上的夏代与殷代就属于这种类别。周润发主演的电影《孔子》中有这样一段故事：孔子看到逃过殉葬的少年后，就废除了殉葬制。虽然这似乎不是历史事实，但这一场面象征着到了孔子时代，巫术暴力统治转变为道德统治了。继巫术暴力时代之后的道德宗教时代与公元前5—前4世纪的道德宗教的诞生一脉相承，如果说基督教在西方扎了根，那么在东方儒家就可以理解为起到同样作用的世俗宗教。此后，就是科学理性时代的到来，这是指16世纪前后始于西欧并向全世界发展的近代。

小仓教授正是根据这一理论，将韩国社会置于世界史的发展变化中。通过道德宗教时代的模式来解释韩国社会，这是将特殊性还原为普遍性的分析方式。因此，把韩国社会与文化定性为道德主义的说法才具有了普遍的说服力。同时，这一定性也表明韩国社会和文化的发展方向应该是超越道德宗教时代，走向科学理性时代。

---

① 〔日〕小仓纪藏：《韩国は一个の哲学でアる—"理"と"气"の社会システム》，东京：讲谈社，2011年。
② 轴心世纪（Achsenzeit）：由德国哲学家卡尔·雅斯贝尔斯在《历史的起源与目标》（*The Origin and Goal of History*）中提出的哲学发展理论。他认为，当时世界上主要宗教背后的哲学大约从公元前900年到前200年之间发展起来的。在这期间，不论是中国、印度及西方，都有革命性的思潮涌现。

韩国对李卓吾的接受与研究

李卓吾撰文的根本目的，是要揭穿道德宗教社会的反理性形态。这一宗旨对于尚处道德宗教时代水平的韩国社会来说，自然是很难被广泛地褒扬与接受的。虽然一些人士热烈赞叹卓吾敢说敢做的行为，但对遵从道德主义的大部分韩国人来说，他只是个很难了解的奇人怪人而已。

如果我们挑选一个可以贯穿从朝鲜时代至当今韩国社会的词语，那就应该是朱子学的"理"。从它被当成国家的统治理念以来，"理"哲学已经作为唯一的原则在领土、人、主权、文化等各个方面，支配着朝鲜半岛。那么，韩国的"理"哲学到底是什么呢？其实这个"理"不过是一种普遍原理，就是认为上天即自然规律，和人类社会的道德必须没有丝毫乖违，至少两者得符合一致性的绝对规范。所以，韩国"理"哲学的指向性总是体现为"一体性"，当今时代韩国人的道德指向就是这一传统的延续。

原来"理"只是一种普遍性的运动而已，但只有通过激烈论争，掌握了这一普遍性的人或集团，才可垄断权力和财富。换句话说，"理"既是真理，也是规范权势、金钱乃至衣食住行的源泉。因为每个人在现实生活中的排位都是根据各自体现多少"理"来确定的，甚至连政治集团能否掌握国家权力也与道德哲学紧密相关，所以韩国人的身家性命只能依于这个"理"。如此看来，现今的韩国社会与道学支配下的晚明时代很相似，然而李卓吾的一生都献给了揭开道学的伪善面具。这就意味着，目前一般韩国人的思想感情与不惜用生命的代价来揭示假道学的卓吾及其哲学之间，存在着无法避免的冲突。如此，在韩国对卓吾的关注和研究的消极滞后现象便奇而不怪了。

尽管道德主义文化在一定程度上束缚了韩国的李卓吾研究，但迄今为止，还是有一些热情的学者们从未停止过翻译、研究与宣传。这些努力也在慢慢地扩大着读者对李卓吾的关注度，甚至也可期待促进李卓吾研究走向突破。

五、结语

通过对从朝鲜时代到现今韩国对李卓吾的接受与研究的详细探讨，可知除了日占时期和解放初期的朝鲜战争时期以外，无论是古代朝鲜，还是现代韩国，对与中国晚明时代所有文化现象密切相关的李卓吾的关注和研究一直都在进行着。但是，在成果方面，除了全译本数量的增加之外，论文至今仍是偏重于局部性的主题，且总体上尚处于深度不足、没有明显突破的低迷状态。究其原因，除了李卓吾与其著作的争议性、晦涩性带来的难解之外，韩国自身的因素也是十分重要的。其中最主要的原因是汉字文化的断代和作为韩国社会文化本质的道德主义与李卓吾哲学思想的对立。为此，首先应该大量促进李卓吾著作的翻译与解读工作，以使更多的韩国人能够容易地接触并进而理解李卓吾其人其作。同时，随着韩国社会逐渐向科学理性时代的迈进，现有的道德主义也必将引起人们的理性深思并有所改变。其实，如果李卓吾研究能够不断开拓，李卓吾思想能够广而告之，对韩国社会反思道德主义而迈向科学理性时代也是一种积极的推动。因此，李卓吾研究能否有质的飞跃与韩国社会文化能否有新的突破，可以说是一种同向效果，故两者相得益彰也并非不可期待。

现在许多人已经认识到，韩国社会的思想性与"道学一边倒"的晚明社会氛围很相似，所以，应该更积极地思考李卓吾为什么是韩国迫切需要的思想家，并努力地让人们认识到这一点。尽管很多人为韩国步入先进国的行列而欢呼，但实际上社会的多样性和学术的包容性在韩国还未达到应有的程度。正因缺乏这种社会品德，真正的人文学或面向未来的革新都像是镜花水月一样无法触及。

目前全世界都在讨论第四次产业革命和人工智能，当然这也是韩国的热门议题。但正如技术不会在没有超能想象力发挥的情况下飞速发展一样,在思想方面,只接受符合自己口味的主张而排斥异己之见,就是将"不同"视为"不对"的思维方式带来的弊端。如果韩国对李卓吾的关注与接受能不断进步,在重温李卓吾著作、深思李卓吾哲学之后,亦可摆脱朱子学道德主义的狭隘思维,打破现有的框架。这对韩国人来说,应是如饮甘泉,并随着甘泉的不断喷涌而使沉闷的视野逐渐拓宽。因此,从可有助于韩国社会摆脱道德宗教、唤醒科学理性的思考的意义和价值这一角度来看,我们也应该更加积极地探究李卓吾的批判式思维以及其带给落后意识的冲击。

(作者简介:韩国国立韩巴大学中文系,教授)

从比较视角看李贽思想见解的现代价值

秦学智

李贽（1527—1602）和孔子（前551—前479）是彼此相距大约2000年的人物。一个身处于礼崩乐坏的春秋末年；一个身处程朱理学占统治地位而王阳明（1472—1529）心学也在一些读书人中间流行传播的明中叶。孔子是儒学的奠基人，而李贽很明显是一个受过心学、道学和佛学严重洗礼的儒家知识分子精英。二人在性格、生活态度和习惯、思想观念、历史发展观、才学、胆气、学识等方面既有某些相同或相似之处，也有某些不同或殊异之处。长江后浪推前浪，青出于蓝而胜于蓝。总的来说，李贽对社会发展的规律性认识和把握要胜过孔子。如果说孔子是保守主义、复古主义和讲究君臣等级制的社会发展观，那么李贽就是改革主义、与时俱进和人人平等主义的社会发展观。从李贽去世到现在，420年过去了。时代在前进，思想认识也在不断提高，所以，按照李贽"六经皆史"的观点，无论是孔子、李贽，还是程朱或陆王等，以及他们的思想和著作，都是历史性的了。既然是历史性的，那么他们或它们就不可能承担指导或指引中国现代文化思想建设和创新的大任，但是他们身上或著作思想中一些没有过时、仍然鲜活可贵的思想、精神无疑依然可以成为激励我们进行思想文化建设、民族精神重建和创新的动力源泉。我认为，李贽思想的现代价值根本在于"解放思想，实事求是"。

从比较视角看李贽思想见解的现代价值

一、李贽和孔子思想见解的相同或近似之处

李贽作为一个主张三教归儒的儒者,在一些方面与孔子有着相同或类似的思想见解。

(一)德行合一,言行一致

孔子说:"人而无信,不知其可也。"又说:"德之不修,学之不讲,闻义不能徙,不善不能改,是吾忧也。""其身正,不令而行;其身不正,虽令不从。""邦有道,危言危行;邦无道,危行言孙。"可见,孔子主张人一定要诚实守信,德行合一,言行一致。

李贽也主张求真务实,言行一致。他特别憎恶言行不一、表里不一的伪君子。如李贽评论说:"夫孔子所云言顾行者,何也?彼自谓于子臣弟友之道有未能,盖真未之能,非假谦也。人生世间,惟是此四者终身用之,安有尽期?若谓我能,则自止而不复有进矣。圣人知此最难尽,故自谓未能。己实未能,则说我不能,是言顾其行也。说我未能,实是不能,是行顾其言也。"[①]

(二)用之则行,舍之则藏

孔子和李贽都有积极入世和用世的思想,天下有道则现,无道则隐。按照孔子的话说,就是"用之则行,舍之则藏"。李贽也认为出世或入世,无可无不可。李贽"为求身心俱安,时而出家出世(形式上的),时而入世用世(实质上的)。按李贽的思想,世

---

① 陈仁仁:《〈焚书·续焚书〉校释》,岳麓书社2011年版,第64—65页。

上存在着三大类型的人:辞家出家者(以佛祖释迦为代表,出世圣人)、在家出家者(以孔子为代表,入世圣人)、在家度世者(入世凡人)"①。

李贽和孔子都是努力入世、积极用世的人,都是"明知不可为而为之者"。只要有百分之一的希望,他们就会做百分之百的努力。

(三)立德、立功、立言

李贽和孔子都赞同和认可立德、立功和立言的人生价值观。《论语》中记述说:"齐景公有马千驷,死之日,民无德而称焉;伯夷、叔齐饿于首阳之下,民到于今称之。其斯之谓与?"②孔子一生崇尚尧、舜、禹、汤、文、武、周公等圣贤,他们立德、立功和立言,足以流芳百世。孔子也一直努力向圣贤看齐,立志"谋道不谋食"。

立功不仅决定于自身主观因素,也决定于客观因素,所以立功是可遇不可求的。但是立德、立言全在于自己。孔子、李贽终其一生,都没有立什么功业,但在立德、立言方面做出了比较突出的成绩。孔子说:"克己复礼为仁。一日克己复礼,天下归仁焉。为仁由己,而由人乎哉?"③孔子一生谋道不谋食,追求身后贤名,李贽也有这样的思想,并且李贽比孔子更有以身殉道和追求声名不朽的战斗精神。万历二十二年(1594年),李贽对汪本钶说:"丈夫生于天地间,太上出世为真佛,其次不失为功名之士。若令当世无功,万世无名,养此狗命在世何益?不如死矣。"④李贽希望人们在家做真孝子、在国做真忠臣、在朋友做真义士、在学道参禅做真出世丈夫。

---

① 秦学智:《李贽大学明德教育论》,北京出版社2008年版,第89页。
② 陈晓芬译注:《论语》,中华书局2016年版,第227页。
③ 陈晓芬译注:《论语》,中华书局2016年版,第152页。
④ 张建业:《李贽研究资料汇编》,社会科学文献出版社2013年版,第186页。

只要做真人,不做假人,则"百事无不成办也"①。

(四)重视人伦关系建设

李贽和孔子都是儒者。儒家把人伦关系作为礼乐教化的主要内容之一。孔子说:"弟子入则孝,出则悌,谨而信,泛爱众而亲仁。行有余力,则以学文。"②又说:"君使臣以礼,臣事君以忠。"③这种重视人伦关系的思想也影响到其学生。例如有子说:"其为人也孝弟,而好犯上者,鲜矣;不好犯上,而好作乱者,未之有也。君子务本,本立而道生。孝弟也者,其为仁之本与!"④子夏说:"贤贤易色;事父母,能竭其力;事君,能致其身;与朋友交,言而有信。虽曰未学,吾必谓之学矣。"⑤

李贽继承了儒家重视人伦关系建设的思想,认为"孝则百行之先"⑥,又说"况忠以事君,敬以礼国,委身以报主,忘私忘家又忘身,正孝之大者"⑦。

(五)庶、富、教

庶、富、教是孔子提出的治国理政思想,李贽继承和发扬了孔子的思想,评价说:"一车问答,万古经纶。"⑧可见,李贽同意孔子

---

① 张建业、秦学智、施克灿等:《畅言李贽教育思想研究——李贽教育思想研讨会摘要》,《教育史研究》2010年第1期。
② 陈晓芬译注:《论语》,中华书局2016年版,第4页。
③ 陈晓芬译注:《论语》,中华书局2016年版,第32页。
④ 陈晓芬译注:《论语》,中华书局2016年版,第2页。
⑤ 陈晓芬译注:《论语》,中华书局2016年版,第4页。
⑥ 张建业主编:《李贽文集》第1卷,社会科学文献出版社2000年版,第131页。
⑦ 张建业主编:《李贽文集》第4卷,社会科学文献出版社2000年版,第224页。
⑧ 张建业主编:《李贽文集》第4卷,社会科学文献出版社2000年版,第69页。

治理国家首先要发展人口,其次要发展经济,再次要搞好社会教化的思想。

(六)选贤与能的用人观

孔子感叹舜帝任用五个贤臣、周武王任用十个贤臣而使天下治时说:"周之德,其可谓至德也已矣。"[1]孔子认为,才能卓越的人必须配以相当高的品德,否则"如有周公之才之美,使骄且吝,其余不足观也已"[2]。这正所谓"德薄而位尊,智小而谋大,力小而任重,鲜不及矣"[3]。

和孔子一样,李贽也主张任用贤能的人,并且和孔子一样倡导"躬自厚而薄责于人"[4]。也就是他们都认为天下无弃物,人各有所长,各有所短,用人不能求全责备。比孔子有过之而无不及的是,李贽明确希望政府官员不拘一格、不拘礼法地从狂狷之士中选拔优秀人才。[5]

(七)君子素其位而行

《中庸》中说:"君子素其位而行,不愿乎其外。素富贵,行乎富贵;素贫贱,行乎贫贱;素夷狄,行乎夷狄;素患难,行乎患难,君子无入而不自得焉。在上位不陵下,在下位不援上,正己而不求于人则无怨。上不怨天,下不尤人。故君子居易以俟命,小人行险

---

[1] 陈晓芬译注:《论语》,中华书局2016年版,第103页。
[2] 陈晓芬译注:《论语》,中华书局2016年版,第99页。
[3] 郭彧译注:《周易》,中华书局2006年版,第390页。
[4] 陈晓芬译注:《论语》,中华书局2016年版,第210页。
[5] 秦学智:《李贽大学明德教育论》,北京出版社2008年版,第51-52页。

从比较视角看李贽思想见解的现代价值

以徼幸。"①

李贽和孔子一样都有"君子素其位而行"的思想。其实质是:"处贫贱安贫贱,处富贵安富贵,一切都平平常常,不以贫悲,不以富喜,自然而然,随缘而行。"②

(八)学而不厌,持之以恒

孔子多次直言不讳地评价自己是好学不倦、诲人不倦、乐在学中的人。他说:"十室之邑,必有忠信如丘者焉,不如丘之好学也。"③描述自己说:"其为人也,发愤忘食,乐以忘忧,不知老之将至云尔。"④

李贽在好学不倦方面与孔子非常相似。李贽曾对杨定见说:"且既读书为弟子员,若不终身守业,则又何所事以度日乎?如种田相似,年年不辍,时时不改,有秋之获如此,无成之岁亦如此。安可以一耕不获而遂弃前事耶?念之!念之!"⑤李贽从54岁辞官之后到76岁,20多年如一日,好学不倦,著述不辍,先后撰写了《焚书》《续焚书》《藏书》《续藏书》《九正易因》《史纲评要》等著作,还评点过《水浒传》《西厢记》《浣纱记》《拜月亭》等作品,为世人做出了很好的榜样。

---

① 〔宋〕朱熹:《四书章句集注》,中华书局2011年版,第26页。
② 秦学智:《李贽大学明德教育论》,北京出版社2008年版,第109页。
③ 陈晓芬译注:《论语》,中华书局2016年版,第61页。
④ 陈晓芬译注:《论语》,中华书局2016年版,第85页。
⑤ 陈仁仁:《〈焚书·续焚书〉校释》,岳麓书社2011年版,第513页。

（九）正反典型，好坏为师

孔子曾说："见贤思齐焉，见不贤而内自省也。"[1] 李贽在评论何心隐被杀一事说："不论其败而论其成，不追其迹而原其心，不责其过而赏其功，则二老者皆吾师也。"[2] 李贽将何心隐和杀害何心隐的幕后凶手张居正都称为自己的老师。显而易见，李贽和孔子都把贤人与不贤之人作为自己修炼身心和改过迁善的老师。

二、李贽和孔子思想见解的不同或殊异之处

尽管李贽本质上是一个儒者，但李贽和孔子毕竟不是同一个时代的人物。他们都有各自时代的烙印，而且李贽和孔子一样也富有批判思考、不人云亦云的精神。所以，李贽和孔子必然存在思想认识上的差异。

（一）孔子主张复古，李贽提倡创新进取

孔子反对诸侯和大夫僭越周礼，反对陪臣执国政，反对进行土地私有化改革和税赋改革，抨击礼崩乐坏的社会风气，主张恢复周礼制度，严格遵守君君、臣臣、父父、子子等人伦纲常秩序。也就是说，孔子是复古主义或者保守主义的，这与李贽主张因时用术、实行至人之治和提倡创新进取的开放主义大相径庭。

李贽说："夫人之所以终不成者，谓其效颦学步，徒慕前人之迹为也。不思前人往矣，所过之迹亦与其人俱往矣，尚如何而践

---

[1] 陈晓芬译注：《论语》，中华书局2016年版，第43页。
[2] 陈仁仁：《〈焚书·续焚书〉校释》，岳麓书社2011年版，第41页。

之?"① 又说:"夫大人之学,止于至善。至善者无善之谓,无善则无迹,尚如何而践之!"② 在提出无迹可践的基础上,李贽提出"不必践,不可践,不当践"的主张。

(二)孔子重义轻利,李贽主张义利合一

孔子特别崇尚君子品格。所谓君子,就是品德高尚、重义轻利、德才兼备、文质彬彬、刚毅坚卓和自强不息的人。孔子说:"君子喻于义,小人喻于利。"③ 又说:"君子义以为质。礼以行之,孙以出之,信以成之。君子哉!"④

李贽自然也崇尚做真人,做真君子。但他主张的是义利合一,即按民情民欲来确定礼法的标准,而不是按照孔子所谓的周礼标准。义应当不是根据君主或统治阶级的利益来确定的,而应该根据广大人民群众的根本利益和长远利益来确定。换言之,为己与为人必须是有机统一的。李贽指出:"士贵为己,务自适。如不自适而适人之适,虽伯夷、叔齐同为淫僻;不知为己,惟务为人,虽尧、舜同为尘垢秕糠。此儒者之用,所以竟为蒙庄所排,青牛所呵,而以为不如良贾也。盖其朝闻夕可,虽无异路,至于用世处身之术,断断乎非儒者所能企及。后世稍有知其略者,犹能致清净宁一之化,如汉文帝、曹相国、汲长孺等,自利利他,同归于至顺极治,则亲当黄帝、老子时又何如耶?仆实喜之而习气太重,不能庶几其万一,盖口说自适而终是好适人之适,口说为己而终是看得自己太轻故

---

① 〔明〕李贽:《藏书》,中华书局 1959 年版,第 520—521 页。
② 张建业主编:《李贽文集》第 4 卷,社会科学文献出版社 2000 年版,第 599 页。
③ 陈晓芬译注:《论语》,中华书局 2016 年版,第 43 页。
④ 陈晓芬译注:《论语》,中华书局 2016 年版,第 211 页。

耳。"①在这里，李贽指出即使是尧、舜、伯夷、叔齐那样的圣人，如果不把义利有机统一起来，也是"尘垢秕糠"或"淫僻"。

（三）孔子是以周礼为标准的立德，李贽是以民欲为标准的立德

孔子把周礼规定的君臣、父子、朋友、夫妇、兄弟之道作为立德的标准，但李贽主张以民情、民心、民欲作为立德的标准。他认为"百姓日用即道""穿衣吃饭即人伦物理"。李贽在《焚书》一书中说："穿衣吃饭，即是人伦物理；除却穿衣吃饭，无伦物矣。世间种种皆衣与饭类耳，故举衣与饭而世间种种自然在其中，非衣饭之外更有所谓种种绝与百姓不相同者也。"②

（四）孔子认为圣人君子高高在上，而李贽认为人人平等

孔子崇君抑臣，崇圣抑民，认为"圣人在上，以仁育万物，以义正万民"③。他的思想认识建立在统治阶级的立场上。例如他说："道千乘之国，敬事而信，节用而爱人，使民以时。"④"道之以政，齐之以刑，民免而无耻。道之以德，齐之以礼，有耻且格。"⑤所有政策和方针的出发点都是如何更好地差使百姓、教化黎民，如何巩固和维持统治阶级的统治和利益。

李贽认为人皆可为尧舜，圣人与凡人没有什么根本之不同。他说："人但率性而为，勿以过高视圣人之为可也。尧舜与途人一，圣

---

① 陈仁仁：《〈焚书·续焚书〉校释》，岳麓书社2011年版，第443页。
② 陈仁仁：《〈焚书·续焚书〉校释》，岳麓书社2011年版，第21页。
③ 张文瀚注说：《通书》，河南大学出版社2018年版，第121页。
④ 陈晓芬译注：《论语》，中华书局2016年版，第3页。
⑤ 陈晓芬译注：《论语》，中华书局2016年版，第11页。

从比较视角看李贽思想见解的现代价值

人与凡人一。"①他认为,"孔子也只是众善当中的一个对象,人们不应该专学孔子,受限于孔子一家之学,应该博采众长,广泛阅览。在对待别人见识与自己见识谁高谁低的问题上,人们要能够舍己从人。舍己,就是心中没有自己,只有众人;从人,就是心中没有众人,以众人为自己。只有这样,人们才能真正成为圣贤,掌握圣学正脉"②。他明确指出:"生言及此,非自当于大舜也,亦以不自见圣,而能见人人之皆圣人者与舜同也;不知其言之为迩,而能好察此迩言者与舜同也。"③李贽认为,任何人只要掌握大舜"好察迩言"的方法和精神,那么就能人人自圣。

李贽不仅主张圣贤与凡人平等,而且提倡万物并育而不相害,倡导尊重个性、包容发展。《中庸·第三十章》说:"仲尼祖述尧、舜,宪章文、武;上律天时,下袭水土。辟如天地之无不持载,无不覆帱,辟如四时之错行,如日月之代明。万物并育而不相害,道并行而不相悖,小德川流,大德敦化,此天地之所以为大也。"④李贽继承和坚持"万物并育而不相害"的思想,坚持"各从所好,各骋所长"⑤,"各遂其生,各获其所愿有"⑥,"就其力之所能为,与心之所欲为,势之所必为者以听之,则千万其人者,各得其千万人之心,千万其心者,各遂其千万人之欲。是谓物各付物,天地之所以因材而笃也。所谓万物并育而不相害也"⑦。

由上可见,李贽虽然仍然存有君臣等级观念,但是在学圣成圣方面和官民平等方面已经有了比较朴素的平等和包容发展的观念。

---

① 张建业主编:《李贽文集》第7卷,社会科学文献出版社2000年版,第361页。
② 秦学智:《李贽大学明德教育论》,北京出版社2008年版,第146页。
③ 陈仁仁:《〈焚书·续焚书〉校释》,岳麓书社2011年版,第78页。
④ 〔宋〕朱熹:《四书章句集注》,中华书局2011年版,第38页。
⑤ 〔明〕李贽:《焚书》,中华书局1975年版,第17页。
⑥ 张建业主编:《李贽文集》第7卷,社会科学文献出版社2000年版,第365页。
⑦ 张建业主编:《李贽文集》第7卷,社会科学文献出版社2000年版,第365页。

这比孔子有关的思想认识大大提高。

（五）孔子自以为是，后儒也以孔子之是非为是非，而李贽反对以孔子之是非为是非

孔子自认为"三十而立，四十不惑，五十而知天命，六十而耳顺，七十而随心所欲而不逾矩"。他一生坚持"为政以德"的政治理想，并且在学习、做官和生活方面都坚持周礼的标准和要求，时时处处严于律己，宽以待人。汉武帝开始独尊儒术、罢黜百家，后世儒者将孔子捧为圣人。历代帝王为尊崇孔子而不断对其追封追谥，先后被封被称为"褒成宣尼公""文宣王""至圣文宣王""大成至圣文宣王""大成至圣先师""万世师表""孔圣人"等。但从现代人的眼光看，孔子并非完美无缺、尽善尽美的人。他一心要恢复到西周社会的德政礼治显然是不切实际的幻想，他看不到井田制已经不适应社会生产力发展的基本要求，而土地私有制（地主所有制）将成为未来社会的主要经济制度。他坚持"三年服丧"的旧制，也严重违背了人心变化和未来社会发展的趋势；他坚持君子天然的使命就是治国理政、差使黎民百姓的思想也不符合当代"人民当家做主"的民主要求；等等。

明中叶具有独立思考和批判精神的李贽，显然也清楚地认识到孔子的是与非、优点与缺点，同时也认识到一千多年来形成的"孔圣人"偶像崇拜根深蒂固，不仅严重桎梏和窒息了社会人文思想的创新、进步和发展，而且严重束缚了社会政治、经济、教育、科技、文化生活等社会各方面的创新、进步和发展。所以，李贽所做的一项拨乱反正、正本清源的思想教育工作就是反对以孔子之是非为是非，试图将孔子从神位降到正常的人位上来。

他主要从两方面来拨乱反正。一方面，否定孔子的神圣和完美；

另一方面，指出"六经皆史"，将"六经"知识重新定位为历史文化知识的地位，而否定其"天经地义"的绝对地位。李贽指出："夫天生一人，自有一人之用，不待取给于孔子而后足也。若必待取足于孔子，则千古以前无孔子，终不得为人乎？"[1] 又指出："故《春秋》一经，春秋一时之史也。《诗经》《书经》，二帝三王以来之史也。而《易经》则又示人以经之所自出，史之所从来，为道屡迁，变易匪常，不可以一定执也。故谓'六经'皆史可也。"[2] 由此可见，李贽坚持认为，孔子只不过是一个知名历史人物，他所编撰的"六经"也不过是前人所积累的历史文化知识。既然是历史人物和历史文化知识，那么自然就不可能是百分之百的正确，也自然无法成为后世必须遵循和崇拜的偶像以及全盘照搬的教义教材。如果把过去的历史文化知识捧为不可改变的经典，那么就会与现实实际相脱节，就会造就出表里不一、言行不一的假道学、伪君子，这是李贽断然不可接受的。李贽尖锐地抨击"六经"（《论语》《孟子》等经典）已经成为"道学之口实，假人之渊薮"[3]。

从否定孔子和"六经"的至圣地位出发，李贽倡导遵循自然之道，顺从人情之常，因性牖民，因势利导，重民安民，让人各从所好，各骋所长，各尽其用，反对以一人之见强制天下之人。他说："夫天下之民物众矣，若必欲其皆如吾之条理，则天地亦且不能。是故寒能折胶，而不能折朝市之人；热能伏金，而不能伏竞奔之子。何也？富贵利达所以厚吾天生之五官，其势然也。是故圣人顺之，顺之则安之矣。是故贪财者与之以禄，趋势者与之以爵，强有力者与之以权，能者称事而官，懦者夹持而使。有德者隆之虚位，但取具瞻；高才者处以重任，不问出入。各从所好，各骋所长，无

---

[1] 陈仁仁：《〈焚书·续焚书〉校释》，岳麓书社2011年版，第42页。
[2] 陈仁仁：《〈焚书·续焚书〉校释》，岳麓书社2011年版，第352页。
[3] 陈仁仁：《〈焚书·续焚书〉校释》，岳麓书社2011年版，第173页。

一人之不中用。何其事之易也？虽欲饰诈以投其好，我自无好之可投；虽欲掩丑以著其美，我自无丑之可掩。何其说之难也？是非真能明明德于天下，而坐致太平者欤！是非真能不见一丝作为之迹，而自享心逸日休之效者欤！然则孔氏之学术亦妙矣，则虽谓孔子有学有术以教人亦可也。然则无学无术者，其兹孔子之学术欤！"[1] 在这里，李贽强调要尊重百姓的欲求，主张义利合一，让百姓合法合理地追求想追求的财富、官爵、道德等利益，人尽其才，物尽其用，社会自然就会繁荣昌盛、国强民富。在学术思想上，也不要独尊儒术，而是应该把孔子之学当作众多学术之一，实行百家争鸣、百花齐放的文化政策和方针。显而易见，李贽的思想认知已经突破了孔氏儒学以及程朱理学等变异儒学的桎梏和束缚，发挥了解放和启蒙社会文化思想的作用。

三、李贽思想见解的现代价值

李贽的思想学术具有自己的宗旨、性质和特色，也有着其发展轨迹。其思想学术的基本特征是批判性和集合性、建设性、实践性、启蒙性、功利主义和伦理主义等。[2] 其思想学术既有所处时代的客观因素，也有其主观成因。[3] 李贽评价"六经皆史"，实质是说，过去的任何思想和人物都是历史，这自然也包括李贽的思想学术。因此，李贽的思想学术既有一定的现代价值，也具有一定的局限性。[4] 具体分析李贽思想学术的现代价值，主要表现在其自身具有的启迪性、

---

[1] 陈仁仁：《〈焚书·续焚书〉校释》，岳麓书社2011年版，第43-44页。
[2] 秦学智：《李贽大学明德精神论》，中国传媒大学出版社2007年版，第27-139页。
[3] 秦学智：《李贽大学明德精神论》，中国传媒大学出版社2007年版，第140-220页。
[4] 秦学智：《李贽大学明德精神论》，中国传媒大学出版社2007年版，第222-246页。

从比较视角看李贽思想见解的现代价值

前瞻性价值和传统先进文化成分与精神等方面。它包括但不限于[①]：（1）能够拓宽人们从事教育工作的视野；（2）和社会发展进步趋势在很大程度上吻合，有许多中国传统先进文化成分；（3）很多思想和精神值得我们学习与借鉴，如爱国主义、忠义为上、好学上进、爱憎分明、民主平等、实事求是、言行一致、反对虚伪、揭露腐败、独立思考、敢于批评、法律意识、忧患精神、乐道精神、和合精神、人本精神、笃行精神，以及自由发展人自然之性的主张、道德挂帅和能力本位的思想、至人之治的思想、民本国本的思想等，都值得我们学习和借鉴。

笼统地说，李贽思想学术的现代价值主要在于其批判性和敢于质疑并无私无畏与假道学、伪君子进行随时随地战斗的精神。尽管孔子在追求"仁、义、礼、智、信"等基本道德修养目标上为后世立定了标杆，但总体看来孔子的思想认知是有很大局限性的。孔子的思想仍然停留在封建领主制、分封制的阶段，落后于封建地主土地所有制经济基础之上形成的先进社会思想；孔子是以居高临下的贵族身份来主张实行德政礼治的，是以当然的社会行政管理者的神态和认知来追求圣王明君、贤臣良民的社会蓝图和阶级阶层构架的，具有其所在特定阶级的局限性；孔子的思想是保守主义和复古主义的，而子产、冉求等思想是改革主义和进步主义的。在漫长的中央集权制社会，孔子主张恢复到周代井田制的学说并没有被采纳，但其尊君崇君、轻臣抑臣、尊王攘夷的思想契合了后世君权制度的社会构架。所以其有用的思想部分渐渐成为被统治者改造、采用或利用的教化指导思想。

后世的董仲舒儒学、程朱理学、阳明心学等都是对孔子儒学的发展或变异。董仲舒认为天人合一、天人感应，为儒家的仁礼原则

---

① 秦学智：《李贽大学明德精神论》，中国传媒大学出版社2007年版，第222-252页。

提供了宇宙论根据，杂糅了阴阳五行、法家等诸子百家的学说，使儒学成为强有力的大一统的学说，为中国社会树立了能被统治阶级采用并能为中国封建社会提供教化服务和理论指导的主流意识形态。实现了儒学向制度化思想的转变，推动了天人合一思维方式的发展，"为完成先秦儒学到宋明理学的过渡作了准备"[①]。

程朱理学把天理视为自然万物和人类社会必须遵从的根本法则，并认为天理在社会中的表现就是"三纲五常"等人伦道德。而把人伦道德要控制的对象——人欲——作为天理的对立面，主张"存天理，灭人欲"。程朱理学对传统儒学的理论化和思辨化是在吸收和借鉴佛、道理论的基础上形成的，是儒、释、道三教长期论争和融合发展的结果。因为宋明社会统治阶级重建和维持其封建统治秩序的需要，宋明理学在继董仲舒儒学之后又一次成为统治者青睐的教化指导思想。客观地说，宋明理学追求伦理道德的精神价值，一方面契合了最高统治阶级试图约束和减少官员和百姓物质欲望的愿望（这在生产力不足和社会产品不怎么丰富的社会是必不可少的）；另一方面为官员和百姓树立了精神价值的标杆和道德学习的榜样。这对培养人的道德情操、社会责任感、历史使命感和减少对物质欲望的追求等方面发挥了巨大作用。但事物的发展往往离不开钟摆运动的方式，总是从一个极端走向另一个极端，然后再折返回来，周而复始。所以，到后期，理学的发展就越来越走向极端，脱离人们的生活实际，成为严重约束人类社会经济发展的工具。

到明中叶李贽生活的时代，程朱理学的弊端日益显现。程朱理学严重阻碍着中国资本主义萌芽和因素的发展，也严重影响着人民的日常社会生活。当"存天理，灭人欲"成为可能灭掉一切合理的民情和人欲的工具的时候，人民的日常经济生活和道德生活就会受

---

① 唐名辉：《论董仲舒新儒学的特点》，《长沙铁道学院学报（社会科学版）》2001年第2期。

到极大限制和影响，而冠冕堂皇的官员就可能变成专门约束他人而放纵自己的假道学和伪君子。这种表里不一、言行不一的伪君子和假道学是李贽万万不能忍受的。

李贽反对的是什么？他反对的就是走向极端和严重脱离社会现实的程朱理学、假道学和伪君子。程朱理学以孔子之是非为是非，所以李贽不得不去从根源上批判孔子的错误，以达到动摇程朱理学"三纲五常"根基的效果。李贽指出，"六经"《论语》《孟子》等书皆是知识的固化，是过去的历史，只能作为后世之凭借、参考，不可以成为"万世之至论"，也不能以孔子之是非为是非。李贽批判那些假道学的人"志在温饱，而自谓伯夷、叔齐；质本齐人，而自谓饱道饫德。分明一介不与，而以有莘借口；分明毫毛不拔，而谓杨朱贼仁。动与物迕，口与心违。其人如此，乡人皆恶之矣"①。

李贽坚信"夫天之立君，本以为民尔"②。本着这种基本看法，李贽坚定其敢于质疑和勇敢无畏的精神，"坚其志无忧群魔，强其骨无惧患害"③。他指出："学人不疑，是谓大病。唯其疑而屡破，故破疑即是悟。"④经济学上有个"劣币驱逐良币"的格雷欣法则，传播学上有个"沉默的螺旋"理论，其原理基本类似。当市场上流通着两种实际价值不同而法定比价不变的货币（即劣币和良币）时，良币将会渐渐退出市场，而劣币将会渐渐充斥市场；同样，当舆论场传播着两种权威程度或广泛欢迎程度不一的观点时，大多数人会力图避免受到孤立而人云亦云、随波逐流或沉默不语，或者看到自己赞同的观点受到广泛支持而积极参与进来，使这类观点更加大胆地扩散。这样，社会上盲从盲信的人就多，敢于质疑和批评的人就少。

---

① 陈仁仁：《〈焚书·续焚书〉校释》，岳麓书社2011年版，第220页。
② 张建业主编：《李贽文集》第2卷，社会科学文献出版社2000年版，第6页。
③ 陈仁仁：《〈焚书·续焚书〉校释》，岳麓书社2011年版，第560页。
④ 陈仁仁：《〈焚书·续焚书〉校释》，岳麓书社2011年版，第277页。

总而言之，李贽事实上做到了董仲舒所倡导的"正其谊不谋其利，明其道不计其功"，做到了名满天下。笔者认为，李贽思想给当代人最大的启迪就是：需要不断地解放思想，实事求是，破除迷信、教条主义等，需要做到一切从实际出发，从国家和人民的根本利益出发，从社会问题的解决与法律法规、制度和机制的完善出发，积极主动、切实有效地扫除社会健康和科学发展的障碍，为国家和社会的长治久安和繁荣富强、为人民的和谐幸福与健康富裕做出力所能及的贡献。

（作者简介：中国传媒大学，副教授、博士）

宁折不弯的晚明进步思想家李贽论略

陈笃彬

前言

李贽（1527—1602），字宏甫，号卓吾，又号温陵居士，泉州人，明嘉靖三十一年（1552年）中举人，历任共城教谕，国子监博士、姚安知府。后弃官，寄居黄安、湖北麻城龙湖芝佛院，专心治学。李贽是晚明进步思想家，"主张个性解放与自由，有人称他为反对封建专制主义的启蒙运动的先驱"[1]。作为对后世影响深刻的进步思想家，《明史》中却没有专门为其立传，"是很不公平的，恰恰暴露了作者竭力维护封建'正统'的顽固立场"[2]。李贽的一生始终处于三大矛盾的重压之下，他宁折不弯，最后被明神宗以"敢倡乱道"的莫须有罪名下狱。入狱后，听说朝廷要押解其回泉州，采取"自刎"的极端形式，走完了不满、挣扎、奋斗的一生，以表达对那个时代的不满。

唯心与唯物的矛盾

关于李贽的哲学思想，冯友兰先生认为：李贽是中国哲学史中

---

[1] 白寿彝总主编：《中国通史》第16册，上海人民出版社1989年版，第1692页。

[2] 白寿彝总主编：《中国通史》第16册，上海人民出版社1989年版，第1707页。

唯物主义和唯心主义互相转化的一个例证。[①]白寿彝先生指出：李贽认为"穿衣吃饭即是人伦物理"，从哲学思想看，是一种粗俗的唯物论。[②]黄仁宇先生在《万历十五年》最后一章《李贽——自相冲突的哲学家》中写道："李贽的学说一半唯物，一半唯心，这在当时儒学的思想家中并非罕见。"[③]

李贽哲学思想上的矛盾，可以从其成长经历中看出端倪。李贽父亲讳某，字钟秀，号白斋，郡诸生，塾师。李贽共有弟妹七人。[④]李贽出生时，家庭状况就比较困难了，"未仕前，其家常靠其二叔'馈膳服劳'"[⑤]。"李贽从小就很有个性，六岁丧母，便能自立。"[⑥] 7岁就随其父白斋读书歌诗，习礼文。12岁"父白斋试以《老农老圃论》，为同学们所称赞"[⑦]。在《卓吾论略》中，李贽写道："年十二，试《老农老圃论》。居士曰：吾时已知樊迟之问，在荷蓧丈人间。然而上大人丘乙已不忍也，故曰'小人哉，樊须也'，则可知矣。"[⑧] "14岁，读完《易》《礼》，改攻《尚书》。" 21岁结婚后，离开家乡，"糊口四方，靡日不逐时事奔走。……因此对明朝的腐败政治、社会矛盾、农民生活，以及工商业者的状况，有较深刻的认识"[⑨]。

李贽的哲学思想受王阳明、王畿和王艮的影响很大。王守仁（1472—1529），字伯安，浙江余姚人，弘治十二年（1499年）登进士第，历官南京兵部尚书、左都御史等，因平乱有功，被封新建伯。

---

① 冯友兰：《中国哲学史论文二集》，上海人民出版社1962年版，第393页。
② 白寿彝总主编：《中国通史》第16册，上海人民出版社1989年版，第1697页。
③ 〔美〕黄仁宇：《万历十五年》，九州出版社2014年版，第223页。
④ 张建业主编：《李贽全集注》第26册，社会科学文献出版社2010年版，第419页。
⑤ 张建业主编：《李贽全集注》第26册，社会科学文献出版社2010年版，第420页。
⑥ 白寿彝总主编：《中国通史》第16册，上海人民出版社1989年版，第1692页。
⑦ 〔日〕铃木虎雄：《李卓吾年谱》，厦门大学历史系编：《李贽研究参考资料》第一辑，福建人民出版社1975版，第94页。
⑧ 张建业主编：《李贽全集注》第1册，社会科学文献出版社2010年版，第131页。
⑨ 白寿彝总主编：《中国通史》第16册，上海人民出版社1989年版，第1693页。

因筑室会稽阳明洞中，创办阳明书院，人称阳明先生。在与程朱理学论辩过程中，王守仁建立了心学。张立文先生主编的《中国学术通史（宋元明卷）》一书指出，心学的要旨，一是"针对程朱理学'外吾心以求物理'和'析心与理而为二'的支离弊病，王阳明力求将'物理'与'吾心'和合起来。为此他提出了两大著名的'立言宗旨'——'心即理'与'知行合一'，作为'对病的药'拯救每况愈下的学术文化"①。二是"心之本体便是知"。"王阳明的心知本体论要解决的关键问题是，如何将仁义礼智等道德规范贯彻到智能系统，使其发挥'知恶知善'的监察作用和'为善去恶'的控制功能。"②三是知行合一致良知。"在诠释文本方面，阳明心学与朱子理学的学术冲突聚焦在对《大学》'格物致知'的解释上。"③为此王阳明提出了"知行合一"与"致良知"两大功夫学说。李贽在《阳明先生年谱后语》中写道："不幸年甫四十，为友人李逢阳、徐用检所诱告我龙溪王先生语，示我阳明王先生书，乃知得道真人不死，实与真佛、真仙同。虽倔强不得不信之矣。"④从此李贽开始了对王学的探索。在后来的著述中，李贽多次提到了王学，并倾注心血完成了《阳明先生道学钞》与《阳明先生年谱》的编纂工作。

王畿（1498—1583），字汝中，别号龙溪，山阴人，嘉靖十一年（1532年）登进士第，官至南京兵部武选郎中。王畿为王阳明的入室弟子，深受王阳明主观唯心主义的影响，提出："人知神之神，不知不神之为神，无知之知，是为真知；罔觉之修是为真修。"⑤而

---

① 张立文主编：《中国学术通史（宋元明卷）》，人民出版社2004年版，第461页。
② 张立文主编：《中国学术通史（宋元明卷）》，人民出版社2004年版，第466页。
③ 张立文主编：《中国学术通史（宋元明卷）》，人民出版社2004年版，第471页。
④ 〔明〕李贽：《阳明先生道学钞》，首都师范大学出版社2019年版，第265页。
⑤ 〔明〕王畿：《龙溪王先生全集》，江苏大学出版社2019年，第156页。

这实际已经接近"禅学唯心主义"[1]。王畿还引进禅宗之言，来说明他的主张："夫何思虑，非不思不虑也。所思所虑，一出于自然，而未尝有别思别虑，我何容心焉。……惠能曰：'不思善，不思恶，却又不断百思想。'此上乘之学，不二法门也。"[2]李贽入禅与深受王畿影响有关。在《复焦弱侯》一文中，李贽写道："世间讲学诸书，明快透髓，自古至今未有如龙溪先生者。弟旧收得颇全，今俱为人取去，无一存者。诸朋友中读经既难，读大慧《法语》及中峰《广录》又难，惟读龙溪先生书，无不喜者。以此知先生之功在天下后世不浅矣。"[3]李贽皈依佛门，写了不少佛学著作。李玉昆先生在《李贽的佛学思想》一文中指出："李贽的佛学著作包括对佛经、佛学著作的题解、释读、序跋、游览寺院、听讲经的诗等。"出了16篇题解、释读；10篇序跋；11首诗。[4]李先生认为：李贽"与佛教发生关系应在30岁。……对佛教有深入研究在50岁入滇为云南姚安太守时"[5]。在20多年的佛学研究中，李贽"以禅为主，禅净双修"[6]，"主张众生平等，认为人人皆具佛性，人人皆可成佛"[7]。万历十四年（1586年），李贽在《答耿司寇》一文中清楚地表明了自己的佛学思想。李贽写道："圣人不责人之必能，是以人人皆可以为圣。故阳明先生曰：'满街皆圣人。'佛氏亦曰：'即心即佛，人人是佛。夫惟人人之皆圣人也，是以圣人无别不容已道理可以示人也。'故曰：'予欲无言。'夫惟人人之皆佛也，是以佛未尝度众生也。无众生相，安有人相？无道理相，安有我相？无我相，故能舍己；无人相，故

---

[1] 侯外庐等主编：《宋明理学史》，西北大学出版社2018年版，第975页。
[2] 〔明〕王畿：《龙溪王先生全集》，江苏大学出版社2019年版，第259-260页。
[3] 张建业主编：《李贽全集注》第1册，社会科学文献出版社2010年版，第110-111页。
[4] 泉州市李贽学术研究会：《李贽与东亚文化》，厦门大学出版社2016年版，第230页。
[5] 泉州市李贽学术研究会：《李贽与东亚文化》，厦门大学出版社2016年版，第225页。
[6] 泉州市李贽学术研究会：《李贽与东亚文化》，厦门大学出版社2016年版，第228页。
[7] 泉州市李贽学术研究会：《李贽与东亚文化》，厦门大学出版社2016年版，第227页。

能从人。非强之也,以亲见人人之皆佛而善与人同故也。善既与人同,何独于我而有善乎?人与我既同此善,何有一人之善而不可取乎?"①当然李贽也为其落发为僧辩护过,在给学生曾继泉的信中,李贽写道:"其所以落发者,则因家中闲杂人等时时望我归去,又时时不远千里来迫我,以俗事强我,故我剃发以示不归,俗事亦决然不肯与理也。又此间无见识人多以异端目我,故我遂为异端以成竖子之名。兼此数者,陡然去发,非其心也。实则以年纪老大,不多时居人世故耳。"②同时"李贽虽入空门,却没有受戒,也不参加僧众唪经祈祷"③。而李贽的辩护、没有受戒和不参加僧众唪经祈祷实际也是其矛盾的哲学思想的另一种表现。

另外,当李贽提到"穿衣吃饭即是人伦物理",就站到了王艮这一边。王艮(1483—1540),字汝止,号心斋,出身盐户,发愤自学,成为一代宗师。王艮是王阳明的信徒,也是泰州学派的创始人。《明史》云:"王氏弟子有遍天下,率都爵位有气势。艮以布衣抗其间,声名反出诸弟子上。然艮本狂士,往往驾师说上之。"④《中国学术通史(宋元明卷)》一书指出:"王艮的重要学术思想有三:一是'淮南格物说',二是'明哲保身论',三是'百姓日用之学'。"⑤王艮认为,格物的实质就是要校正规矩,以此解决"社会贫富与国家治乱问题"。只有"明哲保身"才能实现"明明德""亲民""止于至善",因此"尊身、爱身和保身是首要的人伦物理"⑥。王艮在实践上进一步发挥了王学,"他所说的'百姓日用即道'、'百姓日用条理

---

① 张建业主编:《李贽全集注》第1册,社会科学文献出版社2010年版,第72页。
② 张建业主编:《李贽全集注》第1册,社会科学文献出版社2010年版,第129页。
③ 〔美〕黄仁宇:《万历十五年》,九州出版社2014年版,第213页。
④ 《明史》,上海古籍出版社1986年版,第793页。
⑤ 张立文主编:《中国学术通史(宋元明卷)》,人民出版社2004年版,第480页。
⑥ 张立文主编:《中国学术通史(宋元明卷)》,人民出版社2004年版,第480–481页。

处，即是圣人条理处'，又正是王学的发挥，因为王阳明的知行合一说，其宗旨在于知圣人之道，行圣人之志"[①]。李贽在《储瓘》一文中表明自己属泰州学派："心斋之子东崖公（王襞），贽之师。东崖之学，实出自庭训，然心斋先生在日，亲遣之事龙溪于越东，与龙溪之友月泉老衲矣，所得更深邃也。东崖幼时，亲见阳明。"[②] 受王艮的主观唯物主义的影响，在《答邓石阳》一文中，李贽写道："穿衣吃饭，即是人伦物理；除却穿衣吃饭，无伦物矣。世间种种皆衣与饭类耳，故举衣与饭而世间种种自然在其中，非衣饭之外更有所谓种种绝与百姓不相同者也。学者只宜于伦物上识真空，不当于伦物上辨伦物。"[③]

李贽也曾想通过中西文化碰撞来解决哲学思想的矛盾。利玛窦（1552—1610），旅居中国的意大利耶稣会传教士，学者。利玛窦自称"西儒"，是第一位"阅读中国文学并对中国典籍进行钻研的西方学者"[④]。李贽与利玛窦有过两次交游：一次是万历二十七年（1599年）在南京；另外两次是万历二十八年（1600年）在济宁。[⑤] 第一次会面是李贽出席了在南京大理寺卿李汝珍府中举行的儒、释辩论会，辩论的主角是当时释坛名僧雪浪大师和利玛窦。双方就人性善恶、万物的创造等问题展开讨论。[⑥] 在辩论中，只有李贽一个人"始终保持沉默"[⑦]。第二次会面是李贽拜访利玛窦。李贽是一位特立独行的学者，他去拜访利玛窦，说明他对"东西两种先进思想的碰撞

[①] 〔美〕黄仁宇：《万历十五年》，九州出版社2014年版，第225页。
[②] 张建业主编：《李贽全集注》第3册，社会科学文献出版社2010年版，第276页。
[③] 张建业主编：《李贽全集注》第1册，社会科学文献出版社2010年版，第8页。
[④] 《中国大百科全书》总编委会：《中国大百科全书》第14册，中国大百科全书出版社2009年版，第58-59页。
[⑤] 许建平：《李卓吾传》，东方出版社2004年版，第349-357页。
[⑥] 许建平：《李卓吾传》，东方出版社2004年版，第352-354页。
[⑦] 《利玛窦中国札记》，何高济等译，中华书局2010年版，第358-359页。

与交流的强烈欲望"[1]。第三次会面是利玛窦回访李贽,在此次回访中,"主宾二人久久谈论宗教问题,但李贽不愿争论或反驳,只是宣称我们的宗教不错"[2]。李贽与利玛窦有过交游后,有友人提及此事,李贽在《与友人书》中做了回复。李贽在《与友人书》中,对利玛窦这个人是赞赏有加的,对中西文化的碰撞是欢迎的。李贽写道:利玛窦"住在南海肇庆几二十载,凡我国书籍无不读,请先辈与订音释,请明于四书性理者解其大义,又请明于六经疏义者通其解说,今尽能言我此间之言,作此间之文字,行此间之礼仪,是一极标致人也"[3]。然而,李贽想通过这种碰撞解决哲学思想矛盾的愿望破灭了。在《与友人书》的最后,李贽写道:"但不知到此何为,我已经三度相会,毕竟不知到此何干也。意其欲以所学易吾周孔之学,则又太愚,恐非是尔。"[4]这种"不知何为"论,是对利玛窦传教的否定,实际上也是对西学的全面否定,因为西学并不能帮助李贽解决哲学思想上的矛盾。

在矛盾的哲学思想的冲击之中,李贽进一步发挥了王守仁、王畿及王艮的思想,将关注点集中在现实社会、现实生活,形成了反封建压迫反传统思想的民主思想[5],包括反对封建束缚,要求自由发展人们的"自然之性"[6];反对封建等级制,提出"侯王与庶人同等"的平等思想[7];提出不以孔子之是非为是非,对封建理学进行了批判等[8],形成了自己的政治观、历史观、文学观、教育观等。然而,作

---

[1] 樊树志:《晚明史:1573—1644》,复旦大学出版社 2015 年版,第 166 页。
[2] 〔法〕裴化行:《利玛窦神父传》,管震湖译,商务印书馆 1993 年版,第 263 页。
[3] 汤开建:《利玛窦明清中文文献资料汇释》,上海古籍出版社 2017 年版,第 394 页。
[4] 汤开建:《利玛窦明清中文文献资料汇释》,上海古籍出版社 2017 年版,第 394–395 页。
[5] 张建业主编:《李贽全集注》第 1 册,社会科学文献出版社 2010 年版,第 9 页。
[6] 张建业主编:《李贽全集注》第 1 册,社会科学文献出版社 2010 年版,第 9 页。
[7] 张建业主编:《李贽全集注》第 1 册,社会科学文献出版社 2010 年版,第 11 页。
[8] 张建业主编:《李贽全集注》第 1 册,社会科学文献出版社 2010 年版,第 14 页。

为一位进步思想家，由于关注社会、关注民生，在晚明的历史条件下，李贽"写来写去，还总是和官僚政治相关，加之名望越来越大，'祸逐名起'，这就无怪乎招致杀身之祸了"[1]。

理想与现实的矛盾

李贽对自己的评价比较高。他认为自己的著作为"万世治平之书，经筵当以进读，科场当以选士，非漫然也"[2]。而他的这种理想却被现实碾压得粉碎。在理想与现实的碰撞当中，李贽形成了宁折不弯的斗争精神。

首先是宦途不顺。李贽在嘉靖三十一年（1552年）乡试中举后，就不再参加进士考试，做官去了。开始，他被任命为河南卫辉府共城教谕，这与他原来的愿望有很大的差别。在《卓吾论略》中，李贽写道："初意乞一官，得江南便地，不意走共城万里。"[3]这种不如意，加上他从小养成的倔强性格，"于是他从跨入宦海的第一天开始，就抱着为生活所迫，而'不容不与世相接'的态度"。除了公事之外，就是闭门读书。[4]这样的态度与上司的冲突是难免的，在《感慨平生》中，李贽写道："为县博士，即与县令、提学触。"[5]在这种环境中待了五年，"在百泉五载，落落不闻道，卒迁南雍以去"[6]。共城有百门泉故称百泉。嘉靖三十九年（1560年），李贽离开共城到

---

[1]〔美〕黄仁宇：《万历十五年》，九州出版社2014年版，第215页。
[2] 张建业主编：《李贽全集注》第3册，社会科学文献出版社2010年版，第135页。
[3] 张建业主编：《李贽全集注》第1册，社会科学文献出版社2010年版，第233-234页。
[4] 白寿彝总主编：《中国通史》第16册，上海人民出版社1989年版，第1694页。
[5] 张建业主编：《李贽全集注》第2册，社会科学文献出版社2010年版，第110页。
[6] 张建业主编：《李贽全集注》第1册，社会科学文献出版社2010年版，第234页。

南雍,南京国子监任博士。"数月,闻白斋公(李贽之父)没,守制东归。"①

守制三年后,李贽携带家眷"尽室入京"。"居京邸十阅月,不得缺,囊垂今,乃假馆受徒,馆复十余月,乃得缺,称国子先生,如旧官。"②然而性格使然,"为太学博士,即与祭酒、司业触。如秦、如陈、如潘,如吕,不一而足矣"③。与之有抵触的包括国子监祭酒秦鸣雷、陈以勤以及司业潘晟、吕调阳等人。④不久,李贽家庭连遭不幸,"未及竹轩大夫(李贽祖父)讣至。是日也,居士次男亦以病卒于京邸"⑤。

在南北奔忙多年之后,李贽"补礼部司务,官秩从九品,是一个比国子监博士待遇更低的穷差事"⑥。就在这样一个位置上,李贽还是"即与高尚书、殷尚书、王侍郎、万侍郎尽触也"⑦。他只好离开北京到南京任刑部员外郎,是年他已四十七岁。⑧虽早过"不惑之年",李贽还是没有领悟为官之道,"最苦者,为员外郎不得尚书谢、大理卿董并汪意。谢无足言矣,汪与董皆正人,不宜与余抵……又最苦而遇尚书赵。赵于道学有名。孰知道学益有名而我之触益又甚也"⑨。

万历五年(1577 年),李贽五十一岁,出任云南姚安知府,官秩正四品。应该说李贽在姚安知府任上三年,以德化人,无为而治,

---

① 张建业主编:《李贽全集注》第 1 册,社会科学文献出版社 2010 年版,第 234 页。
② 张建业主编:《李贽全集注》第 1 册,社会科学文献出版社 2010 年版,第 234 页。
③ 张建业主编:《李贽全集注》第 2 册,社会科学文献出版社 2010 年版,第 110 页。
④ 白寿彝总主编:《中国通史》第 16 册,上海人民出版社 1989 年版,第 1695 页。
⑤ 张建业主编:《李贽全集注》第 1 册,社会科学文献出版社 2010 年版,第 234 页。
⑥ 白寿彝总主编:《中国通史》第 16 册,上海人民出版社 1989 年版,第 1695 页。
⑦ 张建业主编:《李贽全集注》第 2 册,社会科学文献出版社 2010 年版,第 110 页。
⑧ 〔日〕铃木虎雄:《李卓吾年谱》,厦门大学历史系编:《李贽研究参考资料》第 1 册,福建人民出版社 1975 年版,第 94 页。
⑨ 张建业主编:《李贽全集注》第 2 册,社会科学文献出版社 2010 年版,第 110 页。

在少数民族地区采取比较灵活的做法,得到了一些官员和民众的拥护。[1]道光《云南通志》记载:"李载贽,晋江人,举人,万历五年,知姚安府事。性严洁,民间罹火灾,为建火神庙,祈而禳焉。在官三年,自劾免归,士民攀辕卧道,车不能发。"[2]然而李贽还是与上司不和,"最后为郡守,即与巡抚王触,与守道骆触。王本下流,不必道矣。骆最为相知,其人最号有能有守,有文学,有实行,而终不免与之触,何耶?渠过于刻厉,故遂不免成触也"[3]。

对于宦途不顺,李贽认为:"余唯以不受管束之故,受尽磨难,一生坎坷。"[4]黄仁宇先生也赞同这种看法,"李贽好强喜辩,不肯在言辞上为人所屈,在做官的时候也经常与上司对抗"[5]。然而,从深层次认识这种"触",不仅仅是性格上的问题,实际上是对封建统治阶级尔虞我诈、鱼肉百姓的一种不满,是李贽反封建思想与封建官僚维护封建统治阶级思想之间的冲突,是李贽宁折不弯斗争精神的表现。

其次是为学遭评。为官到处与人触,李贽干脆就放弃了时人所认为的科考入仕的"正道",辞官一心向学。万历八年(1580年),"三月,知府任职即将期满。按例,三年任满,有政绩者可以升官。但是李贽不等期满,即携家眷到楚雄见巡按刘维,请求辞官"[6]。然而对李贽来说,一心向学的道路并不平坦。

耿定理(1534—1584),字子庸,号楚倥,人称八先生,湖北黄安人,是李贽隆庆六年(1572年)在南京讲学时结识的朋友。耿

---

[1] 白寿彝总主编:《中国通史》第16册,上海人民出版社1989年版,第1698页。
[2] 张建业主编:《李贽全集注》第26册,社会科学文献出版社2010年版,第328页。
[3] 张建业主编:《李贽全集注》第2册,社会科学文献出版社2010年版,第110页。
[4] 张建业主编:《李贽全集注》第2册,社会科学文献出版社2010年版,第110页。
[5] 〔美〕黄仁宇:《万历十五年》,九州出版社2014年版,第212页。
[6] 张建业主编:《李贽全集注》第26册,社会科学文献出版社2010年版,第441页。

定理一生不为官,潜心学问,与李贽交情甚笃。耿定理去世后,李贽专门写了《耿楚倥先生传》,以为纪念。万历五年(1577年),李贽赴任姚安知府,途中专程到黄安拜访耿定理,"便有弃官留住之意"。经劝说之后,将女儿女婿留在黄安,并与耿定理约定:"待吾三年满,收拾得正四品禄俸归来为居食计,即与先生同登斯岸矣。"① 万历九年(1581年),李贽弃官后就直接到了黄安耿定理家,耿氏兄弟将其一家人安排在城外五云山中的天窝书院。李贽写道:"侗天为我筑室天窝,甚整……绝尘世,怡野逸,实无别样出游志念,盖年来精神衰甚,只宜隐也。"② 耿定向(1524—1596),耿定理之兄,字在伦,号楚侗,又号天台。嘉靖三十五年(1556年)登进士第,历任御史、侍郎、户部尚书等,是明代著名的思想家之一。耿定向推崇王阳明的心学,以"私淑"王艮自居。在《明儒学案》中,黄宗羲将耿定向归入泰州学案。在上书奏请祭祀王守仁等人奏疏中,耿定向写道:"乃其讲学淑人,单揭要指曰'致良知'云者,即孔子之所谓仁,是人之所以生生者也。本诸身而能视能听,能言能动;显诸伦而为忠为孝,为弟为信。"③ 由于耿氏兄弟的照顾,李贽在天窝书院著书立说,教授耿家子弟,活得十分自在。

然而,耿定理去世后,李贽与耿定向的冲突就白热化了。明代文学家袁中道在《李温陵传》中记:"子庸死,子庸之兄天台公惜其(指李贽)超脱,恐子侄效之,有遗弃之病,数致箴切。"④ 这场晚明泰州学派的左右之辩拉开序幕后,李贽在《耿楚倥先生传》一文中指出了自己与耿定向在理论上的主要区别是:"天台兄亦终守'人伦之至'一语在心,时时恐余有遗弃之病。余亦守定'未发之中'一

---

① 张建业主编:《李贽全集注》第2册,社会科学文献出版社2010年版,第22页。
② 张建业主编:《李贽全集注》第3册,社会科学文献出版社2010年版,第138页。
③ 傅秋涛点校:《耿定向集》,华东师范大学出版社2015年版,第62页。
④ 张建业主编:《李贽全集注》第26册,社会科学文献出版社2010年版,第158页。

言，恐天台兄或未窥物始，未察伦物之原。故往来论辩，未有休时，遂称扦格，直至今日。"[1]"人伦之至"坚持的是儒学的道统，而"未发之中"追求的是人的自由、解放。开始两人之间只是辩论，在辩论之中，耿定向的劣势显而易见。黄宗羲当然是不赞同李贽观点的，但在《明儒学案（恭简耿天台先生定向）》一文中，黄宗羲描述了这种劣势："先生因李卓吾鼓倡狂禅，学者靡然从风，故每每以实地为主，苦口匡救。然又拖泥带水，于佛学半信半不信，终无以压服卓吾。"[2]李贽的《焚书》刊印之后，两人之间的辩论公之于世，这种劣势也就公之于世了。耿定向为此给友人写了一封信对李贽进行攻击。李贽得知此信后，写了《答周柳塘》一信加以反驳。李贽写道："耿老与周书云：'往见说卓吾狎妓事，其书尚存，而顷书来乃谓弟不能参会卓吾禅机。'……又谓：'鲁桥诸公之会宴邓令君也，卓吾将优旦调弄，此亦禅机也，打滚意也。'……又谓：'卓吾曾强其弟狎妓，此亦禅机也。'又谓：'卓吾曾率众僧人一嫠妇之室乞斋，卒令此妇冒帷簿之羞，士绅多憾之，此亦禅机也。'"[3]从信中的内容可以看出，这场辩论已经发展成为人身攻击，变为相讦了。在相讦中，双方弟子纷纷选边站队。乾隆《泉州府志》载："（李贽）顾持论与定向不合，两家门徒标榜角立。于是趣妻女归，自称流寓客子。"[4]这场晚明泰州学派的左右之辩，是以相谅为结局的，而且李贽在这场争辩中思想逐步成熟，许多著述，包括《童心说》等名篇应运而生。然而，这场争辩也给李贽造成了巨大的伤害。由于耿定向任过户部尚书，又是当地名门望族，于是地方官员借这个机会开始驱逐和迫害李贽。沈𨥉在《李卓吾传》一文中写道："黄郡太守

---

[1] 张建业主编：《李贽全集注》第26册，社会科学文献出版社2010年版，第22页。
[2] 〔清〕黄宗羲：《明儒学案》，中华书局2008年版，第815页。
[3] 张建业主编：《李贽全集注》第1册，社会科学文献出版社2010年版，第218—219页。
[4] 乾隆《泉州府志》卷五十四，泉州志编纂委员会办公室1984年影印，第44页。

宁折不弯的晚明进步思想家李贽论略

及兵宪王君,亟榜逐之。谓黄有左道,诬民惑世。捕曹吏持载贽急,载贽入衢州,过武昌。"①即使到了武昌,李贽也遭到耿定向弟子的驱逐。"不肖株守黄、麻一十二年矣,近日方得一览黄鹤之胜,尚未眺晴川、游九峰也,即蒙忧世者有左道惑众之逐。"②

李贽的为学遭讦最主要的还是来自朝廷。曾担任过吏部尚书的明代著名学者朱国祯在《涌幢小品》中写道:"今日士风猖狂,实开于此,全不读《四书》本经,而李氏《藏书》《焚书》,人挟一册,以为奇货。坏人心,伤风化,天下之祸,未知所终也。"③李贽的思想当然有其独特之处,否则怎么会"人挟一册,以为奇货"?在出任姚安知府之前,李贽"已经享有思想家的声望,受到不少文人学者的崇拜。这些崇拜者之中有人后来飞黄腾达,或任尚书侍郎,或任总督巡抚"④。李贽也有其志同道合的朋友,比如曾任监察御史的马经纶,在芝佛寺被焚、李贽无家可归之时,"冒雪走三千里,访之黄檗山中,随携而北以避楚难云耳"⑤。万历三十年(1602年),李贽七十六岁。《九正易因》完成后,李贽"健康恶化,病情日重。二月五日,作《遗言》,付随从僧徒"⑥。《遗言》中写道:"春来多病,急欲辞世,幸于此辞,落在好朋友之手,此最难事,此余最幸事,尔等不可不知重也。"⑦马经纶根据《遗言》,为其选了墓地。然而朝廷没有放过这位特立独行、重病缠身的异端。是年闰二月,礼科给事中张问达上特疏劾奏李贽。在奏疏中,张问达提出,《藏书》《焚书》《卓吾大德》等书"流毒海内,惑乱人心。以吕不韦、李园为智谋,

---

① 张建业主编:《李贽全集注》第26册,社会科学文献出版社2010年版,第118页。
② 张建业主编:《李贽全集注》第1册,社会科学文献出版社2010年版,第133页。
③ 张建业主编:《李贽全集注》第26册,社会科学文献出版社2010年版,第200页。
④ 〔美〕黄仁宇:《万历十五年》,九州出版社2014年版,第209页。
⑤ 张建业主编:《李贽全集注》第26册,社会科学文献出版社2010年版,第105页。
⑥ 张建业主编:《李贽全集注》第26册,社会科学文献出版社2010年版,第482页。
⑦ 张建业主编:《李贽全集注》第26册,社会科学文献出版社2010年版,第482页。

以李斯为才力，以冯道为吏隐，以卓文君为善择佳偶，以司马光论桑弘羊欺武帝为可笑，以秦始皇为千古一帝，以孔子之是非为不足据，狂诞悖戾，未易枚举，大都刺谬不经，不可不毁者"①。神宗收到特疏后，立即下旨："李赞敢猖（倡）乱道，惑世诬民，便令厂卫五城严拿治罪。其书籍已刊未刊者，令所在官司尽搜烧毁，不许存留。如有徒党曲庇私藏，改科及各有司访参奏来并治罪。"②

李贽至死也不明白，为什么他会因为"千百世后"流传的著作而获罪。被捕后，遭到审问时，李贽宁折不弯，他的回答是："罪人著书甚多，具在，于圣教有益无损。"③

最后是入禅受诬。与耿定向交恶之后，万历十三年（1585年），李贽离开了黄安，徙居麻城城内维摩庵。他让女婿庄纯夫护送家眷回泉州老家，自己继续著书立说，与耿定向辩论。④在王畿影响下，李贽有了入禅的愿望。送走家眷后，孤身一人，李贽于万历十六年（1588年）夏，"剃去头发，仅留胡须，以异端自居"⑤。李贽在麻城的讲学活动以及收女弟子之事引起了非议，有人指责他"宣淫败俗"。李贽干脆从城内"移居城东龙潭湖芝佛寺"⑥。芝佛寺又称芝佛院，方丈是李贽的朋友。芝佛院建筑规模宏大，鼎盛时期有僧侣四十余人。李贽居住的地方"位于全院的最后山巅之处，极目四望，水光山色尽收眼底。……李贽是全院唯一的长老及信托者。其创建和维持的经费，绝大部分来自他一人向外界的募捐。……他过去没有经历过富裕的生活，但在创建佛院之后，却没有再出现过穷

---

① 张建业主编：《李贽全集注》第26册，社会科学文献出版社2010年版，第326页。
② 张建业主编：《李贽全集注》第26册，社会科学文献出版社2010年版，第326页。
③ 张建业主编：《李贽全集注》第26册，社会科学文献出版社2010年版，第326页。
④ 张建业主编：《李贽全集注》第26册，社会科学文献出版社2010年版，第447-448页。
⑤ 张建业主编：《李贽全集注》第26册，社会科学文献出版社2010年版，第449页。
⑥ 张建业主编：《李贽全集注》第26册，社会科学文献出版社2010年版，第448-449页。

困的迹象"①。在此期间，李贽外出讲学、在南京刻印《藏书》、与利玛窦有过几次交游。因为对这阶段生活和为学比较满意，李贽还有了"麻城是他的葬身之地"的想法。②然而令人愤慨的是地方官员和当地的卫道士没有放过他。万历二十八年（1600年）冬天，湖广按察司金事冯应京到任，与当地的官员和士绅勾结，采取极端措施，雇用打手，以"'维持风化'为幌子，在'逐游僧、毁淫寺'的口号下，气势汹汹地对李贽再次进行驱逐和迫害，拆毁了芝佛院，烧毁了他修的埋骨塔"③。在其学生杨定见帮助下，李贽逃到河南商城黄檗山中，后被学生马经纶接到通州。到通州后，李贽"病势不断恶化，经常卧床不起"④。在此期间，李贽"致力于《易经》的研究。这部书历来被认为精微奥妙，在习惯上也是儒家学者一生最后的工作，其传统肇始于孔子"⑤。李贽的入禅也成为朝廷逮捕他的缘由之一。张问达在劾疏中给李贽罗织了这样的罪名："尤可恨者，寄居麻城，肆行不简，与无良辈游于庵院，挟妓女，白昼同浴，勾引士人妻女入庵讲法。……又作《观音问》一书，所谓观音者皆士人妻女也。……迩来缙绅士大夫亦捧咒念佛，奉僧膜拜，手持数珠，以为律戒；室悬妙像，以为皈依，不知遵孔子家法，而溺意于禅教沙门者，往往出矣。"⑥这些莫须有的罪名给了神宗皇帝逮捕李贽的充分理由。

李贽的入禅也与其宁折不弯的斗争精神有关。李贽入禅是有原因的："人多以异端目我，故我遂为异端以成竖子之名。"⑦他不惜以落发入禅来与假道学决裂，以异端自居，也是为了追求"人人皆可

---

① 〔美〕黄仁宇：《万历十五年》，九州出版社2014年版，第209页。
② 〔美〕黄仁宇：《万历十五年》，九州出版社2014年版，第209页。
③ 白寿彝总主编：《中国通史》第16册，上海人民出版社1989年版，第1705页。
④ 白寿彝总主编：《中国通史》第16册，上海人民出版社1989年版，第1705页。
⑤ 〔美〕黄仁宇：《万历十五年》，九州出版社2014年版，第236页。
⑥ 张建业主编：《李贽全集注》第26册，社会科学文献出版社2010年版，第326页。
⑦ 张建业主编：《李贽全集注》第1册，社会科学文献出版社2010年版，第129页。

成佛"，"满街皆圣人"的民主平等的社会理想。日本学者沟口雄三认为："李卓吾对异端的自觉意识，他的孤绝的自觉意识，不是由于他脱离了世俗之后才获得的，相反，这是他最为真挚地生活于世俗世界的结果。他通过将世俗生活中的矛盾呈现于自身，在受到伤害的自身的痛感之中，磨砺了他自身的自觉意识。"[1]

个人与家族的矛盾

李贽入狱之后，没有受到太多的折磨。明代文学家袁中道在《李温陵传》中写道："大金吾笑其倔强，狱竟无所置词，大略止回籍耳。久之旨不下，公于狱舍中作诗自如。"[2]罪不至死，为什么李贽会用剃刀自刎呢？关键在于"押解回籍"，这是压垮李贽的最后一根稻草。

李贽是有浓厚家国情怀的。在《藏书》中，他称秦始皇为"千古一帝"，赞扬的是其统一中国的功绩；他称陆秀夫、文天祥为"直节名臣"，赞扬的是他们的爱国主义精神。正如沟口雄三所言："纵观《藏书》我们不难看出，李卓吾理想中的中国是统一、安定、富强的中国，是政策得体、民生充实的中国，所以他根据这一理想对过去的历史作了新的编排。"[3]李贽是热爱家乡的，否则他不会"又号温陵居士"。李贽厌恶的是明代中后期笼罩着中国，尤其是泉州以程朱理学的名义用封建枷锁束缚人们的封建专制氛围。

---

[1] 〔日〕沟口雄三：《中国前近代思想的屈折与展开》，龚颖译，生活·读书·新知三联书店2011年版，第164页。
[2] 张建业主编：《李贽全集注》第26册，社会科学文献出版社2010年版，第159页。
[3] 〔日〕沟口雄三：《李卓吾·两种阳明学》，孙军悦等译，生活·读书·新知三联书店2014年版，第130页。

宁折不弯的晚明进步思想家李贽论略

分析李贽不愿被"押解回籍"的原因，必须先了解明代中后期的泉州。泉州是朱子过化之地，传说中的朱子题词——"此地古称佛国，满街都是圣人"，几乎每个泉州人都会背诵。自朱子过化之后，特别是明代以程朱理学为主要内容的科举考试，使朱子思想在泉州家喻户晓，深入人心。"所以，在泉州这个地方，至少宋代以来，人们都很传统地循规蹈矩地生活着，不仅不喜欢各种异端，甚至难以容忍，异口同声痛斥异端，视之为罪恶，使异端邪说在这里没有市场，甚至没有立足之地。"①《泉州历史上的人与事》的作者用泉州人对待两个人物的态度来说明这个问题："明代中后期，泉州出了两位名人，即蔡清与李贽……这两个人，都生于泉州长于泉州，都是在泉州这个文化土壤中成长起来的……泉州人对这两位乡亲的态度，是很耐人寻味的。蔡清之所以为统治者所肯定，也一直为泉州人所赞赏，理由很简单，他是正统思想的人物，而且是一位颇有代表性的人物。他是朱子的忠实信徒，笃信朱子理学，且为弘扬朱子学说不遗余力，做出了重大贡献。李贽呢，可就大不同了……他是不折不扣的'异端'，学说则是难以容忍的异端邪说……李贽甚至不顾同乡的情分，公然在著作中指名道姓地攻击朱子学代表人物，称蔡清、陈琛、张岳、林希元等老乡为迂狂不通。"②如果李贽回到泉州，恐怕不仅官府，就是泉州遍地的朱子信徒，"许多人也不会原谅他对朱子的'非礼'，必然要对他加以攻击"③。这样的泉州李贽能回去吗？

李贽不愿回泉州还有一个很重要的原因，就是家族的问题。黄仁宇先生对古代中国的家族关系做了这样的描述："我们的帝国不是一个纯粹的'关闭着的社会'——在那样的社会里，各种职业基本上出于世代相承。——然而它给予人们选择职业的自由仍然是不多

---

① 陈笃彬、苏黎明：《泉州历史上的人与事》，齐鲁书社2010年版，第122页。
② 陈笃彬、苏黎明：《泉州历史上的人与事》，齐鲁书社2010年版，第123页。
③ 陈笃彬、苏黎明：《泉州历史上的人与事》，齐鲁书社2010年版，第126页。

的。一个农民的家庭如果企图生活稳定并且获得社会名望,唯一的道路是读书做官。"①要走这条路,需要几代人的努力,而"接受者只是一个人或至多几个人,但其基础则为全体家庭。因此,荣誉的获得者必须对家庭负有道义上的全部责任,保持休戚与共的集体观念……这种集体观念还不止限于一个小家庭的范围之内。一个人中举后成为官员,如果认识到他的成功和几代祖先息息相关,他就不能对他家族中其他成员的福利完全漠视"②。

李贽出生于一个什么样的家族呢?李贽本姓林,一世祖林闾,"藉前人蓄积之资,常扬帆航行于海外"③。二世祖林驽,"航吴泛越,为泉巨商。洪武丙辰九年(1376年),奉命发舶西洋,娶色目女,遂习其俗,终身不革"④。后因明朝实施海禁,生意开始衰落,三世祖林允诚迁至南安榕桥由林改姓李。李贽为第八世。李贽家族的宗教信仰比较复杂。其一世祖林闾的妻子钱氏是一个虔诚的佛教徒,洪武十九年,"始祖妣钱氏卒,年五十有六。葬与始祖同在北山老君岩殿右,时二子林驽,端衰事,墓式用回制"⑤。其家族老二房三世叔祖林广齐是道教徒,因修理岳庙立下马碑,闯下了杀身之祸。⑥李贽的父亲则是典型的儒生。李贽出生时,其家族已经完全成为一个典型的封建礼教家族了。

李贽与家族的关系,从他的《阳明先生年谱后语》的叙述可看出端倪:"余自幼倔强难化,不信学、不信道、不信仙释,故见道人则恶,见僧则恶,见道学先生则尤恶。"⑦从小离经叛道,与封建家

---

① 〔美〕黄仁宇:《万历十五年》,九州出版社2014年版,第207页。
② 〔美〕黄仁宇:《万历十五年》,九州出版社2014年版,第207页
③ 白寿彝总主编:《中国通史》第16册,上海人民出版社1989年版,第1692页。
④ 张建业主编:《李贽全集注》第26册,社会科学文献出版社2010年版,第340页。
⑤ 张建业主编:《李贽全集注》第26册,社会科学文献出版社2010年版,第344页。
⑥ 张建业主编:《李贽全集注》第1册,社会科学文献出版社2010年版,第19页。
⑦ 张建业主编:《李贽全集注》第18册,社会科学文献出版社2010年版,第483页。

族的关系就可想而知了。

　　李贽是爱家的，自中举为官到去世，李贽仅回过两次泉州，都是为了尽孝。一次是嘉靖三十九年（1560年）父亲去世，归家守制。"时倭夷窃肆，海上所在兵燹。居士间关夜行昼伏，余六月方抵家。抵家又不暇试孝子事，墨衰率其弟若侄，昼夜登陴击柝为城守备。城下矢石交，米斗斛十千无籴处。居士家口零三十，几无以自活。三年服阕，尽室入京，盖庶几欲以免难云。"①大敌当前，李贽主动承担起抗击倭寇的重任，体现了浓厚的家国情怀、强烈的家国担当。然而这一次回泉州也使他明白："他一旦回到泉州，他所需要照顾的绝不能仅止于自己的家庭。他是族中有名望的人物，又做过知府，那就一定会陷入无数的邀劝纠缠之中不能自拔。"②第二次是嘉靖四十三年（1564年）李贽的祖父去世，回泉守制。此次回泉州之前，经反复劝说，妻子才同意李贽把收到的赙金一半用于在河南辉县购买地产，供其"耕作自食"。另一半带回泉州，安葬祖先三代的灵柩五口，"此归，必令三世依土"③。明代泉州风水之说盛行，如果不选择吉地安葬祖先，就是不孝。人们相信，"好的风水墓地，能使一个家族人丁兴旺，飞黄腾达，而坏的风水墓地，则会导致一个家族平庸愚弱，式微不振"④。在这个问题上，李贽也不能免俗。虽然祖父刚刚去世，他的曾祖父的灵柩已经停放了50年了，"环境逼迫他迁就现实，在可能的条件下一起埋葬，但求入土为安而不再作奢望"⑤。当李贽服满回到辉县时，妻子告诉他"两个女儿因为当地饥馑，营养不良而死"。这也是为家族的利益付出的代价，李贽"当

---

① 张建业主编：《李贽全集注》第1册，社会科学文献出版社2010年版，第234页。
② 〔美〕黄仁宇：《万历十五年》，九州出版社2014年版，第206—207页。
③ 张建业主编：《李贽全集注》第1册，社会科学文献出版社2010年版，第234页。
④ 陈笃彬、苏黎明：《泉州历史上的人与事》，齐鲁书社2010年版，第215页。
⑤ 〔美〕黄仁宇：《万历十五年》，九州出版社2014年版，第205页。

晚与妻子'秉烛相对,真如梦寐'"①。

李贽与妻子相濡以沫,妻子伴他南北奔忙。直到万历十五年(1587年)离开黄安后,在妻子的一再请求下,李贽遣女婿庄纯夫护送原住在黄安的家眷回泉州,自己一人留在麻城。万历十六年(1588年),李贽妻黄氏病逝于泉州,闻讯后,李贽作《哭黄宜人》六首。②第一首为:"结发为夫妇,恩情两不牵。今朝闻汝死,不觉情凄然。"③悲痛之情令人感动。第六首为:"冀缺与梁鸿,何人可比踪?丈夫志四海,恨汝不能从!"④冀缺,春秋时晋国大夫,因其父企图谋害晋文公没有成功而被杀。冀缺被贬为庶人,终日田耕,妻子亲自送饭到田间,相敬如宾。梁鸿为东汉人,家贫博学,因写诗讽刺朝政,为朝廷所忌,逃难时给人当雇工舂米,妻子亲自为其备食,举案齐眉。⑤李贽对妻子黄氏是有感情的,在《与庄纯夫》一文中,李贽高度评价了黄氏:"若平日有如宾之敬,齐眉之诚,孝友忠信,损己利人,胜似今世称学道者,徒有名而无实。"⑥但感觉有点遗憾的是不能像冀缺、梁鸿之妻那样永远相随,"独有讲学一事不信人言,稍稍可憾"⑦。即使这样,李贽也没再回泉州。

李贽痛恨的是把严苛的封建礼教强加于他的家族。早在万历十八年(1590年),李贽在《与曾继泉》一信中就提到:家族之人"时时不远千里来迫我,以俗事强我"⑧。这种"迫我""强我"给李贽造成了极大的压力。在写于万历二十四年(1596年)的《豫约》

---

① 〔美〕黄仁宇:《万历十五年》,九州出版社2014年版,第205页。
② 张建业主编:《李贽全集注》第26册,社会科学文献出版社2010年版,第447、450页。
③ 张建业主编:《李贽全集注》第2册,社会科学文献出版社2010年版,第262页。
④ 张建业主编:《李贽全集注》第2册,社会科学文献出版社2010年版,第263页。
⑤ 张建业主编:《李贽全集注》第2册,社会科学文献出版社2010年版,第264页。
⑥ 张建业主编:《李贽全集注》第1册,社会科学文献出版社2010年版,第108页。
⑦ 张建业主编:《李贽全集注》第1册,社会科学文献出版社2010年版,第108页。
⑧ 张建业主编:《李贽全集注》第1册,社会科学文献出版社2010年版,第129页。

中，李贽对其家族未经他同意指定一个侄子作为他的继承人十分反感，再次表达了与家族断绝联系的决心。他写道，假如他死后，"李四官（家族指定的继承人）若来，叫人勿假哭作好看，汝等亦决不可遣人报我死，我死不在今日也。自我遣家眷回乡，独自在此落发为僧，即是死人了也，已欲他辈皆以死人待我了也。是以我至今再不曾遣一力到家者，以为已死无所用顾家也……不过以死自待，又欲他辈以死待我，则彼此两无牵挂：出家者安意出家，在家者安意做人家"①。即使是死，也希望不与家族再有任何联系了。

在狱中得知将被"押解回籍"，李贽十分清楚自己绝不能回泉州。走投无路之下，宁折不弯，只能以死来表达对那个时代的不满。袁中道在《李温陵传》中描述了李贽自尽的过程："一日，呼侍者剃发。侍者去，遂持刀自割其喉，气不绝者两日。侍者问：'和尚痛否？'以指书其手曰：'不痛。'又问曰：'和尚何自割？'书曰：'七十老翁何所求！'遂绝。"②黄仁宇先生认为："李贽生命中的最后两天，是在和创伤血污的挣扎中度过的。这也许可以看成是他十五年余生的一个缩影。"③

结语

李贽的一生都在唯心与唯物、理想与现实以及个人与家族的矛盾中挣扎奋斗，但在那个时代，"他挣扎、奋斗，却并没有得到实际的成果。虽然他的《焚书》和《藏书》一印再印，然而作者意在把这些书作为经筵的讲章、取士的标准，则无疑是一个永远的幻

---

① 张建业主编：《李贽全集注》第 2 册，社会科学文献出版社 2010 年版，第 103–104 页。
② 张建业主编：《李贽全集注》第 26 册，社会科学文献出版社 2010 年版，第 159 页。
③〔美〕黄仁宇：《万历十五年》，九州出版社 2014 年版，第 239 页。

梦"①。然而李贽在这些挣扎、奋斗中所形成的反封建、追求民主平等自由的启蒙思想，深厚的家国情怀，宁折不弯的斗争精神，在中国古代思想史上树立起一座丰碑。这座丰碑至今仍熠熠生辉，令人景仰。

（作者简介：福州大学原党委书记，研究员）

---

① 〔美〕黄仁宇：《万历十五年》，九州出版社2014年版，第239页。

日本国会图书馆藏《李卓吾批评〈西游记〉》之辨伪

[中国香港] 孙立川

日本国会图书馆收藏有《西游记》明刊本。《国会图书馆汉籍分类目录》中将之定为《李卓吾批评西游记》。在国会图书馆，笔者对此书的验证如下。

该书为120回卷，合订为11册，其书第一回至第五回，第五十六回至第六十回已佚阙，后钞补《李卓吾批评本》同卷部分。全书原本半叶12行，行24字。单边、单白鱼尾。长26厘米；横16厘米；天头5厘米；地脚1.2厘米。

笔者在认真翻阅之后才发现这个错误。在是书原本的第十一册卷后有"全像唐三藏西游记卷终"数字，因此此书的正名当是"唐三藏西游记"，与《唐僧西游记》的睿山文库藏本属同一系统，而与世传的《李卓吾先生批评西游记》实为二书。查孙楷第先生所撰《日本东京所见小说书目》卷四明清部三中"唐僧西游记"条，有下列叙述：

> 明刊本，署题回目亦与清白堂本世德堂本全同。每卷第一行题云"唐僧西游记"。末有长方木记云：全像唐三藏西游记卷终。扁字，半叶十二行，行二十四字，亦万历间刊本，惜书有残缺，第一回至第五回，第五十六回至第六十回，均是钞补。

孙先生列此书藏于帝国图书馆。证诸笔者上之验证，正是现存国会图书馆本。但孙先生未详其书同类，只将之列入"华阳洞天主人校"本。事实上，此书有所别于世本，今在日本尚收有二本与之相同版式的明刊本，可单列为"唐僧西游记"系统。太田辰夫的《明刊本西游记考》一文，就已将"唐僧西游记"列为一类，遗憾的是他仍未指出国会图书馆《目录》中的这个错讹。

此外，是书为故桝原芳埜纳本，有"桝原家藏"之印记。因知此书原为桝原家旧藏，后归帝国图书馆，今藏国会图书馆。是书与李卓吾批评本、世德本的刊刻面目风格迥异。李评本为半叶12行，行22字，字体为仿宋。是书却为扁笔。太田辰夫疑是书与睿山文库所藏蔡敬吾刊本为"同版"。而笔者乃疑是书与日光山天海藏本的《唐僧西游记》的朱继源刊本相同。朱继源，又作朱继元。天海藏本封面有"二刻管板唐三藏西游记"，与此书所题"三藏西游记"同，而与蔡敬吾刊本题名"唐僧西游记"稍异。卷中开首所题"唐僧西游记卷 x，华阳洞天主人校"，与天海藏本也较近，所以窃以为是书或是朱继元刊本，而且可能是早于天海藏本的朱刊本。这一"唐僧西游记"系统的本子，现存三种刊本，仅在日本发现三本，其他各地似未闻有所收藏，因而中国学界对于此书的具体面目的了解，仅停留在孙楷第先生不周详的介绍上。今后还有待进一步介绍。

拙文在此将国会本钞补的总回目与书中的回目中的异字或脱字做一校勘。

（钞补的为李评本书目，略称"钞"，书中原刻回目略称为"回"。）

第17回（钞）：孙行者大闹黑风山　善观音收伏熊罴怪
　　　　（回）：孙行者大闹黑风山　观世音收伏熊罴怪
第34回（钞）：魔头功用困心猿　大圣胜那骗宝贝
　　　　（回）：魔头巧等困心猿　大圣胜那骗宝贝

日本国会图书馆藏《李卓吾批评〈西游记〉》之辨伪

第 37 回（钞）：鬼王夜谒唐三藏　　悟空神化婴儿
　　　　（回）：鬼王夜谒唐三藏　　悟空神化引婴儿
第 38 回（钞）：婴儿问母知邪正　　金木参元见假真
　　　　（回）：婴儿问母知邪正　　金木参玄见假真
第 40 回（钞）：婴儿细化禅心乱　　猿马刀奎木母空
　　　　（回）：婴儿细化禅心乱　　猿马刀归木母空
第 47 回（钞）：圣僧夜阻通天河　　金木垂慈救小童
　　　　（回）：圣僧夜阻通天水　　金木垂慈救小童
第 48 回（钞）：魔弄寒风飘大雪　　圣僧拜僧层层冰
　　　　（回）：魔弄寒风飘大雪　　僧思拜佛层层冰
第 49 回（钞）：三藏有灾沉水宅　　观音救难现鱼篮
　　　　（回）：三藏有灾沉水宅　　观音救难见鱼篮
第 62 回（钞）：涤垢洗心惟扫塔　　缚魔归正得修身
　　　　（回）：涤垢洗心惟扫塔　　缚魔归正乃修身
第 63 回（钞）：二僧荡怪闹龙宫　　群圣除邪获宝贝
　　　　（回）：二僧荡怪闹龙宫　　群众除邪获宝贝
第 64 回（钞）：荆棘领悟能努力　　木仙庵三藏谈诗
　　　　（回）：荆棘领悟能努力　　木仙菴三藏谈诗
第 67 回（钞）：拯救驼罗禅性稳　　脱离秽污道心清
　　　　（回）：拯救驼罗禅性稳　　脱离秽污道心清
第 71 回（钞）：行者假名降怪犼　　观音现象伏妖王
　　　　（回）：行者假名降怪犼　　观音现象伏妖王
第 72 回（钞）：盘丝洞七情迷本　　濯垢泉八戒忘形
　　　　（回）：盘丝洞七情迷本　　濯垢泉八戒忘形
第 75 回（钞）：心猿钻透阴阳体　　魔主归还大道真
　　　　（回）：心猿钻透阴阳窍　　魔主归还大道真
第 79 回（钞）：寻洞擒妖逢老寿　　当朝正主见婴儿

103

（回）：寻洞求仙逢老寿　当朝正主见婴儿

第80回（钞）：

（回）：第八十回目错刻为"第八千回"

第94回（钞）：四僧宴乐御花园　一怪空怀精欲喜

（回）：四僧宴乐御花园　一怪空怀情欲喜

第95回（钞）：假合真形擒玉兔　真阴归正会灵元

（回）：假合形骸擒玉兔　真阴归正会灵元

第96回（钞）：寇员外喜待高僧　唐长老不贪富贵

（回）：寇员外善待高僧　唐长老不贪富贵

第97回（钞）：金酬外护遭魔蛰　圣显幽魂救本原

（回）：金酬外护遭魔毒　圣显幽魂救本原

第98回（钞）：猿熟马驯方脱壳　功成行满见真如

（回）："猨"熟马驯方脱壳　功成行沟见真如

孙楷第先生曾谓是书"署题回目亦清白堂本世德本全同"，其实仍有异同。内中有同回之钞目与回目的不同，与李卓吾评本中总目与回目的不同处相同，而有一些是自有不同，或通字，或误植，并非一脉相承。

而且，国会本原书卷四的第十九至二十页之间，原应为第十七回的结束，第十八回开始的连接部分，但此处将第十八回回目刊落（此回回目是：观音院唐僧脱难　高老庄大圣降魔），结果从第十七回直叙到第十九回，即第二十六页止，这个刊本上错讹至今未被发现，倘将之与蔡敬吾刊本及朱继元刊本相比较，当可得出正确的结论。

国会本所钞补的第一回至第五回等部分，依太田先生的高见，乃是根据李卓吾批评本的乙本而来的。[①] 这个推论较为合理。但国

[①] 日本《西游记》研究学者太田辰夫教授曾将《李卓吾批评西游记》分为甲、乙、丙三种不同刊本，所谓乙本指田中谦二藏本及书陵部之藏本。

日本国会图书馆藏《李卓吾批评〈西游记〉》之辨伪

会本的原本,窃见其与李评本几乎是同一时间带里刊刻的,它标有"华阳洞天主人校",虽与李卓吾评本等同属派生于世本的明刊本,却属于另一系统。而其源自世本,却明显进行了一些手术式的删节,李评本在内容上则与世本保持大致相当的面目,因而,在《西游记》版本发展史上,国会本这一系列无疑也应占有一席之地。

(作者简介:香港紫荆文化集团联合出版集古斋《美术家》杂志社原总编辑,香港书画古玩协会顾问,泉州历史文化中心第三任理事长,博士)

李贽《史纲评要》的时代评论

[中国台湾] 林其贤

李志夫数十年致力于佛教经典的研究与教学，退休之后，竟然研读起历史来。探究经典义理而研究历史，并不特别；历来关心佛教发展的大德，大抵也都会关心历史。何况李志夫的专长除了佛教教理，印度佛教史也是他的擅长专项。但这本书研究的对象与佛经无关，与他长年投入的印度史、佛学也无关，这本书谈的是中国史。

这在分科清楚、界限明确的现代学术类别来说，跨界有点奇特；但对前代学者来说，经史的距离并不那么遥远。从前读书人就有"刚日读经，柔日读史"的学习安排；读经后要读史，读史后要读经，经史的研读形成一个向上的循环圈。

比较奇特的是，李志夫选读的是李贽（卓吾）先生的《史纲评要》。

一、李贽其人与学思

李贽（1527—1602），字宏甫，号卓吾，又号温陵居士。福建泉州人，是明朝中晚期颇有影响力的思想家。历史学家黄仁宇的名著《万历十五年》，全书传写万历间（1573—1620）一代君臣。大明王朝三百年，万历神宗在位四十八年，值得书写的人物何止百千。除了神宗之外，黄仁宇只挑了五个人：宰相申时行和张居正、罢官

李贽《史纲评要》的时代评论

的海瑞、边防大将戚继光,还有一位就是李贽。黄仁宇给他的概括是"自相冲突的哲学家"。[①]"冲突"这个词不只可以用来描述他自己,也可以用来描述历来赞他毁他非常两极的情况。例如万历十七年(1589年)的状元焦竑尊他可"坐圣人第二席"[②];同庚的探花陶望龄读李贽书而"心开目明,常恨不能操巾拂其侧"[③];性灵文学的公安袁家三兄弟以李贽为师[④];近人嵇文甫以"左派王学"称赏他最能把左派王学的精神充分表现出来[⑤]。然而,他在世时就有人批评他"猖狂放肆,惑乱人心",骂他是"盛世之妖孽,士林之梼杌"。明末大儒王夫之更指责他"导天下于邪淫,以酿中夏衣冠之祸"[⑥]。

这么两极化的批评,来自他特立独行的行事风格与领先世俗的前行者思维。李志夫举清末民初的厚黑教主李宗吾来对比明代的李卓吾,笔者也联想到近年刚过世也是他们本家的李敖,三位都是思维锋利、笔力万钧的思想家,文风相似、影响相当。

李贽成长阶段正当明朝中晚期资本主义萌芽时,身处环境又是经济发展的东南沿海。他的先祖从事远洋贸易,往来于泉州与今伊朗的阿巴斯港之间,娶色目女为妻,崇信伊斯兰教。李贽自述"自幼倔强难化",其实就是善于独立思考,不轻易随众,不受儒学传统

---

① 〔美〕黄仁宇:《万历十五年》,台北:食货出版社,1985年4月。
② "笃信卓吾之学,以为未必是圣人,可肩一狂字,坐圣人第二席。"《文端焦澹园先生竑》,《明儒学案·泰州学案四》第35卷,台北:河洛图书出版社,1974年影印初版,第45-47页。
③ 〔明〕陶望龄:《奉刘晋川先生》,《歇庵集》,台北:伟文图书出版社,据"中央图书馆"藏书影印1976年版,第15卷、30-31页。
④ 〔明〕袁中道:《柞林纪谭》,潘曾纮编:《李温陵外纪》,明季史料集珍第二辑,台北:伟文图书出版社1977年版,第1卷、59-102页。
⑤ 嵇文甫:《左派王学》,上海:开明书店,1934年初版,第64、81页。
⑥ 王夫之云:"若近世李贽、钟惺之流,导天下于邪淫,以酿中夏衣冠之祸,岂非逾于洪水、烈于猛兽者乎?"见王夫之:《叙论三》,《读通鉴论》,台北:广文书局,1974年影刻本,卷末。

观念束缚。先祖丰富开放的经历与面对开阔海洋的成长环境应是他思想先进、行事独立的潜在基础；持续开放的心灵与深思好学则是他成学的重要支柱。

54岁毅然从云南姚安知府退休，他不是没有行政能力，从他离任时"士民遮道相送，车马不能前进"，可以想见。离任后，宁可流寓他乡客居异地勤俭生活，也不回家乡，他明确表明不承当家长、族长乃至地方乡绅的责任。用现代流行语来说，他是五百年前坚持追寻自我、"作自己"的先声。从此全心全力投入读书写作思考的向道生涯。

10年后，64岁（万历十八年，1590年）时，第一部书《焚书》出版。此后到76岁最后一部《九正易因》修订完成，二十余年间，著述批点的作品横跨经史子集四部，有二十多种、超过两百卷。比较有名的，经部有《九正易因》《说书》；史部有《藏书》《续藏书》《史纲评要》；子部有《阳明先生道学钞》《龙溪王先生文录钞》《老子解》《庄子解》《墨子批选》《净土诀》《心经提纲》；集部有《焚书》《续焚书》《坡仙集》，以及多种对《水浒》《西厢》《红拂记》等小说戏曲的评点。[1] 晚明朱国桢曾描述当时士子"全不读《四书》本经，而李氏《藏书》《焚书》，人挟一册，以为奇货"[2]。可见李贽对当时学界、文坛的影响力。

但"名满天下，谤亦随之"，特别是李贽这种与当世各种不和谐的行事风格与前卫思想。李贽其实早见及此，所以自谑地把所著书取名为《藏书》《焚书》，表示他写的这些文字该藏、该焚，不该流通。

---

[1] 林其贤：《李卓吾著述考》《李卓吾事迹系年》，新北：花木兰文化出版社，2011年增订版，第169-205页。

[2] 〔明〕朱国桢：《涌幢小品》，台北：广文书局，1991年影刻本，第16卷，第21页。

李贽《史纲评要》的时代评论

二、李贽的《史纲评要》

《史纲评要》现在的流通本大抵都是根据万历四十一年霞漪阁校订本而排印的36卷本。卷前有《新安吴从先万历癸丑序》。万历癸丑是1613年，李贽过世11年后。

是书起自三皇五帝，下讫元朝顺帝，与《藏书》同。不同的是，《藏书》为纪传体，此则为编年体，而且只有"纪"，没有"传"。也就是全书以传述人君为纲，其他人事系列于下。书名上的"史纲"指的是编纂简要详明的历史大事；"评要"指的是每段史述后的议论与简要评点。除了在史事叙述后有议论，有时也有眉批、夹批以及史文之圈抹。

这种在史事叙述后议论的体式，是从《史记》"太史公曰"而来的体例。更远则可上溯到孟子说的"孔子成《春秋》而乱臣贼子惧"（《孟子·滕文公下》）。《春秋》里是否真有"寓褒贬 别善恶"的作用后人有不同看法，但是对历史做出评论以取得鉴戒则有相当共识，孔子说："天下有道，则庶人不议。"（《论语·季氏》）让大家取得了论议的合法性。

但这种体式的扩大应用，大约仍要到宋明时候才流行起来。宋代城市经济发达后，休闲事业兴盛，出现专业说故事的人。这个行业以所说故事的题材分作四家：小说、讲史、说经、合生。其中讲史专说长篇历史故事，大多是根据史书敷演成篇，叙述历代战争和兴废。这类讲史的稿本底本称作平话（评话）。因为在讲史过程中，说书人为了聚集听众精神或是节奏安排，会在某一环节略作概括，或提示要点或批评褒贬。

李卓吾正是专擅此行的说书人，应用此道于小说评点，于是有《批点水浒传》；用于诸家文集于是有选批苏东坡的《坡仙集》、选批方孝孺的《评选方正学文集》、选批杨继盛的《评选杨椒山集》；集部以外又有《批点世说新语补》《墨子批选》，连经部的《四书》都评点成书为《说书》。史部有《史纲评要》就一点也不意外了。此书前有刊刻人吴从先的"序"说：

> 盖良史立案，非传则论不定。有良史何可无老吏，卓吾有之。惟其有之，是以似之。大言惊、小言怪，无异也。况观感随乎昭鉴，议论总是维持。秦之酷烈、晋魏之胥残，后五代之禽搜而草薙，宋弱之履虎尾而虞咥，可无评乎。汉之党锢、晋之风流，唐之闺门，可无评乎。……为汉为唐为宋为秦为五代者鉴而思劝，则评严于史矣。[①]

吴从先论断的"评严于史"，其实是要表达评论和史实叙述的不同作用与要求条件。为的是要争一个从附庸到平等的地位。点评原来就不是一个独立存在的文类，它必须附属在某种文类上：点评小说、点评诗词文章、点评史事……，都必须以小说、诗词、文史的存在为前提而无法独立存在。但无法独立的就是二等的吗？以文学来说，文学创作与文学批评就是文学发展的两条腿，缺一不可。史学著述与史学评论也是如此。只是中国人的思维方式一直存在着借古说今、借注解古人经典说自家哲学的体式。经典注疏如此，诗话、词话也是如此，总是在经典或诗词的原文后面指点一二，而不独立写成首尾备具有论有证的体系文章。因为鉴赏的最后目的不在文本，而在于启发读者的"感悟"，因此只要在原来的龙身上旁人遍寻不得首尾处轻轻点拨"画龙点睛"，以达到醒人眼目得个入处的效果。宋朝严羽从《景德传灯录》雪峰禅师得到启发，于是了解到："盛唐诸

---

① 〔明〕吴从先：《史纲评要序》，李贽：《史纲评要》卷首，台北：河洛图书公司，1976年。

李贽《史纲评要》的时代评论

人,惟在兴趣,羚羊挂角,无迹可求。故其妙处,透彻玲珑,不可凑泊。"(《沧浪诗话·诗辩》)诗文的点评如此,经史的点评亦是如此,不需要千军万马地说服论理,主要关注的是在阅读经史、诗文之后,能否有所感悟。这正是当今社会最主流的思想开发、思维解放的教育理念。这在当今社会都在流行,对五百年前来说,恐怕不引人惊怪而不可得了。

例如,李贽评论时贤海瑞,结语称:清节之士有如万年青草,"可以傲霜雪而不可以任栋梁"(《焚书》卷四《八物》),这是大实话。但对以节操自持的读书人来说,对多年来"争国本"立储事甚力而轻忽边防的大臣来说,未免太过刺耳。

更严重的是对五代长乐老冯道的评价。冯道事四姓十君,在历来史家的眼里,评价从来低劣。欧阳修在《新五代史·冯道传》中先举标准说:"礼义,治人之大法;廉耻,立人之大节。盖不廉则无所不取,不耻则无所不为。"然后评论冯道:"为大臣,而无所不取,无所不为,则天下岂有不乱,国家岂有不亡者乎?"顾炎武在《日知录》中照录了欧阳修这段文字,并进一步指出:"士大夫之无耻,是谓国耻"(卷十七《廉耻》)。王夫之更批评冯道:"身为宰相,且此夕彼,如失节之妇,二十年而五适人,人皆得而贱之。"(《读四书大全说》卷十)但李贽对冯道则是推崇备至,列于《藏书》的终卷。《藏书》最后一类为"外臣",其下又分:时隐、身隐、心隐、吏隐。鲁仲连、严光、陶潜、阮籍等人都是李贽称美的隐者,但是"犹有逃名之累,尚未离乎隐之迹也"。阮籍"虽欲为冯道之事而不能",而冯道则是"无所不可"(《藏书·外臣总论》)。为什么呢?

李贽在叙述史事时称:"人皆以谓契丹不至灭夷中国之人者,道一言之力也。"并于此句下夹批曰"真"。论评时则引《孟子》语"社稷为重,君为轻",称许冯道为真知此言的人。他说:"五季相禅,潜移嘿夺,纵有兵革,不闻争城。五十年间,虽经历四姓,事

111

一十二君并耶律契丹等，而百姓卒免锋镝之苦者，道务赡养之力也。"(《藏书·外臣传·冯道》)

顾、王生当明末清初，对家国变故感慨自深，因此会特别重视人臣节操。但李贽评判是非则并不是以一家一姓而是以更高一层的安民养民为标准。我们不能只看到顾、王的标准而非议李贽的标准。

三、李志夫的《评〈史纲评要〉》

李志夫在李贽评史的基础上，再加评点，全书一共有1946则评述。其中两位共同评点的有1280则；李贽评点而李志夫没有评述的有150则；李贽未有评论而李志夫评点的有516则。此即作者自序所谓不仅评了"史纲"，而且也评了李贽之"评要"。李志夫单独评述的自然是评点"史纲"，而共同评点的部分，李志夫有时是评论史纲，有时则是评论李贽的评点，或是提出不同主张，或是对李贽主张再深化、再解说。

例如卷一《黄帝有熊氏》，李贽评点："西陵氏教蚕，又是一重杀业。"李志夫不同意这个论点，于是评道："上世初民衣皮、饮血而生存，何有'杀业'之想？"

卷一《帝舜有虞氏》，李贽评伯夷、叔齐事曰："食周粟旧矣！今日乃始耻之，愚矣！"李志夫不同意，说明缘由曰："伯夷、叔齐早归周后，仍是商殷之天下，今不食周粟乃为亡国之子孙。且武王伐纣之初是以暴易暴、是不仁之君，乃在使武王止干戈，可谓智、仁、勇兼备，何来愚矣？"

卷十八《唐纪太宗》述给事中张玄素极谏修洛阳宫事。李贽评曰："玄素直臣、太宗圣主。只是魏征不该眼热。"李志夫则称："征

李贽《史纲评要》的时代评论

之谏远胜于玄素，何'眼热'之有？"这些，都是提出不同于原评的论点。

有些是对李贽评点的进一步解说，如卷一《帝喾高辛氏》，李贽评曰："帝生稷、龙生尧、燕生契、喾生挚。其为神通不可思议。一也。"李志夫则以人类学对神话的解读，指出："古无婚制，故圣人多无母，非真无母也，故以祥兆天象代之。"

卷三《周纪安王》记魏安釐王与孔斌的对话，论及天下高士鲁仲连等人。李贽对这段史事的评论着眼于孔斌，称："此人必会讲道学来。"李志夫解说李贽评点的意思，并对这段史事评点道："鲁仲连真隐士也。贽氏所指之道学，非指道家之学，乃指其所谓'腐儒假道学'言。以鲁仲连终身作假，假亦真，正是'习与体（制）作，则自然耳。'"

卷四《后秦纪》，对李斯建言改封建诸侯为郡县，李贽评曰："开阡陌、置郡县，此等皆是应运豪杰、因时大臣、圣人复起，不能易也！"李志夫赞同而解说曰："李斯真是大政治家，其创制之多，其后无人可与伦比。"而对李斯"史官非秦记皆烧之，有偶语诗书者弃市；以古非今者族；所不去者医药、卜筮、种树之书"等的政策，李贽评："大是英雄之言，然下手太毒矣！当战国横议之后，势必至此，自是儒生千古一劫，埋怨不得李丞相、秦始皇也。"李志夫则进一步解说："李斯除战国之弊，统一政教，岂只是英雄之言而已？如下手不狠，如何能遏止横议，儒生固千古一劫，连始皇、李斯亦受统一大时代所影响。"

此外，李志夫有时在史事的观察上会与李贽有不同的着眼。如卷三《周纪安王》，记刺客聂政事。李贽评曰："政姊亦大侠，不可不传。"李志夫则有不同着眼处，谓："晋仲子施恩聂政为杀手。政因老母在堂婉拒，待其母卒，果杀累，受黄金百镒，其为大侠乎？值得传乎？仲子以私人恩怨，教唆杀人该当何罪？"

· 113 ·

卷二十七《宋纪太祖皇帝》述赵匡胤即皇帝位事。李贽评曰："机关都从此一诏露出。陶谷之所以可恨也。"李志夫则评点"黄袍早已做好！韩通、陶谷忠、奸有别。"

卷二十九《宋纪仁宗》庆历五年记范仲淹、富弼罢相事，李贽只有"真可惜"三字。李志夫则评曰："范氏之'先天下之忧而忧，后从天下之乐而乐'，只是一介儒者之理想，在政治上，永难实现。"

这些都是作者评点的体例所在，宜加关注。此外，作者对全书编制了地名、人名索引与系年，这种工作非常辛苦，而对读者来说方便了许多。这是作者长年研究工作中深尝其中滋味而对读者的体贴。另外在阅读时宜加注意者：李贽文末评点与李志夫评点，从文字格式上可以分辨。但李贽于文中夹评、眉批，只以字体大小与正文区分，不经意仍容易混淆，宜加注意。

四、评点史事增进思辨

> 先读经，后读史，则论事不谬于圣贤。
> 既读史，复读经，则观书不徒为章句。
>
> ——〔明〕张潮：《幽梦影》

读经，为的是掌握不变的理；读史，则要认识变化的事。经史的参读正是要在变化不居的事相中去掌握不变的常理，从而以不变的常理来面对多变的世局。前代历史普及教育的教材与场域，常常不是在课堂上，不是在教科书中，而是在庙埕前榕树下老人的讲说或戏剧搬演里发生的。课堂上教科书正经但多半无趣，小说戏剧有趣但不免会有一些逸出史实的虚想。如何在正经与不正经之间引发历史学习的兴趣,又能带领心智思维的探索,让人领会世间的变与不变?五百年前李贽的《史纲评要》扮演过如此角色。时移势易,不同的时代不同的环境,要有不同的观点来解读历史事件,于是有李志夫所长的这本《评〈史纲评要〉》,以现代人的思维与立场增益五百年前李贽引领当时的思维来共同解读历史。不同时代或思想观念不同,对同一史事之评价自然有别。从评点之评点中,更容易对比出思想观念与价值判断之差异,显示更多元之思维向度。读史,固不只在于认知史实,更可由此开发思辨能力。李贽当初评点经史而有此作,李志夫所长当即缘此精神而"接着讲",历史学习得有两位李公评点参究,更能启人心智,发人深思!

(作者简介:屏东大学中文系,教授;东方大学,董事)

关于李贽思想学术体系当代意义的几点思考

李冀平

党的二十大召开之后中国式的现代化与民族复兴进入了一个新的历史阶段。这个历史阶段要建设文化强国，需要民族的文化自信、自强与自觉。在这个新的历史阶段，我们可以借鉴中国历史上传统的优秀思想文化，守正创新，作为文化传承与弘扬的源泉，成为泉州文化再前进的动力。泉州作为国务院首批颁布的历史文化名城，也是世界遗产之城，应该要把作为中华民族历史上83位杰出人物之一和影响中国的25个思想大家之一的李贽思想进行更深入的研究，这是泉州应承担的历史责任，也是新时代建设文化强国、实现中国式现代化和中华民族伟大复兴的现实需要。

李贽出生在泉州，12岁写了《老农老圃论》，26岁中了举人，25年从政，61岁剃发，一生探索真理、追求真理。我们今天要有这种不断学习与探索的思想追求，要有这种勇于追求真理的学术境界，使之成为我们推进中国式现代化建设的精神力量与动力之源。研究李贽，应该放到一个新的历史背景下，在更广的层面来认识李贽，应该从李贽思想的整体性来把握，从一个非常丰富的思想体系来进一步深化，从李贽这位思想大家的学术意义和在我国文化思想史上占有的重要位置上来认识。笔者简要谈几点思考。

关于李贽思想学术体系当代意义的几点思考

一、我们对李贽的研究应该重视对他的思想学术体系形成的研究

宋元时期对外贸易和宋明理学对李贽思想体系形成影响的研究。笔者认为，对李贽思想学术的贡献，应放在以泉州为代表的中华海洋文明对其影响方面来认识和把握；放在中国文化传承批判与进步的历史进程中来认识和把握；放在全球近代社会历史进步和对东亚近现代思想社会进步影响中来认识和把握。泉州作为中华海洋文明的代表城市，作为古代海上丝绸之路的组成，留下了丰富的文化遗产。晋人南渡后在泉州保留了华夏农耕文化，在与域外文化交流中，创新发展了"中原大陆黄土文明"，形成了"蓝色的儒家文明"。同时，宋明理学对李贽思想的形成也产生了重要的影响。李贽在批判吸收儒释道和宋明理学的基础上，形成了独具风格的学术思想体系，并对近代日本的明治维新产生了影响。

二、李贽的学术体系涵盖内容丰富，体现了进步性

李贽在学术、文化、文学等广泛领域留下了诸多的著述，形成以《藏书》《续藏书》《焚书》《续焚书》等为代表的思想学术体系，在晚明可谓一枚发人深省的思想惊雷，成为中国走向近现代的启蒙先驱。今天，我们探讨李贽思想学术体系的进步性与先进性，还应该重视李贽思想学术体系中的学术精神，特别是他治学的哲学观、方法论与国际视野，他对中国传统文化继承与批判的学术态度和学术风格，以及超越时代的思想智慧。

三、重视对李贽思想当代价值意义的研究

在建设文化强国和推进中华民族伟大复兴的今天，一是要高度重视传承和弘扬中华优秀传统文化，从中汲取优秀的思想文化基因与文化智慧，重视对中国思想大家的研究，重视李贽思想学术进步性、先进性对推进中华民族伟大复兴的当代价值意义的研究；二是李贽思想对近代日本、韩国等东亚国家的影响，对我们推动中华文化国际交流和"一带一路"建设，深化与海上丝绸之路沿线国家城市的文化交流合作与文明互鉴，具有重要的国际意义；三是李贽思想学术体系为泉州留下一份宝贵的思想文化遗产，对历史文化名城和世界遗产城市建设具有重要的现实意义。

四、在对李贽思想学术体系研究时，还应该让更多的年轻人参与到对中国思想大家的研究中来

泉州应该成为一座年轻人的"书香之城"，从诸子百家到宋明理学，从传承弘扬中华优秀传统文化到加强新时代中外文化交流，让更多的年轻学子了解泉州杰出的历史人物与历史文化。年轻学子还应学习李贽严谨的治学态度和学术精神。在李贽的学术生涯中，始终坚守严谨的治学态度，勤学苦练。他说："余自幼致易然好易，遂取易读之，始终好也。"今天我们建设中国式现代化，涉及经济、科技、社会、文化、军事、生态等各个方面，需要我们具备这种严谨的致学精神，需要有这种研究事物客观规律的科学态度，才能为中国式现代化建设做出泉州的贡献。

五、在深化李贽思想文化研究中,提升泉州历史文化名城与世界遗产城市的国际影响力

2027年是李贽诞辰500周年,建议要抓住这一历史契机,办好几件有意义的实事:一是认真筹划筹备2027年纪念李贽诞辰500周年纪念活动,在泉州成立李贽思想学术研究会,举办李贽思想国际学术研讨论,深化李贽思想文化学术研究;二是加快李贽纪念馆、李贽文化公园、李贽思想国际研究与学术交流基地、李贽故居修缮等一批文化设施建设,提升历史文化名城的文化形象与文化影响力;三是扩大李贽思想当代价值意义的宣传,推进与历史文化名城及世遗城市发展文旅经济的融合,打响历史文化名城与世遗城市的国际影响力。

(作者简介:泉州市政协原党组副书记、副主席,副研究员)

明刻陈仁锡评正本《续藏书》版本脞谈

林坚

　　《续藏书》是明代思想家李贽编撰的一部历史人物传记及史论著作，详细记述了明神宗以前四百余人的重要事迹。由于李贽著作中宣扬反礼教、反道学的思想，为当朝统治者所不容，本书和李贽的其他著作一起，在面世后不久即遭到明朝政府两次严令禁毁。入清之后，文网愈密，李贽的著作理所当然被清政府列入《禁毁书目》，一直没有重新刻印。直到新中国成立之后，中华书局才对该书进行整理并出版了铅字排印本。目前，海内外机构收藏的李贽著作，除铅字排印本之外，均为明刻本，且多是明万历、天启、崇祯年间的刻印本，至今未发现有清刻本。

　　由于明清两代朝廷对李贽著作一直采取取缔销毁的政策，明刻本的李贽著作存世稀少。历经几代人的苦心搜求，目前，海内外机构收藏的李贽著作明刻本总体数量仍然不多，且多为残缺本。相对刻印年代较早、卷帙较全的，均被列为善本予以保护。

　　根据相关学者对海内外收藏机构的调查，目前所见《续藏书》最早的版本为明万历三十九年（1611年）的刻印本，即金陵（今南京）王若屏刻印本。此后，由于李贽著作所宣扬的启蒙思想非常契合明末资本主义萌芽的社会要求，深受当时的读书人喜爱，书贾商人在商业利益的驱动下，竞相刊刻、翻印，致使出现了七八种版本的《续藏书》。但除个别版本在版式上有所差异外，各种版本在文字内容上基本一致。

明刻陈仁锡评正本《续藏书》版本胜谈

此本（指笔者所捐赠给泉州市博物馆的）《续藏书》残册为明天启三年（1623年）陈仁锡评正刻本。结合本册及海内外图书馆馆藏著录信息，陈仁锡评正本《续藏书》刊刻于明天启三年，竹纸木刻印刷。书扉页右侧刊"陈太史评正李氏续藏书"10个大字，左侧刊癸亥六月潜确居识语二行。扉页后刊李维桢以及焦竑题序。序文部分半页6行，行13字，白口，四周单边，无鱼尾。题序末尾钤"李维桢印""太史公牛马武"两个印章，其后为"续藏书目次"，半页10行，四周单边，单鱼尾。"目次"后即为《续藏书》正文部分，正文半页10行，行22字，白口，四周单边，单鱼尾，鱼尾上方刻书名"续藏书"，下方刻卷数及页码，无界行，注解部分为小字双行。书眉上刻陈仁锡评语，4字一行。

据笔者了解，陈仁锡评正本《续藏书》在中国国家图书馆藏有6册（因著录信息不全，笔者从册数推算当为6本零册，非全帙），被列为国家级古籍善本；哈佛燕京大学图书馆藏有16册，为全帙；此外，国内尚有一些公私零星收藏，虽都是一些残缺本，仍被视若珍贵藏品。

陈仁锡评正本与其他明刻本《续藏书》相比较，最大的不同之处在于此本印有陈仁锡的眉批。

陈仁锡（1579—1634），字明卿，别号芝台，江苏长洲人。明熹宗天启二年（1622年）进士。陈仁锡家境富裕，生性好学，博识多才。著有《皇明世法录》《续大学衍义》《四书语录》《性理综要》《六经图考》《四书析义》等书。在他中进士的第二年，母亲去世，陈仁锡辞官回乡守孝三年。从时间上看，评正本《续藏书》的面世就在他回乡守孝期间。从扉页潜确居（陈仁锡斋号）题识推测，此版本可能就是陈仁锡所刻印，即长洲陈氏家刻本。

陈仁锡秉性耿直，为人正派，曾得罪魏忠贤父子，被罢官削籍。其思想、性格、经历在某种程度上与李贽有相似之处。陈仁锡选择

《续藏书》进行点评并刻印流通，某种程度上反映了陈仁锡对李贽思想、人格的推崇。

陈仁锡评点内容，一方面有助于我们对李贽《续藏书》中史论的深入理解；另一方面也有助于对陈仁锡思想的认识。因此，这个版本值得海内外研究李贽的学者们重视。其眉评内容有待学者整理并做深入研究。

笔者捐赠的陈仁锡评正本《续藏书》，为全书27卷中的第十一卷、第十二卷，20世纪90年代得自于京城某藏家。其时正值北京

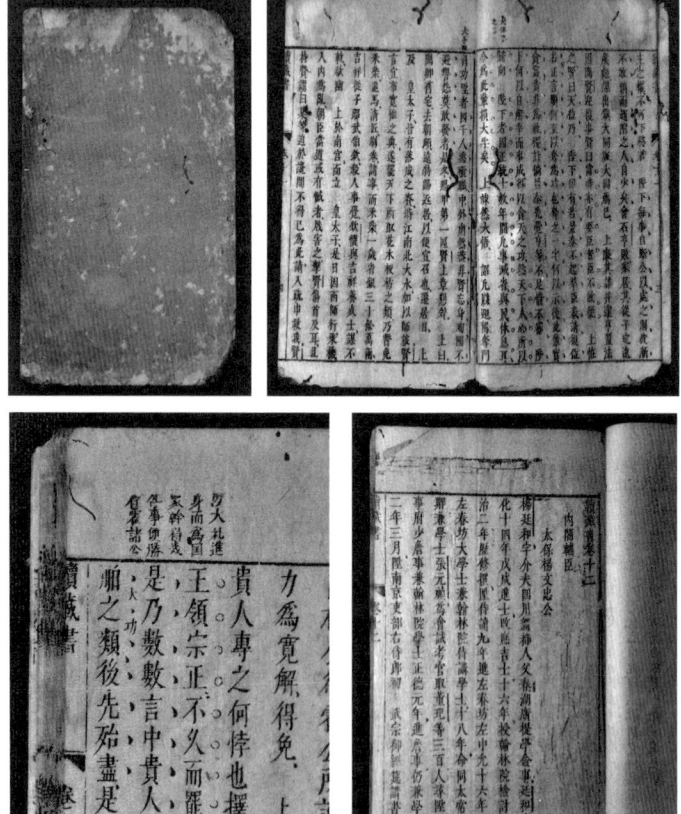

泉州市博物馆展示的《续藏书》

宣武门外香炉营片区旧城改造，该藏家适逢祖居拆迁，准备处理掉所藏旧籍丛残，邀笔者至其家拣选。暗室昏灯之下，在一堆没头没尾的乱籍中，笔者只检得明版十数册，大多《大明会典》《文选纂注评林》等巨帙之零册，此册即在其中。归寓后挑灯展阅，喜不自胜。经历了数百年的严令禁毁，躲过了无数次的秦火劫难，它就像一个当年在战场上拼杀的勇士，穿越了四百年步履蹒跚地来到了今天。虽然衣衫褴褛、遍体鳞伤，依然有着一种坚毅的姿态，欲向今人诉说它所经历的种种磨难和艰辛。

（作者简介：新华社原记者、主任编辑，曾任《上海证券报》社委、要闻部主任）

论李贽文艺思想的当代价值

田文兵

作为明朝著名的思想家，李贽的思想不仅内容博大精深，而且影响也极为深远。以"童心说"为核心内容的文艺思想是李贽思想体系重要的组成部分，与明清文坛以及五四新文学有着较为清晰的承继脉络，因此成为学界研究的热点。但因为李贽身处的明朝与当下年代相隔久远，而且社会环境和文学创作的语境也有着很大的差异，导致李贽文艺思想对当代作家创作的影响被忽视。但是作为文学创作优秀传统的"童心说"，其影响和价值远远不限于明清和现代文坛。中国当代作家对"童心说"文艺思想的直接或间接的吸收也在创作中多有体现，尤其是在大众文化盛行的语境下，如何更好地发展中国当代文学，也可以从中得到有益的启示。

一、"最初一念之本心"与童年叙事

李贽的"童心说"里有这样一段话："夫童心者，真心也。若以童心为不可，是以真心为不可也。夫童心者，绝假纯真，最初一念之本心也。若失童心，便失却真心；失却真心，便失却真人。"[①] 按照李贽对"童心"的定义，"童心"就是"绝假纯真"的"真心"，

---

① 〔明〕李贽：《焚书》（中册），中华书局1974年版，第273页。

论李贽文艺思想的当代价值

是人的"最初一念之本心"。那么,怎样才能拥有一颗"绝假纯真"真心呢?李贽认为,"多读书识义理障其童心"①。李贽之所以认为读书和义理会导致童心被遮蔽,是因为明王朝为了维护自身统治秩序,大力推行程朱理学来禁锢和控制人们的思想,他反对的"读书"是读古人之书,"识义"指识程朱理学。因此,我们认为李贽的"童心说"是对晚明腐朽制度的一种批判和反抗,也是对未被封建伦理道德沾染、没有被"存天理、灭人欲"的理学扭曲的纯美自然本心的呼唤。

对李贽的"童心",张少康是这样理解的:心"即是天真无邪的儿童之心","它没有一点虚假的成分,是最纯洁最真实的,没有受过社会上多少带有某种偏见的流行观念和传统观念的影响"。②没有受到任何世俗观念影响的儿童,通过其眼睛所观察到的世界应该是最真实的世界,所抒发出来的情感也是最真切的情感。现代以来,儿童视角作为一种叙事策略受到中国作家的青睐,这不仅仅是因为采用儿童的叙事视角来观照外部世界能为读者提供一个全新的审视和观察现实人生的角度,更重要的是作家在创作中书写童年时期的经验和感受能够真实地表达作家的生活体验。

在叙事类文本中采用儿童视角,作家往往会以儿童的感知来观察事物,并以儿童的心理和价值尺度来评价世界,展现与成人视角完全不同的人生情态和生存环境。现代作家中较早采用儿童的观察视角和认知方式进行写作的是鲁迅,从他的第一篇文言小说《怀旧》到《社戏》《孔乙己》等,都采用这种儿童视角来建构文本。这种立足儿童本位的叙事模式在20世纪30年代形成了一个高潮,出现了一大批热衷于童年叙事的作家,如废名、萧乾、凌叔华、萧红、端

---

① 〔明〕李贽:《焚书》(中册),中华书局1974年版,第275页。
② 张少康、刘三富:《中国文学理论批评发展史》(下册),北京大学出版社1995年版,第197页。

· 125 ·

木蕻良等。他们要么以儿童的视角讲述故事，要么讲述童年生活往事，对童年记忆中的生活情态和生存境况的书写，成为作家们在创作时乐于选择的独特而又极富真情实感的叙事策略。所以，当周作人在全面考察了中国新文学源流之后，得出的结论是："明末的文学，是现在这次文学运动的来源。"[①]周作人显然注意到了李贽"童心说"及受其影响下的"性灵说"与中国现代作家的童年叙事之间的联系和渊源。

无独有偶的是，20世纪80年代以来儿童视角再次成为众多作家热衷的叙事方式。汪曾祺、莫言、余华、贾平凹、迟子建等作家对儿童视角小说的创作有着浓厚的兴趣，出现了一大批诸如《受戒》《红高粱家族》《在细雨中呼喊》《北极村童话》等儿童题材和以儿童为叙事视角的作品。尽管作家们童年叙事文本风格存在明显的不同，但有一个共同的特性就是，作家借助儿童的思维方式观察世界，呈现与成人不同的生活体验和感受。如汪曾祺的小说《受戒》，极力渲染了小和尚明海与小英子这两个情窦初开的少男少女之间朦胧美好的情感，体现了作家对纯朴人性的赞美与对理想生活的渴望。在他的小说中没有尘世的纷扰，也没有庸俗的理念，有的只是纯洁的情感、唯美的风景和富有诗意的情调，这完全契合李贽对童心"绝假纯真"的定义。显然这些用儿童视角进行文学叙事的作家在一定程度上认同"童心说"，并力图建构一个尚未被社会秩序和伦理道德规范之后有着淳朴人性的世界。从这个意义上来说，当代和现代这两个时期的童年叙事作品，尽管作家们的生活时代、情感体验以及题材的选择均有着很大的差异，但从对儿童内心世界和儿童生存状况的关注来看，当代作家延续着现代以来对儿童独特感知的触摸以及对儿童纯真的生活状态的摹写。由此可见，李贽的"童心说"不仅

---

① 周作人：《中国新文学的源流》，华东师范大学出版社1995年版，第51页。

论李赞文艺思想的当代价值

与五四新文学有着直接的渊源，也对中国当代文坛有着直接或者间接的影响。

需要注意的是，尽管李贽的"童心说"与现代作家的童年叙事有着一定的渊源，而且作为一种文学传统和创作心理在当代文学领域也产生了较大的影响，但当代作家创作中的童年叙事与李贽的"童心说"还是有所区别。李贽提出"童心说"主要是针对文学是否应该表现人的真情实感的问题，主要从作家进行创作的角度来说的；现当代作家主要立足童年经验，借助童年视角，表达作家在经历了人世风风雨雨，历尽了人情世态的变幻，经过多年的历练和体悟终于达到一种超脱的心境。这种心境就好比儿童尚未经历尘世浸染的纯真朴素的心灵一样。但是，当代作家们创作都有一个共同的倾向：认为中国传统文化在社会文明进程中逐渐在"退化"，不论是莫言小说中一直忧虑的"种的退化"以及对生命强力的推崇，还是贾平凹对象征着传统文化的秦腔没落的悲凉以及传统淳朴美德丧失的无奈，包括20世纪80年代"寻根"文学中丙崽或者捞渣等，都在说明优秀传统在成人世界中越来越少，几乎消失殆尽，而这些只有在儿童身上才能得到些许体现。这与李贽在"童心说"里所认为的，人要保持一种儿童一样的天真而真实的情怀是一致的，而且作家在进行创作时要以儿童"绝假纯真"的心态去观察和思考外部世界，这样才能写出具有"真心"的作品，这样的作品才能成为天下之"至文"。

二、"自然之性"与欲望书写

李贽在对"童心说"进行界定时，强调了"童心"就是"真心"，是"最初一念之本心"。李贽之所以强调"真心"，主要是针对充斥在整个明王朝世风和文风中的理学陈腐之气，尤其是"存天理、灭人欲"为核心内容的封建禁欲主义伦理观;"最初一念之本心"则是对人的与生俱来的天然情性的肯定,并以此来反对欺世盗名的伪道学和压抑人的正常欲望的程朱理学。不仅如此,李贽提出了"自然人性论",以此来批判儒家"发乎情,止乎礼"的观点。他认为必须充分满足人们自然的欲望,这是因为"盖声色之来,发于性情,由乎自然",而且李贽认为性情和礼仪并不是矛盾的。他在《读律肤说》中说:"故自然发于性情,则自然止乎礼义,非性情之外复有礼仪可止也。惟矫强乃失之,故以自然之为美耳,又非于性情之外复有所谓自然而然也。"[①]在他看来,顺乎自然性情也是符合礼仪的,两者之间是内在统一的。由此,我们从李贽的"童心说"和"自然人性论"的观点可以探知其崇尚自然的美学旨趣,以及他提倡文学艺术应该表现人的生命本能和自然人性的创作理念。

陈洪认为:"'童心说'所论接近于现代精神分析学派的创作心理动力说","指人的基本欲望与不加雕饰的情感状态"。[②]李贽对人的正常情感欲望合理性的肯定,不仅是对压抑人性的程朱理学的批判,也是对人的自觉和个性自由的召唤。因此,我们认为李贽的"童心说"超越了封建伦理所束缚的人与人、人与社会的道德规范,包含着个性解放的要求。李贽高扬人的主体情感和个性解放的思想,给当时和后世的文学思想带来了较大影响。明代著名学者焦竑在李贽文艺思想的影响下,提倡"自得"之作,主张表现"性灵"和抒写"深情";公安"三袁"在"童心说"的基础上进一步提出了"性灵说"。所谓"性灵"就是指人的真实的情感欲望,而"独抒性灵""不拘格套"就是强调为文的真性情,主张文学创作中要着力张扬人的合理欲望和人性的本能,倡导个性解放思想。近现代以来,

---

① 〔明〕李贽:《焚书》(中册),中华书局1974年版,第369页。
② 陈洪:《中国小说理论史》,安徽文艺出版社1992年版,第68页。

论李贽文艺思想的当代价值

李贽的"自然之性"思想对中国文坛的影响也是不容忽视的。在五四新文学的理论家和作家中,周作人是受其影响最深的。在新文化运动之初,周作人发表了《人的文学》一文。在这篇被誉为新文学纲领性的文章中肯定了人的本能欲望,张扬人的自然本性。周作人认为:"人类正当生活,便是这灵肉一致的生活。所谓从动物进化的人,也便是指这灵肉一致的人,无非用别一说法罢了。"他承认人是一种生物,"他的生活现象,与别的动物并无不同,所以我们相信人的一切生活本能,都是美的善的,应得完全满足。凡有违反人性不自然的习惯制度,都应该排斥改正"①。显然周作人的这种观点与李贽的"童心说"和"自然人性论"的观点所表达的思想是一脉相承的。

在周作人的倡导下,对人的性与灵的追求成为文学现代性的核心价值观念之一。郁达夫率先将人的生理欲望毫不掩饰地大胆暴露出来,将矛头直指压抑人性的旧礼教,使那些服膺旧的性道德的士大夫们感到"作假的困难"②。五四时期,"个人的发现"催生了女性意识的觉醒,女作家们开始以"为女的自觉"来书写女性性意识。尽管作品中普遍弥漫着情感和理智冲突下的苦闷,但真实细腻地刻画了女性在情欲萌动时的心理活动,带有强烈的女性性别自觉意识。尤其是丁玲笔下的莎菲,她不仅嘲笑毓芳和云霖"禁欲主义者"式的恋爱,而且用非常直白的话语宣泄无法抑制的本能欲望冲动。此后,对灵肉一致的追求成为新文学创作核心的价值观念之一。

在经历了新中国成立后文学一体化的禁欲主义时代,新时期文学重新举起了五四时代人的解放的大旗。张贤亮、张洁、王安忆等

---

① 周作人:《人的文学》,胡适选编:《中国新文学大系·建设理论集》,上海良友图书印刷公司1935年版,第194页。
② 陈子善:《逃避沉沦——名人笔下的郁达夫·郁达夫笔下的名人》,东方出版中心1998年版,第5页。

作家打破了性爱描写的禁区,将探索的笔触深入人性的最深处。尤其是在20世纪90年代大众文化思潮的影响下,作家越来越多地选择将性这个私密的空间融入商品经济浪潮中,最具代表性的是女作家林白、陈染。她们对女孩子的性心理和性意识非常关注,往往借助女性儿童视角,描写女孩子对于自己身体和心理的体验。这种女性童年经验的书写,在某种程度上和李贽的"童心说"有相通之处。在当代有很多作家也开始意识到了当代人的生命活力的弱化以及本能欲望的萎靡。如在贾平凹的作品中,生活在"废都"之中庄之蝶的性功能障碍,本是最纯正汉人的高老庄因封闭守旧而导致人种退化,一代不如一代;再如莫言《红高粱》《老枪》等作品中的"我"以及《丰乳肥臀》中的上官金童等,就是生命本能退化的典型。对"种的退化"的忧虑,激发了当代作家对生命活力的张扬。莫言在《红高粱》中强力渲染了"我爷爷""我奶奶"身上所爆发出来原始野性,在《丰乳肥臀》中对上官家的女人们炽烈的情爱追求的赞美,都表现了作家寻找生命强力的强烈愿望。我们知道李贽的"童心说"强调文学艺术要表现人的本能欲望,尤其是他的"自然人性论"更是肯定了人的本能的自然属性。当封建伦理压制了人性的正常发展后,李贽发出了符合时代的强音,举起了个性解放的大旗。当代作家意识到了现代文明的发展和社会的进化导致人的生命本能的退化后,在作品中对人性萎靡表示忧虑,并希望寻回重新振作人的生命强力的途径。当代作家在无形之中认同了李贽"童心说"的主要观点,他们之间作为一种文学传统的继承是显而易见的。

三、李贽文艺思想与当代文学的发展

新时期以来,文学的发展打开了一个新的局面,但这种"繁荣"

论李贽文艺思想的当代价值

的背后却几乎由"西方话语"来主导，不仅表现为理论界尚未建构一个具有中国特色的文艺理论体系，而且很多作家亦步亦趋地追随着现代派、后现代派等西方思潮。这种趋势自20世纪90年代以来愈演愈烈，甚至还出现了一种排斥和解构本土文论的现象。全球化时代的中国已经进入一个多元文化的语境之中，吸收西方文艺理论本无可厚非，但是如果一味追赶西方"话语"潮流而导致本土资源处于"失语"的尴尬处境，那么中国文学和艺术就丧失了本民族的特性。中国文学要想走向世界，除了自觉融入人类普遍价值和审美情感外，还必须立足本土，表现本民族独特的生活特征和精神面貌。因此，当代文学所面临的主要任务是，如何深化认识中国传统文化和文艺思想的历史经验，如何从历史的记忆、历史的经验或已经形成的巨大传统中呈现或者提取行之有效的精神资源，以促使当代文学的健康发展，而这不能不说是一个重要的命题。

不可否认，李贽的"童心说"和"自然人性论"是对明朝影响最大的文艺理论，是中国古典文艺理论的典范。他提倡作家应书写主体真实的情感带有浓厚的个性解放色彩，尤其是李贽顺应时代发展公开宣扬个人私欲，肯定人的自然欲望，直接影响了公安"三袁"以及汤显祖等作家和理论家，成为近现代思想文化运动和文学革命的理论资源。李贽的文艺思想从提出、发展到现在，已经融入数代知识分子的智慧，可以说是中国优秀知识分子思想的集成，并沉淀为一种文学创作和批评的传统。在新的历史时代，如何继承和发扬李贽文艺思想的合理因素，如何使这种传统智慧能在当下文学创作中发挥积极作用，是当代文艺理论工作者和作家应该思考的问题。

现代中国文学的发展过程可谓历尽坎坷。中国文学在向现代话语转型的过程中，以彻底地反传统作为代价，作家与传统文化之间的承继关系几近断裂。传统文学的审美旨趣被启蒙国人思想、谋求社会变革的功利思想所代替。随着政权的更替，文学由"现代"步入"当代"，建国后的文学为了配合建构新的意识形态系统，加之各种政治运动的影响，把文学的社会功利性发挥到了极致，导致文学的"概念化""工具化"等弊端非常突出。也就是说，中国当代文学先是充当意识形态的"传声筒"，后来又沉迷于市场经济的大潮中成为大众文化的消费品，始终没能回归到作为审美意识形态的文学自身。那么选择怎样的创作姿态来建构文学的本心就成为当代作家面临的重要问题，而李贽的文艺思想正好可以为中国当代文学的重建提供可资借鉴的思想观念和理论资源。李贽强调文艺要保持"童心"，用真情来打动读者，反对为了功利目的而矫揉造作，要求作家要从自己的生命体验出发，书写个人的真实情感，可见李贽的文艺思想与审美非功利主义有着内在的一致。如果当代作家也能保持一颗"童心"，并坚持个人独立的人格魅力，既不迷信于权威沦为权力的工具，也不沉溺在世俗的纷扰和利益的追逐之中，那么当代文学回归文学自身并非遥不可及。

我们知道，李贽文艺思想的核心是真实。所谓真实不仅要求文学内容的真实，同时情感也必须是真实的。如果说继承文学的现实主义传统能保证内容的真实，那么怎样的情感才算是真实的情感呢？李贽在民间文艺作品中体味到了人情世俗的真实性，因此他非常重视通俗文学，并对《西厢记》《拜月亭》《水浒传》等这些封建正统文人羞于挂齿的戏曲和小说给予了极高的评价。李贽以"童心说"为基础，改变了自古以来人们对小说戏曲等通俗文学的看法，对以诗文为核心的正统文学极大的冲击，使通俗文学逐渐登上大雅之堂。李贽高扬真实性的文艺思想，着力推崇真情自然流露的通俗文艺，为大众喜爱的通俗文艺争取到了应有的地位。成复旺等指出，李贽的"童心""在当时的历史条件下，这样的心只能是市民意识，

论李贽文艺思想的当代价值

市民之心,而不可能是任何别的心"①。也就是说,只有表达人们日常生活中的情感才是真实的情感。尽管李贽推崇的是通俗文学,但对大众文化盛行的当下,解决文艺和大众的关系这个中国当代文坛面临的重要问题,也有着一定的启示作用。新时期以来,中国作家进行文学创作的理论和方法大多来自异邦,尤其是一些现代和后现代文学难以被大众广泛接受,实质上文学与大众之间的关系仍然没有得到有效的解决。文坛固然需要"阳春白雪",但"下里巴人"也不可或缺。运用广大读者喜闻乐见的形式来传达与大众息息相关的情感和体验的作品,应该是当代作家需要努力的方向。

然而,盛行于当下的大众文化是消费时代的一种文化形态,是与现代工业文明和市场经济相适应的一种市民文化。当市场经济成为社会发展的"主旋律"后,不仅人们的精神生活相对弱化,不少作家也在商品经济大潮中迷失了自我。"他们由产生失落、困惑、焦虑、浮躁、愤怒直到放弃理想、责任、操守、良知、道德,以极其庸俗的精神和相当卑劣的姿态出现在崭新的历史舞台上。"②如果文学创作仅仅只是为了满足大众的消费需要,或者仅仅为迎合大众的欣赏眼光,那么文学就不能成其为文学,而是一种仅供消费的商品。1993年12月《上海文学》发表了王晓明等关于"文学与人文精神危机"的讨论,指出当代文学出现了媚俗和自娱的两种危机,认为它"不仅标志着公众文化素养的下降,更标志着整整几代人文精神素质的持续恶化,文学的危机实际上暴露了当代中国人文精神的危机"③。一场从文学界蔓延到整个知识界的关于"人文精神"的大讨论也由此揭开序幕。如果说当代中国的文学已经沦陷在一片荒芜的

---

① 成复旺、蔡钟翔、黄保真:《中国文学理论史》(第三册),北京出版社1987年版,第179页。
② 陈耀明:《中国文学,世纪末的忧虑》,《齐齐哈尔社会科学》1996年第1期。
③ 王晓明等:《旷野上的废墟——文学与人文精神的危机》,《上海文学》1993年第6期。

"废墟"之中似乎有点危言耸听的话，那么至少也提出了一个不容忽视的问题，那就是整个社会对文学的兴趣逐渐冷淡，就连作家们也缺少一种忧国忧民和以天下为己任的情怀，更不用说对人类的命运、对人的存在、价值与尊严的关怀。当文学遭遇大众文化，面临被消费、被娱乐的处境时，李贽的"童心说"给精神生活贫乏的国人一个警示：衡量一个人生活质量的价值尺度很多，但精神生活质量的高低绝对是一个重要维度。因为它不仅决定了人的内在素养，更是一个民族素质高低的重要标志。这就要求当代作家要担负起一种社会责任，在创作中重建人文精神，而不是去创作那些迎合大众甚至低级庸俗的作品。

（作者简介：华侨大学文学院，副教授）

李贽论女性平等受教育权之思想史意蕴发微

——基于李贽、俞正燮、康有为三家论述的比较研究

王水涣

国内学术界对中国近代女权思想史的早期研究，往往会将中国的男女平等思想追溯到欧洲近代女权论述的少量文献。① 后来随着研究深入，有学者意识到明末清初"一些具有叛逆精神的进步思想家，开始把目光投向妇女，对妇女受迫害、遭奴役的处境表示同情"②，但并未针对此一思想史线索展开深入探究。20世纪90年代中期以后，随着国内学界思想人物研究和地方文献编纂的进展，从思想家角度研究女性平等权利的论述明显增多，李贽研究专家张建业先生先后发表过《论李贽的男女平等思想》《李贽与王阳明》等专题论文；参与点校整理《俞正燮全集》的安徽文献学者于石等人发表过研究俞氏妇女观的论文③；而以《大同书》戊部中女性压抑受苦现象为切入点，研究康有为妇女观的论文数量更大。三百多年间三位思想家都曾对女子读书学道等女性受教育权问题有所论述，但其立论背景、针砭对象、内涵层次和实践指向均有所不同。俞正燮有关妇

---

① 何黎萍：《论中国近代女权思想的形成》，《中国人民大学学报》1997年第3期；陈文联：《西学东渐与中国近代女权思想的形成》，《中南大学学报》（社会科学版）2003年第6期。
② 肖莉丹：《论中国近代女权崛起中的男性逻辑》，《福建论坛》（人文社会科学版）2013年第7期。
③ 于石：《试论俞正燮的妇女观》，《江淮论坛》1995年第5期。

女权利诸多论点，是否曾受到李贽著作启发？清末康有为、梁启超师徒大力倡导女学，是否与前述李、俞二人之思想存在关联？清末民国以来，持女权论的有关学者如蔡元培、周作人等，对上述先贤之思想发掘重估，其思想动力何在？上述种种问题，值得结合相关文献做进一步探讨。

一、近代男女平权思想之明清渊源与李贽的贡献

中国近现代男女权利平等问题曾经在革命史观塑造下，经历过一个"族权夫权完全压制女权"的话语统治期，并且这种印象受到宋明理学兴起以来的正统学理强化，程颐和朱熹都曾发表过对女性不利的言论。这种"先贤公论"在明清两代被江淮流域农业行商等特殊阶层利用，形成了制度上压抑女性的"现实证据"。不过晚明随着城市商业进一步繁荣和城乡联系加强，部分士人对女性的态度发生了变化，其开端处的重要思想家即为李贽（1527—1602）。他重新发掘传统文史资料，在《藏书》中称赞吕后和武则天等受到理学家贬斥的女性，在《初潭集》和《焚书》等著作中则设立专门篇章为女性平等权利呼吁，在现实中也公开招收女弟子并与之讨论儒佛学理。李贽被迫害致死后不久遭遇明清易代，著名思想家顾炎武、王夫之等人将明亡原因归咎于王阳明后学"清谈误国"，其实有其特定心理需求和社会舆论环境原因。[①] 李贽作为王学激进一派传人也在这种氛围下受到攻击和清算，但其思想却通过文学批评等形式进一步流传。清代嘉道年间徽州学者俞正燮再次重提男女平等问题，申

---

① 黄振萍：《明清之际王学"清谈误国"论质疑》，《清华大学学报》（哲学社会科学版）2022年第3期。

李贽论女性平等受教育权之思想史意蕴发微

述女权观点的诸多文章，或用专题短论文标明主题，或以编次历代杰出女性事迹并加以评论的方式，或者用为著名女性人物如李清照考证辩诬之面貌出现。① 其实这些"原型"在李贽的各类论著中均或多或少出现过。民国时期蔡元培、周作人等学者均曾对俞正燮所提倡的男女平等思想有推崇评论，其实同一时期日本学者陆羯南、铃木虎雄等对李贽思想和生平的考证研究已经引起国内学者注意。国内新文化运动阵营的学者吴虞、容肇祖等也曾在编撰年谱的基础上对李贽的思想进行概括评价。② 与此同时发生的思想史事实是：康有为、梁启超师徒自从戊戌维新运动宣传时期开始获得巨大思想名声，到 20 世纪 20 年代仍然未曾完全消退。康有为 1913 年在《不忍》杂志上连载《大同书》甲乙二部。甲部对妇女在传统宗法社会遭受的种种痛苦有深刻细致的描绘刻画。甲部发表时说明"妇女"之痛苦别为一部，当时发表的全书十部目录上也已标明"戊部 去形界保独立"是专门讨论妇女权利问题。梁启超从戊戌时期即鼓吹"兴女学"，并且与同志诸人亲力亲为，建立了中国第一所女学堂。此后在发表于 1901 年《清议报》第 100 册的《南海康先生传》中，也明言其师所撰的《大同书》中，包括大量论述男女平等的内容。不过梁启超对李贽思想的态度前后有变化，在《中国近三百年学术史》的初稿中，他将李贽与何心隐并列加以批评，认为他们对明末社会道德风气堕落负有一定责任。③ 但是到梁氏去世前几年，大力表彰阳明学，并对李贽在编订阳明年谱、重新整理史学典籍资料的学术贡献给予一定承认。在《德育鉴》中，梁氏指出李贽所说的"酒色财气不碍菩提"，并非

---

① 徐适端：《俞正燮的人权意识及其妇女观评述》，《西南大学学报》（人文社会科学版），2006 年第 6 期。
② 容肇祖：《李卓吾评传》，商务印书馆 1937 年版。该书属于商务印书馆"国学小丛书"之一，其中"李贽年谱"篇幅占到了近三分之二，剩余三分之一总论李贽思想和文学见解。
③ 梁启超：《中国近三百年学术史》，俞国林校订，中华书局 2020 年版，第 6 页。

以酒色财气为正当目的①，也可看出其态度变化。

李贽是在哲学上提出男女平等理论基础的第一人②；他在哲学上提出"童心说"，对儒家传统观念进行批判，对道德、是非、善恶的价值观进行重新解释。他在伦理思想方面的重要贡献则是针对流传一千余年的"男尊女卑"正统思想，明确提出男女平等理论。李贽吸取《易传》的观点，在传统哲学理论的基础上阐发新的男女平等的思想，宣扬男女平等思想。李贽强调"夫妇，人之始也。有夫妇然后有父子，有父子然后有兄弟，有兄弟然后有上下"③，在他看来，在人伦关系中夫妻关系最为重要。夫妇重于父子，先有夫妇然后才能有父子、兄弟，才有上下。他首次以夫妇、父子、兄弟、君臣的伦理次序替代传统的君臣、父子、夫妇的三纲等级次序。李贽在这里否定了传统社会的伦常关系，重新确立新的伦常秩序，这是对传统父权的统治秩序的极大冲击，同时也肯定了妇女在社会秩序中的重要作用。为了更深入的分析，李贽还提出"天下万物皆生于两，不生于一明矣""夫厥初生人，惟是阴阳二气，男女二命矣"。④认为万物和生命都是由两个同等重要的因素构成，万物由阴阳产生，社会也由男女两性共同构成，其本身并没有贵贱差等之分。这些言论

---

① 梁启超：《德育鉴》，《饮冰室合集》，中华书局2015年版，第7页。

② 张建业：《论李贽的男女平等思想》，国内学术界对李贽思想的研究自20世纪70年代中期兴起新一轮浪潮后，在有关学者倡导和泉州等地政府支持下，取得了众多瞩目成果。就本文涉及的李贽男女平等思想而言，张建业先生主编的《李贽全集注》及其中的《李贽研究资料汇编》，收录了海外学者法国金尼阁（Nicolas Trigault，1577—1629）、裴化行（Bernard-Maitre，1889—1975）、德国福兰阁（Otto Franke，1863—1946）以及著名意大利耶稣会士利玛窦（Matteo Ricci，1552—1610）等人对于李贽思想的介绍，构成了本文研究的文献依据和学术出发点。

③ 张建业主编：《李贽全集注》第12册《初潭集注》（一），社会科学文献出版社2010年版，第1页。

④ 张建业主编：《李贽全集注》第12册《初潭集注》（一），社会科学文献出版社2010年版，第1页。

尽管在"首纂儒书"的名义下进行汇集,取材也大量参考了《世说新语》和《焦氏类林》,但是从选编标准到人物评语,处处可见李贽之独特眼光。

李贽所处之时代,从历史学术大环境言之,正当王阳明(1472—1529)后学发挥"良知平等"之意,通过日常讲学教育等活动,使心学理念逐渐散布下层平民。王学后人往往有出身农夫盐贩、陶匠瓦工者,所授受之徒,复多下层人士。其思想特质亦复杂多端,非明中期正统理学所能限定。阳明后学虽有力学成才进入官方承认之学统与官场者(如张小泉),仍有观点特异难为官方控制之正统学术容纳,仅得留名于私学传授谱录之间者。张居正(1525—1582)掌权之万历前期,张氏有意运用官方政治权力,禁私学、毁书院清理整顿异端思想,地方官员迎合其意至于将异端思想分子迫害致死(如何心隐之遭遇,屡见于李贽著述,也可见此类迫害事件对朝野人士心态之影响)。万历十年张居正病死,保守官僚稍得抬头,然其沿袭明代文人党争旧习,掌权官僚仍往往借兴道学为名,压制迫害与己身学术观点不同者。故卓吾所面对之思想环境,可视作缺乏宽容之"旧秩序复兴"笼罩期,李贽个人激进思想与此冲突不为怪。

二、福建阳明后学与李贽平等思想的乡土资源

从李贽平等思想所产生的个性特质与文化环境言之,则李贽于《续焚书》卷一"与耿克念书"称:"仆六七岁,便能自立,一生不求庇于人……要我求庇于人,虽死不为也。"① 此文产生之语境虽有年老屡受迫害之愤激成分,但仍可看出其一生耿介独立,不愿依附

---

① 陈仁仁:《〈焚书·续焚书〉校释》,岳麓书社2011年版,第497页。

苟且之个性。《焚书》卷三"自赞"一文中,卓吾称自己"其性偏急,其色矜高,其词鄙俗,其心狂痴,其行率易,其交寡而面见亲热"[1],乃可视作耳顺之年对自身个性气质之总结。自其人生经历言之,则早年孤苦,中年屡受煎熬,家庭贫窭,幼女饿死,又复受到理学官僚之处处迫害,则更难期望其对当道之正统官方学术有所好感而愿屈身与之合流。其生活经历,正利于加强其独立抗争之个性,而未有软化消解之功用。这种个性,恰恰与明中期以后兴起成为官方学术主流的理学伦理所要求的"官场个性"相悖。

如果再具体到李贽早年在福建泉州家乡生活时期的思想环境,我们可以尝试从王阳明的福建籍贯学生从阳明受教,后来又回到福建的学者中间,找到一些有助于个性独立思想成长的环境。这首先需要我们对阳明亲传和再传的福建籍贯弟子中,可能和李贽早年成长环境发生关系的学者资料做一番考证清理。

根据邹建峰研究,目前可考证出的闽籍阳明弟子一共有七位。[2]其中马子莘(马明衡,字子莘)和陈国英(陈杰,字国英)曾在《传习录》中几次出现,与阳明先生讨论过"陷溺良知""曾子一贯时工夫未闻"等心学命题。马明衡是福建莆田人,阳明先生七位福建弟子中陈杰、林达、林学道、陈大章也都是莆田县人,另一位著名的阳明门人丘养浩则是李贽的故乡晋江县人。莆田到晋江不足二百里,古代由于县城治所迁移,两者距离可能更近,属于基本同质的闽南文化区。马明衡的父亲马思聪和丘养浩的父亲丘省庵都是当时著名的官员学者。马思聪曾任浙江象山知县、南京户部主事等职,后来在宁王朱宸濠叛乱中遇害;马明衡与阳明先生门下著名弟子黄宗明、陈九川、萧鸣凤等同中正德九年(1514年)进士,并担

---

[1] 陈仁仁:《〈焚书·续焚书〉校释》,岳麓书社2011年版,第220页。
[2] 邹建峰:《阳明夫子亲传弟子考》,中国社会科学出版社2017年版,第223页。

李贽论女性平等受教育权之思想史意蕴发微

任太常博士、御史等职。丘养浩之父丘省庵是晋江岁贡生,"切己问学,笃志励行",曾受教于泉州晋江籍的著名理学学者蔡清(1453—1508)。蔡清自幼好学,熟读周、程、张、朱性理之书。尤精《易》学,认为《易》是五经之首,生命之蕴,有"今天下言《易》者皆推晋江;成弘间,士大夫谈理学,惟清尤精诣"的称誉。蔡清去世后得到朝廷下诏从祀孔庙的高规格待遇。他的著作《四书蒙引》《易蒙经引》《河洛私见》等在当时和清代均获得认可,被收入《四库全书》。丘省庵继承了其师勤于著述的学风,著有《易说》《四书正义》《通书正蒙解》《皇极管钥》诸书,生平方正刻苦,授徒教子之外,对一切名利淡漠视之。门下弟子数百人,有几十人后来在朝廷和各地任官,学者尊称为"省庵先生"。丘养浩仕途顺利,明孝宗弘治九年(1496年)丙辰六月出生的他,年十三即为诸生,明武宗正德十一年(1516年)丙子乡试中举,五年后的正德十六年(1521年),24岁的丘养浩再次科考告捷,被钦点为辛巳科进士。因上疏弹劾近侍陈钦,谪永平(今河北卢龙县)推官,未行即赐还职,授余姚知县。这段时间阳明先生曾多次在余姚老家讲学[①],丘养浩得以与其他门人共同受教。后来丘养浩因"董视山陵大工"即主管武宗陵墓建设工程有功,升任南京大理寺丞,转大理寺少卿,拜监察御史。后又擢升为右佥都御史巡抚四川,转任江西巡抚。丘养浩的这份堪称平稳顺利的人生履历,足以在当地引发聚焦效应。阳明先生的众多教诲如"即心即理",也得以通过丘氏这样的"模范人物",取得直接的感染传播渠道,为平等思想在泉州和福建扎根,建立了一个可靠的依托。

邱氏父子及其家族学术来源的蔡清,在泉州当地和省外东南一带有着广泛的学术和社会影响力。马氏父子均曾在朝廷为显官,也

---

① 陈来:《有无之境:王阳明哲学的精神》,北京大学出版社2013年版,第386页。

应该是当地人心目中的"读书传家"成功案例。这就可能在当地形成一种模仿学习的风潮，逐渐将阳明思想中讲求心性自由的理念传播给当地民众，可以说李贽在青少年时期生活的文化环境与阳明后学有着密不可分的关系。以往学术界对李贽和阳明学关系的研究，多半集中于李氏在《阳明先生年谱后语》中对自己与再传阳明弟子辈的李逢阳、徐用检交往的陈述。这当然是可信的思想史资料，本段追溯年代更早、与李贽早年思想环境更密切的泉州阳明后学名人情况，应该是对前述研究的有益补充。

三、男女平等与"不爱属人管"：李贽伦理思想基点

根据萧公权先生在《中国政治思想史》中的总结，明中期理学承袭南宋以来之观点，其大体特征为倡说以下几点：（一）究天人性命之理，而不甚善经世实学；（二）明天理人欲之别，倡损人欲明天理；（三）严王霸义利之辨；（四）谨君子小人之防；（五）重三纲五常之教。[①] 然而从李贽思想的几个主要方面稍作分析便可看出，他所倡导的观点在当时堪称"反潮流"，下面试做列举。

李贽思想代表性作品《焚书》卷一《答邓石阳》，即倡言"穿衣吃饭，即是人伦物理""非衣饭之外，更有所谓绝与百姓不同者也"。[②] 此论断在明代中后期阳明学盛行的思想环境下，有王阳明诸多激进弟子为此论身体力行，实践作证，可以说无足为奇，但在理学学者听来，则似有抬高百姓散漫私欲、摒弃天理之嫌。如果此言论与李贽后来结合男女夫妇平等问题所发之论，则其对理学之摒

---

① 萧公权：《中国政治思想史》，辽宁教育出版社1998年版，第529页。
② 陈仁仁：《〈焚书·续焚书〉校释》，岳麓书社2011年版，第21页。

李贽论女性平等受教育权之思想史意蕴发微

弃意味更为突出。如《焚书》卷三《夫妇论》一文称:"夫厥初生人,惟是阴阳二气,男女二命,无所谓一与理也,而何太极之有?以今观之,所谓一者果何物,所谓理者果何在,所谓太极者果何指也?"①李贽之所以对"一""理""太极"这些说教鄙夷不信,乃因为明代理学官员的个人所为,背弃了所倡导的高尚理念,理学解释沦为捞取功名与私利的官方工具,这一点从李贽与耿定向及其党徒的辩论中可见一斑。对于理学官员的"好心"劝诫甚至"关怀",李贽依据他所眼见的科举与官场现实虚伪,做出了深刻辛辣的讽刺。那些规劝人走"正途"的堂堂官僚,恰恰是以理学应举为敲门砖,心存高官巨富之徒。如《焚书》卷二《又与焦弱侯书》所引郑子玄语:

> 彼讲周、程、朱、张者皆口谈道德而心存高官,志在巨富尔。既已得高官巨富矣,仍讲道德说仁义自若也。又从而哓哓然语人曰:我欲厉俗而风世……彼谓败俗伤世者,莫甚于讲周、程、朱、张者也。②

上述引文,正可见到当时理学之流弊。这种大行伪善以捞取利禄的行为,在庸碌无个性的普通应举士子那里或许有效,在李贽那里却是行不通的。李贽在晚年的"豫约"系列短文中,以《感慨平生》一篇最能代表其晚年心境及对性格特点的自我总结,甚至李贽在《与周友山书》中认为此文"虽只豫为诸侍说约,而末遂并及余之平生,后人欲见李卓老者,即此可当年谱矣"③。

在这篇由李贽认定的"年谱"中,总结自己"一生多难"的原

---

① 陈仁仁:《〈焚书·续焚书〉校释》,岳麓书社2011年版,第158页。
② 陈仁仁:《〈焚书·续焚书〉校释》,岳麓书社2011年版,第91页。
③ 张建业主编:《李贽全集注》第二册《焚书注》,社会科学文献出版社2013年版,第111页。

143

因是生平"不爱属人管",用今天的术语来说是"个性独立,不愿接受哪怕是善意的强迫"。尽管有些研究者可以从具体的历史背景和生活原因中,找出李贽晚年不愿像普通官僚那样退休回原籍的若干条心理的支撑点,如妻子早逝、家乡俗人管束、在家乡安葬了三代祖先、心愿已了无所牵挂等。李贽在年近七十时,联系自己一生的主要遭遇,将不愿受从传统的私塾启蒙,进入官场,退休回家与其他同乡退休官僚相互书画寿诞来往交接,这样一个看似"完满"的人生轨迹,由儒家学者编制起来的人生网络中解脱出来。李贽在追溯这些往事时,还特别声明他顶撞过与之不和的很多学者,本身并不是道德上有问题。如在礼部时的同事高仪,虽然与李贽学术观点不和,但并未迫害他,相反还多了一份宽容与关照,让李贽叹为"人杰"。如在云南时的骆守礼,也是对自己和别人要求都很严格的正直人士。和这样一些道德君子共处,李贽仍然觉得不舒服,可见他的思想,确实不是传统儒家发展到明代给人提供的精神边界所能限制。男女平等不仅体现在李卓吾的言论著述中,在现实活动中也处处注意实践男女平等原则。在湖北麻城芝佛院寓居期间,他不顾当时保守官僚的讥笑讽刺和迫害打击,招收了一批女弟子,多次讲论教导,并写了《答以女人学道为见短书》反驳保守官僚的污蔑。在《初潭集》中更是旗帜鲜明地提出:"有好女子便立家,何必男儿?"[①]这在习惯了"唯女子与小人难养""男尊女卑"的传统伦理思想氛围里,不啻在漫漫长夜里点亮一盏明灯,光芒虽然微弱,但为后来这一理想奋斗的后继者指明了方向。不过由于他逝世后不久便出现了明清易代这一重大历史事变,学者们受此大变乱刺激,急于从晚明社会道德状况中找出明王朝崩溃的原因。李贽思想的传承和解读被裹挟

---

① 张建业主编:《李贽全集注》第12册《初潭集注》(一),社会科学文献出版社2010年版,第5页。

其中，出现了一些与其生前不同的思想图景，也在很大程度上塑造了直至清末的女权话语新趋向。

四、李贽思想涉及女性平等言论之明清评论及影响简析

明清之际大儒顾炎武（1613—1682），堪称上文所说明清之际思想大变局的"风向标"式重要人物。顾炎武《日知录》卷十八"朱子晚年定论"条目下，有专论明代中后期王阳明之学兴起以后之学风转变：

> 盖自弘治、正德之际，天下之士，厌常喜新，风气之变，已有所自来。而文成以绝世之资，倡其新说，鼓动海内。嘉靖以后，从王氏而诋朱子者，始接踵于人间。而王尚书发策谓："今之学者，偶有所窥，则欲尽废先儒之说，而出其上；不学，则借一贯之言以文其陋；无行，则逃之性命之乡使人不可诘。"此三言者，尽当日之情事矣。故王门高弟为泰州、龙溪二人。泰州之学，一传而为颜山农，再传而为罗近溪、赵大洲；龙溪之学，一传而为何心隐，再传而为李卓吾、陶石篑。昔范武子论王弼、何晏二人之罪深于桀纣，以为一世之患轻，历代之害重，自丧之恶小，迷众之罪大。①

对于李贽的"迷众之罪大"，顾炎武在《日知录》卷十八"李贽"条目下，详细征引了明朝《神宗实录》中给事中张问达弹劾李贽的奏疏原文，并且在后面加了一段按语：

---

① 栾保群校点：《日知录集释》（中），中华书局2020年版，第954-955页。

> 愚按：自古以来，小人之无忌惮，而敢于叛圣人者，莫甚于李贽。然虽奉严旨，而其书之行于人间自若也。①

顾炎武以复兴儒家秩序自任，他的《日知录》里也收集了不少晚明儒士批评释道的文字，当然也有顾炎武对清朝初年满洲贵族生活习俗带来官场气象改变的讽刺："试观今日之事，髡头也，手持数珠也，男妇宾馆同土床而宿也，有一非李贽之所为者乎？"②后面一段附会式的议论，竟将李贽类比为预见异族入主中原之祸的"预见其形者"。从这一立场出发抨击李贽的还有明末礼部尚书冯琦，他在《请毁道释之书疏》中，评论万历皇帝听信张问达弹劾李贽言论，以"正李贽'惑世诬民'之罪"为"崇正辟邪，甚盛举也"。在该奏疏的结尾，又攻击李贽"尊释氏之名法，显出吾道之外"，代表了这类学者认为李贽思想沿袭儒家心学一脉而更出格，比"取释氏之精蕴，阴附吾道之内"的心学对礼教秩序更具危险性，因此言李贽处必排击。这类例子在晚明与清代还可以举出很多，兹不赘述。然而对禅学有兴趣的名臣董其昌，则在《画禅室随笔·禅说》中表达了不同的观感：

> 李卓吾与余以戊戌春初一，见于都门外兰若中，略披数语，即许可莫逆，以为眼前诸子，唯君具正知见，某某皆不尔也，余至今愧其意云。

以上的简单对比，为我们揭示出一个事实，即抨击李贽的明清学者，多数是出于特定的学术立场。只要稍微换一个角度，同样有

---

① 栾保群校点：《日知录集释》（中），中华书局2020年版，第958页。
② 栾保群校点：《日知录集释》（中），中华书局2020年版，第958页。

李贽论女性平等受教育权之思想史意蕴发微

名的学者官员,可能对李贽就会有完全不一样的评论。这样我们便会思考:是否对李贽"离经叛道"的定性,也只是一部分学者和官员,出于自己特定的价值关怀和理解思路而做出的结论?而这些抨击李贽的学者,可能自身还有不同的学术与利益背景,只是由于后世某些特定的政治历史潮流的"糅合",才使得人们看起来整个传统"儒家体系"都是攻击、否定李贽不留余地?这样的怀疑,使我们有必要回到李贽所处的晚明思想语境进行考察。

也许会有人假设,像李贽这样富有革新思想与爱民意识,不乏信徒与拥护者的一代名流,如果肯与当代权臣妥协,也许晚年处境不会如此悲惨。起码可以做到像普通的官僚那样平稳退休,晚年编诗文集以求传世,在乡贤名宦系列中占据一席。这种假设能否实现呢?我们以与李贽共同出自家乡泉州晋江的李廷机(1542—1616)为参照,可以看出这种假设在当时的政治历史条件下很难实现。李廷机科举顺利,早岁功名有成,一生清廉且对于应举士子和普通百姓广施恩惠,官至东阁大学士。但最后仍因与万历皇帝与官僚群体的对抗,难以有所作为,主动请辞上百次。未得允准之后,冒着风险弃官回家。可见李贽即使与当道周旋比较成功,在当时派别林立、政坛风云险恶的前提下,也不太可能获得安全保证。朝廷放风要将他押解回原籍,正是在传统社会对一个士人的最大人格侮辱,是他所不愿意接受的。弹劾李贽的官员张问达,系陕西泾阳人,正史中可见的传记资料并不多,在政治上属于保守一派。他与李贽的同乡李廷机同为万历十一年(1583年)癸未科进士,本榜第一名是李贽的同乡后辈李廷机,李廷机对李贽是推崇有加的。张问达弹劾李贽之动机,据学者研究是受耿定向门人蔡毅中之挑动。他们的最终目的,恐怕还是为了打击与李贽有较密切联系的另一部分官员势力。这些人如曾经因管理经济工程能力突出而受重用的前漕运总督刘东星,在大同带兵戍边的梅国桢。这些大臣拥有很强的处理应对社会现实问题的才干,在风格上却有点张居正时代的重实用轻说教气息,难免会被虚伪标榜道德的"儒学"之臣所敌视。打击迫害李贽,正是儒学之臣的一个阴险深沉的切入点。这种政治构陷阴谋,在当时即为了解事情起因的文人看出来:"卓吾老之死,非徒为其一人也。有人将因之以攻梅公等,端赖此为谋。"

关于李贽论述女性平等受教育权对后世思想家之启发,当代学者李珍梅曾有论述。[①]她认为清代文学家袁枚、曹雪芹、李汝珍等人有关女子受教育权的作品均和李贽有一定传承关系。不过有些学者敢于直接承认,有些人出于避免清朝文网迫害的自保需求,即使文学主张明显与李贽有传承关系者,也闭口不提其名(如李渔)。[②]即使本文讨论的主要人物俞正燮,也是在不得不提及的情况下,引用李贽的学术观点并表明自己和李氏立场不同,下文即转入与此有关的讨论。

五、俞正燮女权平等论述之历史地位的形成

俞正燮(1775—1840),字理初,安徽黟县人。俞正燮生长在书香世家,其父名献,字可亭,乾隆年间拔贡生。俞正燮天资聪明,结合自己耳闻目睹的生活遭遇,对女性在清代前中期遭遇的摧残和压抑有深刻系统的论述。他首先对与妇女相关的称谓做了仔细考证,重新解释,为妇女正名,消除人们在观念上对妇女的偏见,从称谓上证明自古以来男女平等。在《女子称谓贵重》一文中,俞正燮对

---

① 李珍梅:《李贽的男女平等思想与近代山西的妇女解放》,《山西大同大学学报》(社会科学版),2012 年第 6 期。
② 张建业先生摘录李渔相关文学主张后所加按语评论。张建业主编:《李贽全集注》第 26 册《附录》(二 清代),社会科学文献出版社 2010 年版,第 261 页。

李贽论女性平等受教育权之思想史意蕴发微

"娘子"意义和用法进行考证:"盖娘子以称内主,其闺女则称小娘子也。娘子为一家尊称,六朝、唐人相沿,辽、金、元皆承用之。或笑其俚,不知其托意至高也。"①俞正燮通过考证证实在婚姻关系中男女也是平等的。他说:"《说苑》云:'太公望,故老妇之出夫也。'按娶妻,故有出妇;赘婿,则有出夫……'出'兼男女,即'寡'与'独'亦兼男女。"②这些观点在当时虽然只是一得之见,到了清末民国时期却成为一些思想文化名人推重的思想先声。

最早关注俞正燮思想的是蔡元培先生。蔡元培在 1910 年写成的《中国伦理学史》一书"附录"中专门设立一小节"俞理初学说"写俞正燮③,篇幅接近黄宗羲和戴震。他着重阐述了俞正燮在缠足、节妇、守贞与妒妇问题上的贡献,引用俞正燮《书旧唐书舆服志后》《节妇说》《妒非女人恶德论》《贞女说》等文章中的观点,肯定"凡此种种问题,皆前人所不经意。至理初,始以其至公至平之见,博考而慎断之"④。在蔡元培之后,新文化运动的主要参与者之一周作人曾多次撰文,在散文和诗歌中表达对李贽的钦佩之情:

> 我曾说看文人的思想不难,祇须看他文中对妇女如何说法即可明了。《越缦堂日记》补辛集上咸丰十一年六月二十日条下记阅俞理初的《癸巳类稿》事,有云:"俞君颇好为妇人出脱。其节妇说言,礼云一与之齐终身不改,男子亦不当再娶。贞女说言,后世女子不肯再受聘者谓之贞女,乃贤者未思之过。妒非女人恶德论言,夫买妾而妻不妒,是恝也,恝则家道坏矣。

---

① 于石、马君骅、诸伟奇校点:《癸巳存稿》,《俞正燮全集(二)》,黄山书社 2005 年版,第 176–177 页。
② 于石、马君骅、诸伟奇校点:《俞正燮全集(二)》,黄山书社 2005 年版,第 178 页。
③ 蔡元培:《中国伦理学史》,中国书籍出版社 2020 年版,第 142–143 页。
④ 蔡元培:《中国伦理学史》,中国书籍出版社 2020 年版,第 143 页。

语皆偏诵，似谢夫人所谓出于周姥者。一笑。"李君是旧文人，其非薄本不足怪，但能看出此一特点，亦可谓颇有眼力矣。李卓吾的思想好处颇不少，其最明了的亦可在这里看出来。①

周作人在谈到俞正燮的男女平等观点时，自然而然想到了比俞氏早两百年而有类似观点的李卓吾，并且评价"好处颇不少"。他在其他地方说过钱玄同也和他持同样的观点，即将东汉王充、明末李贽、清朝俞正燮作为中国思想界的"三贤"②。其实俞正燮在《癸巳类稿》卷十五的长篇跋文《观世音菩萨传略跋》中，曾提及李贽《观音问》中的观点：

> 李贽作《观音问》，言大道不分男女，致士人妻女若狂。见明万历三十年闰三月礼科张问达疏。岂非道听途说，为管夫人所笑哉！③

表明是从张问达弹劾李贽的奏疏中看到相关观点，借以表明自己并未翻阅过李贽原书。实际上《明史·张问达传》并未登载其弹劾李贽的奏疏原文，后世所看到的相关摘录，多数出自前文所述顾炎武《日知录》卷十八"李贽"条目下所引《神宗实录》卷三六九相关记载，该篇并未涉及《观音问》的具体观点。而且《观音问》五篇往还书信中，亦无强调观音本是男身的相关内容。有关"大道不分男女"等男女平等论述，多见于李贽在《焚书》和《续焚书》中与梅澹然、明因等女弟子的书信中。俞正燮之所以由此总结，可

---

① 周作人：《药堂杂文集·读初潭集》，于石等点校：《俞正燮全集 附录·一·周作人论俞正燮》，黄山书社 2005 年版，第 222 页。
② 于石等点校：《俞正燮全集 附录·一·周作人论俞正燮》，黄山书社 2005 年版，第 221 页。
③ 于石等点校：《癸巳类稿·卷十五·观世音菩萨传略跋》，黄山书社 2005 年版，第 732 页。

李贽论女性平等受教育权之思想史意蕴发微

能是因为曾经接触过李贽其他作品。正如顾炎武摘录明朝末年御史王雅量再次上疏后的朝廷圣旨内容及后续评论：

> 天启五年九月，四川道御史王雅量疏："奉旨，李贽诸书怪诞不经，命巡视衙门焚毁，不许坊间发卖，仍通行禁止。"而士大夫多喜其书，往往收藏，至今未灭。①

顾炎武所说的李贽诸书"至今未灭"，显然是在他撰述《日知录》时的清朝初年。俞正燮既然读过顾炎武此书中有关李贽的资料，也应该知道清初学者仍有不少人收藏李贽著作。他之所以在自己的主要著作"癸巳两稿"中，用大约 60 篇长短文章、将近 6 万字的篇幅爬梳整理历代杰出女性事迹，并为女子受摧残压抑现象鸣冤叫屈②，这样有意识的专题文献撰述工作，很难说和李贽之启发没有关系。俞氏一生布衣，长期靠担任高官幕友、帮助文臣、疆吏编书为生。这种依靠高官集团生活的状态，自然使他在著作中表现得谨慎小心，不愿招来李贽那样的迫害。他对女性缠足制度的批判，也是以清朝初年的官方命令作为合法性依据：

> 本朝崇德三年七月，有效他国裹足者重治其罪之制。后又定顺治二年以后所生女子禁裹足。康熙六年，弛其禁。古有丁男丁女，裹足则失丁女，阴弱则两仪不完。又出古舞屣贱服，女贱，则男贱女子心不可改者，由不知古大足时，有贵重华美之履。徒以理折之，不服也，故具分析言之，非以历证谈者之短，亦庶为读古史好学深思者之一助焉。嘉庆丙寅五月书于德

---

① 栾保群点校：《日知录集释·卷十八·李贽》，中华书局 2020 年版，第 958 页。
② 徐适端：《俞正燮的人权意识及其妇女观评述》，《西南大学学报》（人文社会科学版），2006 年第 6 期。

州学舍。①

　　以上论述出现在《书旧唐书舆服志后》这则长篇史论之中，所针对的正是在清代江南地区普遍流行的强迫青年女性裹足现象。俞正燮青少年时期生活的徽州地区，正是妇女因缠足受害的重灾区。俞氏不善治生，又因为父亲壮年早逝，身为长子要赡养家中老母和众多弟妹，自然对女性裹足后不能正常出远门和参加农业劳动的弊端感受深刻。在李贽生活的时代，缠足在中上层江南女性中相当普及，但是从李贽所属的"士商阶层"来说，似乎尚未成为普遍风气。李贽在文集中多次论及女性受教育"读书学道"权利，却不曾言及缠足，这也是时代和阶层不同，造成关注点有差异的自然结果。俞正燮逝世之年正当中英鸦片战争爆发，此后中国社会发生的一系列重大变化，激烈程度又超过了明清之际，西学东渐和西力东迫，使一部分先知先觉的知识分子意识到作为"天下人口之半"的妇女，在身体和脑力两方面都应该接受和男子同等的开发教育：一方面应该禁止以缠足等方式戕害女子身体；另一方面则应该广设女学，将李贽、袁枚等人以私人教授少数女学生的教育方式，变成国家的政策。②在这两方面较早做出系统论述的，首推晚清思想名人康有为。

六、从"不缠足会"到"论女"：康有为男女平等思想与实践

　　康有为在《大同书》中称：自己出于对本家族内部诸位妹妹所受痛苦的同情，从 20 岁起就致力于推动妇女不缠足运动：

---

① 于石等点校：《癸巳类稿·卷十三·书旧唐书舆服志后》，黄山书社 2005 年版，第 643 页。
② 肖莉丹：《论中国近代女权崛起中的男性逻辑》，《福建论坛》（人文社会科学版）2013 年第 7 期。

李贽论女性平等受教育权之思想史意蕴发微

> 吾于群妹，目击其苦，心窃哀之，誓拯二万万女子之苦。故弱冠以还，即开不缠足会，其后同志渐集，舍弟广仁主持尤力，大开斯会于粤与沪上，从者如云，斯风遂少变。戊戌曾奏请禁缠足，虽不施行，而天下移风矣。①

"弱冠以还"即康氏20岁之后，时当1878年之后。对于康氏这一阶段的社会活动情况，《康南海自编年谱》和同时代史料都记录不多。《大同书》中的上述观点，虽然自称撰于光绪十年（1884年），实际上形成手稿是在1902年后。不过在此前的数年，康有为确实已经开始用行动推动改变缠足陋习。他和康门弟子在广东和上海等地开设了很多"不缠足会"，鼓励当地家庭破除陋习陈规。从地方文献记载和同时代人回忆来看，康南海在这方面倒确实是不遗余力地真诚投入。在社会各界进步力量的支持下，不缠足运动也取得了重大的成果，没有出现他在保皇会其他事业上出现的因言过其实而导致的挫败。也足见以妇女不缠足为切入点考察男女平等问题，确实是中国近代社会伦理观念革新的一个重要切入点。

从另外一个角度来看，因为满族妇女没有缠足的传统，康有为等人自晚清起在民间提倡不缠足，主要针对的是汉族中上层家庭的陋习，也不会涉及满汉冲突和政治利益纠葛，因而已被列强压迫搞得焦头烂额的满洲权贵，也不愿费心力来干涉此类小事。戊戌变法时康有为上奏朝廷禁止缠足，清廷开国初期有过几次禁止缠足令贯彻不力，不得不在康熙七年（1668年）罢禁，此时内外忧患深重的清廷已经没有心力去干预民间女子是否缠足的琐事。但朝廷也没有驳斥康氏上奏不合理或者鼓励继续缠足，只是采取一种不支持也不反对的消极态度，不明令禁止民间缠足，也未下诏禁止康门师徒推动、各地士绅参与的"不缠足会"活动。相对于涉及利益集团核

---

① 姜义华、张荣华编校：《康有为全集》第七集，中国人民大学出版社2009年版，第62页。

· 153 ·

心权利而在"戊戌政变"后被迫陆续停止的其他变法措施,不缠足会并未遭到禁止。清末新政期间,不缠足运动再度兴起。1902年,慈禧太后下诏严禁妇女缠足。光绪二十五年,上海部分士绅成立了"中国天足会",1905年"天足会"在上海议事厅举行会议,参会人数达八百人以上;1905年天足会在上海、成都、西安发放的宣传资料有十万多册。部分地方政府大员也对此事表示支持。四川总督岑春煊印制了《不缠足官话浅说》数万本。直隶总督袁世凯等亲自撰文劝戒缠足。1904年大部分省贴出戒缠足告示。部分官员还令自己的妻女亲属放足。在朝廷支持和地方官员与士绅响应共同促进之下,不缠足运动成了康南海师徒推动的诸项社会改良事业中比较成功的"变法"。

除了不缠足这样反对强制缠足、解放女子身体的社会运动,康有为还在多部论著中专门设立篇章,论述女子读书识字受教育权利之重要性:

> 且人求独立,非学不成。无专门之学,何以自营而养生;无普通之学,何以通力而济众;无与男子平等之学,何以成名誉而合大群,何以充职业而任师长。故为人类自立计,女不可无学;为人种改良计,女尤不可不学。[1]

将独立的根基建立在"专门之学"上,而且为了让女性能够"成名誉而合大群,充职业而任师长",成为独立的社会成员,就是要让女子受教育,这一点可以说是康氏长期以来的一个主张。戊戌变法之前的宣传期,康门高足梁启超就写了一批提倡女学的文章发表在《时务报》等报刊上,而《大同书》"论女"成为对男女平等观

---

[1] 姜义华、张荣华编校:《康有为全集》第七集,中国人民大学出版社2009年版,第65页。

点的系统总结。

今本《大同书》18万字,有三分之一是在论述妇女地位和男女平等相关的问题。戊部"去形界保独立"整篇、庚部"去产界公生业"之"总论欲行农工商之大同则在明男女人权始"全章,都是专门讨论妇女主题对于建设未来大同社会各项制度的基础意义。通过层层分析推进,把实现大同社会的关键制度设计最终落实到男女权利平等和女性的自由解放上。

"论女"本为《大同书》八卷本手稿的第二卷,从篇幅和康氏投入的论证心力(比如对自己知识思想资源的调动和感情深度)看,这是全书在"入世界观众苦"之后着力建构的一个重要理论框架,是《大同书》手稿中问题意识提出、经验现象分析、正反议题论辩、合题制度设计各个环节均具备的一大部分,堪称这部未完成的手稿中最完整的一段论述。而"平等"在该部分约28000字中出现了37次,这也是后来的全书10部本中"平等"出现次数最多的一个部分。并且康氏在此处所持的平等观仍是基于普遍权利平等理想的要求,即使当时的美国也未能达到:

> 一曰不得立门户,二曰不得存姓名,三曰不得顾私亲。何谓不得立门户也?其与男子之胖合也,则曰"适",曰"归",曰"嫁",创其义曰"夫为妻纲",女子乃至以一身从之,名其义曰"出嫁从夫",以为至德,失自立之人权,悖平等之公理甚矣!今美国号称平等,而女子从夫之俗如故。一嫁则永归夫家,惟夫所之焉,夫贵则从而贵,夫贱则从而贱,盖为官为长皆无妇人,故不得不从男子也,谚所谓"嫁鸡从鸡,嫁狗从狗"焉。①

---

① 姜义华、张荣华编校:《康有为全集》第七集,中国人民大学出版社2009年版,第57页。

这里的说法仍然称妇女无立门户、存姓名、顾私亲方面的平等地位是"悖平等之公理",体现了康氏在《实理公法全书》时代将平等抽象公理化的冲动。在这种公理要求之下,女子为官参与公共事务这个看起来相当现代的要求,也被作为公理的一部分要求实现:

> 今欧、美妇女不许为官,而借男子之供养,终日宴食,游谈嬉戏,不事学业,无益公众,有损生民,是天生无数人而得半以为用也,其于公理亦大悖矣。盖既从夫姓,即坐受夫供,其为不平等则一也。①

这种"坐受夫供"的"不平等",其实在现当代的欧美和中国仍然大量存在。康有为从社会总体可用人力只得实际人口半数的"宏观管理"视角来指斥其大悖公理,可能有逻辑与道义上的合理性,在现实生活中若欲真正推行,则会受到不少的天然限制并招致反对。

从《大同书》手稿中"论女"部分的论述可以看出,康有为对男女平等的强调,并非出自一时心血来潮,也不是对欧美前沿理论的时髦模仿(因为在写作《大同书》的同时和稍晚的几年内,他对爱徒梁启超和其他一些热衷学习西方社会革命理论企图移植来"改造"中国的"新锐少年",进行了毫不留情的批判,并且声言自己绝不与此类头脑发热的青年人一道),而是基于他对当时中国和欧美社会做了考察后得出的激进推论。其中固然有佛教"众生平等"的"前理解"或"支援意识"的辅助作用,康氏在其中所做的主观选择却不可避免地起了重要的导向作用。尤其当他多次强调男女平等和婚姻高度自由是实现理想中的大同社会的关键时,他并不是像20世纪的很多著名的反乌托邦作家一样,塑造出一种"共产共妻"的荒

---

① 姜义华、张荣华编校:《康有为全集》第七集,中国人民大学出版社2009年版,第64页。

唐景象以戏谑讽刺，而是将这种思路作为一种严肃的可行性方案。因此他在同一部分的分析论述中，会屡次谈及身边众多亲属女性在旧婚姻制度下肉体生命与精神健康遭受的摧残。当时中国和欧美社会中普遍存在的男女地位不平等，以及这些制度给女性和整个社会带来的危害，是康氏激进推进其平等主张的重要经验来源和思想动力。

余论：思想变迁的社会环境动力

正如前文所引青年学者黄振萍论文中所揭示的那样，思想风潮的方向改变，往往是复杂的历史潜流中多种因素合力作用的结果，李贽的思想便曾在明末清初有关王阳明之学"清谈误国"的声浪中几经打压。[1] 老一辈文献学者于石在前述讨论俞正燮女权思想的论文中，曾提及李贽在妇女贞节问题上的矛盾表现一样[2]，青年研究者王林也从三个方面总结了李贽讨论妇女问题时流露的若干时代局限[3]。其一，李贽并没有完全摆脱宗法时代男人的惯性思维，思想表达中有时仍然不自觉夹杂着男尊女卑的色彩和对女性的轻视。如李贽自称平生"不爱人闭眼愁眉作妇人女子贱态"[4]，也曾言"千万世之儒，皆为妇人矣"[5]。李贽此类痛斥男性的言语，主旨是为了影响和改变社会奴化男性这一病态现象，但是他在痛骂庸俗懦弱的男性时，把

---

[1] 黄振萍：《明清之际王学"清谈误国"论质疑》，《清华大学学报》（哲学社会科学版）2022年第3期。
[2] 于石：《试论俞正燮的妇女观》，《江淮论坛》1995年第5期。
[3] 王林：《李贽女性观研究》，西南政法大学2019年硕士学位论文。
[4] 张建业主编：《李贽全集注》第2册《焚书注》（二），社会科学文献出版社2010年版，第103页。
[5] 厦门大学历史系编：《李贽研究参考资料》（第一辑），福建人民出版社1975年版，第44页。

他们比作女子，显然是对女性的贬低，明显与李贽主张的男女平等观念相悖。其二，为了使女性与男性的平等更加合理化，李贽频繁使用"真男子""丈夫"等指称男性的词语来称赞女性的勇敢刚毅。虽然李贽的本意是更大化地追求男女价值的平等，但是他抛弃了女性所具有的"柔""顺""静"等女性特质。其三，李贽在批判了传统的女性观念之后，并没有为在苦海中挣扎的女性找到真正的出路，最后只能无奈地把希望寄托于玄妙的宗教彼岸。他认为只有彼岸世界才能救女性"出离生死苦海，度脱一切苦厄"[①]。正如他在《初潭集·夫妇篇》末尾记载的三位出世女性的用意一样："以示有生之苦，须早证无生之乐，庶不免卓老编辑《夫妇》之本意云。"[②]

其实不光是李贽没有找到女性备遭摧残压抑这一痛苦现状的解决出路，比他晚两百多年的俞正燮尽管批判言辞激烈，想到的方法同样只是依靠男性的良心和道德自觉来减少纳妾，仍然是在封建宗法社会形态的"礼法规范"内寻找"两害相权取其轻"的替代方案，在实践层面上并没有找到切实可行的方案。这个历史任务是到了游历海外三十多个国家的康有为那里，才有了一个稍具操作性的方案：从根本制度设计上，赋予女性以平等的受教育权、工作权、参政权、司法权等与男性同等的权利，让女子有权在事关自身利益的事项上拥有最终决定权。这中间的曲折过程既可能受制于外部力量的压迫，如同前文提到两次鸦片战争以来，一部分有外国政体知识的男性士大夫，出于动员教育女性以增强国力的现实需求，认为应该放松对女性的控制，让她们成为国民的一部分。[③]更多则是出自内部觉醒者

[①] 张建业主编：《李贽全集注》第1册《焚书注》（一），社会科学文献出版社2010年版，第280页。

[②] 张建业主编：《李贽全集注》第12册《初潭集注》（一），社会科学文献出版社2010年版，第127页。

[③] 陈文联：《论近代中国女权思想的政治化倾向》，《理论学刊》，2012年第7期。

的自觉推动。20世纪30年代末，德国汉学家福兰阁（Otto Franke，1863—1946）教授谈到儒家思想在17世到18世纪引起莱布尼茨、伏尔泰等人赞叹时说道："当中国为思想自由而战斗的思想家努力摆脱儒家思想的枷锁，而儒家的势力只依靠国家的权威来维持时，这系统在西洋却引起很多伟大思想家的赞叹。"[1]福兰阁学习汉语多年，曾长期在中国担任外交官。他研究李贽思想时也曾专门搜集和阅读过利玛窦等传教士对李贽的评论，此时将李贽称作"中国为思想自由而战斗的思想家"，大约是他在回顾了自己国家自16世纪初马丁·路德发动新教改革以来，为了实现个体思想自由，数代人在不同主题下接续奋斗，在付出重大牺牲后终于有所成就的事实之后，对李贽这位16世纪末的中国思想自由先驱表达出"了解之同情"。

（作者简介：北方工业大学思想文化与社会发展研究所，执行所长，博士）

---

[1] 张建业主编：《李贽全集注》第26册《附录》，社会科学文献出版社2010年版，第353页。

略谈李贽的性格和斗争精神

颜章炮

李贽是明朝后期杰出的思想家,他的思想在后世产生了深远的影响。然而,他的思想观点和行为却不为当时的道学家及统治阶层所包容,视之为"狂诞悖戾"、离经叛道,大肆攻击污蔑,将他投入监狱,致其自刎身死。20 世纪 70 年代以来,学界举行过多次李贽专题学术研讨会,论者从多方面对李贽的思想进行分析探讨,但鲜有从性格方面着眼。本文从现存的史料中总结李贽的性格特征,从其性格思想招致的攻击以及李贽的抗争中展示不屈的斗争精神,以期让人们了解一个更全面的李贽。

天性孤峻　直行己志

李贽出生在一个穷困的知识分子家庭,父亲是个穷秀才,后当私塾先生。李贽还有 7 个弟妹,在他出仕之前,家庭经济拮据,常靠富裕的二叔接济。他幼年丧母,这不幸的遭遇锻炼了李贽的独立能力,他在给友人的信中说:"自六七岁丧母,便能自立。"[1] 从 7 岁开始,他就随父亲读书。大约到 16 岁时,便成为府学生员。到了 20 岁,即开始为生计奔走,"自弱冠糊口四方,靡日不逐时事奔

---

[1] 〔明〕李贽:《续焚书》卷一《与耿克念》。

略谈李贽的性格和斗争精神

走"。①家庭的环境和幼年丧母的不幸对李贽内向性格的形成产生了影响,他承认"自幼寡交,少知游"②。

性格内向之人大抵都喜欢安静,李贽也不例外。这使他有许多时间读书,他终生勤奋,手不释卷,至老不渝。他曾在好友刘东星家住了近一年的时间,刘对其勤学精神非常佩服:"先生不喜纷杂,唯终日闭户读书。每见其不释手抄写,虽新学小生不能当其勤苦也。"③李贽在给友人的信中说:"唯有朝夕读书,手不敢释卷,笔不敢停挥,自五十六岁至今七十四岁,日日如是而已。关门闭户,著书甚多。"④"余今年七十又五矣,旦暮且死,尚置身册籍之中,笔墨常润,砚时时湿。"⑤他从读书能温故知新这一体会,总结了生命不息、进取不止的道理:"我此处又读《易》一回,又觉有取得象者,又觉我有稍进处。可知人生一日在世未死,便有一日进益,决无有不日进之理,不有日进,便是死人。"⑥读书之外,便是研究学问。对于研究,他一丝不苟,态度极其严谨,特别是对《易经》的研究。师从李贽九年的汪本钶说:"钶计从师先后计九载,见师无一年不读《易》,无一月不读《易》,无一日无一时刻不读《易》,至于忘食忘寝,必见三圣之心而后已。"⑦经过多年对《易经》的研读,李贽于晚年著《易因》一书。书成之后,他反复研读,"昼夜参详",经过两年不断修订,觉得"《易因》之旧者,存不能一二,改者且至七八矣"。于是,重新付梓,更定书名为《九正易因》,即取"乐必

---

① 〔明〕李贽:《续焚书》卷一《与焦弱侯》。
② 〔明〕李贽:《焚书》卷四《豫约》。
③ 〔明〕刘东星:《书道古录首》。
④ 〔明〕李贽:《续焚书》卷一《与焦弱侯》。
⑤ 〔明〕李贽:《续焚书》卷二《释子须知序》。
⑥ 〔明〕李贽:《续焚书》卷一《与方伯雨》。
⑦ 汪本钶:《哭李卓吾先师告文》。

九奏而后备，丹必九转而后成，《易》必九正而后定"①之意。从这一例子，即可窥其治学态度之一斑。

李贽的日常生活习惯与常人不同。他辞官后，在麻城龙潭湖居住多年，其好友袁中道在《李温陵传》中有一段关于他在龙潭湖日常生活习惯的详细记载："公遂至麻城龙潭湖上，与僧无念、周友山、丘坦之、杨定见聚，闭门下键，日以读书为事。性爱扫地，数人缚帚不给。衿裙浣洗，极其鲜洁，拭面拂身，有同水淫。不喜俗客，客不获辞而至，但一交手，即令之远坐，嫌其臭秽。其忻赏者，镇日言笑，意所不契，寂无一语。滑稽排调，冲口而发，既能解颐，亦可刺骨。所读书皆钞写为善本，东国之秘语，西方之灵文，《离骚》、马、班之篇，陶、谢、柳、杜之诗，下至稗官小说之奇，宋元名人之曲，雪藤丹笔，逐字雠校，肌襞理分，时出新意。其为文不阡不陌，摅其胸中之独见，精光凛凛，不可迫视。诗不多作，大有神境。亦喜作书，每研墨伸楮，则解衣大叫，作兔起鹘落之状。其得意者亦甚可爱，瘦劲险绝，铁腕万钧，骨棱棱纸上。一日恶头痒，倦于梳栉，遂去其发，独存鬓须。"②这一段文字反映了李贽性格中高冷、孤僻、洁癖、滑稽等特点，是一个脾气古怪、可爱、常人难以接近的人物。

李贽性格中的另一特点是耿直率真，做事任性。这反映在他的思想观点中就是提倡个性解放，反对封建纲常的束缚。他主张发展"自然之性"，提倡"各从所好，各骋所长"。③在现实生活中，他"不爱属人管"，加上高冷耿直的性格，所以经常与上司发生冲突。他后来总结说："余唯以不受管束之故，受尽磨难，一生坎坷，将大地为墨，难尽书也。为县博士，即与县令、提学触；为太学博

---

① 《李贽文集》卷七《九正易因序》。
② 〔明〕袁中道：《珂雪斋近集文钞》卷八《李温陵传》。
③ 〔明〕李贽：《焚书》卷一《答耿中丞》。

略谈李贽的性格和斗争精神

士,即与祭酒、司业触……司礼曹务,即与高尚书、殷尚书、王侍郎、万侍郎尽触也……最苦者,为员外郎不得尚书谢、大理卿董并汪意。谢无足言矣,汪与董皆正人,不宜与余抵,然彼二人者皆急功名,清白未能过人,而自贤则十倍矣,余安得免触耶?又最苦而遇尚书赵。赵于道学有名,孰知道学益有名,而我之触益又甚也。最后为郡守,即与巡抚王触,与守道骆触。王本下流,不必道矣。骆最相知,其人最号有能有守,有文学,有实行,而终不免与之触,何耶?渠过于刻厉,故遂不免成触也。渠初以我为清苦敬我,终反以我为无用而作意害我,则知有己不知有人,今古之号为大贤君子,往往然也。"①从李贽这一段自述中,我们可以得知,他与上司的冲突,多数是因为他看不惯对方的行为,或是因为思想观念不同。这点与其性格有直接关系。他自律严格,心气高冷,且秉性耿直,对于当时官场上的一些庸风俗套无法接受,对于腐败行为更是深恶痛绝。而多数上司对李贽这种廉洁、耿直、敢于直言的人也无法容忍,矛盾冲突自然产生。

李贽因在官场受人管束,不自在,便于云南姚安知府任期将满之时提出辞官。按例,任满三年有政绩者,可以升官。巡按以其任内官声好,是"贤者",加以挽留,李贽回答说:"需满以幸恩,是贪荣也,贽不为也;名声闻于朝矣而去之,是钓名也,贽不能也。去即去耳,何能顾其他?"坚决辞官,这年他54岁。离开姚安时,"士民攀卧道旁,车不得发,囊中仅图书数卷"②。辞官之后,他又不愿回原籍受地方官员管束,且讨厌地方上的那些"来而迎,去而送;出分金,摆酒席;出轴金,贺寿礼"的俗套,"是以宁漂流四外,不归家也"。③开始几年,他还和妻女住在湖北黄安,至61岁那年,他

---

① 〔明〕李贽:《焚书》卷四《感慨平生》。
② 康熙《姚安州志》卷四《名宦》。
③ 〔明〕李贽:《焚书》卷四《感慨平生》。

163

李贽思想的当代价值

安排妻女回泉州老家，只身一人留在麻城，读书著述，讲学访友。70岁以后，到山西、北京、南京、山东、通州各地访友讲学，直至去世，没有回过老家。

李贽任性的特点到老年表现得更加突出。他中年时就接触佛学，并逐渐产生兴趣。在姚安任知府时，"每至伽蓝，判了公事，坐堂皇上，或置名僧其间，簿书有隙，即与参论虚玄。人皆怪之，公亦不顾"①。他62岁时在麻城剃掉头发，但并非真正想出家当和尚，在给友人的信中，他道出了剃发的本意："所以落发者，则因家中闲杂人等时时望我归去，又时时不远千里来迫我，以俗事强我，故我剃发以示不归，俗事亦决然不肯与理也。又此间无见识人多以异端目我，故我遂为异端以成彼竖子之名。兼此数者，陡然去发，非真心也。"②李贽的思想观点本与主流社会大相径庭，现又"角巾髡首，日携同志遨游巷陌，缙绅衿珮骇睹，骇异之，谤声四起"③。他在麻城讲学时，有女弟子就学。友人梅国桢（朝廷官员、麻城人）的女儿梅澹然寡居在家，常与李贽通过书信探讨佛理；有女弟子到李贽寓居的庵院听他讲述佛法。凡此种种，引起道学家的非议，于是流言蜚语满天飞，甚至污蔑他"宣淫败俗"、勾引妇女等。李贽不为所动，我行我素，且与道学家们展开激烈争论。

关于李贽的性格，其挚友马经纶有如下总结："先生妖人哉！（即怪人——笔者注）有官弃官，有家弃家，有发弃发"④；"盖其天性孤峻，直行己志，老来任便"⑤。这一总结是准确的。

---

① 〔明〕袁中道：《珂雪斋近集文钞》卷八《李温陵传》。
② 〔明〕李贽：《焚书》卷二《与曾继泉》。
③ 〔明〕沈鈇：《李卓吾传》，何乔远《闽书》卷一五二《蓄德志》。
④ 〔明〕刘侗、于奕正：《帝京景物略》卷八《畿辅·名迹》。
⑤ 《马氏文集》卷三《与李麟野都谏转上萧司寇》。

略谈李贽的性格和斗争精神

胆气精神不可当

李贽的性格,加上他超越时代的思想,在统治阶层中自然是很孤独的,正所谓高处不胜寒。为官期间,他常与上司发生矛盾,有过抗争,受尽磨难。他与上司冲突的具体原因,由于史料所限,我们无法了解太多,只知道他在姚安与分守道骆问礼矛盾的主要原因,是在治理地方的理念上存在差异。李贽任知府"法令清简,不言而治"①。他主张从政之道要"因乎人","因性牖民","顺其性不拂其能",以"圣人之治"为目标,反对用"条教""刑法"进行专制统治。这些理念与骆问礼相左,骆反驳道:"礼乐刑政,未敢以桎梏视之也。"②骆问礼为人"过于刻厉",对下属和百姓求全责备,李贽曾"苦劝骆曰:'边方杂夷,法难尽执,日过一日,与军与夷共享太平足矣。仕于此者,无家则难住,携家则万里崎岖而入,狼狈而去,尤不可不体念之!但有一能,即为贤者,岂容备责……盖清谨勇往,只可责己,不可责人,若尽责人,则我之清能亦不足为美矣。'"③骆问礼不能接受,遂致矛盾,对李贽着意加害。云南巡抚王凝也对李贽不友善,这些因素叠加在一起,便促使他做出辞官的决定。

李贽辞官后,专心于读书、著作和讲学。他的著作很多,大部分都是在辞官后的二十几年间写成的。随着其著述的印刻流传,以及讲学活动的扩大,他的思想观点在社会中逐渐传开。在他寓居的湖北黄安、麻城等地影响最大。他的著作和讲学中的一些进步思想和观点,诸如反对盲目崇拜孔子,主张独立思考;主张与时俱进,反对因循守旧和以孔子的是非标准来评判事物;批判假道学的虚伪

---

① 〔明〕袁中道:《珂雪斋近集文钞》卷八《李温陵传》。
② 张建业:《李贽论》,社会科学文献出版社2010年版。
③ 〔明〕李贽:《焚书》卷四《感慨平生》。

腐败，提倡表里如一；提倡男女平等，反对男尊女卑；同情商人，反对重农抑商；等等。这些观点超越了时代社会的认知，严重背离当时社会的主流思想，被视为离经叛道、悖逆，招致封建卫道士的猛烈攻击，引发了一场激烈的斗争。

斗争始于湖北黄安。李贽辞官后，于万历九年（1581年）到达黄安，由好友耿定理安排，寓居天窝书院，读书著述之余，教授耿家子弟。耿定理之兄耿定向（原任福建巡抚，后任都察院左佥都御史，升任都察院左副都御史）刚好丁忧在家守制。他是个道学家，主张"的的确确寻着孔孟血脉，明明白白走着孔孟路径"，排斥"种种邪见罔谈"。①李贽在论学和教学过程中与耿定向发生分歧，双方逐步展开论战。除了思想观点分歧外，耿定向认为其子弟不注意举子业是受李贽影响，"因他超脱，不以功名为重，故害我家儿子"②。万历十二年（1584年），耿定理病逝后，李贽与耿定向的矛盾加剧，并日益公开化，"两家门徒，标榜角立，而耿、李分敌国"③。李贽便于万历十三年（1585年）离开黄安，徙居麻城。

然而，两人的争论并没有因李贽的离去而停止。"公（即李贽）气既激昂，行复诡异，斥异端者日益侧目。与耿公往复辩论，每一札累累万言，发道学之隐情，风雨江波，读之者高其识，钦其才，畏其笔。"④在与耿定向辩论的书信中，李贽揭露其做人的虚伪，并以大量文字对假道学做了深刻的批判。他把这些书信收入《焚书》中印发。耿定向十分恼火，作《求儆书》回敬，且示意其门徒作《焚书辩》，攻击李贽。他们还对李贽招收女弟子一事肆意诽谤，污为"宣淫败俗"。李贽对假道学的批判，使"胥天下之为伪学者莫不

---

① 〔明〕耿定向：《耿天台先生全书》卷四《书牍下》。
② 〔明〕李贽：《焚书》卷一《答耿司寇》。
③ 〔明〕沈鈇：《李卓吾传》，何乔远《闽书》卷一五二《蓄德志》。
④ 〔明〕袁中道：《珂雪斋近集文钞》卷八《李温陵传》。

略谈李贽的性格和斗争精神

胆张心动,恶其害己,于是咸以为妖为幻,噪而逐之"①。耿定向是都察院高官,其影响力不言而喻。于是,当地官员也对李贽进行围攻迫害,"黄郡太守及兵宪王君亟榜逐之,谓黄有左道诬民惑世,捕曹吏持载贽急"②。李贽于万历十八年(1590年)夏秋间离开麻城数月,到衡州、武昌等地访友。万历十九年(1591年)五月到武昌,与好友袁宏道同游黄鹤楼时,被诬为"左道惑众",遭驱逐。

虽遭驱逐,但李贽绝不屈服,他于万历二十一年(1593年)春夏间回到麻城龙湖芝佛院。著书之余,继续讲学论道,听者甚众,影响更大,封建卫道者对他也更加忌恨。万历二十三年(1595年),新任湖广按察司佥事兼湖北分巡道史旌贤去黄安路过麻城时,"对士大夫说:李卓吾去否?此人大坏风化,若不去,当以法治之"③。面对威胁,李贽毫不畏惧,既不求饶,也不离开麻城,他说:"史道(指史旌贤)欲以法治我则可,欲以此吓我他去则不可。夫有罪之人,坏法乱治,按法而究,诛之可也。我若告饶,即不成李卓老矣。若吓之去,是以坏法之人而移之使毒害于他方也,则其不仁甚矣……我可杀不可去,我头可断而我身不可辱!"恰好这时友人一再来信邀其去黄安,李贽本来想去,后一转念,怕人家误会他是专程到黄安向史旌贤求饶,便坚决不去,并说:"若要我求庇于人,虽死不为也。历观从古大丈夫好汉尽是如此,不然,我岂无力可以起家,无财可以畜仆,而乃孤孑无依,一至此乎?可以知我之不畏死矣,可以知我之不怕人矣,可以知我之不靠势矣。"④这一段话生动展示了李贽倔强的性格和无所畏惧的斗争精神。

封建统治者对李贽的迫害一再升级。万历二十四年(1596年),

---

① 〔清〕钱谦益:《列朝诗集小传》闰三《卓吾先生李贽》。
② 〔明〕沈鈇:《李卓吾传》,何乔远《闽书》卷一五二《蓄德志》。
③ 〔明〕李贽:《续焚书》卷一《答来书》。
④ 〔明〕李贽:《续焚书》卷一《与耿克念》。

麻城有将他"递解回籍"以"正风化"的传言。李贽闻言,在给友人的信中说:"住居隔县三十余里,终岁经年未尝接见一人……不知孤远老叟化饭而食,安坐待毙,于风化何损也?"他反唇相讥:"彼其口出正风化之语者,皆其身实大坏风化之人……盖自量心上无邪,身上无非,形上无垢,影上无尘,古称不愧、不怍,我实当之。是以堂堂之阵,正正之旗,目与世交战而不败者,正兵在我故也。"①次年,有人扬言要杀李贽,好友焦竑(状元,任翰林修撰)努力为之申辩。当时李贽正在山西朋友家,焦竑自京去信告知,劝其返回麻城龙湖。李贽复信曰:"牢狱之死,战场之死,固甘如饴也,兄何必救我也!死犹闻侠骨之香,死犹有烈士之名,岂龙湖之死所可比耶!"②字里行间透露出对恐吓的蔑视,以及视死如归的精神。

自万历二十四年(1596年)秋起,李贽在山西、南京、山东等地游走,读书著述之外,也进行一些讲学活动。直至二十八年(1600年),因年老多病,才回到麻城龙湖。不久,又遭非难,有人放言将其驱逐回泉州,并因他长期居住于芝佛院,威胁要拆毁芝佛院。李贽对此非常不解,在给友人的信中说:"圣人通天下以为一身,若其人不宜居于麻城以害麻城,宁可使之居于本乡以害本乡乎?"③又说:芝佛院是众人及"十方尊贵大人布施俸金,盖以供佛,为国祈福者。今贵县说喈者不见舍半文,而暗嘱上司令其拆毁,是何贤不肖之相去远乎"④?但是,当道对其忌恨已甚,湖广按察司佥事冯应京令人烧毁龙湖芝佛院,拆掉李贽的藏骨塔,"置诸从游者法"⑤。学生把李贽藏起来,后又让他避入河南商城县黄蘖山中。

---

① 〔明〕李贽:《续焚书》卷一《与周友山》。
② 〔明〕李贽:《焚书》卷二《与焦弱侯》。
③ 〔明〕李贽:《续焚书》卷一《与焦弱侯》。
④ 〔明〕李贽:《续焚书》卷一《答周友山》。
⑤ 〔明〕沈鈇:《李卓吾传》,何乔远《闽书》卷一五二《蓄德志》。

略谈李贽的性格和斗争精神

好友马经纶自通州冒雪赶至黄蘖山，随侍李贽，学习《周易》。万历二十九年（1601年）春，李贽随马经纶北上通州，寓于马经纶别业。这时，他已疾病缠身，便抓紧时间编撰和修订著作。但是，封建统治者并不放过他。次年闰二月，礼科给事中张问达上疏劾奏，称其著作"流行海内，惑乱人心"，污蔑他"勾引士人妻女入庵讲法，至有携衾枕而宿庵观者，一境如狂……近闻贽且移至通州，通州离都下仅四十里，倘一入都门，招致蛊惑，又为麻城之续。望敕礼部檄行通州地方官，将李贽解发原籍治罪，仍檄行两畿各省，将贽刊行诸书，并搜简其家未刊者，尽行烧毁，毋令贻祸乱于后"。神宗皇帝"便令厂卫五城严拿治罪"①。

病中的李贽听说衙役上门，勉强起床，"大声曰：'是为我也。为我取门片来！'遂卧其上，疾呼曰：'速行！我罪人也，不宜留。'"②完全是一副从容不迫、慷慨赴义的形象。李贽本已"卧病三月，仅余喘息，门板抬来，一路昏迷"，"连日粒米难进，呕吐相继"。③"大金吾置讯，侍者掖而入，卧于阶上。金吾曰：'若何以妄著书？'公（即李贽）曰：'罪人著书甚多，俱在，于圣教有益无损。'大金吾笑其倔强。"④这时的李贽，已是视死如归，说："衰病老朽，死得甚奇，真得死所矣，如何不死……唯愿一棒子当为快耳！"⑤"久之旨不下，公于狱舍中作诗读书自如。"他在狱中听说要遣送回原籍，叹曰："我年七十有六，死耳，何以归为！"⑥乘人给他剃发时，持剃刀自刎而亡。

---

① 《明神宗实录》卷三六九。
② 〔明〕袁中道：《珂雪斋近集文钞》卷八《李温陵传》。
③ 《马氏文集》卷三《与王翼廷主事》。
④ 〔明〕袁中道：《珂雪斋近集文钞》卷八《李温陵传》。
⑤ 《马氏文集》卷三《与黄慎辉宫谕书》。
⑥ 〔清〕钱谦益：《列朝诗集小传》闰三《卓吾先生李贽》。

综观李贽与反对者论争的过程,充分体现了坚贞不屈的斗争精神。明朝名士袁中道称其"直气劲节,不为人屈"[1];袁宗道更是盛赞他"龙湖老子手如铁""胆气精神不可当"。[2]

李贽因思想获罪,他的密友马经纶说:"卓吾生今之世,宜乎为今之人,乃其心事不与今人同,行径不与今人同,议论不与今人同,著作不与今人同。夫彼既自异于今人矣,今之人其谁不以彼为异为颇。"[3]他获罪的原因在于其思想太过超越时代,不为时代所容。李贽的结局是其个人的悲剧,更是时代的悲剧。

李贽人虽亡,其思想不死:"宏甫殁,遗书四出,学者争传诵之。"[4]"尔时,部议并毁其书刻,而世人喜其高奇,反以盛传于世"[5]"士大夫多喜其书,往往收藏,至今未灭。"[6]

(作者简介:厦门大学历史与文化遗产学院,教授)

---

[1] 〔明〕袁中道:《珂雪斋近集文钞》卷八《李温陵传》。
[2] 〔明〕袁宗道:《白苏斋类集》卷一《书读书乐后》。
[3] 《马氏文集》卷三《与李麟野都谏转上萧司寇》。
[4] 〔明〕焦竑:《续藏书序》。
[5] 〔明〕沈鈇:《李卓吾传》,何乔远《闽书》卷一五二《蓄德志》。
[6] 〔清〕顾炎武:《日知录》卷十八。

论李贽评"海盗"林道乾所体现的思想及社会思潮

——从《因记往事》讲起

庄小芳

李贽著作《焚书》中有一篇《因记往事》,记录了李贽对同时代活跃于闽粤沿海地区、被人称为"海盗"的林道乾的看法。全文夹叙夹议,嬉笑怒骂,酣畅淋漓,被看作李贽表达其思想的一篇重要文论。

《因记往事》缘于李贽写了一篇《二十分识》,探讨了才、胆、识三者的关系。由这篇文章,他又想到了曾经与别人谈论林道乾的事,记录下来,所以取为《因记往事》。《二十分识》是关于胆、才、识三者关系的论证,李贽云:"然则识也、才也、胆也,非但学道为然,举凡出世处世,治国治家,以至于平治天下,总不能舍此矣,故曰'智者不惑,仁者不忧,勇者不惧'。智即识,仁即才,勇即胆。"[1]《因记往事》通过林道乾的具体例子,进一步来说明才、胆、识之间的关系,认为:"必如林道乾,乃可谓有二十分才,二十分胆者也。"[2]并认为林道乾有才有胆,并非无识,而是被埋没被忽略,不被朝廷所用。结合《二十分识》来看,李贽认为彼时朝廷眼里的"巨盗"林道乾是个有二十分才、胆、识的人物,胜过于所有的道

---

[1] 夏剑钦校点:《焚书·续焚书》,岳麓书社1990年版,第154页。
[2] 夏剑钦校点:《焚书·续焚书》,岳麓书社1990年版,第155页。

学家。

在传统儒学家的视野中,"海盗"始终是处于三教九流的末流,而思想家李贽却以如此热烈的言辞来肯定一名横行于福建老家海域的"海盗",认为自己"敢望道乾之万一乎"?将林道乾的胆识与接受传统儒学教育而精心挑选出来的士大夫、官吏圣贤相对比,极尽嘲讽之事。此文之奇,在中国的文学史上占有重要的一席之地,在探讨李贽各种"异端"思想时,也是一篇十分重要的文论,常与李贽的《忠义水浒传序》相提并论,为其论人才著作之双璧。

由于李贽著作里名篇较多,且因其思想所具有的丰富性,虽然《因记往事》受到了研究者的广泛关注,但大多数只是在论述某一话题,如论述李贽对儒士的批判、李贽的人才观、"异端思想"等时加以引用,笔者尚未搜索到有专门的文章来论述李贽评价林道乾所附带的时代背景、社会思潮以及其中所蕴含的思辨的火花。故本文不揣其陋,尝试从李贽评论林道乾这个角度进行探讨,既由此进一步了解李贽思想的独特性,也由林道乾所处时代的背景进一步探讨李贽思想产生的社会土壤和人文环境,并希望由此引发晚明士人在"儒""侠"等方面独特心路历程话题的讨论。

一、林道乾其人及时代背景

从朱元璋"禁濒海民不得入海"开始,到开放月港通东西洋,到反复厉行或松弛海禁,明代的海洋政策虽然多次调整,但从整体上而言,限制广东、福建等沿海民众通海贸易的根本立场和大方向没有改变。闽粤沿海民间原有深厚的海上贸易传统,加上地少人多,海上贸易关系生计所在,所以严厉的海禁政策并不能阻止沿海民众通过海洋走向异域的脚步。明代中后期,随着海禁政策的起起伏伏,

论李贽评"海盗"林道乾所体现的思想及社会思潮

广东、福建等地的民间海上走私力量渐成规模，成为抗衡葡萄牙、荷兰、西班牙等西方海上力量的重要组织。林道乾带领的"亦商亦盗"的海上集团就是这个时期的一股重要力量，活跃在这一带海域三十余年，不仅在台湾的开拓史上留下一席之地，之后又辗转到东南亚各国，成为当时风靡东南亚的一个传奇，时至今日仍然在东南亚各地留有痕迹。

林道乾，生卒年不详，一说为福建泉州人，一说为广东澄海人（此说较多为学者所用），一说为广东惠来人（此说亦有人引用，但笔者认为有误）。依据记载，林道乾原为县吏，乾隆《潮州县志》记其"少为县吏，机变险诈，智虑超于群寇"①。后加入吴平海商集团，"后平窜海外，莫知所往，党羽溃散，于是道乾、一本复纠合之，林、曾两贼，其焰大炽，势不相下，互相雄长，为岭东连年大患"②。吴平被灭，林道乾纠合其余部，扩大武装走私力量，一边与官方抗争周旋，一边扩大通番贸易的通道，扩大生存空间。嘉靖四十五年（1566年），林道乾受到都督俞大猷的追捕，遁入台湾。在台湾停留一段时间之后又返回潮州，在潮州招兵买马，扩大势力。在官方招抚和围剿的反复中，林道乾再次亡命出海，行踪多变，连横《台湾通史》记载："嘉靖四十二年，海寇林道乾乱，遁入台湾。……道乾既居台湾，从者数百人，以兵劫土番，役之若奴。土番愤，议杀之。道乾知其谋，乃夜袭杀番，以血衅舟，埋巨金于打鼓山，逸之大年。"③清初郁永河《海上纪略》记载："图据闽粤不遂，又遍历琉球、吕宋、暹罗、东京、交趾等国，无隙无乘，因过大昆仑，见其风景特异，欲留居之……不可居，始弃也。复之大年，攻

---

① 乾隆《潮州府志》卷三十八。
② 《井丹先生集》卷十五，《上谷中丞书》，明万历十九年（1591年）广东省潮阳县其子林克鸣刊本。
③ 连横：《台湾通史》，生活·读书·新知三联书店2011年版，第8页。

得之，今大王是其裔也。"①林道乾虽然逃亡海上，结局不明，然而从大年留下的相关资料以及各类民间传说、私人记载来看，林道乾偶然成为大年较早的开发者，成为中国的海外开拓者，在16—17世纪东西方东亚海权之争中占有一席之地。

我们可以说，在广东、福建、浙江等海域，林道乾势力很大，随从众多，但由于其公然与明朝廷的海禁政策相违背，因此被官府围追堵截，在官方上报的各类文件里，他被称之为"盗""贼"等。然而放在历史的长河中考量，林道乾这位"亦盗亦商"的海商，却是台湾早期开发史上的重要人物，也是早期海外贸易的开拓者。

二、从李贽评林道乾看其相关思想及晚明社会思潮

《二十分识》《因记往事》写于万历二十年（1592年），李贽在《复麻城人书》中提到："时闻灵、夏兵变，因发愤感叹于高阳，遂有《二十分识》与《因记往事》之说。"②当时正逢宁夏哱拜起兵反叛，朝廷内部自首辅张居正去世之后纷争不断、群龙无首，形势正如杨亮所言："帝国权力运作机能的瘫痪和官僚机构的腐败，让整个帝国处于巨大的危险之中。而在万历二十年，这种危险酝酿出了极为严重的内忧外患。"③李贽出于对时局的关注和对国家的忧虑，有感于当时人才选拔及利用的缺失，写下了《二十分识》和《因记往事》两文。体现了李贽既是一名批判传统观念的思想家，也是一位关注时局和国家大事的政治家。在文中，李贽借林道乾来表达自己对官僚制度的不满，抒发自己的政治主张。单从文章来看，李贽似

---

① 〔清〕郁永河：《海上纪略·大昆仑》，台湾文献丛刊版。
② 夏剑钦校点：《焚书·续焚书》，岳麓书社1990年版，第66—67页。
③ 杨亮：《万历二十年：中国小说评点的突围》，《三峡大学学报》2006年第4期，第27页。

论李贽评"海盗"林道乾所体现的思想及社会思潮

乎只是借林道乾来表达对时政的不满,然细加分析,里面却包含着多重深刻的思想。李贽在为政之道、人才选拔、重商等方面的思考和思想,都可由此短短的一文中窥见。

(一)重商思想

众所周知,明中后期随着商品贸易的发展而于我国沿海地区涌现的所谓"海盗",大多数是纵横于海上贸易的巨商,也是带领武装力量与朝廷的海禁政策对抗的一股力量。他们的本意并非要攻城陷邑,而是为了维护自己的海上贸易利益。林道乾亦是这样"亦盗亦商"的代表。海上贸易的蓬勃发展与明朝廷的海禁政策及狭隘的小农观念势必是冲突的,而海商们只能以"盗"之名,委曲求全。李贽对林道乾的赞赏,就体现了他对朝廷所实行的海禁政策的不满,以及对于海商力量崛起的重视。这种声音,来自李贽生于闽南泉州对海商集团的体会,也来自他敢于发别人所不敢发表的声音,敢于与强权对抗、突破传统观念的个性。

李贽居于泉州城南,出身于海外贸易的商人世家。依据泉州学界前辈的考证,李贽的始祖林闾是元末明初的巨商,"承借前人蓄积之资,常扬航海外诸海";二世祖林驽"壮年航吴泛越,为泉巨商,洪武十七年(1384年)奉命发航西洋忽鲁模厮","洪武丙辰九年(1376年)奉舶洋"。李贽家族作为商人世家,直至李贽的祖父或父辈才中断,而其族亲在当时也还有人从事海上贸易。[①]生活在这样的环境中,李贽深谙在"海禁"政策之下商人的不易,他在给焦弱侯的信中写道:"且商贾亦何可鄙之有?挟数万之赀,经风涛之险,受

---

① 陈泗东:《李贽的家世、故居及其妻墓碑——介绍新发现的有关李贽的文物》,《文物》1975年第1期。

辱于关吏，忍诟于市易，辛勤万状，所挟者重，所得者末。然必交结于卿大夫之门，然后可以收其利而远其害，安能傲然而坐于公卿大夫之上哉！"[1]他站在商人的立场为商人打抱不平，诟病商人所处的社会环境，与传统的抑商言论有明显的不同。李贽在《因记往事》中对从事海上贸易的林道乾的才识和胆量的高度称赞，就是其重商思想的具体体现。他认为林道乾"称王称霸，众愿归之，不肯背离，其才识过人，胆气压乎群类，不言可知也"。以民心向背来肯定林道乾的才识，又是其重民思想的体现。

另外，我们也应该看到，对于海禁政策的抵制和对海商的同情重视，除了李贽，在沿海的士大夫和乡绅中，也不乏有同样的声音。随着社会商品经济的发展和海外贸易新格局的渐成，沿海地区的士大夫顺应时势，提倡务实致用，以实际行动支持商业和海外贸易的发展。这方面闽南沿海地区的典型代表有蔡清、何乔远、李光缙、黄居中、黄汝良、庄际昌、林希元、张燮等。他们或为商人写传，书写商业精神，或向朝廷呼吁解除海禁，成为"海禁"政策调整的推动力量。闽南海商阶层在晚明成为新兴的社会力量，逐渐向士人阶层靠近，这也是明末郑芝龙家族崛起并在历史上留有一席之地的原因之一。

李贽也是沿海地区支持海上贸易的代表。他认为，对林道乾的追剿，说明了明政府海上政策的失误，官府的无能，是官逼民反。这些言论惊世骇俗，有着深厚的地方文化土壤。从某种意义上说，也是地方与中央之间的冲突。李贽对"海盗"林道乾的评价是基于自己的成长环境、经历以及对晚明社会产生变革、社会传统价值观发生变化的敏锐感知，是顺应商品经济发趋势而对不能适应新的形势的僵化的社会制度的反思和呐喊。

---

[1] 夏剑钦校点：《焚书·续焚书》，岳麓书社1990年版，第70–71页。

论李贽评"海盗"林道乾所体现的思想及社会思潮

(二) 人才思想

顾炎武的《日知录》"人材"篇记载："自万历以后，法令存而教化亡，于是机变日增而才能日减。其君子工于绝缨而不能获敌首，其小人善于盗马而不肯救君患。"① 黄仁宇在《万历十五年》里充分阐述了李贽生活的时代：明朝的文官集团已经整体走向僵化，"在他所处的时代，文官集团业已丧失了发展技术的可能，也没有对付新的历史问题的能力。社会物质文明（即李贽所谓'文'）往前发展，而国家的法律和组织机构不能随之而改进，势必发生动乱"②。在内忧外患之际，僵化的文官集团束手无策，固化的人才选拔任用机制也无法为国家提供新鲜血液。《因记往事》写于万历二十年，内外都不平静，形势如黄仁宇所言："1587 年以后的内外形势并不平静，杨应龙在西南叛变，哱拜在宁夏造反，日本的关白丰臣秀吉侵占朝鲜，东北的努尔哈赤在白山黑水间发难，但内外兵事都没有像建储一事能在廷臣中引起这么多的纷纷扰扰。"③ 李贽崇拜的经世之臣张居正已经过世，并且在死后遭到清算，令李贽愤愤不平，而满朝文武官员竟无人能应对时局之变，更令李贽感慨不已。

在《因记往事》直抒胸臆的呼喊中，李贽借评价林道乾来抨击朝廷腐化的文官集团，在关键时刻发挥不了任何作用；同时嘲讽朝廷不知爱才用才，致使有用之才沦落草野，被逼为"寇"。他讽刺道学家们"终日匡坐，同于泥塑"，这些人以阴博高官，而一旦有事需要担当，则互相推诿，明哲保身，呼吁朝廷应录用有才有胆有识的人才。以才、胆、识三者来论人才，体现了李贽对于经世之用之才的重视，也是他突破传统儒家以所谓"德"来举贤的人才选用标准

---

① 〔清〕顾炎武：《日知录》，北方妇女儿童出版社 2001 年版，第 37 页
② 〔美〕黄仁宇：《万历十五年》，生活·读书·新知三联书店 2006 年版，第 264 页。
③ 〔美〕黄仁宇：《万历十五年》，生活·读书·新知三联书店 2006 年版，第 102 页。

的突破。《因记往事》不仅阐述了"才、胆、识"的人才标准,也对朝廷不识人、不懂用人进行抨击,蕴含着"知人善用"的人才选拔思想,与其"何代无人,特恨无识人者!何世希音,特恨无赏音者"①"何也?以其非真惜才也;虽惜才,亦以惜才之名好,以名好故而惜之耳""然则才固难矣,犹时时有之;而惜才者则千古未见其人焉"②等相一致。李贽认为人才重要,而识才之人更为重要。这也是对明中后期以裙带关系等为主要特征的官场选拔制度的抨击。李贽站在所谓"盗贼"的角度对他们进行歌颂,其实是通过对"巨盗"来反衬国家当权人士的平庸和无能,是对当时国家用人制度和标准的批判,并形成了一套自己的人才思想和理论。

我们还应该看到,在李贽所处的时代,有不少有识之士看到同样的社会问题,提出类似的人才思想。如万历之后的公安派代表人物袁宗道等,也提出了一样的人才观,他写道:"大人者,譬诸海洋变化,种种蛟龙,种种珠宝,然粪壤宿尸,亦溷其中也。"③这与李贽"夫凡有大才者,其可以小知处必寡,其瑕疵处必多"④重实用、轻虚名、经世致用等思想是相一致的。

李贽的用人思想在当时引起共鸣,进而影响到明末清初顾炎武、黄宗羲、王夫之等人的人才观。这种重视才干、经世致用的人才观在中国虽说存在于传统主流之外,但它一直在发展和完善,并在国家存亡的关键时刻成为一股潮流。

---

① 〔明〕李贽:《初潭集》"又叙",中华书局1974年版。
② 夏剑钦校点:《焚书·续焚书》,岳麓书社1990年版,第272—273页。
③ 钱伯城标点:《白苏斋类集》,上海古籍出版社2007年版。
④ 夏剑钦校点:《焚书·续焚书》,岳麓书社1990年版,第272—273页。

（三）豪杰观

《因记往事》对"巨盗"的赞赏，还反映了明中后期以来知识分子对传统观念界定的"巨盗""侠客"的重新审视。这种流行于知识分中子的"豪杰观"，是知识分子崇尚的人格典范变化的反映，是不同阶层交融变化的结果，同时也是社会问题堆积之后寻求新的途径的呼声。从王阳明到泰州学派的相关人物，直至后面的公安学派，乃至清初，对"豪杰"的向往贯穿于明中后期。李贽作为泰州学派弟子，更是有自己独特而影响后人至深的"豪杰"观，既反映了一定的社会思潮，也提出自己的见解，并影响了后世。《因记往事》便是这一"豪杰观"的体现。在写《因记往事》的同时，李贽开始点评《水浒传》，为之作序，淋漓尽致地通过人物的评点表达对被称为"寇"的梁山英雄的赞赏和推崇，李贽的"豪杰观"趋于成熟。将传统的"盗""侠""寇"等称为"豪杰"，认为豪杰并非想为盗，是因为得不到重用造成的。更有研究学者指出："具体而言，李贽《〈忠义水浒传〉序》的写作，受到三个历史人物的重要影响，即张居正、林道乾、梅国桢。"[1]《因记往事》成为研究李贽"豪杰观"形成的重要文论。

不仅呼吁推崇"豪杰"，李贽亦带有"豪杰"气质，他在《因记往事》发出感慨："夫古之有见识者，世不我知，时不我容，故或隐身于陶钧，或混迹于屠沽，不则深山旷野，绝人逃世而已，安肯以身试不测之渊也？纵多能足以集事，然惊怕亦不少矣。吾调当此时，正好学出世法，直与诸佛诸祖同游戏也。"表达了对自己的人生抉择的看法，可看作是一份内心独白，入不了世，便出世，如侠客，如豪杰，游荡于世俗和佛道之间。他知道即使自己身为"豪杰"，亦

---

[1] 陈刚：《忠义缘何在水浒？——李贽的豪杰观与《〈忠义水浒传〉序》之再解读》，《求是学刊》2021年第6期。

如林道乾一样不能为世所容，在这"豪杰"无用武之地的时代，只有重新回归传统儒士的隐逸之道，从别的途径寻求精神的寄托。陈宝良在《明代知识人群体与侠盗关系考论——兼论儒、侠、盗之辨及其互动》一文中指出，就儒侠推进史而言，明代不能不说是一个十分关键的时代。此时"儒侠""儒盗"出现，同时侠客与盗互动，三者出现了合流之风。① 李贽的身上，亦能看到一个超越传统的"儒侠"的鲜明形象。他不再以讲究礼仪规矩的传统儒生为典范，而是学习各类社会上"豪杰"的行为作风，恣意洒脱，释放人性。

当时部分"盗""侠"随着自身素质和社会地位的提高，开始进入统治阶层的视野中。他们的人格和胆识与传统腐朽的人才形成鲜明对比，因此触动了士大夫们的敏感神经，对国家有强烈使命感的李贽便是其中之一。

三、李贽论林道乾文的启发和当代价值

再读《因记往事》，品读时年被称为思想"异端"的李贽评论"巨盗"林道乾的言论，虽过去400多年，在今天看来，里面所体现的真知灼见依然具有诸多启发和当代价值。

首先，李贽从不同于常人的视角来评议林道乾，对于我们评价历史人物，尤其是负面人物具有启发性。我们应将他们放在历史的长河里，以发展的眼光做出新的评价。闽南地区的海商研究不是一个新的话题，李贽的评价也进一步让我们认识到明中后期海商的处境和背景，从而反思当年"海禁"所带来的危害。试问如果不是明

---

① 陈宝良：《明代知识人群体与侠盗关系考论——兼论儒、侠、盗之辨及其互动》，《西南大学学报》2011年第2期。

论李贽评"海盗"林道乾所体现的思想及社会思潮

中后期官僚队伍的腐败、朝廷的迂腐无能、闭耳塞听,而是顺应如李贽等有识人士的思想,积极寻求向海外谋发展的道路,或许历史会有不同的结果。李贽对林道乾的高度评价,放在明中后期其他海商身上也具有共通性,我们应该看到,正是有前面林道乾等海商集团开拓海上贸易通道的基础,才有后面郑芝龙、郑成功父子的崛起和台湾的收复。我们应该将这些海商放在世界海上贸易的格局和中国历史长河中重新考量。

其次,《二十分识》《因记往事》里所蕴含的人才思想,对于我们今天人才的选拔和利用依然具有积极的意义。相比于同时代人,李贽的人才观超前,也更加成熟、顺应时代发展规律。他大胆地提出了不同于传统儒家主要以"德"选人的标准,而是阐述了才、胆、识三者,尤其是识在人才中的重要性。他的人才观批判了僵化的选官任官制度,进而对于明朝的政治体制形成批判。他呼吁敢于独立思考、敢反抗传统、有经世之用之材、能为国家奉献才智的人才;同时认为在任用人才之时,应有更宽容的社会环境,允许人才有道德的瑕疵。

再次,我们在评价李贽之时,应将他放在明中后期的社会背景中进行分析,应关注他"奇"背后的"常",才能理解他对于明代、对中国乃至世界的影响和意义。黄仁宇在《万历十五年》一书中这样评价:"李贽的悲观不仅属于个人,也属于他所生活的时代。传统的政治已经凝固,类似宗教改革或者文艺复兴的新生命无法在这样的环境中孕育。社会环境把个人理智上的自由压缩在极小的限度之内,人的廉洁和诚信,也只能长为灌木,不能形成丛林。"[①] 黄仁宇强调了明末恶劣的社会环境对于具有独立思想的个人的摧残和不容,然而从另一个角度而言,李贽在当年的社会之中,只是被统治

---

① 〔美〕黄仁宇:《万历十五年》,生活·读书·新知三联书店2006年版,第240页。

者或一些儒学卫道士视为"异端"。他在当时依然有不少拥趸，说明他其实并非"一枝独秀"，而是有深厚的社会土壤。他的言论和思想虽"奇"，但其中的"常"，却常常被人忽略。正如陈刚所言："故而对于李卓吾，不仅应看到他'奇'的一面，更应该看到他'奇'背后'常'的那一面；不仅应看到他突破规矩束缚的那一面，还应该看到他顺应时代潮流的那一面；不仅应凸显他在当时文人中的独特性，更应该深究他离经叛道言行背后的历史背景与文化根源。"①

最后，作为中国思想史上的重要人物，从李贽《因记往事》一文中不难看出，一个思想家的产生，既离不开中国传统思想的浸润，也离不开地域环境和文化的影响。作为饱读诗书的儒学之士，李贽的思想虽被视为异端，但依然脱离不了儒学的根基和思想积淀。其"异端"思想源于对社会敏锐的观察和对社会腐败僵化的不满。泉州作为李贽的故乡和他自幼成长学习的地方，宋元时期即以海外贸易而闻名。在明中后期随着"海禁"政策的变化，私人海外贸易日渐兴盛，形成了一股与朝廷政策相对抗的力量。地方商品经济发展，冲击着传统的社会格局。正是这样的地域环境，影响了李贽对"海禁"的看法，也影响了李贽对所谓"海盗"的看法，意识到"海盗"其实是"海禁"政策的产物，如果加以引导，则为国家栋梁，能为国家带来财富。李贽思想中的"重商"和功利性，以及多元包容的特质，均与泉州独特的沿海地域环境和多元的文化特质有着密切关系。也有研究学者提出："李贽的悲剧，在某种程度反映海洋商业文化与内陆农耕文化的碰撞，社会思潮的交锋。"②所以要进一步研究分析李贽的思想，离不开对其成长环境和生活环境的深入考证，从

---

① 陈刚：《忠义缘何在水浒？——李贽的豪杰观与《〈忠义水浒传〉序》之再解读》，《求是学刊》2021 年第 6 期。
② 徐文彬：《思想家李贽的地域考察——兼论明代中后期泉州社会转型》《地方文化研究》2017 年第 3 期。

而进一步理解其思想的现实意义,理解其对不合理社会制度的呐喊和抗争,以及对于国家事务的关注和忧虑。

综上所述,《二十分识》《因记往事》对林道乾的评价,包含着思想家李贽重商意识、人才观等丰富的思想内涵,也让我们抽丝剥茧地了解到他所处社会的变化及暗涌的各类思潮,意识到李贽思想中"奇"与"常"的辩证关系,能进一步感受到思想家李贽立足实际的抗争精神和深沉的爱国情怀。

(作者简介:中国闽台缘博物馆,副研究馆员)

欧洲文献与李贽女性观

刘亚轩

李贽是明朝伟大的思想家,他的思想走在时代的前列,被朝廷视为异端。在李贽的异端思想中,其对女性的看法颇为引人注目。明朝以降,众多欧洲人来到中国,留下了大量文献,记载了礼教压迫下中国女性的状况,从另一方面印证了李贽女性观的超前性。

一、男女平等

礼教认为:乾道成男,坤道成女,男尊女卑是天地间永恒存在的自然秩序。男属阳,女属阴,而"阴卑不得自专,就阳而成之"[①]。中国女性是男性的附属物,必须依附男性。女性在礼教的重压下,诚惶诚恐地度日。她们没有独立的人格,是男性专属的玩物。

闵明我(Dominick Fernandez Navarette)说:"在中国,妻子是丈夫的忠实奴隶,对丈夫只能服从,不得反抗,丈夫可以随便找个理由抛弃妻子;中国女性劳动之艰辛远远超过欧洲女性,因为处在与世隔绝的环境中,中国女性是世界上最保守和害羞的人。"[②]揭示了礼教压迫中国女性之甚。

[①]〔汉〕班固:《白虎通》,成文出版社1987年版,第197页。
[②]〔西班牙〕闵明我:《上帝许给的土地——闵明我行记和礼仪之争》,大象出版社2009年版,第156页。

欧洲文献与李贽女性观

在礼教下,男女结婚的目的就是传宗接代,与爱情无关。女性是延续家族香火的工具。她们要接二连三地生孩子。中国女性多生男孩才能够博得公婆和丈夫的欢心,如果不能生育或者生的都是女孩,无论其平时表现有多好,一般都会被丈夫休掉,女性自己也会觉得愧对夫家,罪孽深重。穆迪(Mudie)评论说:"生育,特别是生男孩,是中国女性嫁为人妇的头等大事。"① 马丁尼亚(Martiniere)谴责了礼教之下的男尊女卑:"在中国生个女孩是一件令人难过的事情。父母都希望怀着的孩子是个男孩,一旦生了女孩他们就觉得很失望。他们常常在偶像前祷告并献祭,请求生个男孩。"②

李贽认为,男女只是名字上的不同叫法,双方是平等的。"男与女对,盖有两则有对。既有两矣,其势不得不立虚假之名以分别之,如张三李四之类是也。若谓张三是人而李四非人,可欤?"③ 男女性别不同,为了把男女区别开而冠以男女之名。这只是一种表面现象,无论是男是女,其本质上都是货真价实的人,是具有鲜活生命的人。男女仅仅是分别性别的称号,作为人来讲,男女是平等的。李贽向封建礼教的男尊女卑发起了猛烈的进攻,为提高妇女地位努力地鼓与呼,其胸怀之宽广、视野之开阔,由此可见一斑。

二、女性要参与国家事务

礼教束缚下的女性的活动范围有限,内室和厨房是她们无可奈何的选择。女性深居闺中,不能随便外出,她们如同被软禁。巴罗(Barrow)指出,"在束缚中国女性、强迫中国女性顺从方面中国

---

① Mudie, R: *China and Its Resources*, Tang Books, 1840, p9-10.
② Martiniere: *The Chinese Account*, Tang Books, 1834, p314.
③ 张建业:《李贽全集注》一,社会科学文献出版社 2010 年版,第 54 页。

• 185 •

人要比古希腊人和黑暗时代的欧洲人厉害得多。中国人不但剥夺了中国女性运用肢体的能力，而且为了使中国女性更好地呆在闺中，还把中国女性外出抛头露面定为一种道德上的犯罪。"① 马戛尔尼（Macartney）批评礼教禁止汉族女性抛头露面所带来的不适："在女人被禁止出现的地方，感觉的微妙、说话的温柔、交谈的雅致、激情的涌现、爱和友情的圣洁，都不存在了。"②

李贽鼓励女性走出家门，参与国家、社会事务，去实现自己的价值。对于在历史上做出成就的女性，李贽给予充分的肯定。李贽赞扬无忌母、班婕妤、从巢者、孙翊妻、李新声、李侃妇等女性；认为帮助建立周朝的太任、邑姜可以与同时期的周公、召公、太公、散宜生、南宫适等名臣相提并论。李贽最为佩服的就是武则天。李贽高度评价武则天的政治才能："试观近古之王，有知人如武氏者乎？亦有专以爱养人才为心，安民为念如武氏者乎？"③ 李贽认为，作为女性，武则天的治国理政能力远远超过唐高宗和唐中宗，与唐太宗相比，也毫不逊色。武则天识人知人、延揽人才，这样的优秀品质是历史上诸多男性皇帝所不具备的。武则天杀伐决断，延续了大唐帝国的辉煌，此业绩让晚唐的皇帝为之汗颜。在李贽看来，武则天为女性做出了表率。在中国传统中，政治本来是男性的游戏。武则天以女性的身份参与政治，并且得心应手，完全摆脱了礼教语境中的母亲、妻子等男性附属物的角色。武则天作为一个女人，让众多男性俯首称臣，把大唐帝国治理得有声有色。武则天的事例掷地有声地说明女性一旦不再依附于男性，独立自主，就会取得光辉灿烂的成就。

---

① Barrow, J: *Travels in China*, Tang Books, 1804, p73.
② Barrow, J: *Some Account of the Public Life of the Earl of Macartney*, Tang Books, 1807, p414.
③ 张建业：《李贽全集注》八，社会科学文献出版社2010年版，第226页。

三、感情是男女结合的基础

男女授受不亲是礼教的重要内容。男女之间,无论年龄大小,无论关系远近,绝对不能有肢体上的接触。女性不得和男性一起读书,一起玩耍,一块儿聊天,一块儿吃饭。女性不能对男性评头论足,如果偷看男性,会受到严惩。未婚的女性没有家长的允许,不能随意走出闺房。严酷的贞节观使女性和男性之间既没有自由交往的场所,也没有互通信息的机遇。即使男女想自由交往,也无法绕过社会舆论的关口。同一个家族居住在同一个屋檐下的兄弟妯娌之间,女性与男性也隔着深深的鸿沟。女性的房间通常在院落的最里面,她们平常与男性不见面,当然也就不会有接触的机会了。即使有客人来访,女性通常也是不被允许抛头露面的。在春节和其他一些比较特别的日子,女性被允许露面会客。会客的地点有限制,须在高朋满座的客厅,绝对不能在内室男女单独会面。女性如果有事外出,要坐在密闭的轿子里以免被人看到。安文思(Magalhaes)不由得发出如此感叹:中国女性一直处于隐身状态,甚至连双手也不让外人看见。安文思说如果中国女性需要送东西给亲戚中的男人,就用衣袖将手遮挡严密,把东西放在桌子上让男人来拿,故此她们的衣袖比较长大。安文思把中国女性与欧洲女性进行了对比,认为礼教对中国女性的过分约束,使她们失去了"天使般的优美和纯洁"①。曾德昭(Semedo)描述了高悬于中国女性头上的礼教枷锁:中国尽管人口众多,但是在街道上看不到一个中国女性,中国女性抛头露面是要受到谴责的;男人不能到女性家中访问,只有丈夫可以进入妻子的房间,其他人统统不得进入;女性外出必须步行时,要用面纱遮脸;女性从男人面前经过不许说话,与男人交谈被视作伤风

---

① 〔葡〕安文思:《中国新史》,大象出版社2004年版,第65页。

败俗之举。曾德昭对于中国女性的遭遇深表同情,他评论说:"女人居住的那部分房屋可以说是圣地,只为她们而设。妇女完全与世隔绝,这种作法可以称作违反人性的严厉限制。"① 马国贤(Matteo Ripa)详细描述了为贞节观所压迫的中国女性。他说中国女性深居闺中,只有在新年时才能够出门,即使这样,她们也要坐在轿子里被严格地看管着。中国女性在家中不能和除丈夫以外的男人说话,无论她与他们的亲戚关系如何近。中国女性只有在新年时才可以见公公行孝礼,其他时间,公公既不能和她说话,也不能进她的房间。"礼教如此摧残中国女性,竟然还有人说这是中国社会秩序优秀的证明,这真使我感到可笑。"②

李贽认为,感情是男女结合的基础,男女多多交往才能够了解对方。李贽对男女授受不亲嗤之以鼻,他招收了众多女弟子。在婚姻观上,李贽认为男女结合是心有所感而导致情生,所以情是维系婚姻的核心元素。对于违背男女感情的婚姻,特别是世家大族出于利益考虑进行的政治联姻,李贽一概反对。在李贽看来,只要有真实感情,女性可以为死去的丈夫守节;同样,在情投意合的基础上,如果家人反对,女性也可以与心上人私奔。李贽对于卓文君赞不绝口。司马相如一曲《凤求凰》,打动了丧夫居住在父亲家的卓文君的心。卓文君知道,对于司马相如这个穷小子,父亲是看不上的。勇于追求爱情的卓文君当机立断,连夜与司马相如私奔。礼教对于卓文君大加挞伐,认为她不知廉耻,伤风败俗,失身于人。卓文君一直是礼教的批评对象。李贽独树一帜,赞扬卓文君自主择偶的胆量,肯定卓文君追求爱情的做法。李贽对礼教进行还击,说卓文君没有失身于司马相如;相反,卓文君的举动使她真正获得了幸福,身心

---

① 〔葡〕曾德昭:《大中国志》,上海古籍出版社 1998 年版,第 37 页。
② Matteo Ripa: *Memoirs of Father Ripa, during Thirteen Years' Residence at the Court of Peking in the Service of the Emperor of China*, Tang Books, 1844, p12.

欧洲文献与李贽女性观

都实现了自由,是"获身"。李贽对卓文君与司马相如的爱情做了这样的评价:"同声相应,同气相求,同明相照,同类相招。"① 李贽用排比的手法道出了他对卓文君的支持。红拂女主动追求李靖,这在礼教看来大逆不道的事情获得了李贽的击节赞赏。李贽觉得红拂女开了历史的先河,其行为值得后世女性仿效。

李贽认为,夫妻双方要互敬互爱,相互支持,唯其如此,婚姻才会幸福,家庭才会和谐。李贽对夫妻关系的认识来源于他的经历。李贽的妻子黄宜人,出身于书香门第。黄宜人知书达理,性格温婉,与李贽感情甚笃。在李贽跌宕起伏的人生历程中,黄宜人不离不弃,给了李贽莫大的精神支持。黄宜人尊重李贽的选择,与李贽患难与共40多年,是李贽事业上的好帮手。黄宜人去世后,李贽不胜悲痛,写了诸多怀念黄宜人的诗文。"夫妇之际,恩情尤甚,非但枕席之私,亦以辛勤拮据,有内助之益。若平日有如宾之敬,齐眉之诚,孝友忠信,损己利人,胜似今世称道学者,徒有名而无实。则临别尤难割舍也。何也?情爱中兼有妇行妇功妇言妇德,更令人思念耳,尔岳母黄宜人是矣。"② 字里行间,透露出李贽对黄宜人的思念。黄宜人的品行及与李贽感情之深,跃然纸上。李贽强调夫妻之间要有情有义,对于婚姻中的以貌取人和以财取人,李贽不以为然,认为这样的婚姻是不牢固的,夫妻不会有真爱。

四、提倡一夫一妻

繁衍后嗣是礼教的一个重要内容。不孝有三,无后为大。为了家族的人丁兴旺,中国盛行一夫多妻制。无论平民百姓还是官僚贵

---

① 张建业:《李贽全集注》七,社会科学文献出版社2010年版,第149页。
② 张建业:《李贽全集注》一,社会科学文献出版社2010年版,第108页。

族，只要有能力，都可以娶妻买妾。在一定程度上，繁衍后嗣也是一夫多妻制的挡箭牌，它给一夫多妻制披上了合法化、道德化的外衣。

在古代中国，把女儿卖给别人为妾从中谋利是一种普遍的社会现象。有些穷人多生女儿，待女儿长大，就联系买主，卖女为妾。当时社会上专门有人收养小女孩，教授她们学习琴棋书画、诗词歌赋、刺绣女工、待人接物、言谈举止、仪容仪表等。经过严格的培训，这些女孩成为妾之后，会获得主人的宠爱。利玛窦（Matteo Ricci）说："中国人可以自由纳妾，妾可以用金钱买卖，一些人在贫穷时就把女儿卖给富贵人家做妾。"[①] 利玛窦对此现象感到震惊。李明（Louis le Comte）观察到有中国人专门让女儿学习音乐歌舞，学成之后就把女儿卖给有钱人为妾，以便从中谋取金钱利益。父母对自己的孩子如此狠心，李明为之颤栗。[②]

礼教下的中国等级森严，妻妾在家庭中的地位是不平等的，嫡出和庶出有着严格的区分。丈夫的地位只有妻的儿子才能够承袭，妾的儿子根本无权承袭。妻是大老婆，名曰正妻、正室。妾是小老婆，名曰副妻、侧室。妻是经过合法的手续明媒正娶的，而妾则没有什么法律名分。为了维护自己的地位，妻绝不会允许在家庭中出现地位对等的其他女性。可以说，妾实际上就是妻的奴隶。妾把妻作为主子，小心翼翼地伺候。妻把妾视为仆人，随意使唤，可以打骂。妾如果侵犯妻，罪行视同侵犯丈夫。妻有权参加宗族的祭奠活动，妾却没有。妾的孩子必须把妻当作嫡母，把生母当作庶母。妾的孩子在身份上是少爷小姐，妾却是奴隶。妾的孩子称呼自己的母亲为"姨娘"，而不是"母亲"。显然，对于自己的孩子，妾没有所

[①]《利玛窦中国札记》，中华书局 2005 年版，第 96 页。
[②]〔法〕李明：《中国近事报道》，大象出版社 2004 年版，第 123 页。

欧洲文献与李贽女性观

有权。曾德昭记述了一夫多妻制下妾的卑微地位，如像仆人一样伺候正妻、随时会被赶走等。曾德昭最不能容忍的就是妾的孩子不把妾当妈看待，而称正妻为妈。①

李贽说夫妻之间要有真爱，指的是夫与妇二人。对于一夫多妻制，李贽坚决反对。李贽的子女先后去世，李贽拒不纳妾。即使有人以李贽无后的理由来劝说，李贽也不为所动。李贽认为夫妇之情才是真爱，妾只会破坏婚姻关系。李贽对于一夫多妻制下产生的妒妇现象进行了辩解。李贽认为，不合理的婚姻制度导致妒妇的出现。在夫妇关系中，男性与女性是不对等的。男性可以逛青楼，可以纳妾，而女性只能从一而终。女性如果对于男性的狎妓纳妾行为有所不满，就会被视为品行不良，就会成为男性休妻的理所当然的理由。不合理的婚姻制度在感情方面对女性的伤害是比较大的，女性产生嫉妒也就不可避免，这是一种正常的反应。妒妇一直为礼教所抨击，李贽专门写了《妒妇》一文，对历史上6个妒妇进行表扬。她们是：恒温之妻南康长公主、贾充之妻郭氏、王衍之妻郭氏、王戎之妻王氏、王导之妻曹夫人、谢安之妻刘夫人。李贽不由得感叹："此六者，真泼妇也，然亦幸有此好汉矣。"②在李贽眼中，"妒"不是女性的恶行，而是女性对丈夫感情深厚的一种体现，是女性盼望婚姻平等的思想流露，是女性对礼教的大胆反抗。在一夫多妻制盛行的环境中，李贽发出一夫一妻的呐喊，其胆量与勇气令人赞叹。

五、女性要追求自由

封建社会人是分等级的。男性无论处于哪一个等级，总有依附

---

① 〔葡〕曾德昭：《大中国志》，上海古籍出版社1998年版，第58页。
② 张建业：《李贽全集注》十二，社会科学文献出版社2010年版，第35页。

· 191 ·

于他的女性可供压迫。女性无论丈夫地位高低，都是丈夫的附属品。礼教如同一张大网，网眼密布，从政治、经济、文化、道德、行为举止等诸方面对女性进行严酷的压迫。女性好似戴着镣铐的囚徒，在炼狱中苦苦煎熬。封建社会以家庭为单位，整个社会就是家庭的放大。男性家长对家庭财物和家庭事务拥有绝对的控制权和决定权。男性是核心，女性依从男性。女性被压迫奴役，没有家庭地位，没有私有财产，没有继承权，不能进入祠堂祭祀祖先。女性不能走中路，立中门。

女性在言行上必须小心翼翼，稍有疏忽，就会招致飞来横祸，轻则训斥鞭打，重则处死。在礼教的枷锁下，极端柔顺是女性的生活准则。李明描绘了中国女性的柔顺：她们"走起路来轻柔徐缓，眼下垂，头微倾，看见她们的样子，人们会说她们是修女或沉思的一心崇敬上帝的职业的虔诚教徒。因此，习俗经常比最严厉的道德在约束中国女性上有更大的威力"①。李明所说的习俗就是中国的礼教。

女性在婚姻问题上没有自主权，当家族利益与女性婚姻发生冲突时，家族利益至上。女性结婚后，就是夫家的奴隶，在夫家没有任何权利。女性要服从丈夫的意愿，不得违反。女性不但依靠丈夫养活，而且丈夫也是她们的精神寄托。女性对丈夫的依赖导致她们的自卑心理。女性是丈夫的财物，一切家庭事务由丈夫做主。丈夫对女性可以打骂役使。女性终身都是丈夫的依附品，在丈夫死后要么殉节，要么守节。女性要认真伺候丈夫和公婆、养育孩子、做饭洗衣、洒扫庭堂。在夫家无论多苦多累，无论受到何种折磨，都不能抱怨，只能顺从。马丁尼亚由此得出结论："中国人伦理制度的缺陷大量充斥于他们国家及家庭的习俗之中。不但中国人的心灵，而

---

① 〔法〕李明：《中国近事报道》，大象出版社2004年版，第123页。

欧洲文献与李贽女性观

且他们的肉体,都因为非常的使用而畸形。"①闵明我对比了中国女性与欧洲女性,认为中国女性从不"求爱、同居等等,因为她们视此为有违道德。而在欧洲,这类事是寻常的"②。

对于礼教压迫下女性的极度不自由,李贽表示反感和同情。现代意义上的"自由"一词是清末从日本引进的。李贽时代,汉语中还没有现代意义的"自由"一词。李贽用"物情"一词来表达自由之意。李贽说:"夫天下至大也,万民至众也,物之不齐,又物之情也。"③李贽所说的"物情",指的是天地万物的自身特点,具体到人类,就是人自然的愿望和需求。每个人是一个具体的活生生的自然存在物,在性情、爱好、气质、人品、体质等方面是各不相同的,"或欲经世,或欲出世,或欲隐,或欲见,或刚或弱,或可或不可,固皆吾人不齐之物情,圣人且任之矣"④。由此可见,不齐是人的本性,是人之所以为人的最本质的特征。对于"不齐之物情",圣人就顺其自然,更何况普通人呢?人有高矮胖瘦、美丑善恶之分,人的差异性和多样性是显而易见的。用一个标准来约束参差不一的人性,明显是对自由的压迫,礼教之恶莫大于此。

李贽进一步解释了对于"不齐之物情"不要进行束缚的原因。世间的道路千万条,人生之路也是如此。人可以渔猎耕耘,可以琴棋书画,可以建功立业,可以隐居山林,可以鏖战疆场,可以笑傲江湖。人生之路多种多样,人的个性也是如此。李贽把人的个性细分为"八物",物物不同。既然个性不同,那么把不同的个性纳入整齐划一的轨道也就失去了存在的意义。只有尊重人的个性,让人自

---

① Martiniere: *The Chinese Account*, Tang Books, 1834, p537.
② 〔西班牙〕闵明我:《上帝许给的土地——闵明我行记和礼仪之争》,大象出版社 2009 年版,第 156 页。
③ 张建业:《李贽全集注》十四,社会科学文献出版社 2010 年版,第 271 页。
④ 张建业:《李贽全集注》十四,社会科学文献出版社 2010 年版,第 259 页。

由地选择自己的道路,人才能够真正实现自由,从而放飞自我。李赞把人生道路的选择权利交给了个人。女性属于"不齐之物情"的范畴,在自由选择权上,女性与男性一样。女性拥有与男性相同的自由发展的权利。

李贽认为,女性与男性都是活生生的人,都要受到社会规范的约束。社会规范不能虚无缥缈,要根据人的具体情况来制定。社会规范的功能是促进人的自由发展,而不是戕害人心。人心是人的内在自由,是人真实感情的自然流露。如果外在的社会规范剥夺了人的内在自由,人与囚笼中的困兽就没有什么区别。只有实现了内在自由,人才能够追求外在层面的婚姻自由、职业自由、社交自由、选择自由等。对女性而言,要回归自由自在的身心状态,就必须去掉束缚女性身心自由的枷锁。礼教是悬在女性头上的一把利剑,自由则是女性摆脱礼教束缚、冲破礼教牢笼的有力武器,也是女性实现自我解放的必由之路。

李贽讨厌假道学,提出了童心说。李贽的童心,指的是人的自然本性,是人生下来没有被污染的天然本性。它没有半点虚假,完全是赤子之心。然而,人是社会性的人,人不可能脱离社会而独立存在。在社会强加的价值观念下,童心会逐渐失去。礼教教导女性要保持贞节,做节妇烈女。政府出版了众多宣扬贞节的书籍,如《女学》《女范捷录》《教女遗规》等。政府对节妇烈女也予以褒扬。每年,各级地方政府都要向中央政府上报本地的节妇烈女。节妇烈女可立牌坊,死后可名列祠堂受祭,家庭可免除赋税。女性在名利面前,童心就会异化。丧失了童心,真心也就不在,女性就从真人变成了假人。"若失却童心,便失却真心;失却真心,便失却真人。人而非真,全不复有初矣。"[①]李贽对于礼教诱惑女性失去童心感到惋惜,他鼓励女性要保持童心,从童心出发去行事,不要被礼教的

---

① 张建业:《李贽全集注》一,社会科学文献出版社2010年版,第276页。

欧洲文献与李贽女性观

外来之物蒙蔽了童心。

李贽与利玛窦等欧洲人过从甚密。欧洲自文艺复兴以来越来越重视追求个人的幸福。在欧洲，父母不可能像中国那样对子女有绝对的控制权。父母如果买卖、虐待子女，就会被控告滥用监护权，法律会进行制裁。文艺复兴唤醒了人们对爱情的追求，莎士比亚的很多作品就是以女性为中心。欧洲女性经常出现在社交场合，参加各种宴会和活动，不像中国女性一样待在家中。在公众场合，她们自由地与男性相处，可以自由地追求自己的爱情。一夫一妻制的观念在文艺复兴后的欧洲根深蒂固。李贽发现，自己的女性观与利玛窦等人有相通之处，欧洲在某些方面已经实践了自己的女性观。利玛窦等人认同李贽的女性观。可以说，在一定程度上，李贽的女性观是中西文化交流的结晶。

李贽的女性观在今天并不过时，仍然有着现实价值。中国女性的地位有了很大的提高，但重男轻女的现象在不同地方、不同行业仍然存在。400多年前，李贽作为先行者，提出了让人耳目一新的女性观。400多年后，李贽的女性观没有得到完全实现。我们要努力促进社会和谐，塑造公平公正的社会环境，为女性事业的发展铺路，让女性真正成为半边天。

（作者简介：河南财经政法大学，教授、博士）

被写入史书的李贽
——张岱《石匮书·李贽列传》的文献和思想意义

张则桐

李贽是晚明思想界的著名人物,拥有众多的追随者,他生前身后的争议不断。入清后,李贽成为一个敏感的话题,受到来自不同阵营的学者的批评攻击。顾炎武、王夫之都曾严厉地批评过李贽,黄宗羲的《明儒学案》不录李贽。李贽身后的遭遇折射了明末清初思想界的困境。张岱在《石匮书·文苑列传》中为李贽立传,既体现了他对时代思想命题的回应,也表明了他的勇气和立场。

一

张岱将李贽列入《石匮书·文苑列传》,与焦竑合传,这样的安排说明在张岱和晚明文人心中,李贽是以文章著称的文士,不是以讲学为主的理学家。如果是后者,应该将其列入《石匮书·儒林列传》。文苑固然不如儒林尊贵,但更活泼自由一些,符合李贽的思想和文章。焦竑是万历己丑科状元,虽从学于耿定向,却服膺李贽的学说。在李贽遭受攻击驱逐时,尽力为之奔走保护。李贽、焦竑二人合传,比较合适。

在晚明人写的李贽的传记中,袁中道的《李温陵传》是最有深

被写入史书的李贽

度也最精彩的一篇。公安三袁曾经在龙潭拜访李贽,谈论学问,相互启发,甚为欢洽。袁中道对李贽的生平、思想、人格等有深入的了解,他写李贽,能够揭示李贽的真面目,对李贽的功过是非给予理性公允的评价。张岱的《李贽列传》即以《李温陵传》为基础,加以删削改写而成,如下面这段文字:

  李贽,号卓吾,温陵人。少举孝廉,以道远,不再上公车。为教官,徘徊郎署,后出为姚安太守。抵任后,法令清简,不言而治。每至伽蓝,判了公事或坐堂皇上,置名僧其间,簿书有隙,即与参论虚玄,人皆怪之,贽不以为意。久之,厌圭组,遂入鸡足山,阅龙藏不出。御史刘维奇其节,疏令致仕归。初与黄安耿定力善,罢郡,遂不归,曰:"吾老矣,得一二胜友,终日晤言,以遣余日,足乐矣,何必故乡也!"遂携妻女客黄安。中年得数男,皆不育。体素癯,澹于声色。又癖洁,恶近妇人,故虽无子,不置妾婢。后妻女欲归,趋归之,自称流寓客子。定力死,贽遂至麻城龙潭湖上,与僧无念、周友山、丘坦之、杨定见聚。闭门下楗,日以读书为事。性爱扫地,数人缚帚不给,衿裾浣洗,极其洁白,拭面濯手,有同水淫。不喜俗客,客不获辞而至,但一交手即令之远坐,嫌其臭秽。其欢狎者,镇日言笑。意所不属,寂无一言。滑稽排调,冲口而发,既能解颐,亦可刺骨。所读书,抄写为善本,东国之秘语,西方之灵文,《离骚》班马之篇,陶谢柳杜之诗下至稗官小说之奇,宋元名人之曲,雪藤丹笔,逐字雠校,肌劈理分,时出新意。其为文不阡不陌,抒其胸中之独见,精光凛凛,不可迫视,而好恶颇与人殊。诗不多作,大有神境。亦喜作书,每研墨伸纸,则解衣叫跳,作兔起鹘落之状,其得意者,亦自可爱,瘦劲险绝,铁腕万钧,骨棱棱纸上。一日,恶头痒,倦于梳栉,遂去其发，独存髯须。贽气既激昂，行复诡异，斥异端者，日益侧目。其与耿定力往复辩论，每一札累累万言，发道学之隐情，风雨江波，读之者高其识，钦其才，畏其笔。始有以幻语闻当事，当事者逐之，于时左辖刘东星迎之武昌，舍盖公之堂。自后屡归屡出，梅国祯迎之云中，焦竑迎之秣陵。无何，复归麻城，时人有以幻语闻当事，当事者又误信而逐之。火其兰若。而马御史经纶遂躬迎之于北通州。[①]

其中"耿定力"应为"耿定理"；"其与耿定力往复辩论"之"耿定力"应为"耿定向"。接下来，张岱又撮抄《李温陵传》未录的张问达弹劾李贽的奏疏：

礼科张问达疏奏：邪士李贽，立言乖僻，举止怪异，所著书惑世诬民。寄居麻城，谓大道不分男女，作《观音问》一书，士人妻女若狂，渎乱失常，莫此为甚。

张问达的奏疏代表官方正统派人士的观点，指出李贽的著作言行对士人思想和社会风气的负面影响。撮抄张问达的奏疏，是李贽传记题中应有之义。

下面就是记述李贽的死亡情况：

疏上，缇骑逮之下诏狱。马御史与俱。罪止发回原籍，火其所著书。会旨不下，贽曰："我年八十何所求，安能常抑抑求生乎？"候马御史及侍者他出，遂以薙发刀自刭死。马御史哭之恸，乃为之大治冢墓，建佛刹以祀之。

---

① 〔明〕张岱：《石匮书》卷二〇三，《续修四库全书》本。本文所引《李贽列传》均出此书。

据《李温陵传》,李贽以薙刀自割其喉后,以手指在侍者手上写下"七十老翁何所求"。张岱这段文字似乎根据另一种李贽的传记资料。正文的最后,交代李贽的著作情况:

> 贽素不爱著书,初与耿子庸辈辩论之语,多为掌纪者所录,遂裒之为《焚书》。后以时义诠圣贤深旨,为《说书》。最后理其先所诠次之史,焦弱侯刻之南京者,是为《藏书》。晚年读《易》,著书曰《九正易因》。参释道二乘者曰《丛书》,出之游戏者曰《批点水浒传》。其余如《续藏书》《西游记》《三国志》诸书,俱属坊间赝本,非先生手笔。

"耿子庸"应为"耿定向",这里列出的李贽的著述目录,虽然也并不详尽,但较《李温陵传》更为全面。尤其是指出托名李贽的坊间赝书,也说明李贽在晚明社会的巨大影响力。《石匮书》中的传记正文,一般都有文献来源。《李贽列传》记叙李贽生平,抓住李贽一生大关节,文末介绍他的著述情况,符合文人传记的规范。

二

李贽去世之后,声名更响,《焚书》《藏书》等几乎人手一册,大量的托名李卓吾的评点之作和伪书不断涌现,给书贾带来可观的利润。万历后期、天启、崇祯三朝,天下崇拜李贽的不在少数,而批评李卓吾的声音也未断绝。入清后尊崇李贽的风气衰歇,李贽受到更为尖锐的批评。

明末,凡是肯定李卓吾著作的多为性灵文人,对李卓吾的理解也有深浅差异。王思任《题李卓吾先生小像赞》云:"西方菩提,东方滑稽。箭起鹄落，刀耋牛飞。快如嚼藕，爽则哀梨。是非颠倒，骂笑以嬉。公之死生，《藏书》《焚书》。"①王思任赞叹李卓吾析理论事如庖丁解牛，游刃有余。读其著作，像吃梨藕那样爽快，沁人心脾。汤显祖推崇李贽的思想，提倡"至情"，写下了惊天动地的《牡丹亭》。公安三袁得到李贽的点拨开导，提出"不拘格套，独抒性灵"的主张，开启文学革新的序幕。冯梦龙以李卓吾学说为蓍蔡，倡为"情教"，推动拟话本小说创作的高潮。

明亡前，批评李卓吾的多为有官方身份的人，如崇祯朝大学士吴甡说："温陵李卓吾所论著多新奇可喜之说，其害人心也最烈。彼以冯道为因时，秦桧为有功，为近日失身卖国者作俑，遗祸无穷，不可不急为距放也。"②吴甡的品节在崇祯朝的大学士中还不算坏，这个论调把崇祯后期军事、政治上的失败与李卓吾的著作联系起来，把军国大事失利的责任推到李卓吾的头上，似甚无谓。这是典型的中国古代官方思路，找一个已死的有争议的文人为当下的政事背锅，既避重就轻，也为自己开脱。朱国桢曾在天启朝任大学士，他评论李贽及其著作说：

> 李氏诸书，有主意人看他，尽足相发，开心胸；没主意人看他，定然流于小人，无忌惮。今日士风猖狂，实开于此。全不读四书五经，而李氏《藏书》《焚书》，人挟一册，以为奇货。坏人心，伤风化，天下之祸，未知所终也。人心谁不欲为圣贤，顾无奈圣贤碍手耳。今渠谓酒色财气一切不碍菩提路。有此便宜事，谁不从之。③

---

① 蒋金德点校：《文饭小品》卷一，岳麓书社1989年版，第42页。
② 〔明〕吴甡：《柴庵疏言》卷上，《四库禁毁书丛刊》本。
③ 〔明〕朱国桢：《涌幢小品》卷十六，《续修四库全书》本。

被写入史书的李贽

这段话以批评为主,后来的顾炎武、王弘撰都延续了朱国桢的论调,但朱国桢的意见比较全面,分析得也很深入。他认为,李贽的著作,有主见的人读了会开拓心胸,没主见的人读了会成为无所忌惮的小人。在程朱理学体系里,圣贤的修炼极其艰难,让很多人望而生畏。从王艮、罗汝芳到李贽强调明心见性,他们大大简化或者忽略修炼的工夫和过程。避难就易乃人之常情,晚明大多数尊崇李卓吾的人都是冲着这一点来的。他们找到了适情纵欲地生活并不妨碍修道证学的理论依据,公众根据自己的需要把李卓吾塑造成权威和偶像。一种流行的社会风气需要多种因素的作用,李卓吾成为一种符号后,注定要为晚明士风和明朝灭亡买单。朱国桢并没有完全抹煞李卓吾,他的意见和顾炎武、王弘撰、王夫之还是有很大差别的。李卓吾一生不迷信权威,不崇拜偶像,但在他的身后,社会公众却把他捧成权威和偶像,这是历史的吊诡之处。

《石匮书·李贽列传》正文后,张岱发表了自己的评论:

> 李温陵发言似箭,下笔如刀,人畏之甚,不胜其服之甚。亦惟其服之甚,故不得不畏之甚也。《异端》一疏,瘐死诏狱,温陵不死于人,死于口;不死于法,死于笔,温陵自死已耳,人岂能死之哉!

把李贽的言论文字比作刀箭,非常贴切,抓住了要害,刀锋是李贽人生和思想最贴切的象征。在思想定于一尊的时代,当偶像和权威受到质疑时,会引起社会的恐慌,不管是从权威或偶像获得利益者,还是深信不疑者,都对质疑者深恶痛绝,进而反击围剿。李贽晚年回顾生平经历,自称"平生不爱属人管"[①],即天性爱自由,

---

① 〔明〕李贽:《焚书》卷四《豫约·感慨平生》,中华书局2009年版,第185页。

"余唯以不受管束之故，受尽磨难，一生坎坷，将大地为墨，难写尽也"[1]。有洁癖的人一般都是狷洁之士，眼里揉不下沙子。《卓吾论略》记时人对他的评价："子性太窄，常自见过，亦时时见他人过，苟闻道，当自宏阔。"[2] 这为他晚年的命运埋下了伏笔。他忽视了自由的边界，小瞧了社会对个体自由的约束力量。他的言论不仅让耿定向恼羞成怒，也让许多不相干的人震惊愤怒。他得罪的不仅仅是耿定向一个人，而是一个群体，一个掌握着大量政治、社会资源的群体。他的刀锋所指，有手起刀落的快意，然而被划伤的群体也会奋起反攻，李贽被抓捕入狱不是偶然的。

清初浙东史学家谈迁在《国榷》中有关于李贽的记述和评论：万历三十年闰二月乙卯记述礼科都给事中张问达疏劾李贽及李贽下狱事，下文评论说："辛丑，以御史马经纶迎至通州，所至倾动，而怪僻矫悖，无少忌惮。终填牢户，非为不幸也。"[3]《国榷》崇祯十七年二月乙丑于"中书舍人张同敞言：楚豫绅衿多从贼，宜察诸生忠逆为教官功罪。上然之"下，有谈迁的评论："忠逆本于士心，即教官何能为？宋士习坏于王介甫新说，今士习之坏，自晋江李贽始。相矜于权术，目坑焚为救时，訾濂洛为积腐，宜杨雄、冯道之流踵接于世也。"[4] 这与官方的论调如出一辙。另一浙东史家查继佐在明史著作《罪惟录》中将李贽、袁黄合传，《李贽传》云："李贽初名载贽，号卓吾。神庙中贤书，福建温陵人。久不第，就官，历姚江太守。贽以不得成进士，中激，遂好为恢异，以自见其才，海内亦皆声走之。顾盼所及，伦品遂为高卑。佞佛，尝禅衣帽坐堂皇，视公事，为台抨。尝作古今史《藏书》，每人各系品目，至以娄师德、

---

[1] 〔明〕李贽：《焚书》卷四《豫约·感慨平生》，中华书局2009年版，第187页。
[2] 〔明〕李贽：《焚书》卷三，中华书局2009年版，第86页。
[3] 〔清〕谈迁：《国榷》卷七十九，《续修四库全书》本。
[4] 〔清〕谈迁：《国榷》卷一〇，《续修四库全书》本。

被写入史书的李贽

冯道等为忍辱大臣,出最上。及作明《续藏书》,又以陈静诚遇为第一。又所著有《焚书》《说书》不一种。"①这篇短传错讹甚多,把李贽的愤激说成是因为没有考中进士,显然没有深入了解李贽生平。传末查继佐评论说:"负畸性,外名教,岂有乐地?以为可以严凡听,即众射不慑。顾卓吾、了凡,其至性或不为圣贤所诛,而颇为伪务圣贤者所诛。"②这个观点与官方不同,站在比较客观的立场发表意见,既批评李贽自出发就错了,又指出他最后结局的必然,"颇为伪务圣贤者所诛"尤为深刻,有几分卓吾风采。

三

张岱是认同并支持李贽的思想和著作的,他也受到李贽多方面的影响。张岱的大部分著述都可归于史部。他偏爱史部著述,固然与家族文化传统有关,李贽的影响也占有相当的分量。《李温陵传》说:"盖公于诵读之暇,尤爱读史,于古人作用之妙,大有所窥。"③以自己的观点和体例编排史料,中间加入点评,是李贽常用的史著形式。如《初谭集》,是李贽将《世说新语》和《焦氏类林》两书的材料,按照夫妇、父子、兄弟、师友、君臣等的人伦关系重新编辑,通过批点、评论来阐发自己思想的作品。张岱第一部著作《古今义烈传》即在前代史书中汇集义烈之士的传记,文末系以张岱所作的赞语,其编辑方式与体例可以看出是学习了李贽的相关史著。《快园道古》以《世说新语》的体例编排明代文人的言行轶事,《史阙》汇集正史中的一些表现人物性格、心理的细节,都与李贽的史著有一

---

① 〔清〕查继佐:《罪惟录》卷十八,《四部丛刊》本。
② 〔清〕查继佐:《罪惟录》卷十八,《四部丛刊》本。
③ 〔明〕李贽:《焚书》卷首,中华书局2009年版,第5页。

定的渊源。李贽的四书评点著作为《四书评》,张岱把他的四书读书札记称为《四书遇》。李贽晚年读《易》的著作为《九正易因》,张岱则有《大易用》等。

在晚明王学传承谱系中,李贽师承罗心隐,发挥泰州学派"百姓日用之道"的思想,提出:"穿衣吃饭,即是人伦物理;除却穿衣吃饭,无伦物矣。……学者只宜于伦物上识真空,不当于伦物上辨伦物。"[①]这个观点开启了晚明士人注重日常生活和世俗生活的思路。张岱对江南城市风俗的细致观察和精彩描绘,可以在李贽这里找到源头。李贽在罗心隐"赤子之心"的基础上提出"童心说",认为:"夫童心者,真心也,……夫童心者,绝假纯真,最初一念之本心也。"[②]凸显童心的真实、原初的特质,引发了晚明求真尚俗的文艺思潮。张岱是沐浴此思潮成长起来的,在他的文艺思想中,求真是一个核心理念,如《张子说铃序》中所说"亦得其真,得其近而已矣"[③]。在张岱的文艺批评中,"真气"与"深情"紧密地联系在一起,他的那句脍炙人口的人物品评说:"人无癖,不可与交,以其无深情也;人无疵,不可与交,以其无真气也。"[④]他在诗文中经常使用"一往深情"这个词,这里可以看出在同为求真的前提下,李贽强调真实的原初性,而张岱注重真实的深邃性,所谓"一往深情",与汤显祖所标举的"至情"的内涵有相通之处。"童心说"经过袁宏道、汤显祖、张岱等人的继承发展,开拓出丰富深厚的艺术境界。

"童心说"还有另外一层涵义,即不迷信圣贤权威,坚持自己的主张和判断,李贽被指为异端、无忌惮之小人,均缘于此点。张

---

① 〔明〕李贽:《焚书》卷一《答邓石阳》,中华书局2009年版,第4页。
② 〔明〕李贽:《焚书》卷三《童心说》,中华书局2009年版,第98页。
③ 夏咸淳辑校:《张岱诗文集·文集》卷一,上海古籍出版社2014年版,第186页。
④ 夏咸淳辑校:《张岱诗文集·文集》卷四《五异人传》,上海古籍出版社2014年版,第186页。

岱在读书治学和文艺鉴赏创作上都主张自出手眼,不为权威和风气所转。对于四书文义的理解,他注重在朗诵白文时的体会和在日常生活中的领悟,对朱熹的注解有接受,有质疑和反驳。他对族弟张毅孺编选《明诗存》的标准忽而竟陵忽而七子不满,提出严厉批评,强调要"自出手眼",他自述:"不肖生平崛强,巾不高低,袖不大小,野服竹冠,人且望而知为陶庵,何必攀附苏人,始称名士哉?"① 张岱的诗歌创作先后学习过徐渭、袁宏道、钟惺和谭元春,最后摆脱诸家,以自己的独立面目存世。正如他在《琅嬛诗集自序》文末征引《世说新语·品藻》中殷浩的话:"我与我周旋久,则宁学我。"《石匮书》写成后,有大老认为"此书虽确,恨不拥戴东林,恐不合时宜"②。张岱不为时论所屈,坚持自己的见解。

晚明是一个张扬个性的时代,我们现在经常说的晚明启蒙思潮,一方面是指晚明时代张扬人的感性欲望;另一方面则是张扬主体意识,尤其是独立思考和判断的能力,即知性主体。这应该是晚明启蒙思潮的核心内容。个性并非仅仅是感官欲望的自由宣泄或者文人的狂狷做派,它应该与独立的人格和思想紧密相连。张岱充分肯定人对于饮食男女的感性需求,他的诗文中有相当数量的以食物为题材的作品。但张岱更强调人的知性主体,更注重在学术和文艺中发表独立的见解,这才是张岱关于个性的要义所在,也是我们解读张岱的关键所在。

从李贽到张岱,晚明思潮不断向内深化,理性色彩不断加强,这是一个稳健的发展方向,思想和文艺都可由此开启新的时代。虽

---

① 夏咸淳辑校:《张岱诗文集·文集》卷三《又与毅孺八弟》,上海古籍出版社2014年版,第314页。

② 夏咸淳辑校:《张岱诗文集·文集》卷三《与李砚翁》,上海古籍出版社2014年版,第318页。

然历史的进程阻断了这个发展趋势，但四百年后人们又重新发现了李贽和张岱。他们与当下有千丝万缕的联系，对于两位先贤，需要我们深入地解读。

（作者简介：闽南师范大学文学院，教授）

李贽"童心说"的易学阐释

章志炜

"童心说"是李贽思想的核心。从程朱理学将"天理"与"人欲"对举,主张"存天理,灭人欲",到陆王心学以"'理'存于'心'"取代"'心'求诸'理'",将"心"视为"理"之本体,再到泰州学派强调"身心合一",肯定人欲,特别是李贽"童心说"的提出,彻底荡涤了传统儒家赋予"心"的先验道德观念。至此,"理""心""欲"的逻辑关系发生了颠覆性变化。李贽以自然无伪之"真心"为旨归的"童心说",不仅在晚明文坛起到了针砭时弊、解放思想、张扬个性的作用,对后世亦具有巨大启蒙价值。

李贽幼时即喜读《周易》,并于《夫妇论》《张横渠易说序(代作)》《何心隐论》等诸多文章中阐发易学思想。据《圣教小引》载,其于五十以后始深研《周易》,穷究《易》理,最终写定《九正易因》一书。《九正易因》作为李贽的盖棺之作,也可以视为其思想的总结之作。他在书中转引多方言论以阐发己意,同时注重学术创新,呈现与"童心说"一脉相承的反传统色彩。李贽以"童心"为核心的哲学思想与易学思想相互渗透、相互贯通,本文以其《九正易因》及相关文章为基础,在易学视域下对"童心说"进行考察和阐释。

一、人学本体论

李贽以《周易》为宗，继承和发展了泰州学派"吾身为天下之大本"的思想，突破了传统哲学中的理本论、心本论以及元气本体论，提出了具有独创性的人学本体论的命题。

南宋朱熹将"太极"视为"两仪四象八卦之理"[①]，即宇宙万物之所以存在和发展的唯一、终极本源，并提出"无极而太极"的理论。朱熹指出，"太极"不著形象却无所不包，因此称"无极而太极"；"太极"包蕴宇宙万物之理却又无形无迹，因此"太极本无极"。[②]从本质上说，"太极"与"无极"无二无别。这样，朱熹便赋予"太极""无极"以先验本体的地位，它们存在于天地万物生成之前，又通贯于天地万物运行之中。

而李贽通过对《周易》阴阳观念的创造性诠释，消解了以朱熹为代表的宋儒"无极而太极"的先验本体观念。他在《夫妇篇总论》中对宋儒理学的本体论哲学提出疑问："夫厥初生人，惟是阴阳二气，男女二命。初无所谓一与理也，而何太极之有？"[③]李贽指出，人文世界最初化生时，只有阴阳二气、男女二命的相互激荡、交融和合，本无"一"与"理"，又何来"太极"？其将阴阳二气、男女二命作为人类万物化生发展的根源，并进一步落实到"夫妇"这一具体的人伦关系上，提出"夫妇为万物之造端"的命题。[④]李贽将夫妇关系置于父子、兄弟、君臣上下等系列社会关系之首，视为"人

[①]《朱子文集》卷一，商务印书馆2000年版，第7页。
[②]《朱子文集》卷九，商务印书馆2000年版，第380页。
[③] 张建业主编：《初潭集注》（一），《李贽全集注》第12册，社会科学文献出版社2010年版，第1页。
[④]《夫妇篇总论》："故吾究物始，而但见夫妇之为造端也。"张建业主编：《初潭集注》（一），《李贽全集注》第12册，社会科学文献出版社2010年版，第1页。

之始"①，既是对传统儒家纲常伦理的颠覆，也体现了具有近代唯物主义特征的人学本体论。

李贽的人学本体论还体现在他对"道"的阐释中。宋儒将"道"视作凌驾于宇宙万物之上的"天理"，等同于"太极""无极"等概念。朱熹曾以"无极而太极"的理论阐释"道"："所以明夫道之未始有物，而实为万物之根柢也。"②"道"存在于万物存在之前，又是万物化生发展的根源。张霞、郑炳心的《无极、太极、道本体渊源新探》指出，理学思想体系中的"道""无极""太极"是同一个概念的不同的表达，它们都是"宇宙创生及万物演化的根本"。③李贽则将传统儒学中至高无上的"道"落实到具体的人身上，提出"人即道，道即人"的"人道一体"的观点。④这就与用形而上的抽象精神扼杀个体独立性的先验本体论区别开来。

从上述思想出发，李贽进一步肯定了人的主观能动性。他在《九正易因·乾卦》中，提出人人"各具有是首出庶物之资"的观点：

> "大哉乾元，万物资始。"既资以始，必资以终。元，非统天而何？夫天者，万物之一物，苟非统以乾元，又安能行云施雨，使品物流通形著而若是亨乎？故曰：大哉乾元。……是故一物各具一乾元，是性命之各正也，不可得而同也。万物统体一乾元，是太和之保合也，不可得而异也。故曰：乃利贞。然

---

① 《夫妇篇总论》："夫妇，人之始也。有夫妇然后有父子，有父子然后有兄弟，有兄弟然后有上下。夫妇正，然后万事万物无不出于正矣。"张建业主编：《初潭集注》（一），《李贽全集注》第12册，社会科学文献出版社2010年版，第1页。
② 《朱子文集》卷八十，商务印书馆2000年版，第33页。
③ 张霞、郑炳心：《无极、太极、道本体渊源新探》，《管子学刊》2016年第2期。
④ 张建业主编：《庄子解注》，《李贽全集注》第14册，社会科学文献出版社2010年版，第289页。

则人人各正一乾之元也，各具有是首出庶物之资也。①

李贽认为，"乾元"主宰着万物的生成和发展，天作为与万物平等的一物，也统于乾元，打破了传统儒学对"主宰之天"的盲目崇拜。值得注意的是，李贽将"乾""元"区别开来："乾：元，亨，利，贞。举四德以归乾，而独以大哉赞元。"②"乾"包含"元、亨、利、贞"四德，统御着宇宙万物的生、长、遂、成。③《乾》卦从初爻"潜龙"至上九爻"亢龙"的发展过程，就是"乾道自然之变化"的体现。"元"则是宇宙生、长、遂、成的第一推动力，是"万物之始"、四德之首，制驭着万事万物的发展变化。李贽赋予"乾元"以极高的地位，但他所说的"乾元"不同于朱熹的"太极"，正如容肇祖《李贽年谱》所言："朱熹认为太极是理，人的理或性是'得之于天而具于心'。李贽认为天和人都是一样的物，这样，人的乾元就不是得之于天。"④李贽将"乾元"视为万物自身生而具有的，因此每个人都具有"乾元"之德，具有化生万事万物的资格。

李贽关于《乾》卦的发挥，一方面体现了朴素的辩证唯物思想，

---

① 张建业主编：《九正易因注》，《李贽全集注》第15册，社会科学文献出版社2010年版，第5页。
② 张建业主编：《九正易因注》，《李贽全集注》第15册，社会科学文献出版社2010年版，第5页。
③ "元、亨、利、贞"为《周易·乾卦》卦辞，历来解释不一。《周易·文言》："元者，善之长也；亨者，嘉之会也；利者，义之和也；贞者，事之干也。"孔颖达云："元亨利贞者，是乾之四德也。《子夏传》云，'元者，始也；亨者，通也；利者，和也；贞者，正也。'"孔颖达：《周易正义》，《十三经注疏》，中华书局1980年版，第276页。程颐云："元者，万物之始；亨者，万物之长；利者，万物之遂；贞者，万物之成。"《二程集》，中华书局1981年版，第695页。朱熹云："元者生物之始，亨者生物之通，利者生物之遂，贞者生物之成。"朱熹：《周易本义·系辞上》，《朱子全书》第1册，上海古籍出版社，安徽教育出版社2002年版，第146页。此处将"元、亨、利、贞"解释为万事万物化生发展的自然规律。
④ 容肇祖：《记李贽"九正易因"》，《李贽年谱》附二，三联书店1957年版，第125页。

即肯定物质运动、变化和发展的普遍规律，并注意到事物在变化过程中呈现不同形态，由此接触到世界统一性与物质多样性的辩证关系。另一方面，李贽将传统的圣人拉下了神坛，极大地肯定了人的主体地位，引出圣凡一律、人人平等的命题，这就将人学本体论的抽象论证落实到社会中每一个具体的人身上。

同样的思想在李贽《九正易因》中多有体现，如释《观》卦："我生民生，无二无别，是谓天下之平。"[①]意在强调国君之生与人民之生并无区别。释《蒙》卦："山下有险，险而止，以此卦下险上止象也。夫方其止也，混混沌沌，莫知所之。童蒙如此，圣人如此，虽欲不止，其可得乎！然既以险而止，则必以亨通而行，及其亨通而行也，圣人如此，童蒙如此，虽欲不行，又可得乎！"[②]《蒙》下卦为坎，有险陷之义，上卦为艮，有停止之义。李贽认为，圣人与童蒙皆是遇险而止，得亨则行，并无二致。在引出与时偕行、趣时变通的"时中"观时，再一次触及圣凡一律的命题。

李贽的人学本体论是其"童心说"思想的易学支撑。由此出发，李贽公然肯定"童心"，将其视作每个人生而具有的实然存在，并大力弘扬发自"童心"真实的人性、人情，从人性哲学角度展开了关于人的自由本体的阐释和发挥。

二、自然人性论

李贽《童心说》："夫童心者，真心也。……夫童心者，绝假纯

---

① 张建业主编：《九正易因注》，《李贽全集注》第15册，社会科学文献出版社2010年版，第119页。

② 张建业主编：《九正易因注》，《李贽全集注》第15册，社会科学文献出版社2010年版，第28页。

真,最初一念之本心也。"[1]李贽认为,"童心"即"真心"、人之"最初一念之本心",如同初生婴孩般干净纯粹,没有一丝外在闻见道理的介入和障蔽,以其纯任自然的状态呈现于世间。许苏民在《李贽评传》中将"童心"等同于马克思所谓的"原始的圆满",认为其"包含着认知之真、意志之真、情感之真""是发自人的至性至情的对于真善美的追求"[2]。"真"是李贽"童心"的第一要义,也是其内在自然之性的外在体现。一方面,这与李贽所在明末那个"无所不假""满场是假"的社会环境针锋相对;另一方面,也有别于传统哲学中的"赤子之心说"。"赤子之心说"可以追溯到孟子,孟子在《离娄下》中提出"大人不失赤子之心"的命题。这里的"赤子之心"可以理解为人们初生就自然具有的良知,也就是"四端之心",被赋予"恻隐""羞恶""恭敬""是非"的先验道德性。以此为根柢,孟子进一步明确了"性善论"的命题,强调人的道德自觉,主张由内圣之性抵达外王之道。孟子"赤子之心说"对中国古代思想史产生了深远影响,更成为陆王心学的直接渊源。陆九渊曾表示:"读孟子而自得之。"陆王心学肯定"心即理",把"心"提高到至高无上的地位,但多数王学家并未抛弃原始儒家赋予"赤子之心"的传统道德意涵。如王阳明的"致良知"就源于孟子的"赤子之心说"。王阳明将孝悌之心、恻隐之心视作"良知"之心:"心自然会知,见父自然知孝,见兄自然知悌,见孺子之入井自然知恻隐,此便是良知,不假外求。"[3]王阳明的"良知"之心与孟子的"四端"之心异名同实。在解释"致良知"时,王阳明创造性发挥了孟

---

[1] 张建业主编:《焚书注》(一),《李贽全集注》第1册,社会科学文献出版社2010年版,第276页。
[2] 许苏民:《李贽评传》,南京大学出版社2006年版,第203页。
[3] 〔明〕王阳明:《传习录》(上),《王阳明全集》(上),上海古籍出版社2011年版,第6页。

子"凡有四端与我者,知皆扩而充之"①的思想,认为"良知"作为心之本体,不假外求,需要人通过格物致知的方式,克服私意,使"良知"在心间充塞流行:"若良知之发,更无私意障碍,即所谓'充其恻隐之心,而仁不可胜用矣'。然在常人不能无私意障碍,所以需用致知格物之功。胜私复理,即心之良知更无障碍,得以充塞流行,便是致其知。"②明代中后期王学左派代表人物罗汝芳的"赤子之心"也不出传统儒家伦理框架,涉入孝、悌、慈"三德"的道德论确认中:"今观赤子之心,都只是个孝悌;而保赤子,则便是个慈也。"③罗汝芳将孝、悌、慈"三德"看作人人内心生而具有的"天然自明之德"。

李贽则将"赤子之心"等同于"童心""真心",不受外界任何污染的"最初一念之本心"。《李氏说书·下孟》:"夫赤子之心,童心也;童心者,真心也。"④这就使"赤子之心"摆脱了传统儒家所赋予的先验道德色彩,与孟子"四端"之心、王阳明"良知"之心及罗汝芳"孝悌"之心区别开来。不仅如此,李贽的"童心""赤子之心"还是与传统纲常伦理以及封建文化氛围针锋相对的概念。李贽认为,"童心"是感性的、内在的,"闻见道理"是理性的、外在的,"闻见道理"的摄入会障蔽"童心"。⑤由此,进一步将批判的矛头直指"六经"《论语》《孟子》,视其为"道学之口实,假人之渊薮"⑥。

李贽以其具有独创性的"童心"理论对《周易》进行阐释和

---

① 杨伯峻:《孟子译注》,中华书局1960年版,第80页。
② 〔明〕王阳明:《传习录》(上),《王阳明全集》(上),上海古籍出版社2011年版,第7页。
③ 《罗汝芳集》,凤凰出版社2007年,第216—217页。
④ 张建业主编:《焚书注》(一),《李贽全集注》第1册,社会科学文献出版社2010年版,第276页。
⑤ 张建业主编:《焚书注》(一),《李贽全集注》第1册,社会科学文献出版社2010年版,第276页。
⑥ 张建业主编:《焚书注》(一),《李贽全集注》第1册,社会科学文献出版社2010年版,第276页。

发挥，可以说，他是明代以"心"解经的一个重要人物，《九正易因》中即有多处触及"心"。《周易·坤卦·文言》："直，其正也，方，其义也。君子敬以直内，义以方外，敬义立而德不孤。"[1]君子应内修诚敬之心，外修合宜之行，内外合一，方能体现仁德。李贽在《九正易因》中阐释道："直者是敬，敬非着意，唯其内之直而已；方者是义，义非袭取，唯其行之利而已。此岂有待于学习而后利哉！固不习而无不利者也，夫何疑？"[2]李贽侧重于强调，内心敬肃、外在行为合于道义，并非着意习得，只是因为内心端正自然如此罢了。虽未直接提及"心"字，却从侧面表露了人心本具的自然真性会指导人的行动，不需通过后天学习的道理，与"童心说"一脉相承。

从"童心"出发，李贽进一步提出以"真心"相感的感应思想，这一思想集中体现于《九正易因·咸卦》中。文中，李贽首先宣称："天下之道，感应而已。"[3]以交合感应为天下万物运行的根本规律。同时，对照《周易·象传》对《咸》卦卦辞的解释："天地感而万物化生，圣人感人心而天下和平，观其所感，而天地万物之情可见矣。"[4]可以发现，《象传》论述的感应之道立足于对世界的整体认知，意在揭示天地阴阳二气交相感应使万物化育生长、圣人与人心相感促使天下和平之理，个体心灵和情感的作用被大大削弱了。李贽特别重视个体"真心"在感应活动中的作用，反对虚伪矫饰之

---

[1] 〔三国·魏〕王弼、〔晋〕韩康伯注，〔唐〕孔颖达疏：《周易注疏》，《十三经注疏》（上册），中华书局1980年版，第19页。

[2] 张建业主编：《九正易因注》，《李贽全集注》第15册，社会科学文献出版社2010年版，第13页。

[3] 张建业主编：《九正易因注》，《李贽全集注》第15册，社会科学文献出版社2010年版，第185页。

[4] 〔三国·魏〕王弼、〔晋〕韩康伯注，〔唐〕孔颖达疏：《周易注疏》，《十三经注疏》（上册），中华书局1980年版，第46页。

李贽"童心说"的易学阐释

情,他说:"感为真理,何待于言;感为真心,安能不动!天地如此,万物如此。"① 在此基础上,李贽又将"感而动"与"随而动"相对照:"感而动,则其动也无思;随而动,则其动也仆妾之役耳。"② 李贽认为,"感而动"是自然而然的无思之动,乃"感动之正性";"随而动"则是身不由己的被动,不是感应的最佳状态,从而进一步肯定了主体心灵的自主性和能动性。李贽"感为真心"的思想也可从其《九正易因》所附前人对《咸》卦的解说中窥见一二,如他引苏轼曰:"情者,其诚然也。'云从龙,风从虎'。无故而相从者,岂容有伪哉?"③ 万物只有以诚挚之情为基础,方能无心而自然地相应相求、相感相交。李贽颇推崇苏轼,将其称为"人龙""国士""万夫之雄"。《九正易因》多征引《东坡易传》之言,并常将坡公言语置于附录第一条,二人学术思想亦有诸多相通与契合之处。李贽"感为真心""无思而感动"的思想在一定程度上是对苏轼"诚然无伪""无故而相从"思想的继承。他们都强调一种本于真心、自然无思的感应状态,但苏轼的"无故而相从"更侧重于由"忘我""无我"而至"神明自用"之境。《东坡易传》:"咸者以神交。……身忘而后神存,心不遗则身不忘,身不忘则神忘。固神与身,非两存也,必有一忘。"④ 身心俱忘,从而使神与物能够毫无滞碍地感通往来,这一过程是"无心而自然"⑤的。而李贽强调的并非身心的空无,而是个体心灵的实然存在及其主观能动性,"故圣人贵感不贵随,以感

---

① 张建业主编:《九正易因注》,《李贽全集注》第 15 册,社会科学文献出版社 2010 年版,第 185 页。
② 张建业主编:《九正易因注》,《李贽全集注》第 15 册,社会科学文献出版社 2010 年版,第 185 页。
③ 张建业主编:《九正易因注》,《李贽全集注》第 15 册,社会科学文献出版社 2010 年版,第 187 页。
④ 《东坡易传》,上海古籍出版社 1989 年版,第 58 页。
⑤ 李瑞卿:《元好问诗论中的"苏学"理路》,《忻州师范学院学报》2012 年第 3 期。

李贽思想的当代价值

从己出,而随由人兴"①。在此基础上,李贽极大地肯定了本心自得、直率无伪的情感表现。

从重视"真心"的思想出发,李贽进一步提出了"人必有私""物情不齐"的命题,从中可以勾勒出李贽对于欲、心、性、情之关系的独特思考。首先,李贽以私欲之心取代了传统的道德之心,《德业儒臣后论》:"夫私者,人之心也。人必有私,而后其心乃见,若无私,则无心矣。"②接着,李贽又指出,"服田者""居家者""为学者"皆因有收获、积蓄、功名之私欲,方才有发奋努力之心。③由此可见,李贽将私欲看作人类各种行为的根本出发点和内在驱动力,也是"心"存在的先决条件,先有"私",然后才有"心"的显现,而"心"又包含了"私",二者缺一不可。

其次,李贽正视和肯定人的自然性情,他常将"性""情"并提,但二者并非完全等同,而内含着一定的区别,应在"心"的视域下适当加以辨析。李贽明确将"性"视为"心"所生,人心各异,性亦不齐,《焚书注》(一):"夫道者路也,不止一途;性者心所生也,亦非只一种已也。"④李贽在《九正易因·蒙卦》中将"蒙"视为"人之正性"⑤,在《附录》中引用王畿之言:"夫纯一未发之

---

① 张建业主编:《九正易因注》,《李贽全集注》第15册,社会科学文献出版社2010年版,第185页。
② 张建业主编:《藏书注》(三),《李贽全集注》第6册,社会科学文献出版社2010年版,第526页。
③ 《德业儒臣后论》:"如服田者,私有秋之获而后治田必力。居家者,私积仓之获而后治家必力。为学者,私进取之获而后举业之治也必力。"张建业主编:《藏书注》(三),《李贽全集注》第6册,社会科学文献出版社2010年版,第526页。
④ 张建业主编:《焚书注》(一),《李贽全集注》第1册,社会科学文献出版社2010年版,第242页。
⑤ 张建业主编:《藏书注》(三),《李贽全集注》第6册,社会科学文献出版社2010年版,第28页。

李贽"童心说"的易学阐释

谓蒙。"①从中可以窥见李贽对"性"的理解，人心"纯一未发"的状态是"蒙"，如孩童般的蒙昧之性是"人之正性"。可见，李贽认为，"性"是存在于人心中的、"喜怒哀乐之未发"时的心理活动。而"情"则主要指情感，是一种"喜怒哀乐已发"后的状态。李贽非常重视发自内心的真情实感，并将"情"提高到"絪缊化物"之高度，《墨子注》："絪缊化物，天下亦只有一个情。"②张再林在《作为"情圣"的李贽》中认为，李贽的"唯情主义"是"发端于《周易》所确立的那种生生不已的'身道'之中，以及那种'身道'中生命得以可能的阴阳缠绵、因感生情之中"③。李贽所崇尚的"身道"之"身"既是世俗男女情欲之"身"，又是一种以"身"为万化之源的宇宙大化之"身"。这种"身道"的原初动力，就是男女相交相感之情。"情"不仅是自然界保持生机活力的原发机制，也存在于万事万物之中。李贽说："或欲经世，或欲出世，或欲隐，或欲见，或刚或柔，或可或不可，固皆吾人不齐之物情，圣人且任之矣。"④情感顺其自然、流行发用，造就了"物情不齐"、人人各遂其愿的状态。从某种程度上说，李贽的"性情"观是对王阳明思想的继承。王阳明认为，"性"为喜怒哀乐未发之本体，"情"是喜怒哀乐流行发用的状态。⑤但王阳明并未抛弃"格物致知"的修行功夫，认为情的任意流行会障蔽人的本心，所以要向内省察，复明心中良知，以"良

---

① 张建业主编：《藏书注》（三），《李贽全集注》第6册，社会科学文献出版社2010年版，第30页。
② 转引自许苏民：《李贽评传》，南京大学出版社2006年版，第224页。
③ 张再林：《作为"情圣"的李贽》，《西安交通大学学报》（社会科学版）2009年第2期。
④ 张建业主编：《道古录注》，《李贽全集注》第14册，社会科学文献出版社2010年版，第259页。
⑤ 《答汪石潭内翰书》："喜怒哀乐之未发，则是指其本体而言，性也。喜怒哀乐之与思与知觉，皆心之所发。心统性情。"施邦曜辑评：《阳明先生集要》，中华书局2008年版，第228–229页。

知"之心统摄性情。这是对朱熹《中庸章句》里关于"中和"观念诠释的进一步思考。[①] 而在李贽的思想中,"性"与"情"是"心"的两种表现形式,没有善恶之分,只要出自真心,便可任其自然的流行发用。因此,一方面,李贽大力肯定自然无伪之性情;另一方面,他并不否定人伦道德,甚至在《九正易因》中体现了向原始儒家伦理复归的倾向。在他看来,只要人伦道德发自真心、本于性情,而非勉强为之或后天习得,便值得称颂:"由中而出者谓之礼,从外而入者谓之非礼。"[②]

依据上述思想,李贽勾勒出"欲—心—性—情"由内至外的递进关系,改变了王阳明"心统性情"的心体观念。由此出发,李贽还进一步提出了"顺民之性"的观点。他在《答耿中丞》中指出:"富贵利达所以厚吾天生之五官,其势然也,是故圣人顺之,顺之则安之矣。"[③] 李贽认为,渴望富贵利达是人本性使然,因此,圣人应顺势而为,尊重人的个性,体察并满足人民欲求,如此才能使人民的才能得到最大限度地发挥,激发社会活力。这种治国理政的观点并非周全,但李贽虚己以顺万民的政治思想是其自然人性哲学的进一步发挥,在当时的社会无疑具有很大的进步意义。李贽在《九正易因》中解释《乾》卦用九"见群龙无首,吉"时也阐述了类似思想:

[①] 《中庸》:"喜怒哀乐之未发,谓之中;发而皆中节,谓之和。"陈戍国点校:《四书五经·中庸》,岳麓书社1991年版,第7页。朱熹注曰:"喜怒哀乐,情也。其未发,则性也,无所偏倚,故谓之中。发皆中节,情之正也,无所乖戾,故谓之和。"朱熹:《四书章句集注》,中华书局1983年版,第18页。朱熹已承认心体流行,但认为心体的流行要合乎中节之道,以"道心"诠释"人心"。王阳明在此基础上进一步发挥了"心"的主体性和能动性。

[②] 张建业主编:《九正易因注》,《李贽全集注》第15册,社会科学文献出版社2010年版,第284页。

[③] 张建业主编:《焚书注》(一),《李贽全集注》第15册,社会科学文献出版社2010年版,第41页。

> 故用九者，能真见群龙之无首，则自然首出庶物而万国咸宁矣，自然时乘御天而宇宙在吾手矣，自然大明乾道之终始，一元统天而万化生于身矣。故曰：用九：见群龙无首，吉。吉者，元也，亨也，利也，贞也。①

李贽以"群龙无首"喻圣人"虚己以顺万民"的"无为"之治。如此治理天下，自然能最大化地激发人民的潜能，使人人都可"首出万物"，四方安宁。最后，李贽引苏轼之言："乾元，以无首为天，则至矣。"②以"群龙无首"为最高境界，以"无为"为"至人之治"。李贽的"无为"思想不仅体现在国家治理上，也是个人的安身立命之道。常人一旦悟得"群龙无首"之理，亦能"万化生于身"，从心所欲，与圣人无异。这种"顺性""无为"的思想渗透到李贽的为人处事实践中，形成其以狂狷为基调的豪杰人格，正如李煌明所说："李贽所谓'无为'即是任心率性，是直而不曲，无有任何文饰之'直心'。"③李贽重心、顺性、尚情的自然人性论及狂狷率性的豪杰人格体现在文学创作领域，表现为以"童心"为旨归的自然文学观。

三、以"童心"为旨归的自然文学观

由自然人性论至自然文学观，李贽将"童心"思想推及文学领域。他在《九正易因·贲卦》中提出了"白贲无咎"的美学理想：

---

① 张建业主编：《九正易因注》，《李贽全集注》第 15 册，社会科学文献出版社 2010 年版，第 5 页。
② 张建业主编：《九正易因注》，《李贽全集注》第 15 册，社会科学文献出版社 2010 年版，第 5 页。
③ 李煌明：《价值观念、思维模式与中国哲学的人格诠释法——以李贽哲学与人生的诠释为例》，《徐州工程学院学报》（社会科学版）2014 年第 6 期。

> 不有人文，其何以化成天下，而使天下咸归于无色之贲乎！……白贲无贲，其谁能贲之！白贲则无色，无色则无文，无文则无咎，故曰：白贲无咎。①

《贲》卦取义于文饰，其上九爻辞曰："白贲，无咎。"象征饰事之终，由文返素。"白贲"是一种无色无文的自然之美，因其素白无华，必无咎害。李贽将"白贲"视为由文返质的理想境界，人文化成的最终目标就是要使天下咸归于"无色之贲"。反映在文学创作领域，李贽心目中出于"童心"的"天下之至文"，是自然真趣、纯美至极而不假雕饰之文，正体现了"白贲"的审美理想。

李贽"白贲无咎"的美学观与以"童心"为旨归的自然文学观一脉相承。李贽以是否出自"童心"作为品评文章的准绳。《童心说》："天下之至文，未有不出于童心焉者也。"②"童心"即"真心"，李贽作为一名自然人性论者，"真"在其思想体系中指向的是"任情顺性"的情性自由理论。"任情"即任凭情感的自然流行发用，"顺性"即顺从并满足主体的感性欲望。李贽正是从"任情顺性"的理论出发，阐释其自然文学观。

首先，李贽对那些被"闻见道理"障蔽"童心"的道学家之言予以激烈抨击：

> 夫既以闻见道理为心矣，则所言者皆闻见道理之言，非童心自出之言也，言虽工，于我何与？岂非以假人言假言，而事假事、文假文乎！盖其人既假，则无所不假矣。……无所不假，则无所不喜。满场是假，矮人何辩也。然则虽有天下之至文，

---

① 张建业主编：《九正易因注》，《李贽全集注》第15册，社会科学文献出版社2010年版，第131页。
② 〔明〕李贽：《焚书》，岳麓书社1990年版，第98页。

其湮灭于假人而不尽见于后世者,又岂少哉!

李贽尖锐、深刻地揭露了当时被道学气、八股化所污染的文坛风气。"童心"之文并非没有,只是被满场假文所湮没,不尽见之于后世罢了。与这些假人、假言、假文相对,李贽推崇的"童心"之文,是至情至性之文。他进一步反对复古主义:"诗何必古选,文何必先秦。"② 无论以道德伦常为尺度,还是以特定时代为标准去审视文学,都必然有其历史局限性,无法做到贯穿古今,成为衡量文学作品价值的普遍准则。只有"童心"能够超越时间与空间的局限,沟通古今中外;也只有发自"童心"之文,能拨动人类共同的心弦,唤起最广大的社会化情感共鸣。正如童庆炳在《文学理论教程》中指出,文学的"审美情感往往是一种超越个人利害得失而具有人类普遍性的情感"③。发自"童心"之文所激发的,正是这样一种"具有人类普遍性的情感"。由此出发,李贽大力肯定反映真性情的文学作品:

> 世之真能文者,比其初皆非有意于为文也。其胸中有如许无状可怪之事,其喉间有如许欲吐而不敢吐之物,其口头又时时有许多欲语而莫可所以告语之处,蓄极积久,势不能遏。一旦见景生情,触目兴叹……发狂大叫,流涕恸哭,不能自止。④

---

① 张建业主编:《焚书注》(一),《李贽全集注》第 1 册,社会科学文献出版社 2010 年版,第 92 页。
② 张建业主编:《焚书注》(一),《李贽全集注》第 1 册,社会科学文献出版社 2010 年版,第 92 页。
③ 童庆炳:《文学理论教程》,高等教育出版社 2005 年版,第 66 页。
④ 张建业主编:《焚书注》(一),《李贽全集注》第 1 册,社会科学文献出版社 2010 年版,第 272 页。

李贽在肯定"童心"之文的基础上提出"无意为文"的观点。人的心中情感郁积，一旦与外物相互感发，如同情感的阀门被打开，喜怒哀乐喷涌而出，不可遏制，非泼墨挥毫加以宣泄不可，文章便也自然而然、水到渠成。李贽视"势不能遏"、真实无伪之"情"为文章创作的唯一根本动力，将有别于正统文学的唐宋传奇、金元戏曲乃至《西厢记》《水浒传》等作品视为"古今至文"，一方面充分论证了传统观念中难登大雅之堂的通俗文学存在的合理性和必要性；另一方面也使其作品呈现强烈的战斗性和反叛色彩，因而具有振聋发聩的思想力量和旷日持久的艺术魅力。

　　出自"童心"之文"发于情性，由乎自然"，并非牵强凑合、矫饰造作所能为，以此为基础，李贽提出"自然之为美"的深刻命题。他在文学领域所主张的"自然"，既是内容上出自"童心"的至情至性之文，也是形式上不假雕琢的自然天成之作。李贽在《杂说》中将《拜月亭》《西厢记》与《琵琶记》作比，认为前者为"化工"，即传神写意之作，后者则是"画工"，偏重于形式技巧的雕琢，二者有审美境界高低之别。李贽推崇"化工"，贬低"画工"，认为其"已落二义"，并进一步提出："风行水上之文，决不在于一字一句之奇。"[1]李贽不屑于文章形式的种种刻镂与摹拟，而提倡以无法为法，推崇如"风行水上"般自然流畅之文。"风行水上"源自《周易·涣卦》："象曰：风行水上，涣。"尚秉和认为"涣"有"文"义，其在《周易尚氏学》中解释《涣》卦，曰："而风行水上，文理烂然，故为文也。"[2]水受风而产生涟漪，这是自然物象之"文"。人因情而感，也如同"风行水上"，自然成文。李贽对"风行水上之文"的推崇，正是其"自然之为美"理论命题在文学创作领域的具体体现。

---

[1] 张建业主编：《焚书注》（一），《李贽全集注》第1册，社会科学文献出版社2010年版，第97页。
[2] 尚秉和：《周易尚氏学》，中州古籍出版社1994年版，第325页。

要之，李贽以心解《易》，以《易》证心，其易学思想与"童心说"相互渗透、相互发明。从"人人各具有是首出庶物之资"的人学本体论出发，到"物情不齐""顺民之性"的自然人性论，再到"自然之为美"的文学创作论，李贽构建了一个"真人—真心—真文"的逻辑严密而完整的思想体系和评价标准，而自然无伪的"童心"，是贯穿其中的核心精神。

（作者简介：广州华商学院，教师）

李贽文论经典《童心说》《杂说》

方保营

李贽反复论证"至文"的审美价值在于"化工",认为"化工"是自然神妙,艺术美在于道法自然,这是科学的审美评判。作家和艺术家胸有"童心说"与"化工说",必定有较高的审美感受力和审美表现力,就能创作出思想精深的文艺作品。

一、美学的经典《童心说》与《杂说》

李贽通过与假道学者的辩论,从哲学和美学范畴提出超越时空的科学理论"童心说"。他的主体意识里力主文学创作要"绝假还真",倡导言论自由。李贽主张诗文写作要出于"真心",用生命意识写诗,不是鹦鹉学舌地卖弄词汇,要用审美的"童心"来再现创作主体的精神世界,反对拾人牙慧和"摹古"的文风。李贽在《童心说》中开篇说:

> 龙洞山农叙《西厢》末语云:"知者勿谓我尚有童心可也。"夫童心者,真心也。若以童心为不可,是以真心为不可也。夫童心者,绝假纯真,最初一念之本心也。若失却童心,便失却

李贽文论经典《童心说》《杂说》

真心；失却真心，便失却真人。人而非真，全不复有初矣。①

李贽的"童心说"是划时代的宣言，他的文学主张是艺术真实出于"童心"。"童心"就是"真心"，是指未受假道学污染蒙蔽的"绝假纯真，最初一念之本心"（李贽：《童心说》）。它是主体意识里发自本心的自然之情，所以"不愤则不作"，如《水浒传》就是作者的"发愤之所作也"。创作主体的愤怒之情蕴含着强烈的爱憎，要揭露压迫者，道学家的丑恶面目，用文艺去冲击传统思想对人们的禁锢。李贽倡导"童心说"，使中国科学的哲学与美学思想复苏。李贽用艺术创造心理学提出自己的美学理论，用"儿童心理"打比方，论述艺术创造的科学规律，认为写文章、创作小说、戏剧的"心之初"就如童心、真心。文学家、艺术家要拥有儿童之心，天真无邪。理学家以义理为心，在李贽看来，这是"童心既障"的表现，他认为："童子者，人之初也；童心者，心之初也。夫心之初曷可失也！然童心胡然而遽失也？"②

李贽继承前人的哲学研究成果，以国学大师的心灵境界提出"童心说"，论述了艺术知觉要的是"真人"具有"童心""真心"，才能认识事物的本质，认准社会人生的本质。李贽将心学中的"吾心即性"说、伊斯兰教的以"净"为真说、佛学"真空"说、老庄的"自然"说以及"百姓日用迩言"进行了精心研讨、融汇凝练，升华为"空净""自然性""一念心""为己""真情"的国学精髓，扬弃腐朽、虚假的学说，丰富了中华民族的精神现象学。李贽认为，作者必须保持童心的纯洁性，他反对以义理为心，认为童心是真，义理是假，主张以真反假，以童心反义理，从根本上清除假道学，

---

① 〔明〕李贽：《焚书》卷三《童心说》，中华书局1975年版，第98页。
② 〔明〕李贽：《焚书》卷三《童心说》，中华书局1975年版，第98页。

225

对传统理学取其精华去其糟粕。李贽阐明：

> 盖其人既假，则无所不假矣。由是而以假言与假人言，则假人喜；以假事与假人道，则假人喜；以假文与假人谈，则假人喜。无所不假，则无所不喜。满场是假，矮人何辩也？然则虽有天下之至文，其湮灭于假人而不尽见于后世者，又岂少哉！何也？天下之至文，未有不出于童心焉者也。[①]

李贽是学者型的大文豪，他独特的"化工说"是指艺术创作要天然去雕饰，要艺术地升华为原生态，使作品要艺术地、逼真地再现人生和社会，描绘审美客体要达到艺术真实最高境界。李贽科学地论述名家为什么会创作出名著，名著"未有不出于童心焉者也"，"童心说"从根本上论证"天下之至文"的创作规律。《金瓶梅词话》就是"童心说"理念的创作实践，它与李贽的美学论著成为后人识别"假文"的检验标准，这对艺术创作的胡编乱造、虚假之风是一个警示。不被读者青睐的艺术作品"以假文与假人谈，则假人喜。无所不假，则无所不喜"。袁宏道兄弟的经典作品，都受李贽说的"童心说"的影响，成为天下"至文"。李贽的"本体论"是科学的"童心说"，提倡主体个性解放和思想自由，要打破孔孟之道、宋明理学的垄断地位，冲破封建经典所设置的各种思想禁区，用真知灼见审视、评判先贤、先哲。李贽对"废黜百家，独尊儒术"持否定态度，对艺术哲学有独到见解。李贽与耿定向的论战是哲学、美学的真伪之辨，具有划时代的意义，是借"童心说"对耿定向"以妄乱真"的言论进行批判。卓吾先生人虽去了，其精神不灭。

李贽的美学经典《童心说》不仅论述了文学创作必须有真情实

[①]〔明〕李贽：《焚书》卷三《童心说》，中华书局1975年版，第99页。

感，而且强调创造主体在道德、政治、艺术等方面都必须是一个真人，说真话，做真事。李贽说的"童心"是文艺创作的科学理论，这个"童心"的外延性极强，指的是艺术创作的规律，是李贽的哲学思想、文艺思想的核心观点。李贽重视欲望人情，"童心说"主张放纵情欲，如《金瓶梅词话》中突出表现了欲望人情，最能体现"童心说"之创作理念。李贽用科学的美学观、哲学观否定理学，把心学与义理联系一起，形成自己的道学；他反对心、理脱节，主张心、理贯通，用心把握理，强调了道家义理系统强调的"真"。李贽提倡"童心说"，从"童心"出发，反对文学创作复古摹仿的形式主义，主张抒发真情，其"童心说"对当时和后世影响很大。李贽从创造心理学的角度来谈文学艺术创作的规律，要求作家的创作主体意识具有真实的思想感情，绝不能刻意追求形式，要发自内心写文章，将理念自然而然地流露出来。李贽反对复古派的拟古主义，说："诗何必古选，文何必秦汉？"在他看来，表现"童心"就能生出"至文"；他认为小说、戏曲中的优秀作品，都是"古今至文"。李贽评点过《三国演义》《水浒传》《西游记》，他的总眉批、插语点评很有美学价值。李贽精辟地论述了艺术真实的问题，这是从源头否定假道学对各个领域的毒害，击中了封建文化的要害，从艺术形态根治民族劣根性，还国学以真谛。

李贽否定假道学，认为义理为假，把童心作为辨别是非的标准。他认为，义理来自后天人为，灌输掌握得越多，童心丧失得也越多。为了避免童心丧失，李贽反对"多读书识义理"，目的是反对封建的义理，这充分体现了他以童心来反理学的思想实质。李贽敢对儒家经典的"六经"进行抨击，认为圣人之言不是金科玉律，不能当作绝对真理；揭露道学家的伪善面目，反对以孔子的是非为是非标准。李贽的主体意识就是终生为争取个性解放和思想自由而斗争，他"不信道"，蔑视道学家标榜的传统权威，认为"士贵为己，务自适。如不自适而适人之适，虽伯夷、叔齐同为淫僻；不知为己，惟务为人，虽尧、舜同为尘垢秕糠"①。李贽认清了假道学是煽惑愚昧，他非常讨厌假道学，对欺世盗名的假道学嗤之以鼻。他的"童心说"从艺术哲学的高度论述了创作主体与审美客体的内在关系，矛头指向封建统治者，反对把文艺当作孔孟之道的传声筒。人贵直，文贵曲。李贽反对虚假的文学艺术，强调艺术真实，要脱俗存真，强调艺术来源于社会生活。李贽痛恨带有封建糟粕的儒家学说，认清了中国几千年的封建专制禁锢人的意识形态、封建礼教滋生出的文化糟粕。假道学的义理是毒液，程朱的义理、传统道德伦理支配人的本心，使童心丧失，封建伦理学制约着文学艺术创作。腐朽文艺理论以封建道德来评判文化艺术作品，人为的义理指导艺术创作极不科学。李贽大胆提出艺术哲学理念的"童心说"，认为搞创作的人，一旦失去了童心，便失去了真心；失去了真心，塑造的人物便失真。李贽认为：

> 然纵不读书，童心固自在也，纵多读书，亦以护此童心而使之勿失焉耳，非若学者反以多读书识义理而反障之也。夫学者既以多读书识义理障其童心矣，圣人又何用多著书立言以障学人为耶？童心既障，于是发而为言语，则言语不由衷；见而为政事，则政事无根柢；著而为文辞，则文辞不能达。②

李贽反反复复讲"童心"，意在反对封建礼教障人的"童心"。他提倡用真言作文章，认为主体受假道学影响，若"多读书识义理"，先验的"闻见道理"必定异化为"假人"。他说："盖方其始

---

① 〔明〕李贽：《焚书》增补一《答周二鲁》，中华书局1975年版，第258-259页。
② 〔明〕李贽，《焚书》卷三《童心说》，中华书局1975年版，第98页。

李贽文论经典《童心说》《杂说》

也，有闻见从耳目而入，而以为主于其内而童心失。其长也，有道理从闻见而入，而以为主于其内而童心失。"① 阐明童心与闻见、道理不并存，意识形态能改变人的心性。他得出结论，作品"皆闻见道理之言，非童心自出之言"，难达到艺术真实成为"假文"。李贽认为文学艺术创作主体必须保持"童心"、真心、真实的思想感情，童心不依赖于耳目闻见而存在，又与义理相对立，它们之间的关系是此存则彼消，彼入则此障。他分析人在成长过程中会受封建思想禁锢，受到假道学的潜移默化，毁灭天性，封建主义使人丧失了童心。李贽独辟蹊径创建了自己的美学观，用独特的悟性和知性谈艺术创作。他主张"万物并育"，反对强求一律。李贽的理论与朱熹的"存天理，去人欲"之理学相抗，他以"童心说"为核心，进而提出了"蓄极积久，不平则鸣"的创作理论。李贽的学说归宗于王阳明的"致良知""心即理"。王学主张"吾性自足，不假外求"，以心为本体，所谓"心之本体即是天理"，朱熹只谈"性"，不认"情"，认为"性即是理"，得其正者则合天理，偏者则阻塞天理的人欲为恶，其哲学中"情"与"人欲"混淆。王阳明心学"情"的重要命题是："喜怒哀惧爱恶欲，谓之七情。七者，俱是人心合有的……七情顺其自然之流行，皆是良知之用，不可分别善恶。"(《王阳明全集》卷三《语录三》) 李贽继承发展了王阳明的学说，理性、科学地论述了心学、人学、哲学、美学观。李贽重视小说、戏曲的地位，在涉及文学的很多文章里讨论过戏曲、小说，将《西厢记》和《水浒传》称作"古今至文"，与"六经"《论语》《孟子》并提。对文学创作，他反对复古摹拟，主张必须抒发己见。他的"童心说"针对当时文坛反其道而行之，是对文坛虚假矫情的道学流毒的控诉，是对艺术创作规律的科学论述。李贽提出了与封建专制文艺观截然相反的文

---

① 〔明〕李贽：《焚书》卷三《童心说》，中华书局 1975 年版，第 98 页。

艺批评标准，以"童心"作为尺度来对创作主体和作品进行评判。他提倡新体通俗文学，是小说批评、戏曲批评的重要奠基人。李贽是个艺术天才，诗琴书画样样精通，他为正确评价《琵琶记》而慎重、仔细地欣赏，说：

> 吾尝揽《琵琶》而弹之矣：一弹而叹，再弹而怨，三弹而向之怨叹无复存者。此其故何耶？岂其似真非真，所以入人之心者不深耶！盖虽工巧之极，其气力限量只可达于皮肤骨血之间，则其感人仅仅如是，何足怪哉！《西厢》《拜月》，乃不如是。①

李贽讲的是审美体验，他拿着《琵琶记》，一边弹奏，一边研读欣赏。第一次感叹，二次幽怨，三次感叹、幽怨不复存在。李贽认为《琵琶记》缺乏内在的情思和神韵，对作家的评价是："彼高生者，固已殚其力之所能工，而极吾才于既竭。惟作者穷巧极工，不遗余力，是故语尽而意亦尽，词竭而味索然亦随以竭。"李贽是假道学的"克星"，他的文章是对封建专制主义的挑战，对宣扬封建主义的文学作品嗤之以鼻，不屑于腐儒高明的创作思想，故而对《琵琶记》评价很低，视其为宣传封建礼教的糟粕，属"画工"之类的"假文"。李贽在美学上继往开来，提出"童心说""杂说"，强调创作主体意识必须根除假道学，用"化工"与"画工"来区分作品之优劣。艺术创作最忌讳主体意识中含有封建意识、假道学及庸俗社会学，具有上述理念者必写出假人假事来；艺术批评更忌讳主体意识中含有封建意识、假道学及庸俗社会学，具有上述理念者就没有审美感受力和审美表现能力来正确评判艺术作品的优劣。李贽的艺术哲学观是科学的，他认为艺术真实在于创作主体意识的"绝假纯

---

① 〔明〕李贽：《焚书》卷三《杂说》，中华书局1975年版，第97页。

李贽文论经典《童心说》《杂说》

真,最初一念之本心也",这是精湛的"人学"之论。"童心说"是用艺术创造心理学、观众心理学来论述艺术创作规律。李贽深入浅出地论述"童心说",科学的美学观成为新体俗文学、旧体新风格的指南。

《金瓶梅词话》内涵情思和神韵可谓"化工也",是李贽根据"童心说""化工说"写出的至文。正如老子所说:"意者宇宙之内,本自有如此可喜之人,如化工之于物,其工巧自不可思议耳。"①李贽认为文学只有真假问题,不得以时势先后论优劣。"童心说"阐明了文学观念,认为文学必须真实坦率,表露作者内心的情感和人生的欲望,割断与道学的联系,使文学存真去假。李贽在研究学问中不断丰富"童心说"与"化工说",他的美学观对同代人和后人的艺术创作和理论影响甚大。兰陵笑笑生在《金瓶梅词话》中实践了《童心说》的美学理论。《金瓶梅词话》是新体通俗文学的尝试,一个新生事物的出现有些不伦不类,带有院本的痕迹,非驴非马,但它是《红楼梦》的祖宗,在文学史上是个里程碑。

李贽推崇百姓的质朴语言,称赞乡野、市井俚俗的"迩言"。他说:"唯是街谈巷议,俚言野语,至鄙至俗,极浅极近,上人所不道,君子所不乐闻者,而舜独好察之……夫善言即在乎'迩言'之中,则'迩言'安可以不察乎?"(《李氏文集》卷一九《明灯道古录》卷下)李贽称赞"迩言",着眼点在它的率。按他的"童心说",真是最本质的。真,才可谓善。他对咬文嚼字、拾人牙慧的晦涩文章非常反感。

"童心说"与"化工说"表现出李贽的主体意识,他的哲学、美学思想对"公安派"、汤显祖以及清代金圣叹都产生了巨大影响。李贽的文艺思想直接影响小品文和小说文学样式的兴盛。在他的影响

---

① 〔明〕李贽:《焚书》卷三《杂说》,中华书局1975年版,第97页。

下，著名的文学流派"公安""竟陵"结下硕果，影响了后世。李贽创立了以性灵为旨趣的晚明诗文革新的进步文学流派。李贽的思想与文学主张对汤显祖影响很大，汤显祖有言："见以可上人（达观）之雄，听以李百泉（李贽）之杰，寻其人吐属，如获美剑。"[①]

二、李贽反复论证"至文"的审美价值在于"化工"

李贽提倡用平民化的语言，用白描手法叙述故事，李贽是故意用"下里巴人"之大白话，借俚俗语言表现地域文化底蕴，以"词话"来吸引读者，达到雅俗共赏。这样的创作理念来自李贽的"童心说"，他是艺术哲学有很深造诣的作家，他追求的美学理念是天然去雕饰，摒弃"画工"，高度赞赏"化工"之作。李贽认为对美学缺乏研究的人搞艺术创造只能称为艺匠，艺匠的作品大都没有文化内涵，特别是假道学者很难创作出文化艺术经典之作。李贽评点《拜月》《西厢》和《琵琶记》之差异时精辟地说：

> 《拜月》《西厢》，化工也；《琵琶》，画工也。夫所谓画工者，以其能夺天地之化工，而其孰知天地之无工乎……要知造化无工，虽有神圣，亦不能识知化工之所在，而其谁能得之？由此观之，画工虽巧，已落二义矣。文章之事，寸心千古，可悲也夫！[②]

李贽用比较美学评判《琵琶记》，认为这个剧目是刻意雕琢，感

---

① 《汤显祖诗文集》卷四十四《答管东溟》，上海古籍出版社1982年版。
② 〔明〕李贽：《焚书》卷三《杂说》，中华书局1975年版，第96–97页。

李贽文论经典《童心说》《杂说》

慨道:"而其孰知天地之无工乎?"李贽精通艺术哲学,他用艺术真实来高度评价"《拜月》《西厢》,化工也";认为"至文"是天然去雕饰。李贽理解流传千古的杰作,创作者"寸心千古,可悲也夫"!李贽为什么贬低《琵琶记》呢?因为作者的主体意识带有"假道学"理念,是为封建伦理道德唱赞歌。李贽点评《琵琶记》对高明毫不客气地说:

> 杂剧院本,游戏之上乘也,《西厢》《拜月》,何工之有!盖工莫工于《琵琶》矣。此高生者,固已殚其力之所能工,而极吾才于既竭。惟作者穷巧极工,不遗余力,是故语尽而意亦尽,词竭而味索然亦随以竭。①

李贽对作者的主体意识非常重视,认识到意识形态决定着艺术作品是否艺术真实。以高明的《琵琶记》为例,论证说"惟作者穷巧极工,不遗余力,是故语尽而意亦尽,词竭而味索然亦随以竭"。反复论证"至文"的审美价值在于"化工",认为"化工"是自然神妙,艺术美在于道法自然,这是科学的审美评判,对刻意雕琢的作品只能看作"画工虽巧,已落二义矣"。李贽将作品的优劣以"化工"与"画工"来鉴别,结合作品论证"童心说"的科学性。

从李贽点评小说和戏剧的美学观,就可以理解他的艺术哲学理念。李贽为了学问而弃官、抛家,万历十二年(1584年),移居麻城龙潭湖潜心做学问,以文会友、读书、参禅。翻开戏剧史看,标有"李卓吾先生批评"的剧本,就有《西厢记》《荆钗记》《琵琶记》《红拂记》《玉簪记》等十数种,引得后人竞相仿效。凡有新的剧本问世,李贽几乎立即点评。戏曲评点是一种包括序跋、凡例、题词、

---

① 〔明〕李贽:《焚书》卷三《杂说》,中华书局1975年版,第97页。

• 233 •

眉批、夹批、总评、读法、圈点、集评甚至音释、笺注等在内的批评样式。李贽用审美来点评戏曲，用"童心说"对艺术作品做审美评判。他以为无论小说戏曲，还是传统诗文，一样可以成为天下之"至文""妙文"。他精辟地说："苟童心常存，则道理不行，闻见不立，无时不文，无人不文，无一样创制体格文字而非文者。"[①]他认识到戏剧和小说在文学史中的价值，充分肯定"无一样创制体格文字而非文者"。李贽才高气傲，以孔孟传统儒学的"异端"自居，用智慧和勇气呼唤人性，追求个体价值，痛斥封建的男尊女卑、假道学、腐败社会、贪官污吏、腐恶，主张"革故鼎新"，反对思想禁锢，打破文体有尊卑的俗念，自立"童心说"，说："且吾闻之：追风逐电之足，决不在于牝牡骊黄之间；声应气求之夫，决不在于寻行数墨之士；风行水上之文，决不在于一字一句之奇。"[②]李贽把"反假道学"思想融会贯通在自己的著作里。

三、李贽文论的现代价值

"童心说"作为李贽哲学思想和文学思想的核心，针对文坛颓风，提倡以"真"对"伪"，要求作家不受外界干扰，保持一颗毫无造作、真诚的本心，这是文学家必须具备的特质。李贽的文论价值毋庸置疑。艺术创作，必须让读者、观众感知到逼真的艺术。艺术表现除典型的真实外，还有不可忽视的细节真实；真，就能出"化工"之作。李贽的《童心说》《杂说》辩证地阐明了艺术真实与生活真实的关系。创作主体有"童心"，才能表现人物真实情感，情真则

---

① 〔明〕李贽：《焚书》卷三《童心说》，中华书局1975年版，第99页。
② 〔明〕李贽：《焚书》卷三《杂说》，中华书局1975年版，第97页。

意切，情真就深入人心，作品就接地气，使读者和观众喜闻乐见。

艺术真实就是心理真实，它不同于生活真实，典型艺术形象是创作主体根据生活原型变异、组接、加工提高而成。庸俗、偏见、无知，表现的是生活表象，导致概念化、公式化，表现的只是表面。

李贽的《童心说》是从创作心理学来讲"童心"，就是说的艺术感觉，隐含着审美感受与审美表现。摈弃"童心"，用"假道学"搞创作，品味就低下。正如马克思所说："用新创作的辞藻来加以炫耀；虚伪的深奥，拜占庭式的夸张，感情的卖弄，色彩的变幻，文字的雕琢，矫揉造作，妄自尊大，总之，无论在形式上或者在内容上，都是前所未有的谎言的大杂烩。"[①] 凡是恶俗的作品内容必定空虚，情节与人物语言极不真实，故而，令人讨厌，亵渎文化艺术。

艺术创作要具备悟性，有审美感受力，审美感受力就是具有艺术家对人生、世间万物和社会的敏感知觉，能用艺术眼光看人生与社会的本质。用"童心"观察社会、观察周围的人和事，深入社会生活，发现创作素材，琢磨生活原型，表现人生的闪光点，作品就有审美表现力。"童心说"就是创作心理学，心理动机是本性的使然。特别是戏剧与影视创作，要描写人物的外部关系，其逻辑性取决于人物的心理动机，这是内在的必然性。写不出心理动机的必然性，人物的心理就会失去逻辑性。反之，用庸俗社会学观察社会，创作虚假、没有艺术真实的影视作品，会使人"味同嚼蜡"。因此，戏剧与影视创造要用体贴的心情考虑人物的心理动机，这是艺术真实的关键，写不准确，人物就会假、情节就不可信。

经典作品表现了生命意识，用心灵和生命写作，发肺腑之言，以生命写作品。用低俗的理念创作的作品，人物性格不真实、心理活动不真实，这样的作品就十分虚假。生命意识是艺术世界鲜活人

---

① 《马克思恩格斯全集》，第33卷，人民出版社1973年版，第102页。

物的意识，经过艺术家创作体现出来，是活在艺术世界的生动艺术形象的精神表现。

文艺主体要具有科学的艺术创作理念，用"童心""真心"艺术真实来表现历史的深层东西。要用审美意识审视社会和人生；从社会生活和名著中发掘人的闪光点，表现人物的复杂心理活动，用艺术来表现人的精神现象。

李贽的《童心说》《杂说》是民族化的美学经典，我们"要从中华审美风范中汲取营养，将中华美学精神融入个人的艺术理念里，渗透进文艺作品的肌理中……为时代、为人民创作出更多富有中华文化底蕴、审美神韵、中国风格、中国气派的优秀作品"[①]。

作家和艺术家胸有"童心说"与"化工说"，必定有较高的审美感受力和审美表现力，就能创作出思想精深的文艺作品。

（作者简介：河南艺术职业学院，教授、资深编导）

[①] 《习近平总书记在文艺工作座谈会上的重要讲话学习读本》，学习出版社2015年版，第117页。

李贽和他的《阳明先生道学钞》

张山梁

闽籍阳明后学、泰州学派一代宗师李贽晚年所编的《阳明先生道学钞》是一部重要的阳明后学古籍文献,为后人了解闽籍阳明后学弘扬传承发展阳明心学、研究李贽思想提供了重要的文献资料。尤其是在新时代"阳明热"的背景下,更是意义重大。

一、李贽其人、其著

李贽(1527—1602),字宏甫,号卓吾,别号温陵居士、百泉居士等,福建泉州人。明嘉靖三十一年(1552年)举人,历任河南辉县教谕、国子监博士、礼部司务、南京刑部员外郎和郎中、云南姚安知府等职。李贽信奉阳明心学,是王阳明亲炙弟子王艮[①]的第三代传人,成为泰州学派的一代宗师,建立了以"童心说"为核心的学说。在社会价值导向上,李贽批评重农抑商,扬商贾功绩,是明中后期资本主义思想的启蒙者。

历史上对李贽的评价褒贬不一。《明史》上没有其本传,但在《明史·耿定向传》中有记述:

[①] 王艮(1483—1541),初名银,王阳明为其改名为艮,字汝止,号心斋,明代哲学家,江苏东台人。一生以布衣传道,不仕。创立传承阳明心学的泰州学派。

李贽思想的当代价值

（耿定向）尝招晋江李贽于黄安，后渐恶之，贽亦屡短定向。士大夫好禅者往往从贽游。贽小有才，机辨，定向不能胜也。贽为姚安知府，一旦自去其发，冠服坐堂皇，上官勒令解任。居黄安，日引士人讲学，杂以妇女，专崇释氏，卑侮孔、孟。后北游通州，为给事中张问达所劾，逮死狱中。①

明代名臣、同是泉州人的李廷机②称赞："（李贽）先生博学宏览，贞心苦行……心胸廓八纮，识见洞千古，孑然置一身于太虚中，不染一尘，不碍一物，清净无欲。"汤显祖③的《叹卓老》一诗曰："自是精灵爱出家，钵头何必向京华；知教笑舞临刀杖，烂醉诸天雨杂花。"德国汉学家福兰阁④称他是一位"能为思想人格之自由作殊死战者⑤"。习近平总书记指出："在漫漫历史长河中，中华民族产生了儒、释、道、墨、名、法、阴阳、农、杂、兵等各家学说，涌现了老子、孔子、庄子、孟子、荀子、韩非子、董仲舒、王充、何晏、王弼、韩愈、周敦颐、程颢、程颐、朱熹、陆九渊、王守仁、李贽、黄宗羲、顾炎武、王夫之、康有为、梁启超、孙中山、鲁迅等一大批思想大家，留下了浩如烟海的文化遗产。"⑥李贽名列其中。

自古以来，著书立说是表达思想的重要途径。特别是在资讯落后的古代，思想传播途径少，著书就显得更加重要。李贽一生著书颇丰。主要作品有《藏书》《续藏书》《焚书》《续焚书》《史纲评

---

① 《明史》，中华书局1974年版，第5817页。
② 李廷机（1542—1616），字尔张，号九我，福建晋江人。明万历十一年（1583年）进士，官至礼部尚书。
③ 汤显祖（1550—1616），字义仍，号若士，江西临川人。明万历十一年（1583年）进士，明代著名文学家、戏曲家。
④ 福兰阁（Otto Franke），德国汉学家。
⑤ 凌礼湖、李敏主编：《李贽其人》，香港天马图书有限公司2002年版，第279页。
⑥ 2016年5月17日，习近平总书记在哲学社会科学工作座谈会上的讲话。

238

李贽和他的《阳明先生道学钞》

要》《九正易因》《卓吾老子三教妙述》《阳明先生道学钞》《龙溪王先生文录钞》《批评忠义水浒传》《批点西厢真本》等。由于其著作中带有强烈的反封建、反礼教的思想意识，为当时执政者所不容，便以"敢倡乱道，惑世诬民"为由，强令尽行烧毁。如明万历三十年（1602年），朝廷下令所在官府，将李贽已刊未刊的书籍尽搜烧毁，对私藏者治罪；天启五年（1625年），官府认为李贽诸书怪诞不经，命各衙门焚毁，不许坊间发卖；清乾隆年间，还将李贽的著作列入禁书目录。尽管如此，李贽的著作依然流传，各种版本一直在刊印之中。其弟子汪本钶[①]在《续刻李氏书序》中记述："（李贽）一死而书益传，名益重。"[②]明代学者佘永宁[③]在《刻李卓吾先生遗书小序》中说："（李贽）先生没，世争传先生书，不啻贵洛阳纸也。"[④]日本学者吉田松阴[⑤]甚至认为："卓吾之论大抵不泄，谁不一读而不与吾同拍案叫绝者哉！"[⑥]先进的思想如同一盏明灯照亮在黑暗中前行的探索者，给人以指引、以力量、以鼓舞。李贽"卓识伟论，自足述往古而开来学"[⑦]的深邃思想，尽管与当时执政者的统治思想格格不入，但不落媚俗，令人振聋发聩，起到启蒙思想、鼓舞斗志的作用。也正因为如此，李贽的著作才像顾炎武[⑧]所描述的："士大夫多喜其书，往往收藏，至今未灭。"[⑨]，禁不止、烧不尽、传更远，为中华传统文化留下一抹光彩，成为中华文明的瑰宝。

[①] 汪本钶（生卒不详），字鼎甫，安徽新安人，李贽学生。
[②] 凌礼湖、李敏主编：《李贽其人》，香港天马图书有限公司2002年版，第245页。
[③] 佘永宁（生卒不详），安徽歙县人，李贽学生。
[④] 凌礼湖、李敏主编：《李贽其人》，香港天马图书有限公司2002年版，第241页。
[⑤] 吉田松阴（1830—1859），日本江户幕府末期思想家、教育家，明治维新的先驱者。
[⑥] 凌礼湖、李敏主编：《李贽其人》，香港天马图书有限公司2002年版，第274页。
[⑦] 《姚安县志》卷二十九《人物志·李载贽传》。
[⑧] 顾炎武（1613—1682），本名绛，字忠清，学者尊称为亭林先生，江苏昆山人。明代著名思想家、史学家、语言学家。
[⑨] 凌礼湖、李敏主编：《李贽其人》，香港天马图书有限公司2002年版，第259-260页。

二、《道学钞》概述

近年来，作为中华传统文化瑰宝的阳明学得到弘扬、传承与尊崇，形成一股"阳明热"，也推动了阳明学及阳明后学的各种古籍文献整理、点校、出版。李贽所辑编的《阳明先生道学钞》（以下简称《道学钞》）就是众多阳明后学古籍中一部极为重要的文献。李贽是闽籍的阳明后学、思想大家，笔者对李贽的《道学钞》关注自然就更多一些，渴望站在李贽的角度，去了解李贽视域里的王阳明及其学说；从李贽选择文章角度的视域中，认识、了解、洞察李贽。

《道学钞》是晚年的李贽以好友吴明贡家藏《王文公全书》为蓝本抄录而成的。明万历二十八年（1600年），李贽被湖广佥事冯应京逐出麻城，未应好友焦竑[①]的邀请避居南京，而是应工部尚书、总理河漕刘东星[②]邀请，与学生汪本钶等人抵山东济宁，住在刘东星官署。刘东星派人向吴明贡借取《王文公全书》一书，供其抄录。李贽非常高兴，爱不释手，终日闭户读书、抄录，"每见其于不释手抄写，虽新学小生不能当其勤苦也"。功夫不负有心人。万历二十八年三月廿一日（1600年5月3日），李贽完成了一部"嘉惠后世之君子"之大作——《道学钞》的编录。

《道学钞》全书分为8卷，收录了116篇王阳明的文稿、6篇王阳明的奏疏以及年谱。卷一《论学书》16篇，主要是从《王文公全书》中的语录、文录中摘录，如《别三子序》《从吾道人记》《答徐成之》《答储柴墟》《客座私祝》等文章，体现了阳明学的思想内涵，

---

① 焦竑（1540—1620），字弱侯，号漪园、澹园，山东日照人。明万历十七年（1589年）状元，明代著名学者。
② 刘东星（1538—1601），字子明，号晋川，山西沁水县人。明隆庆二年（1568年）进士，工部尚书。

李贽和他的《阳明先生道学钞》

从中我们也看到李贽对阳明心学的认知。卷二《杂著书》22篇，内容较为丰富，时间跨度大，既有从《全书》中的文录、书、记、序中摘录的，也有从奏疏、公移中摘录的。其中《谏迎佛疏》《寄杨邃庵阁老》《祭徐曰仁文》《答方叔贤》等文章，体现了王阳明在功业和人情上的良知本心。卷三《龙场书》6篇，包括《瘗旅文》《象祠记》《答毛宪副》《与安宣慰》等文录及记、书，体现了王阳明在谪贬龙场、居夷处困期间，不忘使命担当，知行合一，恪守人生尊严与良知。卷四《庐陵书》1篇，摘录了王阳明担任庐陵知县期间的1份公移，体现了王阳明明德亲民的执政理念。卷五《南赣书》28篇，主要摘录王阳明巡抚南赣期间的奏疏、公移，选取了《选练民兵》《兵符节制》《十家牌法告谕各府父老子弟》《横水桶冈捷音疏》等文章，体现了王阳明兵威武略、平贼定难的军事谋略，以及建构边界地区社会秩序的治理政策。卷六《平濠书》28篇，主要摘录王阳明在江西平定宁王宸濠叛乱期间的奏疏、公移及书信，选取了《抚安百姓告示》《擒获宸濠捷音疏》《乞宽免税粮急救民困以弭灾变疏》《再辞封爵普恩赏以彰国典疏》等文章，体现了王阳明临危不乱，倡义檄、起勤王、扶社稷于将倾的功业。卷七《思田书》15篇，主要摘录王阳明担任两广总督，平定思恩、田州，征剿八寨、断藤峡期间的奏疏、公移，选取了《奏报田州思恩平复疏》《处置平复地方以图久安疏》《处置八寨断藤峡以固久安疏》等文章，体现了王阳明绥怀向化之民、讨服梗化之贼、稳定民族边境地区的功业。卷八《年谱》分为年谱上、下及后录、后人等4个部分，提供了不少有关王阳明生平的新资料。后录中包括陆澄的《辨忠谗以定国是疏》、霍韬的《地方疏》、湛甘泉的《先生墓志铭》等6篇文章，反映了王阳明跌宕起伏的"三不朽"人生经历。

三、《道学钞》特点

李贽在辑编《道学抄序》时，将讲学类的 38 篇文章归为"论学""杂著"2 卷，事功类的 78 篇文章则按照王阳明一生的主要行经地的顺序编辑，归为"龙场""庐陵""南赣""平濠""思田"5 卷。无论是在文章取舍，还是编排体例上，都不循旧体，将讲学与事功分开，按事功地域分卷的编辑方式，新颖别致，让人耳目一新，方便后人了解王明阳在不同地方的活动情况，有利于研究阳明地域文化。如此分卷设章的编辑方法，不失为一种很好的做法，值得学习借鉴。同时，从李贽在文章选取的数量上看，事功类的文章占三分之二，体现了明后期朝廷对王阳明的态度是"重事功轻学说"，更看重其在事功方面的成就。这与明崇祯年间施邦曜[①]辑编的《阳明先生集要》如出一辙。《阳明先生集要》分为理学、经济、文章三编 15 卷，其中理学 4 卷、经济 7 卷、文章 4 卷，经济类的篇目近半，同样也看重其经世济用。

李贽在辑编《道学钞》时，不是简简单单地照搬照抄，更多的是注入自己的情感，揭示了王阳明与李贽两人在思想上的同异，从而使《道学钞》不仅具有文献版本价值，也具有思想史料价值。如在抄录《处置平复地方以图久安疏》时，了解了王阳明采取以抚为主的办法平定思田之乱，并提出五方面的社会治理举措，以求思、田地区久安长治之后，感叹道："仁人君子，千载生气！"反映了李贽对王阳明明德亲民思想、社会治理政策的赞同与肯定。又如在编

[①] 施邦曜（1585—1644），字尔韬，号四明，浙江余姚人；明万历癸丑进士。官至左副都御史，赠太子少保，左都御史，谥忠介。《明史》称："邦曜少好王守仁之学，以理学、文章、经济三分其书而读之，慕义无穷。"

李贽和他的《阳明先生道学钞》

辑《年谱》时，抄录到王阳明在江西南安去世时的场景，有别于钱德洪的描述，感慨道：

> 予亲笔到此，犹泪下不能挥，而彼当不啻口出者，反挤排不遗力，何其妒贤嫉能若是也。彼桂氏无足言，数称相知，如杨一清、乔宇辈，反视若寇仇，小人肝肠。至此卒难掩矣。吾以谓湛甘泉、黄久庵、霍渭涯、林见素诸公可敬也。①

在辑编过程中，李贽对王阳明的一些做法也提出批评与看法。在编辑《年谱》时，抄录到正德十五年（1520年）八月，王阳明咨部院雪门生冀元亨冤状时，感慨："呜呼！冀元亨岂用间之人哉，先生多矣。此李卓吾所以不取也。"②认为冀元亨是不可胜任"说服宁王"的人，批评王阳明有用人失当之嫌。又如抄录到嘉靖七年（1528年）二月思、田平定之后，王阳明为文勒石时，李贽坦率而言：

> 此碑石若出他人手，则字字皆金石矣。惜哉！先生自为之耳，劳而伐，功而德，非九三君子之终也。中间干羽事虽不妨比拟，但世人眼目小。世人如小儿成群，见一巨人大吼其旁，即飞魂丧魄哭欲死。先生宁不知邪！事只管做绝，口不言功劳，乃是经纶千古好手，且姚镆是先生同乡，既代其任而为之。莫说他罢，事亦罢了。③

---

① 〔明〕李贽编，张山梁、张宏敏点校：《阳明先生道学钞》，厦门大学出版社2021年版，第358页。
② 〔明〕李贽编，张山梁、张宏敏点校：《阳明先生道学钞》，厦门大学出版社2021年版，第342页。
③ 〔明〕李贽编，张山梁、张宏敏点校：《阳明先生道学钞》，厦门大学出版社2021年版，第357页。

李贽明显批评王阳明此举的不妥，认为不应该亲自为文勒石。从中，可以洞察李贽内心对王阳明及其学说所持的态度，可为研究李贽思想的形成、发展提供理论支撑。

四、结论

《道学钞》是闽籍阳明后学、泰州学派一代宗师李贽晚年所编的一部重要文献，无论是对研究闽籍阳明后学，还是研究李贽思想，都具有积极意义。可以说，《道学钞》不失为一部具有文献版本、思想史料价值的珍贵善本。

（作者简介：中国朱子学会阳明学专业委员会，副主任兼秘书长；闽南师范大学，客座教授；福建江夏学院，特约研究员；中共平和县委宣传部，副部长）

从《阳明先生道学钞》读李贽

叶茂樟　叶帆

李贽是阳明心学泰州学派的一代宗师，他继承和发展了王阳明的心学，其鲜明的反传统、反礼教思想，被誉为明中后期人文主义启蒙思潮的先驱。李贽一生著作甚多，这些著作是其"异端"思想的集中体现。其中，《阳明先生道学钞》（以下简称《道学钞》）可谓一部特殊的著作，正如新近出版的《道学钞》点校者、阳明学者张山梁所言，通过本书，可以"站在李贽的角度，去了解李贽视域里的王阳明及其学说；再从李贽选择文章的角度，进一步认识和了解李贽及其思想"[①]。通读《道学钞》全书，我们可以从侧面读懂一个不一样的李贽。

一、《道学钞》辑编缘由

《道学钞》辑编于明万历二十八年（1600年），李贽时年73岁，为自刻前两年。李贽为什么要辑编《道学钞》？这要从李贽的心路历程说起。李贽在《阳明先生年谱后语》中说："余自幼倔强难化，不信道，不信仙、释，故见道人则恶，见僧则恶，见道学先生则尤恶。

[①] 张山梁：《李贽和他的〈阳明先生道学钞〉》，《福建史志》2019年第4期。李贽编，张山梁、张宏敏点校：《阳明先生道学钞》，厦门大学出版社2021年版，第54页。

惟不得不假升斗之禄以为养，不容不与世俗相接而已。然拜揖公堂之外，固闭户自若也。"①李贽早年不信仙、不信道，虽然不得不"为五斗米折腰"，却不愿同流合污，似乎又找不到方向。"不幸年逋四十，为友人李逢阳、徐用检所诱，告我龙溪先生语，示我阳明先生书，乃知得道真人不死，实与真佛、真仙同，虽倔强，不得不信之矣。"②嘉靖四十五年（1566年），"（徐用检）在都门从赵大洲讲学，礼部司务李贽不肯赴会，先生以手书《金刚经》示之曰：'此不死学问也，若亦不讲乎？'贽始折节向学。尝晨起候门，先生出，辄摄衣上马去，不接一语，如是者再。贽信向益坚，语人曰：'徐公钳锤如是。'"③在王阳明忠实信徒李逢阳、徐用检的引导下，李贽开始对阳明心学产生兴趣，并发展到深入探究、由衷的崇拜。这应该是李贽辑编《道学钞》的缘由。李贽辑编《阳明先生年谱》后盛赞李逢阳、徐用检两位师兄对自己的提携："要以见余今者果能读先生之书，果能次先生之谱，皆徐、李二先生之力也。"④可见其对阳明心学的挚爱。

李贽曾整理《阳明先生年谱》，"以先生书多不便携持，故取《谱》之繁者删之，而录其节要，庶可挟之以行游也"。明万历二十八年（1600年）元日，李贽居住好友吴明贡家，"明贡书屋正有《王先生全书》，既已开卷，如何释手？况彼已均一旅人，主者爱我，焚香煮茶，寂无人声，余不起于坐，遂尽读之……即令汪本钶校录先生《全书》，而余专一手抄《年谱》"。三月，应工部尚书、

---

① 〔明〕李贽编，张山梁、张宏敏点校：《阳明先生道学钞》，厦门大学出版社2021年版，第405页。
② 〔明〕李贽编，张山梁、张宏敏点校：《阳明先生道学钞》，厦门大学出版社2021年版，第405页。
③ 〔清〕黄宗羲：《明儒学案》卷十四，清康熙十五年（1676年）刊本。
④ 〔明〕李贽编，张山梁、张宏敏点校：《阳明先生道学钞》，厦门大学出版社2021年版，第405页。

总理河漕刘东星邀请，与弟子汪本钶等人抵山东济宁，入住刘东星官署。久别重逢，刘东星特地派人向吴明贡借取《王文公全书》一书，送至济宁供其抄录。李贽终日闭户读书、抄录，"每见其于不释手抄写，虽新学小生不能当其勤苦也"。不日，终于完成《道学钞》的编录。对于其价值，李贽自言："况是钞仅八卷，百十有余篇乎，可以朝夕不离，行坐与参矣。参究是钞者，事可立辨，心无不竭于艰难祸福也。何有是处上、处下、处常、处变之寂，上乘好手，宜共序而梓行之，以嘉惠后世之君子乃可。"是以作为后世君子的人生指导书而辑编的。①

二、《道学钞》主要内容

李贽的《道学钞》有多个版本存世，如明万历三十七年（1609年）重刊《王阳明先生道学钞》本和清道光六年（1826年）重刻《王阳明先生全集》本等。现存的主要版本为明万历三十七年（1609年）武林继锦堂刻本。这里以阳明学者张山梁、张宏敏点校、由厦门大学出版社出版的《道学钞》为版本（该书校编底本即为明万历三十七年武林继锦堂刻本），简要概述其主要内容。《道学钞》全书八卷，共收录116篇王阳明文稿、6篇奏疏及年谱。从内容上看，主要分为三大部分：卷一和卷二为讲学部分，卷三至卷七为事功部分（按地域分卷），卷八为年谱资料。卷一《论学书》共16篇，主要摘抄王阳明与友人及其弟子往来书信、赠言，体现王阳明的学术思想，也体现了李贽对阳明心学的认知；卷二《杂著书》共22篇，

---

① 〔明〕李贽编，张山梁、张宏敏点校：《阳明先生道学钞》，厦门大学出版社2021年版，第1页。

内容庞杂，有奏疏、公移、书信、序文和祭文等，体现王阳明在功业和人情上的良知本心；卷三《龙场书》共6篇，主要记述王阳明在谪贬龙场期间的事功，身处逆境，却恪守人生尊严与良知；卷四《庐陵书》辑《庐陵县公移》1篇，体现王阳明的民本思想；卷五《南赣书》共28篇，主要摘录王阳明巡抚南赣期间的奏疏、公移，体现王阳明在南赣平贼定乱方面的文治武功；卷六《平濠书》共28篇，主要摘录王阳明平定宁王宸濠叛乱期间的奏疏、公移及书信，体现王阳明临危不乱、扶社稷于将倾的功业；卷七《思田书》共15篇，主要摘录王阳明总督两广、平定思恩、田州、征剿八寨、断藤峡期间的奏疏、公移，体现王阳明稳定民族边境地区的功业；卷八《年谱》分为年谱、后录、后人和后语等4个部分，提供了王阳明生平的许多新资料。与一般王阳明"全书""选集"不同，本书最大的特点在于，"李贽在辑编《道学钞》时，不是简单地照搬照抄，而是注入自己的情感，反映了王阳明与李贽在思想上的同异，从而使《道学钞》不仅文献版本价值，也具有思想史料价值"[①]。

三、从《道学钞》读李贽

（一）童心本心真心真人

阳明心学被封建统治者视为"异端"学说，李贽却以"异端之尤"自居。其"异端"思想来源于真实性情。"（李贽）身上无半文钱钞，身边无半个亲随，而敢遨游寓万里之外哉！盖自量心上无邪，身上无非，形上无垢，影上无尘，古称'不愧''不怍'，我实当

[①] 张山梁：《李贽和他的〈阳明先生道学钞〉》，《福建史志》2019年第4期。〔明〕李贽编，张山梁、张宏敏点校：《阳明先生道学钞》，厦门大学出版社2021年版，第55页。

从《阳明先生道学钞》读李贽

之,是以堂堂之阵,正正之旗,日与世交战而不败者,正兵在我故也。"① 李贽创立的"童心说",不仅是其文艺创作的指导思想,也是其立身处事的理论根据。李贽说:"天下之至文,未有不出于童心焉者。""夫童心者,绝假纯真,帮初一念之本心也。若失却童心,便失真心,失却真心,便失却真人。"② 晚明社会文风虚浮,"假人、假言、假文、假事"横行,许多人成为"假人"的奴隶。李贽的"童心说"旨在抨击封建伦理道德,反对封建伦理扼杀人的真实品性,反对对古代经书的盲目信从。他提出:"其胸中有如许无状可怪之事,其喉间有如许欲吐而不敢吐之物,其口头又时时有许多欲语而莫可以告语之处,蓄积之久,势不可遏。"③ 来源于生活的真实感受,发自作者的内心,才能写出好的作品。"保持童心、本心、真心,做真人",李贽始终践行这一思想,"他是怀着一颗赤诚的童心,生活在那个黑暗而虚伪的世界里,面对惨淡而真实的人生,说真话,办正事,写实文,不同任何虚伪妥协,并为之奋斗。这一指导思想支配了他一生的行动"。④

《道学钞》虽然为"辑编",但由于"(李贽)不是简单地照搬照抄,而是注入自己的情感",使本书成为透视李贽性情的镜子。通读《道学钞》,随处可见李贽的童心、本心、真心,凸显李贽"真人"形象。明正德十四年(1519年),王阳明仅用六天就平息宸濠之乱,生擒朱宸濠。在王阳明给各级衙门的一份公文《牌仰沿途各府州县卫所驿递巡司衙门慰谕军民》中,李贽表达了对快速平叛取

---

① 张建业编:《李贽全集续编·李温陵集》卷五《与周友山》,首都师范大学出版社2019年版,第82页。
② 张建业编:《李贽全集续编·李温陵集》卷九《童心说》,首都师范大学出版社2019年版,第137页。
③ 张建业编:《李贽全集续编·李温陵集》卷九《童心说》,首都师范大学出版社2019年版,第137页。
④ 刘修明:《李贽的思想历程和价值取向》,《复旦学报》(社会科学版)1992年第2期。

得大捷的喜悦之情，感叹道："破会城宸濠共六日耳，忒快煞！"对于为抢夺平叛功劳的御驾南征，"近因传报京军复来"，李贽连用两个形容词加感叹号，感叹道："妙！妙！"这番赞叹别有深意，叛贼已擒何须劳师动众、千里南下？！公文道："殊不知朝廷出兵，专为诛剿宁贼，救民水火之中，况统兵将帅，皆系素有威望，老臣宿将，纪律严明，远近素所称服。"李贽又叹道："妙！妙！"此番评点与上文有异曲同工之妙。公文写道："诚恐沿途一带居民，亦多听信传闻这实之言，北来京军，尚未知宁王已就擒获，合行差官沿途晓谕军民，及一面迎候北来官兵。"李贽评道："好！"①京兵南下，带给百姓的不是福祉，更多的是恐慌和供应之苦，王阳明何尝不知？李贽一个"好"字，实为王阳明的民本思想点赞。又如辑编《阳明先生年谱》王阳明去世时的场景，感叹道："予亲笔到此，犹泪下不能挥，而彼当不詈口出者，反挤排不遗余力，何其妒贤嫉能若是也。彼桂氏无足言，数称相知，如杨一清、乔宇辈，反视若寇仇，小人肝肠。至此卒难掩矣。"②抒发了对王阳明惨遭妒忌英年早逝的伤感，这跟李贽敢于与封建专制思想做坚决斗争的硬汉形象形成鲜明对比。

（二）离经叛道卓尔不群

李贽诞生于王阳明卒年的前两年即明嘉靖六年（1527年），这个时期正处于资本主义经济萌芽时期。其家世代经商并信奉伊斯兰教，父亲以教书为业，母亲早逝。特殊的社会和家庭环境，使他从小就自强自立，并萌发与主流社会不同的思想意识："余自幼倔强

---

① 〔明〕李贽编，张山梁、张宏敏点校：《阳明先生道学钞》，厦门大学出版社2021年版，第212页。
② 〔明〕李贽编，张山梁、张宏敏点校：《阳明先生道学钞》，厦门大学出版社2021年版，第358页。

难化,不信道,不信仙、释","余之多事亦已极矣。余唯以不受管束之故,受尽磨难,一生坎坷,将大地为墨,难尽写也。为县博士,即与县令、提学触;为太学博士,即与祭酒、司业触……司礼曹务,即与高尚书、殷尚书、王侍郎、万侍郎尽触也……最后为郡守,即与巡抚王触,与守道骆触"。[1]居官二十余年,处处与上司抵触、顶撞。至于其言行,更是离经叛道、卓尔不群。李贽入狱后,御史马经纶不顾安危,多次上书为李贽辩护,在《启当事书》中写道:"卓吾生今之世,宜乎为今之人,乃其心事不与今人同,行径不与今人同,议论不与今人同,著作不与今人同。"[2]李贽好友焦竑在《李氏续焚书序》中写道:"宏甫快口直肠,目空一世,愤激过甚,不顾人有忤者;然犹虑人必忤,而托言于焚,亦可悲矣。乃卒以笔舌杀身,诛求者竟以其所著付之烈焰,抑何虐也,岂遂成其谶乎!"[3]这些文字从侧面印证了李贽离经叛道的言行、异于常人的个性,最终被统治者视为大逆不道的异端。

王阳明的《谏迎佛疏》与韩愈的《论佛骨表》各具特色,都是传颂一时的名篇。前者系王阳明于明正德十年(1515年)八月在北京所拟撰的一份奏疏,未报。据《年谱》记载:"明正德十年(1515年),先生在京师。八月,拟《谏迎佛疏》。时命太监刘允、乌思藏赍幡供诸佛,奉迎佛徒。允奏请盐七万引以为路费,许之。辅臣杨廷和等与户部及言官各疏执奏,不听。先生欲因事纳忠,拟疏欲上,后中止。"[4]该文与韩愈的《论佛骨表》风格上大相径庭,"韩昌黎

---

[1] 张建业编:《李贽全集续编·李温陵集》卷7《豫约·感慨生平》,首都师范大学出版社2019年版,第112页。
[2] 张建业编:《李贽全集续编·附录:荔镜记 李温陵外纪》,首都师范大学出版社2019年版,第152页。
[3] 〔明〕焦竑:《李氏焚书》"序言",明末朱墨套印本。
[4] 〔明〕李贽编,张山梁、张宏敏点校:《阳明先生道学钞》,厦门大学出版社2021年版,第37页。

之疏激而直，不若先生之婉而悉"①。王阳明似一位雍容大度的禅师，"通篇不说佛家一字不好，是立意高处"，尽得风流。李贽对此颇为赞赏，点评达14处之多。尽管字数不多，多为"好""妙""切切"等褒扬之辞，却难掩饰李贽极尽讽刺夸张的本色。如王阳明在分析皇上迎佛的动机时，先虚晃一枪，把责任推给皇上讲学的儒臣："儒臣进说，不过日袭故事，就文敷衍。立谈之间，岂能遽有所开发？陛下听之，以为圣贤之道不过如此，则亦有何可乐？"讲学的儒臣只知道照本宣科，皇上听之味如嚼蜡，无乐可言，李贽感叹道："透骨！"而皇上为此"故渐移志于骑射之能，纵心于游观之乐。盖亦无所用其聪明，施其才力，偶托寄于此"，李贽再叹道："透骨！"②儒臣平庸无能，皇上醉心游观之乐，国之何为？！"透骨"两字，不仅是对王阳明的赞赏，更多的是对封建统治者不理朝政、昏庸无能的痛恨，"哀其不幸，怒其不争"，类似的点评文字处处皆是。

（三）以民为本德治仁政

王阳明以卓越的军事才能荣膺"军事家"的称号，为维护和巩固明王朝的统治做出重要贡献。他曾自诩平生只做两件事：其一，"破山中贼"；其二，"破心中贼"。又言："破山中贼易，破心中贼难。"确实，如明穆宗赞誉之辞："两肩正气，一代伟人，具拨乱反正之才，展救世安民之略，功高不赏。"王阳明卓越的军事实践背后，是以民为本的人文主义思想的集中体现。《明史》这样评价王阳明："比任疆事，提弱卒，从诸书生扫积年逋寇，平定孽藩。终明之

---

① 王晓昕、赵平略：《阳明先生集要》，中华书局2008年版。
② 〔明〕李贽编，张山梁、张宏敏点校：《阳明先生道学钞》，厦门大学出版社2021年版，第37页。

世,文臣用兵制胜,未有如守仁者也。"①李贽虽然不喜欢做官,又不得不"假升斗之禄以为养",在二十余年宦海生涯中,同样做到以民为本、德治仁政。他佩服王阳明以民为本的军事思想,以王阳明事功为主线,在《南赣书》《平濠书》《思田书》分卷中,辑录了大量王阳明平贼平叛、稳定社会秩序,既"破山中贼易,又破心中贼"方面的文章,占全书内容的百分之六十有余,而且多有评议,可见其赞赏王阳明以民为本、德治仁政的思想倾向。

以南赣平贼为例。王阳明受命为都察院左佥都御史,巡抚南、赣、汀、漳等处后,于正德十二年(1517年)正月至赣州,十六日告示开府。选拔民兵、推行十家牌法。所谓"十家牌法",即十家为一牌,详开各户籍贯、姓名、年貌、行业,日轮一家,沿门按牌查察,一遇面生可疑之人,立刻报告审问,倘有隐匿,十家连坐。告谕父老子弟,务要父慈、子孝、兄爱、弟敬、夫和、妇随、长惠、幼顺。小心以奉官法,勤谨以办国课,恭俭以守家业,谦和以爱乡里。心要平恕,毋得轻易忿争;事要含忍,毋得辄兴词讼。见善互相劝勉,有恶互相惩戒,务兴礼让之风,以成敦厚之俗。王阳明认为这是正本清源之法。李贽评道:"十家牌法,今人行之,则为扰民生事;先生行之,则为富国强兵。所谓人人皆兵,不必借兵狼达;家家皆兵,不患贼盗生发者也。不借兵,则无行粮坐粮之费;不患贼,则无养兵用兵之费。国以庶富,民以安强,特今人未知耳。故曰:民可使由之,不可使知之。彼但可使由者,又安知有圣人之神道设教哉。"在李贽看来,十家牌法虽有"扰民生事"之嫌,却是最管用的"富国强兵"之道。既要武功,也要文治,既破"山中贼",又破"心中贼",此为"圣人之神道设教"。十月,王阳明出其不意平横水、桶冈。此役甚得李贽赞赏:"兵法所谓'出其不意,攻

---

① 《明史》卷一九五,中华书局1974年版,第5170页。

其不备'。先生深得之矣。既出不意，则自然无备，恶用久师多兵为哉，三省夹攻徒资。先生一时出不意之策耳。"征浰头前，王阳明发布《告谕浰头巢贼》书，晓之以理，动之以情，言辞恳切，规劝贼寇投降，不要无谓的牺牲："呜呼！吾岂好杀尔等哉？尔等苦必欲害吾良民，使吾民寒无衣，饥无食，居无庐，耕无牛，父母死亡，妻子离散；吾欲使吾民避尔，则田业被尔等所侵夺，已无可避之地；欲使吾民贿尔，则家资为尔等所掳掠，已无可贿之财；就使尔等今为我谋，亦必须尽杀尔等而后可。"李贽对此连连感叹："妙！妙！"可见李贽对王阳明的"以人为本，剿抚并用"军事思想的赞赏。[①]

（四）君子之学务求在己

《道学钞》卷一《论学书》收入王阳明与友人及其弟子的往来书信、赠言，内容主要围绕治学、交友之道，体现王阳明的学术思想。与其他章节不同的是，李贽在辑编本卷时少有评点，16篇文章中只有一篇《答储柴墟》在摘抄至"夫仁者，己欲立而立人，己欲达而达人。仆之意以为，己有分寸之知，即欲同此分寸之知于人；己有分寸之觉，即欲同此分寸之觉于人"时，才有所感叹："今非昔比，不可效先生矣。"表达对王阳明的思想高度难以企及之情。李贽对于本卷内容不点评或少有点评，从某种程度上说，更能表现他对王阳明"君子之学务求在己，毁誉荣辱不动其心"的赞赏态度，也更有痛彻肺腑的感受。王阳明在《答友人》中写道："君子之学，务求在己而已。毁誉荣辱之来，非独不以动其心，且资之以为切磋砥砺之地。故君子无入而不自得，正以其无入而非学也。若夫闻誉而喜，

---

① 〔明〕李贽编，张山梁、张宏敏点校：《阳明先生道学钞》，厦门大学出版社2021年版，第326、327、148页。

闻毁而戚，则将惶惶于外，惟日之不足矣，其何以为君子！……某曰：'君子不求天下之信己也，自信而已。吾方求以自信之不暇，而暇求人之信己乎？'"在《别湛甘泉序》中道："世之学者，章绘句琢以夸俗，诡心色取，相饰以伪，谓圣人之道劳苦无功，非复人之所可为，而徒取辩于言词之间；古之人有终身不能究者，今吾皆能言其略，自以为若是亦足矣，而圣人之学遂废。"《答储柴墟》又道："君子与人，惟义所在，厚薄轻重，己无所私焉，此所以为简易之道。世人之心，杂于计较，毁誉得丧交于中，而眩其当然之则，是以处之愈周，计之愈悉，而行之愈难。"学习不是为了升官发财，目的在于完善自己，何必在意来自外界的毁谤或称赞、荣誉或侮辱？如果每天对于毁誉荣辱斤斤计较，何以成为君子？！这些话用来形容李贽，可谓再恰当不过。①

历史上，穷尽一生读书、讲学和著述又圆满而退的学者不在少数，李贽却显得有些特别。他同样忙于读书、讲学和著述，却被认为"敢倡乱道，惑世诬民……其书籍已刊未刊者，令所在官司尽搜烧毁，不许存留"②，最后落得个自刎狱中的结局。李贽一生勤于读书，汪本钶的《续藏书》序说："先生一生无书不读。"73岁高龄还在辑编《道学钞》、修改《易因》。他说："读《易》一回，又觉有取得象者，又觉我有稍进处。"认识到"人生一日在世未死，便有一日进益，决无有不日进之理；不有日进，便是死人"③的道理，表现出顽强的好学精神和坚韧的毅力。万历二十八年（1600年），"夏，回龙湖，为僧人讲解经义，著《释子须知》，'说法教主'名声远播"④。

---

① 〔明〕李贽编，张山梁、张宏敏点校：《阳明先生道学钞》，厦门大学出版社2021年版，第29、09、13、27页。
② 《神宗实录》卷三六九，上海书店1962年刊印中央研究院历史语言研究所校勘本。
③ 〔明〕李贽：《续焚书》卷一《与方伯雨》，明万历四十六年（1618年）刻本。
④ 〔明〕李贽编，张山梁、张宏敏点校：《阳明先生道学钞》，厦门大学出版社2021年版，第429页。

在麻城，李贽遭到反动道学家的迫害，称他为"说法教主"。李贽表示："'说法教主'四字真难当。生未尝说法，亦无说法处；不敢以教人为己任，而况敢以教主自任乎？唯有朝夕读书，手不敢释卷，笔不敢停挥，自五十六岁以至今年七十四岁，日日如是而已。关门闭户，著书甚多，不暇接人，亦不暇去教人，今以此四字加我，真惭愧矣！"[1]反动道学家们恼羞成怒，勾结官府，把李贽驱逐出麻城。回顾李贽的一生，从一个"不得不假升斗之禄以为养"的知识分子，变成一个反对封建专制主义具有独立思想与人格的异端，毁誉荣辱对他又算得了什么呢？诚如顾宪成的《束高景逸书》所言："李卓吾大抵是人之非，非人之是，又以成败为是非而已。学术到此，真是涂炭，惟有仰屋窃叹而已！如何如何！"[2]

《华严经》有云："一花一世界，一叶一如来。"《道学钞》是一本研究王阳明和李贽特殊的著作，带我们领略李贽视域中的王阳明及其学说，也让我们从另一个角度读懂李贽及其思想，这就是本书的最大价值。明嘉靖七年（1528年），王阳明在平定思恩、田州时，曾向朝廷呈送《处置平复地方以图久安疏》，奏请设立土官知州、分设土官巡检、田州改名田宁和兴田州学校等事宜，以求地区久安长治，李贽赞叹道："仁人君子，千载生气！"[3]7个月后，王阳明积劳成疾，病逝青龙铺。"仁人君子，千载生气"，这是李贽对王阳明一生最好的评价。而对李贽来说，是非功过自有后人评说。

（作者简介：叶茂樟，泉州经贸职业技术学院，教授；叶帆，国际关系学院国家安全学院，硕士研究生）

---

[1] 〔明〕李贽：《续焚书》卷一《与焦弱侯》，明万历四十六年（1618年）刻本。
[2] 〔明〕顾宪成：《泾皋藏稿》卷五《束高景逸书》，明万历三十九年（1611年）刻本。
[3] 〔明〕李贽编，张山梁、张宏敏点校：《阳明先生道学钞》，厦门大学出版社2021年版，第263页。

李贽"崇商富民"思想与泉州精神

李正清

李贽，字宏甫，号卓吾，别号温陵居士。是明代中后期的"异端"思想家、左派心学的代表人物。其一生的思想主张具有鲜明的特征，同时也是文学评论家。其文章评点多有存录，使我们能够一睹这位思想大家的学术源流。本文以泉州明代商业社会与《史记》中的经济思想入手，简析这位思想家"崇商富民"思想，同时探讨李贽的经济思想对于泉商精神的影响。

一、李贽经济思想的来源简析

（一）泉州私人海贸兴起的现实背景

李贽在泉州度过近30年时光。作为一座滨海商业城市，明代的泉州受官方海禁政策的影响，不复宋元时期东方第一大港的繁荣。值得注意的是明代末期，中国处于严重的财政危机之中。明神宗在张居正等大臣的鼎力相助下，实行新政，使朝廷为之一振，中国社会开始出现早期的资本主义萌芽，生产力进一步发展，经济贸易繁荣。泉州在这一时期呈现了不一样的经济格局。厦门大学陈支平教授分析道："至明代，泉州港已经是拥有泉州湾、深沪湾、围头湾三湾及其众多支港的港口群。"明代以降，朝廷实行的海禁政策，对于向来兼容并包、对外发展的泉州港来说，无疑是沉重打击。目前学界有部分学者认为泉州港自明代开始走向衰落，而最主要的原因就是海禁政策，致使官方贸易较前代明显下降。但这一时期的泉州私人贸易却蓬勃发展，以安海地区为代表的泉州港商人，是私人海商的佼佼者，在海外贸易与港口发展中发挥了不可忽视的作用。官办海上贸易的衰退以及民间私人海贸的兴起，对于李贽思想的形成无疑影响巨大。

此外，家族经商氛围的影响，对李贽相关经济思想的提出具有积极意义。李贽的先人和外国人曾有长期的接触，不少人经商海外。李贽的先祖，据《族谱源流》中的《李氏族谱序》记载："泉之荣山李氏，其先有讳弘弼公为台州参军，乔居于泉。"《陇西李氏族谱》记载："十八世，李衡号智平公，纰八泰孺人林氏，生有四子，唯四子闾留居泉城。"李闾在该族谱中列为"始祖十九世"，并注"后改称一世"，"字君和号睦斋"。李贽的一世祖李闾，在元代末年"承藉先人蓄积之资，尝以客航泛海外诸国"。当时，泉州发生亦思巴奚战乱，"干戈扰攘，狱讼繁兴，岁又荐饥"，社会陷入动乱之中。李闾"屡散积以济之，活人者多"，尽管"戎丑虽暴，敬公之德，不敢有犯焉"，说明李家在泉州颇有影响，可见李闾经商有道，是一位颇具实力的海商。在《荣山李氏族谱》中称，"李闾，字君和，号睦斋，纰钱。生二子，长讳驽，字景文，林派；次讳端，字景顺，李派"，可见此后"林李同宗"。二世祖林驽是明初泉州的一位商人，早年"航吴泛越，为泉臣商"。"洪武丙辰九年奉命发舶西洋，娶色目人，遂习其俗，终身不革，今子孙蕃衍，犹不去其异教。"李贽的四世祖林恭惠因为通晓"译语"，被道府"荐为通事，官引日本诸国入贡京城。成化二年复与长男琛引琉球入贡"。李贽叔父李章田与兄分家后，"赁庑贾贸"，进而雇佃放租，成为南安远近闻名的富户。李贽的父亲李白斋从儒授课，收入微薄。其弟李章田时常接济，往来密切。李贽从小便处在经商氛围浓厚的家族环境之中,这对李贽经济思想的产生具有一定影响。

李贽生长在一个世代经商、家族与海外贸易有密切的联系,直到祖父一辈才由商转儒的家庭。受泉州地域文化的影响,以及家族海外经商的熏陶,使李贽自幼便崇尚自由,反对等级制度,为商人阶层呼吁,这对他经济思想的形成有很大的影响。

(二)古代经济思想的影响

关于李贽的著述中,我们可看出,李贽精通诸子典籍。《藏书》中对商鞅、韩非、晁错等评价甚高,也把李悝、桑弘羊等列为"富国名臣"。此外有《司马迁传论》一文,可见其对于《史记》是熟悉的。

众所周知,《史记·货殖列传》与《史记·平准书》二篇集中记录了司马迁的经济思想。司马迁的经济思想,大致有以下几点。

首先,司马迁肯定了人们对财富的追求。在《史记·货殖列传》中说,"富者,人之情性,所不学而俱欲者"。大胆地宣称"天下熙熙,皆为利来;天下攘攘,皆为利往"。"夫千乘之王,万家之侯,百室之君,尚犹患贫,而况匹夫编户之民乎!"肯定求富患贫是人的正常心理。其次,司马迁主张"农工商"并重,《史记·货殖列传》中提到:"故待农而食之,虞而出之,工而成之,商而通之。此宁有政教发徵期会哉?人各任其能,竭其力,以得所欲。故物贱之徵贵,贵之徵贱,各劝其业,乐其事,若水之趋下,日夜无休时,不召而自来,不求而民出之。岂非道之所符,而自然之验邪?"对于社会财富分配与贫富矛盾的解决上,司马迁提倡"贫富之道,莫之夺予,而巧者有馀,拙者不足"。

李贽在《藏书·富国名臣总论》中说:"《史迁传》货殖则羞贱

贫；书平准则厌功利。利固有国者之所讳与！然则太公之九府，管子之轻重非欤？夫有国之用与士庶之用孰大？有国者之贫与士庶之贫孰急？"不难看出在李贽眼中，财货与富利乃富民强国之所需，应该成为安邦辅国者的追求，是治国之大道。

总之，司马迁的经济思想在李贽的经济思想以及日后的社会实践中都不难发现借鉴的痕迹。

二、李贽的经济思想及其实践

（一）李贽经济思想的萌芽

明嘉靖三十一年（1552年），26岁的李贽中福建乡试举人，由此进入仕途。但其仕途并不顺利，其间父亲与祖父相继离世，李贽两次回福建丁忧。直至隆庆四年（1570年）调任南京刑部员外郎，他在南京刑部任上长达7年。这7年，是李贽思想发生变化的重要时期。在此期间，李贽受到思想启蒙学派——泰州学派的影响，他在《焚书·论政篇》中提出的"穿衣吃饭论"就源于泰州学派倡导的"百姓日用即道"。李贽把儒家、道家思想的人伦物理归结为简单的日常生活穿衣吃饭，认为"圣人与凡人一"，把圣人拉下神坛，与普通百姓无异。进而论及"治生、产之事"，说：凡世间一切治生、产业等事，皆其所共好而共习、共知而共言者，是真"迩言"也。李贽认为世间的种种是为百姓日用之所需，亦是百姓共同的追求。

（二）李贽对其经济思想的实践

明万历五年（1577年），51岁的李贽被任为云南姚安府知府。

李贽"崇商富民"思想与泉州精神

在任知府的三年中,李贽了解到普通百姓最需要的是什么,最关心的是什么,以"简单易行"为政治民的宗旨。李贽提出了"任其自然,务以德化"的管理思想,重视治生、产之事,将其管理思想付诸实践,政令清简,鼓励商贾,顺民安民。他组织民团抗匪,开渠引水、开路造桥、兴办书院、培训人才。他"律己虽严,而律百姓甚宽"。根据少数民族地区的特点,实行宽简政策,深得当地百姓的拥护和爱戴。有人记载他任知府且三年,姚安大治。李贽后来总结自己25年的仕途生涯时说:余唯以不受管束之故,受此磨难,一生坎坷,将大地为墨,难尽写也。为县博士,即与县令、提学触。为太学博士,即与祭酒、司业触……最后为郡守,即与巡抚王触,与守道骆触……此余平生之大略也。李贽为人做事与世俗价值、官场规则格格不入,时常遭排挤,使他感到十分痛苦。在26岁中举入仕至54岁辞官期间,李贽有关经济的思想开始萌芽。"治生、产之事""任其自然,务以德化"等经济思想对当时的社会产生了较大影响,体现了李贽心怀天下、敢于创新的特点。这种以百姓生活日用为己任的思想,以百姓温饱为大事的观念,使其明确"穿衣吃饭,即是人伦物理",构建了他以人本理论为核心的经济思想。

(三)李贽经济思想系统化

李贽在客居黄安至被迫离开麻城芝佛院期间,提出"崇私论"和有别于传统儒家思想的"义利观",主张"重商富民""富国裕民",鼓励百姓靠生产经营致富,为新兴市民和商人利益呼吁。李贽为续与友人耿定理的约定,任满三年辞官赴黄安,寄宿在耿定理家中,教授耿家子弟。期间,李贽与耿定理之兄耿定向因理念不同而分道扬镳。三年后耿定理去世,耿定向不能相容,李贽移居麻城龙潭湖,建造芝佛院,继续著书讲学。在此期间,李贽所著的《答耿中臣》《答耿司寇》等多封辩论信札，在思想界引起极大的震动。李贽先后出版了《初潭集》《焚书》《藏书》等重要著作，形成了"童心说""崇私论""义利观""重商富民论"等重要思想和主张。"童心说"也可解释为"私心说"，他认为：人必有私而后其私乃见，若无私则无心矣。由此，李贽提出"崇私论"，对普通百姓的求富心理予以支持。对于儒家的"义利观"，李贽进行了驳斥，以"童心说"为出发点，反对"重义轻利"的传统观点，认为人必先利己而后才能利他，他说：种种日用，皆为自己身家计虑，无一厘为人谋者。及乎开口谈学，便说："尔为自己，我为他人；尔为自私，我欲利他。"宋代以来，程朱理学教人"禁欲"，可李贽倡导"功利主义"，鼓励百姓靠生产经营致富，他说："且商贾亦何可鄙之有？挟数万之赀，经风涛之险，受辱于官吏，忍诟于市易，辛勤万状，所挟者重，所得者末。然必交结于卿大夫之门，然后可以收其利而远其害。"李贽的思想与儒家思想背道而驰，为社会主流价值不能认同，于是当地官吏以"异端之尤"为由，进而以"乱道""惑世"的罪名逮捕他入狱。万历三十年（1602年），他在狱中留下绝命诗后自刎。

三、李贽"崇商富民"思想与泉商精神

综上，我们不难看出，社会经济环境以及学术源流对于李贽"崇商富民"经济思想的形成具有巨大影响。在李贽看来，商品的流通对于百姓的日常生活具有重大的意义。当时推崇儒家的"义利观"，不承认商品经济对于推动社会发展、百姓安居的重要作用。随着经济的发展，新兴的市民阶层以及商人阶层渴望改变传统"重农抑商"的政策。李贽长期浸淫在泉州这样海贸兴盛的地区，对于"崇商富民"的重要性有更深彻的理解。

李贽"崇商富民"思想与泉州精神

泉州是中国古代海上丝绸之路的起点,早在宋元时期,泉州就是"东方第一大港",海上贸易相当发达,造就了泉州人爱拼敢赢的商业冒险精神,普遍信奉"三分天注定,七分靠打拼"。人们的从业观念不再局限于农业,形成"只博黄金不博诗"的重商务实的商业观。在明代末期与清代早期,泉州的商人已经深刻认识到李贽所倡导的"重商富民",才能"富国裕民"的思想,因此官方以李贽的"异端"思想离经叛道而不断禁毁其书稿,但泉州民间仍多有刊刻,其思想精华流传下来,广为流传。

综上所述,李贽思想具有开拓性、超前性和强烈的进取精神。他心怀天下,敢于质疑,敢于创新,敢于牺牲。历代泉州企业家传承了这种思想,逐渐形成"敢拼会赢"的精神。在党和政府的政策的引导下,泉州企业家必将发扬李贽精神,为家乡经济做出新的贡献。

(作者简介:泉州市李贽学术研究会,副会长)

李贽与赵恒

赵守通

李贽与赵恒,是明代泉州相继脱颖而出的两位名人。赵恒生于1510年,卒于1604年,享年94岁;李贽生于1527年,卒于1602年,享年75岁。李贽出生时,赵恒已经17岁。他们的童年都是在泉州度过的,都是在泉州这块文化沃土里成长的。一次偶然的机会,让他们相差二十年相继任云南省姚安知府,并因为一块"乡贤名宦"匾额,千古流传。

李贽与赵恒的人生轨迹不同。赵恒出生于泉州儒学世家,从其祖父辈开始到其孙子辈,五代人中出了八位进士。

赵恒的祖父赵璋,据少通春秋,不务俗学而得圣人之意。弘治元年(1488年)进士,历户部四川司主事、贵州司主事、户部员外郎、户部郎中。著有《春秋管见》若干卷。

清李清馥《闽中理学渊源考》卷七十二《郡守赵特峰先生恒》记载:"祖璋,弘治元年(1488年)进士,历官颖有清望,著《春秋管见》。"

《闽中理学渊源考》卷七十二《郎中赵惟德先生璋》:"赵璋,字惟德,晋江人(现泉州)。少通春秋,不务俗学,而得圣人之意。成化丙午领乡荐,弘治元年进士,授户部主事,历员外。升郎中,监蓟州太仓、黄土诸仓、坝上御马诸廐、临清钞关,皆秉正执法,常禄外锱铢不染。在官,手不释卷。榷关归,事亲尽孝,抚寡姊孤姪甚有恩;环堵萧然,独以行谊经术遗训子孙。著有《春秋管见》。

孙恒。"

赵恒自幼天资聪颖，《郡守赵特峰先生恒》记载："恒警颖负奇，十三充弟子员，家传《春秋》学，谓胡氏春秋阐素王心法，功令标以录士，而末学穿求崖穴，繁缀枝条，如捕风射影，奋然以推明经术为己任，著《春秋录疑》。"

《胡氏春秋传》是南宋学者胡安国用义理注释解说孔子儒学的名著，其中蕴涵着丰富的思想。可见赵恒的思想基础是儒学。赵恒13岁就是县试童生，28岁中进士，是一个非常有才学和儒学修养的书生。他自幼好学勤奋，手不离卷，寒窗苦读，对理学名家程颢、程颐、朱熹等人的理学著作，潜心钻研，见解独到。

《泉州府志》载：赵恒，字志贞，号特峰，晋江人（现泉州市区），嘉靖十三年（1534年）甲午科乡荐第五名，又十七年（1538年）戊戌科进士，初授江西袁州府学教授，历升南京国子监监丞，户部江西司主事，工部虞衡司员外，户部云南司郎中，两浙盐运司同知，云南姚安知府。其宦绩载《云南通志》姚安名宦传及礼部尚书黄凤翔墓志记。著有《春秋录疑》《庄子涉笔》《史记涉笔》，94岁卒，葬晋江三十二都茂趣山。其子日新、日荣、日崇；孙世典、世徵、世颂。五代八人中进士。

《郡守赵特峰先生恒》载："迁南户部主事，寻进郎中。是时承平久，四方漕饷率重北而轻南，岁押运，一二县簿领之，所积负以百万计。恒谓：'留都根本，地廧庾虚竭，何以应猝'请之司农陈儒疏部运之，规令诸省分漕，以郡佐总漕，以藩司各诣部庭稽核，如辇下例。疏上得请，后遂载令甲。恒居部署，声籍甚弟，以鲠介无援，迁浙江盐运司同知。"

嘉靖丁巳年（1557年），赵恒受命任姚安知府。《郡守赵特峰先生恒》载："未几擢守姚安。姚安俗狃淫僻，恒为定婚娶之礼，土酋歙然。又严铸铜之禁。居九月，乞养亲归，士民祠之'名宦'。"

《福建通志》卷四十五《人物》三《泉州府·明·赵恒》载:"擢守姚安。姚安故杂夷俗、狃淫僻,恒为定婚娶之礼,土酋歙然。郡介大理、楚雄、云南之交,诸采办铸造赍运旁午,恒请中丞闭岩石,严官署铸铜之禁。中丞伟其议,行之。"道光《晋江县志》卷三十八《人物志·名臣二·赵恒》载:"擢守姚安。定婚娶礼仪,禁官署铸铜,惠政及民,乞养归。所治攀辕,祠之'名宦'。"姚安距离中原较远,"水土既殊,风俗亦异"。在唐时,并无婚娶之礼。《蛮书》记载:"少年子弟暮夜游行闾巷,吹葫芦笙或吹竹叶,声韵之中皆寄情言,用相呼召。"

《新唐书·南蛮传》记载:"居丧、婚嫁不废,亦弗避同姓,婿不亲迎。"明朝《通志》记载:姚安"习气既迁,人文渐盛"。

到了清代,姚安的婚娶之礼已经有了请媒、求婚、定仪、迎娶等一整套仪式。《管志》记载:"求婚者,请媒于家,宴而拜之,至妇家拜致求婚者之意,妇家许诺亦宴之,二姓互相酬拜,下定仪。""及期亲迎,前列仪仗骑佐,鼓吹礼盘。""亲迎至门,交拜入室合卺,拜见舅姑,谒祖宴宾。翌日,回门谢亲。"这中间的变化,也得益于赵恒在姚安的"定婚娶"礼仪。

赵恒的大儿子赵日新,字用甫。《闽中理学渊源考》卷七十二《主事赵用甫先生日新》据黄文简(黄凤翔)撰《墓志》为作传曰:"赵日新,字用甫,恒子。隆庆五年进士。好读奇书,署其斋曰'潜',所以矫也。筮仕分宜令,有贤声。中谗,改教旌德,迁国子博士,历户部主事。性介特,不屑为阿匼以媚上官,视贵势漠如,以故仕路沉沦。后乞归终养,卒。弟日荣。"

道光《晋江县志》卷四十三《人物志·宦绩》四《明·赵日新》载:"赵日新,字用甫。隆庆辛未进士,知分宜县。下车问民疾苦,兴除皆中窾,四境肃然。郡司理某奉檄督变严氏,没产酷急,株连严氏耕夫,日新破械出之,司理积憾螫之。左移旌德谕,擢国子监博士，转监丞，晋户部主事，告归。"

《民国福建列传》卷二二《明六》载："赵日新（瑞曾孙，晋江人），字用甫。第隆庆辛未（五年）进士，授分宜知县，适严嵩败，籍其……主计新立条鞭法行之，自江西始，甫有绪，日新为综核，酌雇役，杜诡冒，猾胥无所染指……左迁旌德教谕，寻迁国子博士，转为丞，居七年，擢户部主事。"

赵恒的小儿子赵日崇，字因甫。万历四年（1576年）举人，授南康令；治民如家，疾苦纤细皆为区理。迁应天司理；积年滞牍剖决无余，请托不行。转南刑部郎；忌者中之，谪新城令，未几以母老告归。图书四壁，萧然自乐；而赎宗女、抚孤甥，义行尤为乡里所矜式。撰《江西新城县保甲全图》一卷（道光八年刻印）。

《闽中理学渊源考》卷七十二《郎中赵因甫先生日崇》据新《郡志》为作传，曰："赵日崇，字因甫，恒子。万历丙子举人，授南康令；治民如家，疾苦纤细皆为区理。迁应天司理；积年滞牍剖决无余，请托不行。转南刑部郎；忌者中之，谪新城令，未几以母老告归。图书四壁，萧然自乐；而赎宗女、抚孤甥，义行尤为乡里所矜式。"

道光《晋江县志》卷四十三《人物志·宦绩》四《明·赵日崇》："赵日崇，字因甫。万历丙子举人，任南康令。廉明惠爱，有才略。裁盐饷以恤民艰，创学田以兴士类，士民爱如父母。升应天推官，擢南刑部郎，复谪新城令，以亲老告归。"

赵恒的孙子、赵日新儿子赵世典，府学，万历十四年（1586年）丙戌科第三甲赐同进士出身。赵世颁，府学，万历二十三年（1595年）乙未科第三甲赐同进士出身。

赵恒在学术上可谓家学渊远。祖父赵瑞"少通春秋，不务俗学而得圣人之意"，著有《春秋管见》若干卷。从小在耳闻目染中，赵恒也致力于《春秋》的研究，写出了16卷的《春秋录疑》。《四库提要》记载:《春秋录疑》十六卷(浙江范懋柱家天一阁藏本),明赵恒撰。恒字志贞,晋江人。嘉靖戊戌进士,官至姚安府知府。是书本胡氏《传》而敷衍其意,专为科举而设。故《经》文可为试题者,每条各於讲义之末总括二语,如制艺之破题。其合题亦附於后,标所以互勘对举之意。《春秋录疑》共16卷,在《四库全书》经部第119册。除《春秋录疑》外,赵恒还有其他著作。《郡守赵特峰先生恒》载:"所著有《庄子涉笔》《史记涉笔》,与《春秋录疑》(16卷)并行于世。其《忠爱堂稿》《经济录抄》及《文集》若干卷,藏于家。"《泉州府·明·赵恒》载:"所著有《庄子涉笔》《史记涉笔》与《春秋录疑》,并行于世。"道光《晋江县志》卷三十八《人物志·名臣》二《赵恒》载:"所著《庄子涉笔》及文稿诸书。"

赵恒的学术思想及其影响,从相关的文献中可以看出。赵恒的学术已经自成一派,当时称为"恒学派"。《闽中理学渊源考》卷七十二《郡守赵特峰先生恒学派》载:"馥尝读镜山(何乔远号镜山)司徒,寻称怍庵公(何乔远之父何炯号怍庵)之景慕先生,若趋父兄而奉菁蔡;而镜山数过先生问业,实亦以师礼事之。尔及读《田亭草》,又知文简?黄公(黄凤翔谥文简)亦私淑之列也。观文简之言曰:'某自曩受经,时从学士先生订绎疑义,剖析异同,必曰特峰赵先生'云。何即未及门,实私淑焉。今代远风微,所著曰《春秋录疑》者,闻郡友人尤氏际坦家有其书,其余亦多散佚,即当日门徒,亦寥寥莫考。谨将文简并镜山二先生录附焉,傥后续考,有人再备列之。夫前辈流风师表,日久寖湮,而稽经考传之事,派别寻难寻绪矣。先生以经学贻谋一时,多闻蓄德之士多宗之,而文简、镜山二公尤为隆(隆庆)、万(万历)间儒林典则,倾心景慕,岂仅献老乞言哉!"

宋太祖立国之初,创建了宋皇族宗室管理体系,钦定宋太祖、宋太宗、魏王三兄弟后裔均为皇族宗室;宋太祖"我族无亲疏,世世为缌麻"造就了赵宋王朝庞大的宗室群体。宋朝管理皇室的机构是宗正司,后来,因皇族在京城居住的人口增多,宋徽宗于崇宁三年(1104年)在南京(今河南商丘)设置了南外宗正司,在西京(今河南洛阳)设置西外宗正司,以管理从京城外迁的皇族宗室。

靖康之难,汴京沦陷,京城皇族宗室全部被掳北上,南外、西外的宗室保存了下来。大宗正司辗转江宁、广州再迁到临安;南外宗正司辗转镇江最终迁到泉州;西外宗正司几经辗转迁到福州。随着南渡,大批皇族宗室成员南迁居南外及西外宗正司。赵恒的祖先在元末明初迁入泉州,为南外宗正司迁往泉州的宗室成员的一部分。经过朝代更迭,到了明朝,赵宋南外宗正司成为历史遗迹,赵氏皇族宗室成员流落民间,成为普通百姓。而赵恒却以其学识被记入史册,《四库全书》《泉州府志》《姚州志》等都有他的记载。赵宋南外宗室在泉州甲第巷内建有宗祠两座——大宗祠和小宗祠,规模宏大。大宗祠里的右小厅里有赵恒的塑像,可见他在泉州的赵氏皇族宗室成员中的影响与名望。

赵恒的家世,泉州赵宋南外宗正司研究会加大了研究。

一世:赵均宁徙于泉,世居文山里。"有均宁公者载卜城西井下(霞)里居焉";二世:赵永传;三世:赵森(赠户部主事);四世:赵瑞,字惟德,明泉州人;五世:赵信(赠户部主事);六世:赵恒(姚安知府);七世:赵日新(弟赵日荣、赵日崇);八世:赵世典(弟赵世征、赵世攽)。

在姚安,赵恒听讼明,决曲直,政绩斐然。后来,赵恒请求辞职回家时,士民"攀辕载道",衷情挽留,并为其立生祠。《管志》记载:"赵公讳恒,晋江人,进士。嘉靖间,知姚安府,有善政,州人立祠祀之。"可惜因年代过于久远,加之后来姚安兵火不断,赵公祠湮没在尘埃中,无处找寻。

明代文学家、思想家李贽,于明万历五年至八年(1577—

1580）任姚安知府。在此期间，李贽本着"务以德化教民，不贾世俗能声"的原则，对当地经济文化发展做出了贡献，政绩显赫，为姚安人民所爱戴。李贽任职姚安时期突出政绩有三个方面。

首先，李贽倡导民族和睦。姚安是彝、回等多民族聚居地，对经常出现的民族纠纷，李贽无为而治，持"无人告发，即可装聋作哑"的态度，不加干预，不扩大事态。对民族上层人士，李贽从来都是以礼待以至诚。姚安府同知高金宸为土官。李贽上任后，与高交朋友，予以关心、信任。朝廷御史来滇慰问政绩好的官吏时，李贽推荐高。高获奖赏，李贽撰《贺世袭高金宸膺奖序》。李贽在姚安期间，境内各民族都能和睦相处。

其次，李贽十分注意发展教育，培养人才，开设书院，教书育人，尤其反对重男轻女，开一代新风。当时被称为"龙湖高足弟子"的姚安籍著名学者陶珽、郭万民等均出自李贽门下。

最后，作为一方"父母官"，李贽从不居官自傲，而是平易近人。他居官清正，一世清贫，来姚安时轻车简从，离开时两袖清风。在姚安期间，甘于清贫，对公益事业却"俸钱常喜赎民劳"。为了记其功绩，人们将其带头修筑的桥易名为"李贽桥"，至今仍为当地居民所用。由于李贽耿直无私、政见与统治者不合拍，虽偏居边疆，仍屡受打击排挤。李贽在姚安期间，竭尽所能为姚安人民做了很多有意义的事。当李贽离开姚安时，"士民攀辕卧道，车不能发"，充分体现了他在姚安的众望。

嘉靖丁巳年（1557年）后，赵恒离开姚安时不会想到，20年后，他的同乡后辈李贽出任云南姚安知府。这位后辈感叹，"从故乡而来，两地疮痍同满目。当兵事之后，万家疾苦总关心"，对他的前辈非常敬重，感念前任同乡赵恒德政，题写了"乡贤名宦"匾额，敬赠辞官居泉州家中的赵恒。这块匾额悬挂于泉州西街甲第巷赵氏皇族大宗祠。匾额杉木制作，匾宽1.88米，高0.72米，横书，上

李贽与赵恒

李贽题赠赵恒《乡贤名宦》牌匾

款直书"特峰赵公德政",下款署"云南姚安军民府知府李载贽立"。

在泉州西街甲第巷,原文锦铺境内,其地形如牛,四肢粗大,鼻上还长有角,称犀牛。每当月亮从东边升起,就照耀在这犀牛身上,称"犀牛望月",赵氏皇族大宗祠就建在这块宝地上。赵氏皇族大宗祠建于明成化年间(1465—1487年),清乾隆二十一年(1756年)重建。右大厅为大宗奉祀太祖、太宗、魏王赵氏三派皇族历代有功德名人;左大厅为井霞小宗奉祀井霞房赵氏先祖;右小厅有赵特峰等四人的塑像,大门额悬挂的就是李贽所题的这块"乡贤名宦"牌匾。新中国成立之初,管理大宗祠的赵氏后人,将这块匾额连同《南外天源赵氏族谱》一并捐献给政府,这块珍贵的文物才得以保存下来。

在历史的长河中,李贽与赵恒,只是泉州人在姚安这片土地上一闪而过的流星。两个同乡在姚安的德政,与他们各自的学识和智慧是分不开的。赵恒定礼仪、促公平;李贽开民智、为民生。虽然是几百年前的人物,对于今天的人们,仍有重要的借鉴意义。

在姚安,人们最熟悉的是明代文学家、思想家李贽。然而,很多人不知道,在姚安,李贽任知府的20年前,还有一位泉州人——

赵恒任知府。他与李贽是福建泉州同乡，而且他们在任姚安知府时，都有突出政绩。李贽任姚安知府时，看到姚安人民为同乡赵恒立的"生祠"——赵公"名宦"祠，为赵恒的德政及口碑深为感动，亲笔题写"乡贤名宦"杉木牌匾赠送辞官居泉养老的赵恒。

在全国乃至泉州与姚安，对李贽的学术及任姚安知府的政绩研究比较多。在姚安，与李贽有关的有李贽桥、光明宫和在德丰寺开设的三台书院，还有李贽在姚安留下的诗文《蜻蛉谣》《论政篇为罗姚州作》《龙山说》《光明宫记》……对于赵恒，知道的不多，研究的就更少了。

李贽与赵恒这两位泉州历史人物，出生于明代中晚期，先后任职于云南姚安知府。李贽辞官"士民攀辕卧道，车不能发"；赵恒乞归养老则"士民攀辕载道，立生祠祈之"。李贽与赵恒，思想体系相去甚远，但在姚安，都做出过巨大的贡献，深受当地百姓的爱戴。

参考文献：

[1]《楚雄彝族自治州旧方志全书（姚安卷）》。

[2] 万冬青主编：《赵宋南外宗与泉州（东亚文化之都·泉州论坛丛书）》，厦门大学出版社 2016 年 1 月出版。

[3] 泉州《南外天源赵氏族谱》资料。

[4]《泉南著述·春秋录疑》。

[5]《姚安文史》。

（作者简介：泉州市赵宋南外宗正司研究会，兼合式党支部书记、原会长）

重新认识李贽
——源自传统文化内部的思想启蒙

郑运钟

李贽被誉为中华文化史上 25 位思想大家之一。明嘉靖六年（1527 年）生于泉州府南门外，26 岁中举，30 岁进入官场，54 岁弃官归隐，76 岁自杀于狱中。他的著作主要有《藏书》《续藏书》《焚书》《续焚书》《九正易因》等。

今人言及李贽，往往把他描绘成孤独的斗士与启蒙的旗手。可实际上，李贽作为一位颇受欢迎的"畅销书作家"，更常用惊世骇俗的言行博得关注，以对儒释道的精妙解析赢得尊重，而且也反映出明代中晚期王阳明心学在士人当中的盛行。他看似排儒，实则尊孔，所谓反对封建礼教，也是后人根据时代的需要，贴在他身上的标签。尤其是，中华民族内忧外患之际，人们发现他的思想与西方近代思潮有某些相似之处，便将他树为一面反对传统的旗帜，以便于对传统文化展开批判。

用李贽的话来说，这完全是"夺李贽之酒杯，浇后人之垒块"[①]。虽然能让人们注意到他在中国思想史上的独特地位，却无助于我们全面理解他的思想，更无法真正认识其中所蕴藏的现代价值。

---

① 张建业主编：《李贽文集》第一卷《焚书》，社会科学文献出版社 2000 年版，第 91 页。

一、从李贽身世谈起

重新认识李贽,应该先从他的身世谈起。

谈及李贽的身世,研究者往往注意到他的先祖是位大海商以及他身上难以证实的异族血统。可这些因素对李贽到底有多大影响,只是个未知数。实际上,李贽从未在他的著作中提及家族的这段历史。在他的自述中,贫穷与磨难才是他前半生最深刻的记忆。

根据带有自传性质的《卓吾略论》一文记载,李贽的前半生生活一直在贫困的重压之下。李贽出身贫寒,父亲是位教书先生,母亲在李贽出生不久后去世。他26岁中举,因家贫要求循例补官,长期担任下层官员,靠微薄的薪俸养家糊口。36岁在泉州守制,不得不携全家人逃避战乱和饥荒,"居士家口零三十,几无以自活"。37岁到北京后,"居京邸十阅月,不得缺,囊垂尽,乃假馆受徒"。38岁因为祖父去世,再次南归守制。为节省路上开支,不得不将妻女留在曾经工作过的河南辉县,将官员们赠送的一半赙仪用以买田地供妻女耕作,只身回到泉州,安葬祖先三代五口。①

他所经历的家庭不幸,更是常人所难忍受。他出生不久,生母去世,六七岁时,继母去世。更多的不幸从他进入仕途后接踵而至:29岁丧长子、33岁丧父。38岁,遇到极为沉痛的打击。这一年,他的祖父去世,次子病亡,次女与幼女又相继饿死。"未几,竹轩大父讣又至。是日也,居士次男亦以病卒于京邸。嗟嗟!人生岂不苦,谁谓仕宦乐,不乃更苦耶!"于是,不得不再次南归守制,同年,"居士所置田仅收数斛稗。长女岁艰难日久,食稗如食粟。二女三女遂不能下咽,因病相继夭死"。李贽在《卓吾略论》中还详细记载了

---

① 张建业主编:《李贽文集》第一卷《焚书》,社会科学文献出版社2000年版,第78-79页。

重新认识李贽

听到这一噩耗的过程。他结束守制千里归家后,"入门见室家,欢甚。问二女,又知归未数月,俱不育矣。此时黄宜人,泪相随在目睫间,见居士色变,乃作礼……是夕也,吾与室人秉烛相对,真如梦寐矣。乃知妇人势逼情真。吾故矫情镇之,到此方觉屐齿之折也!"此情此景,何以压抑,何其悲痛!①

后半生,随着职务的提升,生活免于饥寒,但磨难并未终结。值得注意的是,在不惑之年,经友人介绍,接触到王阳明的学说,从此开始了长达一生服膺阳明学的历程。特别是在辞官之后,他潜心学问,专事著述。与耿定向论战的过程中,他誉满天下的同时谤满天下,最终因言获罪自杀于狱中。

纵观李贽的一生,有两点特别值得重视:一是生活坎坷;二是个性倔强。他在《豫约》一文中感慨:"余唯以不受管束之故,受尽磨难,一生坎坷,将大地为墨,难尽写也。为县博士,即与县令、提学触;为太学博士,即与祭酒、司业触。如秦,如陈,如潘,如吕,不一而足矣。司礼曹务,即与高尚书、殷尚书、王侍郎、万侍郎尽触也。"可以说,个性倔强,造就坎坷人生,而生活磨难,又反过来强化了刚强的个性。②

二、晚明的泉州社会

再来看李贽的家乡泉州。以往,人们注意到了泉州的商业传统与海洋文化,更多关注多元文化在此交汇,却忽视了泉州同样是闽学兴盛、文化发达的海滨邹鲁。

---

① 张建业主编:《李贽文集》第一卷《焚书》,社会科学文献出版社2000年版,第79-80页。
② 张建业主编:《李贽文集》第一卷《焚书》,社会科学文献出版社2000年版,第174页。

一方面，泉州是宋元时期的海洋商贸中心，明代中后期港口衰落，但民间商业却变得空前活跃。"和官方港口衰退不同的是，明代私商队伍逐步壮大并持续发展，开启了民间商业的序幕……以明代为核心的前后三百年，成为泉州民间商人空前活跃的时期。"[①]另一方面，福建是集理学之大成的朱熹一生讲学活动的重要基地，也是传统文化发达的地区。朱熹一家三代都与泉州结缘，其父朱松在泉州的石井任职；朱熹仕途起步于泉州府同安县，在泉州完成了思想上的逃禅归儒；其子朱在任泉州通判。三朱在泉州讲学的石井书院保留至今。到了明代中期，泉州的理学空气十分浓厚，稍早于李贽的泉州人蔡清，是当时的理学名家，也是闽南文化中最具代表性的思想家之一。

实际上，正因为李贽生长在闽学兴盛、中外文化交汇、民间商业氛围空前浓厚的泉州，才使他有可能从另一个视角来看待传统文化，因而从小就感到"读传注不省，不能深契朱夫子深心"[②]。

结合他的身世与晚明时代的泉州，我们不难看出李贽思想的成长轨迹：从小聪慧却性格倔强，成长于商业氛围浓厚的泉州，经历了坎坷人生，年届不惑时在京城一经王阳明心学的启示，便一发而不可收，最终形成了个性鲜明、具有强烈批判精神的思想。

三、批判中继承发展儒学

李贽以异端自居，以往人们也只注意他对程朱理学的批判，而忽视了他的思想对儒学传统的继承与创新。

首先，与其说他是反孔，不如说他是以反孔为名为孔子正名。

---

① 王丽明：《明代泉州商人的财富路径》，《泉州师范学院学报》，2015年第3期。
② 张建业主编：《李贽文集》第一卷《焚书》，社会科学文献出版社2000年版，第78页。

重新认识李贽

从李贽的著作中,固然有被人所津津乐道的"不以孔子是非为是非"之类的言论,但也不难找到他对孔子的尊崇之辞。他说:"此乃吾夫子之学所以为万世之宗者,而曾子述之为《大学》,子夏复发之为'学优'之论。""吾以谓千古可以语至圣者,夫子也。"他在卧室中挂了孔子的肖像,还亲自前往山东朝拜孔林。无疑,他所痛斥的是匍匐在孔子脚下丧失独立人格的儒生和以儒学为钓誉沽名工具的假道学,其心则仍向往着真道学。①

这也不难理解,一方面,李贽生活的时代,以孔子为万世楷模。他出生于闽学兴盛的泉州,从小跟随父亲熟读四书五经。更重要的是,李贽是王阳明心学的信徒,而阳明学认为程朱曲解了孔子的学说,其学说正是对程朱理学的补偏救弊。李贽在很多著作中,都表现出对王阳明的崇敬之情,并表示阳明学才真正继承了孔子的学说。在《太傅席文襄公》一文中,他热情称道席书率领贵州生员尊奉王阳明为师之举,说:"即此一事,公之才识已足盖当世矣。当是时,人之尊信朱夫子,犹夫子也。而能识朱子之非夫子,唯阳明学乃真夫子,则其识见为何如者!"②

需要注意的是,他在狱中回答审问者时说:"罪人著书甚多,具在圣教,有益无损。"③在他生命的最后时光,仍然坚信自己的努力,是为了光大儒教。

其次,与其说他是批判封建礼教,不若说他是对抗世俗。

李贽剃发出家,与寡妇交往。种种出格的行为,表面上看起来是挑战封建礼教,实际上,体现了他愤世嫉俗的性格,把王阳明所提倡的"狂者胸次"发挥到了极致。

---

① 张建业主编:《李贽文集》第一卷《焚书》,社会科学文献出版社2000年版,第385、351页。
② 张建业主编:《李贽文集》第一卷《焚书》,社会科学文献出版社2000年版,第278页。
③ 《吴虞文录》,黄山书社2008年版,第54页。

他与耿定向之间的论战，是明代思想史上一个重要的事件。他们之间论战的一个焦点，就是对礼教的看法。比如，耿定向曾以"颜山农打滚事"来讥讽李贽的种种古怪言行。据称，颜山农在公开讲学时，忽然就地打滚，说："试看我良知。"李贽面对耿定向的攻击自然不甘示弱，说："世间打滚人何限？日夜无休时。大庭广众之中，谄事权贵人以保一日之荣；暗室屋漏之内，为奴颜婢膝事以幸一时之宠。无人不滚，无时不然，无一刻不打滚。"他认为打滚的真境界是："当打滚时，内不见己，外不见人，无美于中无丑于外，不背而身不获，行庭而人不见，内外两忘，身心如一。"①

他们之间这样的争论比比皆是，从中可以看出，一些在常人看来有违礼俗的举动，在李贽看来却是保留真心与良知。而耿定向所言的伦理道德，在李贽眼中却是"名为山人而心同商贾，口谈道德而志在穿窬"②。这有着特殊的时代背景。明代科举制度把程朱理学定位官学，"当程朱理学官学化的同时，其理论上的各种流弊也显露出来，主要表现为道德修养上的知行分离、知识学习上的泛滥无归和重视科举功名的不良世风"③。李贽所批判的正是这一流弊影响之下的各种伪君子、伪道学，并不是反礼教。

再者，李贽思想的一大特点就是以佛道释儒。李贽最引人注目的一个举动就是剃发，并建庵居住。他说："夫卓吾子之落发也有故，故虽落发为僧而实儒也。"④

李贽晚年信奉佛教，但并不独尊佛教，而是儒、释、道三教皆崇。他说："名利无兼得之理。超然于名利之外，不与利名作对者，

---

① 张建业译注：《焚书》，中华书局2018年版，第467、478页。
② 张建业译注：《焚书》，中华书局2018年版，第257页。
③ 张娜：《论程朱重智主义特征及其流弊》，《湖北经济学院学报》2015年5月第13卷第3期。
④ 张建业主编：《李贽文集》第五卷《初潭集》，社会科学文献出版社2000年版，第1页。

重新认识李贽

唯孔夫子、李老子、释迦佛三大圣人尔。"他把佛教、道教的"出世"思想纳入儒家的思想体系中。在芝佛院时,在佛堂上挂孔子画像,在《三教归儒说》中写道:"儒、道、释之学,一也,以其初皆期于闻道也。"①

张尔岐在《蒿庵闲话》中曾说:"明初,学者崇尚程朱……自良知之说起,人于程朱敢为异论,或以异教之言诠解《六经》。于是议论日新,文章日丽。"②

李贽正是这一时代潮流的代表性人物之一。自六祖惠能创立新禅宗之后,佛教迈出了中国化最具决定性的一步,儒释道合流成为一种趋势。在其影响之下,出现了以程朱理学为代表的儒学复兴。如果说程朱理学代表着儒学哲学化,是儒学发展的第二阶段的话,那么,由王阳明开启,李贽引到新方向的儒学理念,则意味着儒学在晚明大变局前夜正酝酿新的变化。

清初大儒黄宗羲批判道:"阳明先生之学……传至颜山农、何心隐一派,遂非名教之所能羁络矣。"③李贽正是何心隐之后这一学派的代表性人物。黄宗羲的批判说明,李贽为儒学注入新的时代特征,乃至引向自我革命。今人李泽厚在《美的历程》中将之形容为一股"浪漫洪潮",并把李贽确定为这一洪潮的"中心人物"。④

---

① 张建业主编:《李贽文集》第一卷《续焚书》,社会科学文献出版社2000年版,第12、72页。
② 张建业主编:《李贽论丛》,北京燕山出版社2009年版,第21页。
③ 钱穆:《国学概论》,商务印书馆1997年版,第239页。
④ 李泽厚:《美的历程》,生活·读书·新知三联书店2009年版,第198页。

四、重估李贽思想的现代价值

相比朱熹、王阳明等建立思想体系的一代儒宗，一些学者更愿意将李贽概括为"一位自相冲突的哲学家"[1]。确实，他的思想来源驳杂，虽具有强烈的批判精神，却未能设计出一套新的理论体系，还常常显示出自相矛盾的地方。李贽曾作《自赞》剖析自己的双重性格："志在温饱，而自谓伯夷、叔齐；质本齐人，而自谓饱道饫德。分明一介不与，而以有莘借口；分明毫毛不拔，而谓杨朱贼仁。动与物迕，口与心违。其人如此，乡人皆恶之矣。"[2]

然而，正是从这种自我冲突之中，让我们见识了一位复杂的李贽，进而看到李贽思想的全貌，而非单纯地以西方历史与价值观为中心去强调李贽思想的近代意识与启蒙特质。

李贽的思想，无疑具有人文主义启蒙思想的特征。在程朱理学占据主流的时代，他拥有平等意识，提出了诸如"凡圣平等""男女平等""士商平等"等观念。他创作《童心说》，倡导个性解放，鼓励突破传统的限制。

但更为可贵的是，这是源自传统文化内部、沿着自身发展规律的觉醒。他既批判传统，又回归传统。他所批判的是经过汉儒附会、宋儒穿凿，到了明代已经面目全非的儒学。而且，他以反道学为名为孔子正名，让他的思想归于百家争鸣时代的儒家，甚至还从墨家、道家、法家等寻找思想武器来批判伪道学。这也并不奇怪。儒、道、墨、法等诸子学说的兴起，帮助先民摆脱了巫术文化的原始思维，确立了理性的思想方式，使先民获得了精神觉醒，是华夏文明人文主

---

[1] 〔美〕黄仁宇：《万历十五年》，生活·读书·新知三联书店1997年版，第239页。
[2] 张建业译注：《焚书》，中华书局2018年版，第751页。

义精神的源头。李贽思想的人文主义特征无疑是对这一传统的回归。

我们注意到,西方的文艺复兴以复古为旗号,却开创了西方世界的思想解放浪潮。而在中国,五四运动以来的知识分子片面地看待自身的传统文化,决心彻底否定并改造传统文化,把中国当作各种西方学说的实验场。他们把李贽当作反孔先锋,却忽视了李贽尊崇孔子的另一面就注定了这种脱离传统文化的思想启蒙,终究只能归于失败。这其实也可以阳明学来解读。按照王阳明良知说的观点,向内求索才能获得真知。推而广之,源自内心的觉醒,才是真正的觉醒。由传统文化内部诞生的思想启蒙,才是能够成功的思想启蒙,尤其是在中国这样具有深厚历史传统的社会。

北京大学哲学系杨立华教授在《宋明理学十五讲》一书中提出:"我们今天的责任是一个广义的中国文化重建的概念,所以我常说我们的努力应该朝一个未来的'汉语性文化',而汉语性文化的重建和复兴其中特别重要的一个方向就是自我边界的建立。"[1]诚哉斯言,思想的启蒙与文化的发展,都无法照搬别人的道路。当我们向前突破之际,需要我们回到民族文化精神的源头,寻找灵感,找对方向。李贽作为近五百年前一位卓越的思考者,已经在这条道路做出了探索,并给今天的我们带来启示:建立文化自信,寻找适合自己的发展道路,方可实现中国式现代化。

(作者简介:泉州晚报社,主任编辑)

---

[1] 杨立华:《宋明理学十五讲》,北京大学出版社2015年版,第20页。

李贽边疆民族地区治理思想的现实价值

戴国斌

明万历五年（1577年），51岁的李贽以南京刑部郎中之衔，外放入滇，出任云南姚安府知府（俗称姚安李太守）。居官三年，至万历八年（1580年）辞官，九年出滇。在姚安期间，他以"务以德化民，不贾市俗能声"为原则，结合边疆少数民族地区实际，努力为百姓办实事办好事。还留下了《论政篇》《贺世袭高金宸膺奖序》《光明宫记》《龙山说》《重修瓦仓营土主庙碑记》《卓吾论略·滇中作》《心经提纲》等一批文稿。对边疆民族地区的治理进行了深入思考，并躬身实践、努力探索。这些实践和思考放在今天来看也是很有现实价值和意义的。

一、李贽出任知府时的姚安社会状况

李贽生活的16世纪中后期，是中国封建社会开始转向没落、政治形势恶化的时期。北有蒙古掠夺，南有倭寇入侵，边防和海防都冲突不断。更为严重的是当时农村大量土地被大户吞并，向豪强集中。广大贫苦农民失去了赖以生存的土地资源，迫使他们不得不揭竿而起，农民起义风起云涌。在城镇，由于资本主义开始萌芽，新兴的资本主义生产关系正在悄滋暗长，直接动摇了下层贫苦市民的生存根基，各地市民暴动不断发生，社会矛盾十分尖锐。在离京城

李贽边疆民族地区治理思想的现实价值

万里之遥的边陲姚安情况也好不到哪里去。当时,大量土地、山林和水源都集中在当地的豪强大姓高氏家族等少数土司、头人手中。他们残酷压迫和剥削人民,造成盗贼此起彼伏、民不聊生,激起了各民族人民的反抗。洪武十六年(1383年),彝族首领自久在姚安坝子东山率领彝族群众扯旗起义,大姚、盐丰等临县各族贫苦百姓纷纷响应;1565年,临近姚安的武定地区爆发了少数民族联合大起义,反抗明朝官府的残暴统治;1573年姚安铁索箐彝族首领罗思率领贫苦彝族百姓起义,杀死郡守,铸造印鉴,自封"冲天铁面大王"。长期战乱和统治者对少数民族一贯的歧视政策,甚至是血腥镇压,造成了"元、明两代滇中土酋祸变几无宁岁"的悲凉境况。另外,地方政治和文化形势也不容乐观。少数土司头人等豪族大姓横行郡中称王称霸、把持地方政务,外来官员良政难施。明朝孙继皋(1550—1610)所撰《宗伯集·姚安守秦公传》一文中说:"姚安在万里外,文网稀阔,而大姓高某为不法,横行郡中,吏莫敢诘问。"大理著名文人李元阳(1497—1580)在《姚安太守东淇杨公遮留记》中说:"姚安为郡,素号难制,地有酋长,俗尚强梗。为太守者未入郡界,先入之言在其肺腑。既升郡堂,坐太守座,凡见前者无非难治之事,所临莅者无非难治之人。一切苟且塞责,庶几职满而去。自有郡以来,沿袭成俗,谓治姚安法宜尔也。豪猾欺凌,凶残吞并皆置之不问;盗贼满野,西没东生,若罔闻知。"当时滇西大部分地区信神信佛,百姓久沐佛教,科教难兴,人才缺乏、民智未开。针对这种现实,李贽撰联说:"从故乡而来,两地疮痍同满目;当兵事之后,万家疾苦总关心。"形象地反映了当时情况和他的抱负。

二、李贽在姚安期间的施政措施及政绩

李贽到任后,采取了一系列符合当地实际的措施,有力推进了经济发展、民族团结和社会进步。因政绩突出,清代邑人甘雨所撰的姚安现存首部地方志《姚州志》将其列入"名宦"。其主要政绩最早也载于该志:一是建城隍祠;二是开设三台书院;三是建光明阁;四是修连厂桥。另外,李元阳在《姚安太守卓吾先生善政序》中记载说:"日集生徒于堂下,授以经义,训以辞章,谆谆、日仄忘倦。庙学颓圮,罄俸以营之,祀典废缺,殚力以致之。凡关系山川、风土、形势,有改作不易者,制度不可阙者,皆悉力为之,处置有法,而民不知劳。"梳理地方史籍,他在姚安主要做了以下工作。

(一)开展基础设施建设,改善生产生活条件。代表性工程是主持修建了连厂桥。在相当长时间里,姚安是古代南方丝绸之路上的重要节点和要冲。该路从四川成都出发,经西昌后进入云南到达姚安,从姚安到祥云云南驿后进入大理,再前往缅甸和印度。在姚安到云南驿之间的连厂有一条必经的大河,地处千山万壑间,是金沙江支流渔泡江上游河段。每逢夏秋时节,洪水暴涨,波高浪急,舟楫难行,造成商贾阻滞,无法前行。曾多次发生百姓因渡河而被洪水冲没的惨剧。不仅阻碍了物流,也给两岸百姓生产生活带来极大不便。李贽在深入了解商情民意的基础上,多方筹资,在河上组织修建了一座桥。史载:"捐资聚石为桥,利行旅通往来。"该桥为双孔砖石拱桥,长30米,宽4.5米,每孔跨径8.6米。初名"连厂桥"。后来百姓感念其恩德,将桥名改为"李贽桥"。近500年来该桥屹立不倒,极大地方便了两岸往来交流。2003年,该桥被列为云南省文物保护单位,建新桥用于车辆和行人通行后才停止使用。据记载,他还组织百姓垦荒造田、修渠引水、疏浚河道、推广内地先

李贽边疆民族地区治理思想的现实价值

进生产技术，不断改善百姓生产生活条件。遗憾的是由于年代久远，很多遗迹都未能保留下来。

（二）开办书院、培养人才。姚安虽然开疆较早，早在汉元封二年（前109年）就纳入中原王朝版图，并在此设县。但由于路途遥远，关山阻隔，内地先进文化在此传播较少。早期司马相如、骆宾王、李善、诸葛亮等到过此地，留下少量诗文。但总体来看，明以前这里依然处于"蛮荒"状态，文事不举、人才缺乏。李贽任姚安知府后，就利用城南德丰寺创办了三台书院，并亲自讲学，传播先进文化，为姚安培养了陶珽、陶琪等一批享誉全滇的大家。明代骆问礼所撰《续羊枣集·李太守好奇》载："姚安李知府名载贽，号卓吾，善文能书，好讲学。……然廉靖明达，上下爱之。"民国刘念学所编《姚安县史地概要·学术》中说："明代邑中学术，自以陶珽、陶琪兄弟为最。珽受业晋江李卓吾，……珽著有《阆园集》，并纂《续说郛》，极称博洽。"楚雄彝族自治州地方志办公室编辑出版的《楚雄人物》一书中说："珽幼年即有志于学。时值李贽任姚安知府，收徒授业，珽即'游于李卓吾之门'。"陶珽作为李贽最得意的学生，被称为"龙湖高足"，1610年秋考取进士。清代高奣映所撰《鸡足山志》载："初授刑部四川司主事；二任福建司员外郎；三任山西司郎中；四任大名府知府；五任陇右道副使；再转辽东兵备道；历任未久，改补武昌兵备道。凡七任，皆有声称，以其才高学博，故所施裕如也。"在书法、诗文、史学、佛学等方面的造诣都极高。他依照元代陶宗仪《说郛》体例编撰的《续说郛》一书，被收入《四库全书》，具有较高价值。从李贽创办三台书院传经开始至民国的数百年间，姚安改变了文化落后状况，文脉赓续传承不断、人才辈出。涌现了陶珽、高奣映、由云龙、赵鹤清等一批享誉全滇的文化大家，成就了姚安作为"迤西文献名邦"的坚实根基。

（三）因势利导、开化民智。李贽作为无神论者，是不信鬼神的。但当时姚安是全民信佛、信鬼神。广大百姓整日"沐于佛中",鬼神思想十分盛行。县城内经常发生火灾,各家各户年年烧香磕头,祈求火神保佑,但都无济于事,百姓苦不堪言。李贽知道情况后,心中生疑,便亲自巡视,终于找到原因。主要是本地民房多用木料建造,沿街布局,几十间左右毗连。群众家中常年香火不断,一旦起火,火借风势,往往会殃及一条街,造成极大损失。但要一时改变百姓认知是不现实的。经过思索,他决定利用百姓信鬼神心理,因势利导。便发出告示说要亲率官员乡绅设坛祭祀火神。百姓闻之,无不为新任知府关心群众疾苦而感动。祭祀当天,李贽焚香、烧纸、叩头后跪在火神牌位前曰:"姚安知府李卓吾拜告火神,连年来,吾姚城内民房被焚、财物遭毁,百姓惶恐……祈求神灵庇护我县的黎民百姓安居乐业。神明有何示下,敬祈明谕。"念毕,装出俯首侧听的样子,良久,又拜曰:"神明所示,下官谨记,当训诫百姓遵奉。"说罢,站起身来郑重宣告,火神方才示下,本城百姓多有失检点,以致酿灾,神明有怪罪之意。为此,本府发出告示,望父老乡亲遵守法令,违法者将严办。翌日,遍示:"凡房前屋后堆放柴草的,一律搬走,草垛柴堆必须远离房屋。焚香烧纸祭拜时、人不准随意离开、以示对神的尊敬;凡新建房屋者,以砖块垒砌,隔几户就留一通道。房屋密集之地,开塘掘井,蓄好水源、以备救火之用,三五户之间订立合约,遭灾相互救援。"措施实施后,火灾不再发生。渐渐地百姓方才明白,李贽是利用祭祀火神之名教育引导他们,便纷纷倡议建"光明宫"纪念,并且把告示刻于墙壁,让后人铭记。工程告竣,受百姓嘱托,李贽撰写了《光明宫记》,记述建宫原因和经过。民国《姚安县志》载:"初,姚民数被火灾,贽为坛祈祷,遂免焉。及建光明宫于城东门外以祭火神。"现在该建筑已成为姚安的名胜景点之一。

(四)"恒顺于民、至人之治。"李贽任姚安知府期间,面对尖

李贽边疆民族地区治理思想的现实价值

锐的阶级矛盾、民族矛盾和各地此起彼伏的少数民族起义,在分析社会现状、总结历代统治者对待少数民族的政策后,提出"恒顺于民、至人之治"的施政方针,采取"和抚"政策。努力践行"与军与夷、共享太平"的愿望。积极帮助少数民族改善农田、水利、交通等生产生活条件、为他们传授先进生产技术、提供良种等,发展生产,提高生活;允许和鼓励少数民族走出深山,开展各民族间的平等互市贸易;加强与少数民族,特别是少数民族土司头人等上层人物的联系交流,了解他们的愿望诉求。尊重少数民族习惯,对少数民族地区治理实行"无为而治"办法,尽量发挥土司头人等上层人士在民族地区内部事务管理中的作用。民族地区的内部纠纷、矛盾、事务尽量用本民族约定俗成的方式在内部处理,不告发就不去理会。禁止各级官吏对少数民族动辄严刑苛法,残酷镇压,无理抓捕甚至屠杀的做法。他反对一味采取军事打击手段镇压少数民族起义,认为应该弄清他们反抗的原委,了解他们的诉求,并切实解决实际问题,从根本上根除反抗起义的土壤。1578年,云南巡抚刘维在永昌府(今保山市)召开大理、鹤庆、姚安三府联防会议,布置合力围剿北胜州(今永胜县)少数民族起义。在违抗不可能、执行又不情愿的情况下,李贽采取消极态度,会后带着下属官吏游览大理鸡足山去了。在鸡足山与和尚和同僚讲经论佛期间,他撰写了《念佛答问》《六度解》《二十分识》《四海说》等。他尊重百姓信仰,顺应民心民意,根据全民信佛、信奉鬼神的实际,还在城北修建了城隍庙。

(五)坚守廉洁本性、企盼政治清明和吏制清廉。贪腐是封建社会的一种顽疾,正所谓"无官不贪、无商不奸"。但李贽在姚安任职期间,始终坚守廉洁本性,自撰一联"听政有余闲,不妨甓运陶斋,花栽潘县;做官无别物,只此一庭明月,两袖清风",自律自勉。民间常用"三年清知府、十万雪花银"形容封建官员的贪腐。作为知府的李贽，三年离任时却是"做官无别物、囊中仅图书数卷"。他不仅不贪腐，而且还"俸钱常喜赎民劳"，经常用自己的俸钱帮助贫苦百姓。他企盼并努力构建一个政治清明、官员不贪、一心为民的清明廉洁吏制。但终因他清廉务实为民的做人和为官之道与当时社会大环境格格不入，不愿与上司、同僚同流合污，被迫于万历八年（1580年）三月离职。新编《姚安县志》说："口直肠愤，兀傲自放，政见与众不同，故为当时的社会权贵所不容。"李贽虽然离开了姚安，但他清正廉洁、两袖清风的形象永远留在姚安人民心中，受到了当时和后世的爱戴和推崇。史料记载：他卸任离姚时，百姓空巷前来挽留和送行。"土民攀卧道间，车不得发。"其弟子陶珽在城东南倡建了"李卓吾先生祠堂"，撰文记之："先生真人也！其在姚也，当其时，尽其心；其去姚也，无系恋，无要结。如江河行地，如日月经天。"云南巡按刘维及布政使司、提刑按察使司辑录各界盛赞其品行的赠诗留文编为《高尚册》，金都御史顾养谦亲自撰写序言。李元阳撰写《卓吾李太守自姚安命驾见访因赠》一诗赞云："姚安太守古贤豪，倚剑青冥道独高。僧话不嫌参吏牍，俸钱常喜赎民劳。八风空景摇山岳，半夜歌声出海涛。我欲从君问真谛，梅花霜影正萧骚。"

三、李贽边疆民族地区治理思想的现实价值

在姚安任职的三年，是李贽人生和思想的重要转折期。首先是完成了由"京官"到地方基层官员的身份转变，使他更有机会接触基层劳苦大众，真切地体会到他们的苦难，更加深刻地了解社会现实。其次，这里是他仕途的终结点，经历了由官到民的转变；同时又是新生活的开始。从此，一门心思做学问、著书立说，终成一代杰出思想家。最后是从内地官员进入边疆少数民族地区执政，管理

一个地方，对国家、民族、边疆民族地区治理等有了更深刻的理解和体会。这些都无疑对他思想的形成产生了很大影响。纵观李贽在姚安的执政实践，笔者认为他的边疆民族地区治理思想主要表现在以下几方面。

（一）为民务实的"民本"思想观。李贽作为功利主义思想家的杰出代表，继承了泰州学派王艮的百姓日用即道思想。一直身为中下层官吏的他接触普通民众较多，也更了解下层生活状况。百姓生活本就艰苦，遇到灾荒年景更是难以存活。特别是到姚安任知府后，对百姓的疾苦更是有了更真切的体会。当时的姚安，据民国《姚安县志》记载："滇南夫役之苦，未有如姚安之甚者。"因此他认为统治者应该考虑百姓的利益，为人民的利益着想。要有所作为，关注百姓日常生活，重视发展生产，保障人民的基本生活。衣食住行是人生存的天然需要，是再自然不过的本能追求，应该得到尊重和满足；如果人连生存都成了问题，那还有什么其他的追求可以谈及？各级官吏的责任就是组织发展生产，解决好百姓生存发展问题，满足人们最基本的本能需求。在姚安期间，他组织百姓建桥修路、垦荒造田、疏浚河道、筑沟引水、办学讲经、根除火患、推行清廉吏制等一系列施政措施，无不是在躬身实践着这些思想。作为封建官员，李贽"民本"思想的出发点还是为了巩固统治阶级的统治。但从内涵和实质上来看，这些主张与当下坚持的人民至上等理念还是有许多相通之处的。

（二）"因性牖民"的边疆民族地区治理观。李贽认为封建统治者长期沿袭"贵中华、贱夷狄"思想和"君子之治"的方法是错误的，也是行不通的。"君子之治"把人分为"君子"与"小人"。这种等级划分导致人与人之间无休止地争斗。"有教条之繁，刑法之施，但民事日与多矣。"对于像姚安这种"边方杂夷"的边疆民族地区，动辄严刑苛法，残酷镇压，无理抓捕，只会导致民事增多，官逼民反，激起各少数民族的更大反抗。应该"因性牖民"，实施"恒顺于民、至人之治"的施政方针。而"至人之治"则是要"因其政不易其俗，顺其性不拂其能"。要充分发挥人的个性和才能。只有如此，才能相安无事，才能加强民族间的团结，促进发展。他认为：一个好的官吏应该是"至道无为，至治无声，至教无言"。要按照人民的意愿和要求加以疏导，开通民智。建立"尊尊而亲亲，老老而幼幼，化民成俗，各止其所……岁时朔望，积羡盈资，以兴义举，乡田同井，出入相友，守望相助"的理想社会。这些政治主张在他给知州罗琪写的《论政篇》(为罗姚州而作)一文中就有体现："……盖予常闻于有道者，而深有感于因性牖民之说焉。夫道者，路也，不止一途，性者，心所生也，亦非止一种己也。有任于士者，乃以身之所经历者，而欲人之同往；以己之所种艺者，而欲人之同灌溉，是以有方之治而驭无方之民也，不亦昧于礼欤？且夫君子之治，本诸身者也；至人之治，因乎人者也。本诸身者取必于己，因乎人者恒顺于民。其治效固已异矣。夫人之与己不相若也。有诸己矣而望人之同；有无诸己矣而望人之同。无此，其心非不恕也。然此乃一身之有无也，而非通于天下之有无也。而欲为一切有无之法以整齐之，惑也。于是有条教之繁，有刑法之施，而民日以多事矣。其智而贤者，相率而归吾之教；而愚不肖，则远矣。于是有旌别淑慝之令，而君子小人从此分矣。岂非别白太甚而导之使争乎？至人则不然，因其政不易其俗，顺其性不拂其能。闻见熟矣，不欲求知新于耳目，恐其未窹而惊也；动止安矣，不欲重之以桎梏，恐其絷而颠且仆也。今予之治郡也，取善太恕，而疾恶也过严。夫取善太恕似矣，而疾人之恶，安知己之无恶乎？其于反身之治且未之能也，况望其能因性以牖民乎？……"李贽认为：边疆少数民族地区有其自身的特点和实际，要"因性牖民"，无为而治。坚持各民族平等，一视同仁。要顺应民心民情，尊重少数民族风俗习惯和信仰。民族地区很多事务和矛盾都可以利用内部约定俗成的习惯处理，不必每一件事都以法律裁决。只要没有人告发，便可装聋作哑，不必追究。他反对一味采取军事打击手段镇压少数民族起义，认为应该弄清反抗的原委，了解他们的诉求，并切实帮助他们解决问题，从根本上根除反抗起义的土壤。这些思想从他对少数民族的态度上就能感受到。土主是姚安地区彝族百姓崇拜的一个重要的神。在彝民的心目中，神界里的土主是分管一方人家家运的有实权的神。当地彝民修建土主庙后，为顺应民俗，作为知府的李贽特意撰写了《重修瓦仓营土主庙碑记》一文。文曰："居民于嘉靖乙卯重修，告完，熔铸土主一尊，龙王，水草，五谷众神。……余惟醯首罗，佛教正神，滇省远在万里，然在处处崇信是神者众，非淫祀也。是神感应，如水印月，不择长江细流，普摄大千，是乡香火崇祀宜尔也。"对少数民族修建土主庙，他并不以愚昧视之。而是亲自撰写碑记解释说："非淫祀也。"同时进一步说明："是神感应，如水印月，不择长江细流，普摄大千，是乡香火崇祀宜尔也。"真可谓是用心良苦，难能可贵。这些民族观和处理少数民族问题的态度和做法在当时无疑是十分超前的。

（三）伸张女权、反对重男轻女的男女平等观。中国几千年的封建社会里，"男尊女卑""女子无才便是德"等封建思想一直占据着主要地位。时至今日，在一些边远地区、少数民族地区，重男轻女的思想依然不同程度地存在。李贽坚决反对重男轻女，主张男女平等，在《焚书·答以女人学道为短见书》中说："不可止以妇人之见为见短也。故谓人有男女则可，谓见有男女岂可乎？谓见有长短则可，谓男子之见尽长，女子之见尽短，又岂可乎？设使女人其身而男子其见，乐闻正论而知俗语之不足听，乐学出世而知浮世之不足恋，则恐当世男子视之，皆当羞愧流汗，不敢出声矣。"任姚安知府期间，他重视教育，尤其是女教。在他所创办的三台书院招收的学生中，不分男女，每日亲自给学生们讲经授义。招收女子，伸张女权，坚持男女平等，让女学生与男子同等入学接受教育，这在当时地处边疆少数民族地区的姚安可以说是一件惊世骇俗、石破天惊的大事。李贽开启了姚安女子接受教育的先河。

（四）坚持国家统一和维护民族团结的国家民族观。李贽认为国家必须统一，各民族应该团结，反对外来侵略。据资料记载，早在青年时期在家乡时，他就曾参加过抗击倭寇的斗争。到姚安任职后，他根据少数民族土司头人等上层人士在维护国家统一、社会稳定中起着重要作用的具体实际，认为对他们要以礼相待，主张维护土官流官并举制度，保证土司、头人们的既得利益，发挥他们在维护国家统一、民族团结和社会安定中的作用。明万历中期，缅甸侵犯云南边境，蚕食我国领土。姚安府土同知高金宸率军参与抗击有功，朝廷赐四品服。李贽撰写《贺世袭高金宸膺奖序》云："予尝诏高子曰：我国家统一寰宇，泽流区内，威制六合。不务广地而地自广。盖秦皇所不能臣，汉武所不能服者，悉入版图矣。……又念其先世曾有功德于民，而吾兵初不血刃也。……将与我国家相终始，无有穷时，其何幸如之。……予既直书奖语，悬之高门，以为高氏光宠矣。因同官之请，又仍次前语以贺之。其尚知恩报恩，以勿弃余言，勿负于我国家也。"说国家统一的寰宇是从秦汉以来就形成的版图，作为少数民族土司的高氏家族，在维护国家统一和民族团结中一直发挥着重要作用，此次在抗击外敌入侵中有功，不能"恃功而骄"，要"勿负于我国家也"。

（五）政治清明、吏制廉洁的清廉政治观。李贽作为明末一位"清节凛凛"的进步官员，结合自身多年官场体验，在著作中提出过许多有关治政为官、廉洁修身的廉政思想。史籍中记载其在姚安期间廉政思想的文字不多，仅民国《姚安县志》中有居官素以"法令清简，不言而治""一切持简易，任自然，务以德化""自治清苦，

李贽边疆民族地区治理思想的现实价值

为政举大体"等数语。但从他的施政措施、后人的评价记述，佐以当地民间文学作品《悬鱼示众》《无视纲常》《一庭明月》等，完全可以看出他治政为官、廉洁修身的廉政思想。他认为政治黑暗、吏制腐败是造成社会动荡的根源。特别是像姚安这样地处边陲、经济文化较为落后的民族地区，群众已经苦不堪言，再加上政治黑暗、吏制腐败，老百姓就真的无法生活了。他主张明德亲民，认为政治要清明，为官者一定要有官德、有修养。亲民务实，积极为百姓做好事解难事。法令要简洁、管用、利于落实执行；处理公务和办事情要删繁就简、反对繁文缛节，浪费民力物力。他期望构建清廉的吏制，各级官吏都应该清廉为政，反对贪污腐败、盘剥鱼肉百姓。可以说，李贽在姚安三年多的知府生涯里，都始终践行着自己的这些理想。

结语

李贽作为我国 16 世纪著名的思想家，他反对封建专制统治，一生崇尚民主自由平等。任云南姚安任知府后，他从当地具体实际出发，积极组织百姓开展基础设施建设，发展生产、改善民生；因地制宜，"因性牖民"，推进民族团结；开办书院传播先进文化，坚持男女平等；躬身垂范，推行清明政治和清廉吏制；等等。他的这些闪耀着超越时代光辉的思想和实践，是很有现实意义的，也是值得我们在实际工作中学习参考借鉴的。

参考文献：

[1] 由云龙编：民国《姚安县志》，云南人民出版社 1988 年 11 月重版。

[2] 戴国斌：《李贽的民族观浅识》。载《楚州今古》1996 年 2 期；《楚雄社科论坛》1996 年 4 期。

[3] 楚雄州地方志办公室编：《楚雄人物》，云南大学出版社 1991 年 6 月出版。

[4] 李嘉相主编：《新编姚安县志》，云南人民出版社 1996 年 7 月出版。

[5] 朱和双、曹晓宏：《李贽思想与"姚㒷学派"的崛起》，姚安县文化馆门户网站，2021 年 9 月 23 日。http：//www.yawhg.org.cn.

（作者简介：云南省姚安县文学艺术界联合会，四级调研员）

李贽民族观对铸牢中华民族共同体意识的意义

杨海虹

著名的思想家李贽曾于明万历五年（1577年）至万历八年（1580年）任云南姚安知府。姚安是一个多民族聚居的地区，姚安知府治理的是多民族聚居而形成的一个区域社会。李贽在姚安的治理实践中，继承并发扬了中华古代华夷一体、五方之民共天下、以文化人、因俗而治的民族观，提出了"根本盛者，枝叶无穷"的观点，直到现在，对我们铸牢中华民族共同体意识仍有重要现实意义。

一、李贽在姚安治理思想形成的背景

姚安古属滇国，汉武帝以滇国置益州郡。姚安府北抵金沙江，南控大凉山，北接大理苍山洱海，东望五百里滇池，历代为朝廷征服西南"蛮夷"必争的战略要地。明代时姚安生活着汉族、回族、蒙古族及各种"夷"。据一些史料记载，明清两朝，生活在姚安的夷有八种，如撒摩都、白倮倮、黑倮倮、傈僳、罗婺、摆彝、嫚且等。

洪武十四年（1381年），明太祖朱元璋调集大军征讨云南，平定云南后，实行"踵元故事"的土司制度，明确了土司与中央王朝的隶属关系，强化了中央王朝对边疆民族地区的政治统治权力，促进了云南与中原地区的政治联系，巩固了云南多民族共生格局的发展。

明朝在云南设府52个、州63个、县53个，云南都司共领123个千户所。按"三江之内宜流不宜土"的方针，洪武十五年（1382年），姚安改路为府，设置了流官知府，同时也任命各族首领世袭官职，"以夷制夷"统治当地人民。朝廷移民实边，在姚安试点卫所屯田，大量汉族军民进入姚安，形成了"诸卫错布于州县，千屯遍列于原野"的局面。姚安府领一州一县，境内驻扎着两个千户所和数个巡检司。分封制的土司制度，时间一长，土司就会成为一种强大的地方势力，"官司之威，赫于疆吏，土目之暴，甚于官司"，威胁着朝廷对地方的统治。也有的土司横征暴敛，鱼肉人民，"土司一取子妇，则土民三载不敢婚"。

流官的设置不可避免地会触碰到土官的利益，于是就有了《明史·土司传》记载："洪武十六年（1383年），姚州土官自久作乱，保、惠从英击自久，平之"；《滇云历年传》记载："田本，太原举人，任姚州，仓卒，夷贼自久生变，本抵御不克死之。"

在这些记载中，除了自久是土官外，保、惠二人也是土官，"死之"的则是流官田本。我们可以从文献的一些记载来看一看在这个时期姚安的社会经济状况。

隆庆年间李元阳所纂的《通志》载："姚安户三千一百四十八，口二万三千四百五十三。"

民国《姚安县志》记载："万历四十二年（1614年），姚州二千二百十七户，一万四千九百四十丁。"

《滇系·事略》："孝宗弘治三年（1490年），你甸铁索箐贼作乱，官兵讨平之。"

《滇考》："世宗嘉靖四十四年（1565年），武定凤继祖阴结姚安高钦、高钧叛。"

《明史·沐英传》："万历元年（1573年），姚安蛮罗思等叛，杀郡守。昌祚与御史邹应龙发土汉兵讨之。破白宁、鲊摩等十余寨，

李贽民族观对铸牢中华民族共同体意识的意义

犁其巢,尽得思等。"

《明黔宁王世袭沐氏事略》:"万历元年,铁索箐力些夷叛。昌祚同巡抚邹应龙讨之,七十二村悉平。"……

通过这些记载,我们对万历初年的姚安有一个大致的判断:一是姚安府人口增长缓慢,经济萧条。从两个数据来看,李元阳所记载的应该是姚安府的人口。姚安府辖一州一县,万历四十二年的数据应该仅指姚州,如果加上大姚县,虽然历时近五十年,但人口变化并不大。这说明当时的生产力水平并不高。社会动乱,人民不能安居乐业,生产难以发展。二是土官势力大,地区治理难。高氏土司在姚安根深蒂固,他们即便在流官的治理下也能"安步而行,乘马而驰,足不下堂阶,而终身逸乐,累世富贵不绝,未尝稽颡厥廷,而子孙秩爵与流官埒"。朝廷对待土官是"惟土官不然。若有细误,辄与盖覆;若有微劳,辄恐后时。郡守言之监司,监司言之台院,而赏格下矣"。

明朝后期的姚安,是一个以汉族为主体、多民族聚居的地区。在这里,官员与民众的矛盾、流官与土官的矛盾、土官与土民的矛盾、汉族与少数民族之间的矛盾以及各少数民族之间的矛盾相互交织,导致一次次血淋淋的民族冲突,许多建筑在大火中灰飞烟灭,多少生命在刀口枪尖下凋零,多少家庭被迫远走他乡,流离失所。正如民国《姚安县志》所记载的:"邑中夷酋祸乱,虽未如寻甸、武定、乌撒、水西之剧,蹂躏至数郡,祸乱几二百年。然明太祖洪武十八年,邑中土酋自久叛乱;世宗嘉靖四十四年,武定凤继祖阴结姚安高钦等叛;神宗万历元年,铁锁箐夷罗思等叛……祸乱虽较微,然在元明两代,滇中土酋祸变,几无宁岁。"

李贽到姚安任知府,风险很大。正如李贽在《高同知奖劝序》里所说的:"且今之来此而为郡守州正县令者,岂易也哉?……然犹日惶惶焉以不得称厥职是惧,一有愆尤,即论斥随之,与编户等矣。

· 297 ·

其来远，其去速；其得之甚难，而失之甚易也。"李贽仕途坎坷，在他29岁到39岁的10年间，他大部分时间都在等着补缺或者守制丁忧，没有一份稳定的收入来养活一家老小。姚安知府是一个从四品的官，也是李贽一生中任过的最高官职。李贽穿街过巷走进姚安府府署的那一刻，他的心中肯定是五味杂陈，定然也是想大干一番事业利国利民的，要不然也不会写下"从故乡而来，两地疮痍同满目。当兵事之后，万家疾苦总关心"这副对联挂在府署的门柱上。

二、李贽在姚安社会治理中的民族观

在对李贽的研究中，李贽的民族观很少被提及。李贽的施政思想主要体现在他对姚安府的治理过程中，他的治理实践也主要在民族矛盾多发的姚安府。对一个多民族地区进行治理，治理的对象是多民族聚居的一个区域社会，其治理理念本身就是民族治理的理念。在这个过程中，李贽践行的就是与中华古代民族观一脉相承的以"根本盛者，枝叶无穷"为主要内容的民族观。

林超民先生在《天下一统 华夷无间——中华古代民族观论述》一文中提出：天下一统是中华古代民族观的基石，五方之民共天下是古代中华民族观的本质，华夷一体是古代中华民族观的内核，文化是古代中华民族观的血脉。林先生认为是周人"天下一统"的思想奠定了我国历代王朝的民族观。"华夏因商人、周人及四周族类的融入而日益强大，发展为在生活、经济、政治、文化诸方面更趋统一，较为稳定的人们的共同体——华夏。"在林先生看来，区分华夏与四夷的标准主要是在文化。文化高的地区即周礼地区称为夏，文化高的人则称为华，华夏合起来称为中国。在林先生的阐述中，我们可以看到以孔子为代表的儒家有教无类、华夷一体、一视同仁、

李贽民族观对铸牢中华民族共同体意识的意义

四海之内皆兄弟、因俗而治的思想。李贽在姚安的治理中所秉持的正是这种以共同文化为基石的儒家民族观,并且在实践中进行提升,提出了"根本盛者,枝叶无穷"的观点。其实践主要体现在以下几个方面。

一是"根本盛者,枝叶无穷",各民族共享太平的国家民族思想。李贽"初仕时,亲见南倭、北虏之乱矣;最后入滇,又熟闻土官、傜、僮之变"。他盼望有一个太平的社会能让民众避免流离失所,能在一方土地上安居乐业。知名学者、云南布政司分守洱海道的骆问礼,因驻姚安,曾经与李贽最相知,后来两人发生了分歧。李贽在《豫约·感慨平生》写道:"记余尝苦劝骆曰:'边方杂夷,法难尽执,日过一日,与军与夷共享太平足矣'。"他极为赞同李元阳"华夷无间,天下一统"的思想,与李元阳"同道为朋"。在《高同知奖劝序》一文中,李贽阐述了各民族与国家的关系:"我国家统一寰宇,泽流区内,威制六合,不务广地而地自广,盖秦皇所不能臣,汉武所不能服者,悉入版图矣。若干羽之格,东渐西被,朔南暨及。以今视之,奚啻千百耶。"从而提出了"根本盛者,枝叶无穷"的观点,阐述了只有国家强大,各民族才能得以发展的主张。

二是因俗而治的治理理念。姚安高山坝子纵横交错,各民族在这样一个个相对独立的地理单元里构建了相对独立的自给自足的村落,形成了各自不同的生活方式、历史传统、语言文字、风俗习惯和宗教信仰。李贽在姚安知府任上,提出"因其政不易其俗,顺其性不拂其能也"的治理理念。他在《论政篇·为罗姚州作》一文中提出:"夫道者,路也,不止一途;性者,心所生也,亦非止一种已也。有仕于土者,乃以身之所经历者而欲人之同往,以己之所种艺者而欲人之同灌溉。……至人则不然:因其政不易其俗,顺其性不拂其能……于反身之治且未之能也,况望其能因性以牖民乎。"认为治国之道不止一个路径,不能以用治理汉族的方式去治理少数民族，不能以固定不变的治理方法去控制习惯和思想千差万别的群众。在李贽看来，少数民族地区的叛乱，大都是因为地方官吏不顾民族地区的实际情况而用在汉族地区的治理方式来治理所引发的，所以他主张顺从和尊重当地少数民族的习俗来治理。

三是"非惟制其不叛，重在使其无叛"治理原则。李贽出任云南姚安知府后，遵行明太祖对云南少数民族"非惟制其不叛，重在使其无叛"的政策，行实学、求实政。在治理中"一切持简易，任自然"，时常提醒自己要亲民、爱民。正如他的那副对联所说的："眼前百姓即儿孙莫言百姓可欺当留下儿孙地步；堂上一官称父母漫说一官易做还尽些父母恩情。"顾养谦在《顾冲老送行序》中说："然先生为姚安，一切持简易，任自然。"李元阳在《姚安太守李卓吾先生善政序》中说他"凡关系山川，风土形势，有改作不易者，制度不可缺者，皆悉力为之，处置有法，而民不知劳"。他在《论政篇·为罗姚州作》中提出："夫君子之治，本诸身者也；至人之治，因乎人者也。……于是有条教之繁，有刑法之施，而民日以多事矣。"他在《道古录》提出"千万其人者，各得其千万人之心；千万其心者，各遂其千万人之欲……故君子以人治人，更不敢以己治人者"。他认为天下的事物千差万别，人们的才能、性情、喜好各有差别，要使"天下之民，各遂其生，各获其所愿有，不格心归化者，未之有也"。提倡因时而治，因人而治，不能搞一刀切。只有这样，社会才能治理好，人人才能得安宁。在《蜻蛉谣》中，李贽提出了"原情论势"的主张："今读先生集，记姜公事。姜公之心正与余合，而先生取之如此，则知先生唯不用，用必为姜公无疑矣。"澜沧兵备副使姜龙采用安抚手段，让被迫居于大姚县西北山区的少数民族下山生活，杨滇写此诗对姜龙的做法进行赞美。李贽在读了杨慎的《蜻蛉谣》诗后，对他对姜龙的少数民族政策深感赞佩，对杨慎肯定姜龙的方针更为赞许，所以他也作一篇读后感《蜻蛉谣》，进一步地提出了对因地、因时治理少数民族地区，提供更好的生活环境的主张。

四是以文化人的治理方式。明朝建立后，朱元璋一再强调教化在处理族类问题上的重要作用，采用"文德以怀远人"策略。李贽在姚安期间，遵行明太祖的治理政策，在《送郑大姚序》中明确提出"至道无为，至治无声，至教无言"的观点，强调教化的方式与作用。李贽在德丰寺办书院，在光明宫讲学，还办学校，不仅让土官子弟学习，也让土人及女子能读书，培养民众子弟。李元阳说李贽"务以德化民，而民随以自化"，"啸咏发于郡斋，图书参于案牍。不与时官同宿，而法令靡遗；民隐惟恐不闻，而讼庭多暇"。顾养谦在《顾冲老送行序》中说李贽在姚安"务以德化人，不贾世俗能声。其为人汪洋停蓄，深博无涯涘，人莫得其端倪，而其见先生也不言而意自消。自僚属、士民、胥隶、夷酋，无不化先生者，而先生无有也。此所谓无事而事事，无为而无不为者耶"。

五是人人平等的治理主张。李贽出生不久，母亲徐氏夫人就离开了人世，26岁考取举人，因为家境艰难、父亲年老而放弃了进士考试。之后，他在等待、做官、守制之间，贫寒度日。这期间，他经历了父亲、祖父亡故、四个孩子夭亡。李贽是封建社会等级制度的受害者，他希望能有一个人人平等的社会，所以提出了"侯王与庶人同等"的平等思想。万历六年（1578年），在姚安知府的任上，他在《念佛答问》中提出："小大相形，是续鹜短鹤之论也。天地与我同根，谁是胜我者？万物与我为一体，又谁是不如我者？"在他看来，人与人之间是平等的，没有谁优谁劣，各民族之间也一样。

从李贽在姚安任上的治理实践可以看出，他的民族观来源于以儒家文化为基础的古代中华民族观。李贽对封建统治者提倡的儒家文化的一些内容和方式虽然有不同的见解，甚至对一些内容极为抵触，但他仍是一个儒家文化的继承者，特别是儒家的中华民族观，

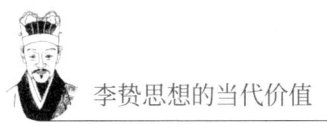

是他在姚安府治理中的思想指引。

三、李贽民族观对姚安以至云南社会发展的影响

云南特殊的自然地理环境，使历代王朝的统治势力很难深入。历代封建王朝都在努力寻找一种相对宽松、治理灵活的政策来保证和维系对云南的有效控制，为各民族的政治共生格局提供政策基础。明朝继承了中华民族观，提出了"华夷一家"的思想。朱元璋曾指出："朕既为天下共主，华夷无间，姓氏虽异，抚宇初一"，强调"教化"在处理族类问题上的重要作用，提出"云南诸夷杂处，威则易以怨，宽则易以纵……威德并行，德虽蛮夷，岂不率服"。李贽在《高同知奖劝序》一文中肯定了朱元璋统治下明王朝的民族政策："夫滇南迤西，流土并建，文教敷洽，二百余年矣。盖上采前王封建之盛制，下不失后王郡县之良规者也。"以"根本盛者，枝叶无穷"为统领，提出了在统一国家内各民族共享太平的观点。

李贽的政治主张及其治理实践，赢得了少数民族土官和百姓以及下属的支持，出现了多少年来少有的少数民族与汉族和睦相处、百姓安居乐业的局面。在姚州的仪门正面，曾挂着一副对联："视民如伤，浮邑苍生皆我子；修己以敬，李贽前辈是吾师。"明代姚安著名的"陶氏三杰"陶珽父子都称自己为"龙湖弟子"。清代姚安著名学者、土府同知高奣映也称自己以李贽为师。李贽离开姚安后，姚安府各级官员遵循在统一国家内各民族共享太平的治理理念，在之后的近三百年里，姚安境内再无民族冲突，土官也没有叛乱。即便是在明末清初那一段动乱的历史时期，姚安也无内乱。直到清后期宣宗道光二十七年（1847年），发生了汉彝回三族间长达二十余年的咸同兵乱。兵乱摧毁了古姚州城，改变了姚安的民族结构和民族分布，成了姚安社会发展中最具血色的一段历史。也正是因为这场姚安历史上时间最长、涉及面最广的民族冲突，让姚安人民更为深刻地体会到了李贽主张的人人平等、因俗而治、各民族共享太平的意义。

在李贽"根本盛者，枝叶无穷"民族观影响下，姚安甚至整个云南形成了"汉族文化离不开少数民族文化，少数民族文化离不开汉族文化""各美其美，美美与共"的民族关系。新中国成立以后，姚安各民族实现了政治上的平等。1958年4月15日，楚雄彝族自治州成立，姚安作为楚雄彝族自治州的一个县，民族工作从此走上了健康发展的道路。六十多年来，姚安保障各民族享有平等权利，帮助各少数民族发展社会经济文化，促进各民族的团结进步；大力培养少数民族干部，提高少数民族地区的治理水平和治理能力，妥善解决民族地区的矛盾纠纷，加强民族团结，维护社会稳定。今天的姚安，汉、彝、回等各民族相互帮助、相互扶持，完成了脱贫攻坚的历史使命，进入小康社会。李贽的铜制塑像，在他离开姚安427年后，立在姚安梅葛广场上。这是新中国成立以来姚安民间筹资塑造立于广场上的唯一一尊人物塑像。李贽继承并进一步发扬的中华民族观，深刻地影响着姚安以至整个云南。正如林超民先生在《人类学云南研究的意义》一文中所说的："'华夷无间，天下一统'的原则，成为云南各族人民内在的规范与行动准则。任何分离华夏、破坏统一的言行都会遭到云南人民同声斥责，群起声讨"，"在云南没有'文明冲突'的市场，更没有'分裂''独立'的天地，只有各族人民同心协力、一心一意、团结和睦和主旋律在飞扬"。

四、李贽民族观在铸牢中华民族共同体意识中的现实意义

铸牢中华民族共同体意识是党的十八大以来，以习近平同志为核心的党中央结合中国特色社会主义现代化建设进程中，中华民族的历史发展规律和现实要求作出的重大理论创新。铸牢中华民族共同体意识，要端正历史文化认知，突出中华文化特征和中华民族的形象，多角度全方位构建展现中华文化共同性、各民族交往交流交融历史事实的话语体系和载体，让中华文化通过实物实景实事得到充分展现、直抵人心。教育引导各族群众树立正确的国家观、历史观、民族观、文化观、宗教观，增进对伟大祖国、中华民族、中华文化、中国共产党、中国特色社会主义的认同。李贽是传统文化开始新变的代表，对他的民族观进行阐释，寻找传统文化与时代精神、现代价值之间的契合点，从传统文化资源中提炼适应时代需要的思想精髓，可以激发传统文化与铸牢中华民族共同体意识的精神共鸣。

我国是一个历史悠久的统一的多民族国家。习近平总书记指出："我们讲中华民族多元一体格局，一体包含多元，多元组成一体，一体离不开多元，多元也离不开一体，一体是主线和方向，多元是要素和动力，两者辩证统一。"一部中国史，就是一部各民族交融的历史，就是各民族共同缔造、发展、巩固统一的伟大祖国的历史，是中华文明源远流长、根深叶茂的原因所在。今天，铸牢中华民族共同体意识已成为中华民族伟大复兴的必然要求。我们现在再来回望李贽的民族观，在铸牢中华民族共同体意识的要求中，我们看到李贽"其根本盛者，其枝叶无穷"的远大眼光和强大的生命力；在坚持和完善民族区域自治制度中，我们看到了"因俗而治"的成功范例；在构筑中华民族共有精神家园上，我们知道根本途径是以文化人，促进各民族的文化认同，引导各族人民在文化上相互尊重欣

李贽民族观对铸牢中华民族共同体意识的意义

赏,相互学习借鉴;在加强中华民族大团结中,我们知道了怎样才能做到"人人平等",在治理能力和治理水平现代化中实现"各民族共享太平";在提升民族地区治理能力和水平的实践中,我们不会忘记"非惟制其不叛,重在使其无叛"治理原则……

习近平总书记强调:"党的民族工作创新发展,就是要坚持正确的,调整过时的,更好保障各民族群众合法权益。"铸牢中华民族共同体意识,要正确把握好共同性和差异性、中华民族共同体意识和各民族意识、中华文化和各民族文化、物质和精神四对关系。要求我们把中华民族利益放在首位,本民族意识要服从和服务于中华民族共同体意识,增进共同性、尊重和包容差异性。各民族优秀传统文化都是中华文化的组成部分,中华文化是主干,各民族文化是枝叶,根深干壮才能枝繁叶茂。李贽的民族观是中国古代民族观的继承和发展,我们要加强中华优秀传统文化与各民族文化关系、李贽民族观的历史源流、发展演变的研究和成果运用,让它们在铸牢中华民族共同体意识中构筑起各民族共有的精神家园。

铸牢中华民族共同体意识,需要增强对中华文化的认同。文化认同是最深层次的认同,是民族团结之根、民族和睦之魂。习近平总书记曾多次强调,要挖掘和弘扬优秀传统文化的现代价值,推动优秀传统文化创造性转化、创新性发展。今天中华大地各民族之所以团结融合,多元之所以聚为一体,源自各民族文化上的兼收并蓄、经济上的相互依存、情感上的相互亲近;源自中华民族追求团结统一的内生动力。李贽以"其根本盛者,其枝叶无穷"为主要内容的民族观,是中华优秀传统文化的一个部分。无论是对优秀传统文化的继承,还是从铸牢中华民族共同体意识的现实需要上看,加强对李贽民族观的研究,都具有时代意义。

参考文献：

[1]《习近平谈治国理政》，外文出版社有限责任公司 2022 年版。

[2]《林超民学术文选》，云南大学出版社 2016 年版。

[3] 张建业：《焚书译注》《中华经典名著全本全注全译》，中华书局 2008 年版。

[4]《姚安县志》，云南人民出版社 1988 年版。

[5] 王晓晖：《推动社会主义文化繁荣兴盛》，人民出版社、党建读物出版社 2019 年版。

（作者简介：云南省姚安县人大常委会，副主任）

李贽"以狂释真"的文学创作观念与实践对当代文学的启示

于婧

明代中后期,中国社会开始出现早期的资本主义萌芽,生产力进一步发展,经济贸易繁荣。同时伴随的是政治腐败、时局动荡、内忧外患,僵化的儒学思想成为社会发展的桎梏。社会的变革引发了晚明士人对思想改革的关注。生于泉州的李贽,自幼受到泉州开放的商业环境及家族经商氛围的影响,深刻感受到了假道学对政治风气及社会发展的不利影响。他敢于直言时弊,特立独行,形成了"以狂释真"的文学创作观念和创作风格。

李贽继承了王学左派泰州学派的"狂禅思想",激烈反对"阳为道学、阴为富贵"的假道学对人性的束缚,形成了具有个人特色的"狂禅"主张,体现在他对传统的批判和对"异端"的推崇上。李贽的狂禅精神,融合了儒、释、道的元素,有反理学的精神,又受到佛家禅宗思想的影响,同时融合了道家崇尚自然、反对造作的主张。

童心说是李贽文论的精髓。他提出回归"童心"的文学理想,在选本标准上,倡导文学的本源来自性情之真,反对矫揉造作的假文;在文学创作中,李贽倡导朴实的文学观,重视作家的素养,主张文人勤于积累,写出发自真心的美文;提倡文学应该因时而变,内容与形式都应当随着时代发展而不断变革,反对盲目拟古。

狂禅和童心的融合,是李贽"以狂释真"的文学观和创作实践的特色。

一、崇真价值观的激烈表现

李贽一生仗义敢言，站在假道学的对立面，勇敢陈述观点。他在《与耿司寇告别》[1]中说道：

> 狂者不蹈故袭，不践往迹，见识高矣。所谓如凤凰翔于千仞之上，谁能当之？而不信凡鸟之平常，与己均同于物类。是以虽高而不实，不实则不中行矣。狷者行一不义，杀一不辜而得天下不为，如夷、齐之伦，其守定矣。

狂的精神点燃火一样的激情，促使他与世俗社会抗争，表现崇尚真心的追求。

（一）坚守原则，不与假道学为伍

李贽的前半生羁绊在儒家礼教中。他生性狷介，与假道学水火不容。李贽自诩"平生最不爱属人管"，在《豫约·感慨平生》中说道："余唯以不受管束之故，受尽磨难，一生坎坷，将大地为墨，难尽写也。"[2]李贽不愿在官场为"犬"，唯唯诺诺，成为假道学的帮凶。他敢于提出否认社会等级制度的看法，提出了"庶人非下，侯王非高"[3]的观点，主张平等。他敢于推翻圣人之言，否定既定标准，讽刺尊孔派以经典为教条的行为；认为不应当以孔孟的是非观为唯一标准，而应当因人因时因事而变，因循守旧无法适应时代发

---

[1] 张建业、张岱：《焚书注》，社会科学文献出版社 2013 年版，第 142–699 页。
[2] 张建业：《李贽评传》，首都师范大学出版社 2018 年版，第 260 页。
[3] 陈红太：《中国政治精神之演进：从孔夫子到孙中山》，人民出版社 2013 年版，第 344 页。

李贽"以狂释真"的文学创作观念与实践对当代文学的启示

展的新需要。他更看不惯道学家虚伪的嘴脸,揭露他们"阳为道学,阴为富贵,被服儒雅,行若狗彘"①,披着道学的外衣,做着欺世盗名的事情。李贽仗义执言,得罪了不少上级,令他的仕途极不顺利。李贽始终不能迎合官场的规则,"来而迎,去而送;出分金,摆酒席;出轴金,贺寿旦。一毫不谨,失其欢心,则祸患立至"②。在官场非但要懂得做好分内事务,还必须对上司溜须拍马,迎来送往,贿赂金钱,才能得到升职的机会,否则便会给自己惹上祸端。青年李贽须承担养家糊口的重任,无奈在官场求生。而在完成使命后,再不愿在官场为"犬",毅然在有升职机会的时候弃官而去了。

在世人看来,李贽追求真理,实践狂禅的方式是近乎极端的。尤其是他在可以升官的时刻毅然辞官,上峰拒绝批准,他就干脆不辞而别。弃官之后,李贽本可以回原籍安度晚年,他却选择了黄安作为落脚点。在客居耿家期间,李贽以时新之理教导耿家子弟,引起维护儒家道统的耿定向的不满。到了麻城之后,李贽更将狂禅放浪形骸的特质发挥得淋漓尽致:落发而留须,信佛却食肉;佛堂上悬挂孔子像,挂像而批孔。他不避讳男女之别,招收女弟子。在礼教仍为社会主流思想的晚明时期,这些举动无异于在维护道统的人心中扎下一根刺。他不断地著书立说,发表"异端言论"。在《焚书自序》③中写道:

> 自有书四种:一曰《藏书》,上下数千年是非,未易肉眼视也,故欲藏之,言当藏于山中以待后世子云也。一曰《焚书》,则答知己书问,所言颇切近世学者膏肓,既中其痼疾,则必欲杀之,言当焚而弃之,不可留《焚书》之后又有别录,名为

---

① 张建业、张岱:《续焚书注》,社会科学文献出版社2013年版,第223页。
② 张建业、张岱:《焚书注》,社会科学文献出版社2013年版,第142-699页。
③ 张建业、张岱:《焚书注》,社会科学文献出版社2013年版,第142-699页。

《老苦》，虽则《焚书》，而另为卷目，则欲焚者焚此矣。

李贽深知揭露统治者的"痼疾"将招致杀身之祸。危险也正如他所预料的那样，不断向他逼近。

（二）桀骜独立，不畏人生坎坷峥嵘

李贽一生追求真、善、美，但他超脱世俗的行为得不到大多数人的理解，追求真的方式未得到世人的认同。反对者抓住他不拘小节的生活作风攻击他，曲解他的原意，常使他感到愤慨与无奈。他在《答周柳塘》[①]中反驳耿定向说他狎妓之事，澄清那个供养他的老妇人，只不过是一位孤苦伶仃、一心向佛的可怜之人。李贽在世人的误解中桀骜独立，明知苦难却迎难而上，明知死路却义无反顾。他在《答刘晋书》[②]表明了心迹：

> 弟年近古稀矣，单身行游，只为死期日逼，阎君铁棒难支，且生世之苦目击又如此，使我学道之念转转急迫也。既学道不得不资先觉，资先觉不得不游四方，游四方不得不独自而受孤苦。何者？眷属徒有家乡之念，童仆俱有妻儿之思，与我不同志也。志不同则难留，是以尽遣归，非我不愿有亲随，乐于独自孤苦也。为道日急，虽孤苦亦自甘之，盖孤苦日短而极乐世界日长矣。

李贽悟道的道路漫长且孤寂，妻儿童仆由于思念家乡，不能再

[①] 张建业、张岱:《焚书注》，社会科学文献出版社2013年版，第142-699页。
[②] 张建业、张岱:《焚书注》，社会科学文献出版社2013年版，第142-699页。

李贽"以狂释真"的文学创作观念与实践对当代文学的启示

与李贽一道过着离乡背井的流离生活,李贽让他们回故乡。他忍受对家乡、亲人的思念,孤单地在异地生存,生活在孤寂的精神世界中。他在给朋友的信中说:"近居龙湖,渐远城市,比旧更觉寂寞,更是弟之晚年便宜处耳。"他孑然一身,遗世独立,觉得清冷寂寞。但谈到近来所读之书,侃侃而谈,谈得热闹,忘却了现实生活的孤寂。李贽清醒而痛苦地生活着,尘世中的困难在他看来只是短暂的,只有追求真理的快乐是永恒的。

幸而李贽亦得同道好友的支持。《与焦漪园》[①]一文于万历二十年(1592年)写于武昌。万历十九年(1591年),李贽与袁宏道同游武昌黄皓矶,被一些人以"左道惑众"驱逐,幸有友人刘东星保护,才得以脱险。文中说:"老人无归,以朋友为归。"在临死之前,亦是好友马经纶陪伴身边。思想上产生共鸣的朋友,是晚年李贽最大的安慰。

万历三十年(1602年)二月下旬到三月间,反对李贽的势力终于有所行动。东林党人看不惯李贽反对儒家道德伦理而提倡"至人之治",沈一贯指使张问达上书弹劾李贽。张在奏折中说:"李贽壮岁为官,晚年削发,近又刻《藏书》《焚书》《卓吾大德》等书,流行海内,惑乱人心……狂诞悖戾,不可不毁……"[②]又列举李贽行为不检点、男女关系混乱等事,提出"望敕礼部,檄行通州地方官,将李贽解发原籍治罪。仍檄行两畿及各布政司将贽刊行诸书,并搜简其家未刻者,尽行烧毁,毋令贻祸后生,世道幸甚"[③]。其中许多罪名都是莫须有的。万历皇帝审阅后,以"敢倡乱道,惑世诬民"的罪名逮捕了李贽。李贽当时正在病榻上,见官兵来,也不反抗,命人拿来门板一块,躺在上面去往监狱。在审讯中李贽只言:"罪人

---

① 张建业、张岱:《焚书注》,社会科学文献出版社2013年版,第142–699页。
② 许振东:《明代京畿文人编年史》,山东人民出版社2017年版,第598页。
③ 许振东:《明代京畿文人编年史》,山东人民出版社2017年版,第598页。

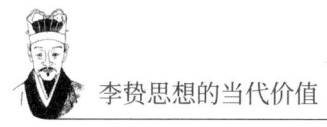

李贽思想的当代价值

著书多有,具在,于圣教有益无损。"并作《系中八绝》诗:

> 名山大壑登临遍,独此垣中未入门,
> 病间始知身在系,几回白日几黄昏。①

李贽自知病入膏肓,并未想过为自己脱罪,更愿以死明志。在仆人为他剃须的时候,他用剃刀自刎。随后,他的著作被焚毁,追随他的人也受到了迫害。

二、草根文学的重新定位

晚明市民生活的繁荣使小说、戏曲等艺术形式日臻成熟。强大的市民娱乐需求使"草根文学"快速成长起来,文学向市民化、大众化方向普及。由于文人的参与,晚明戏曲、小说创作的水平达到新高度。李贽站在大众需求层面,本于真心、真情点评文学作品,促进了戏曲、小说作品的创作和传播。注重"真""情""趣"的风潮使通俗文学焕发出新的生命力。

(一)由雅入"俗",晚明市民文化繁荣

晚明时期文人关注小说、戏剧并参与剧本创作,原本"不入流"的通俗文学得到了极大发展。刻印书籍的书坊印刷技术的进步,推动了小说的繁荣。《西游记》《三国演义》《金瓶梅》等长篇小说代表了古典小说的新水平,冯梦龙的《三言》与凌濛初的《二拍》集

---

① 邓亚文编注:《五朝千家诗·明清》,中国广播电视出版社2017年版,第299页。

中了宋元话本与明代拟话本的故事,加以改编润色,形成短篇故事集。大多数故事以精彩的情节吸引读者,某些故事中夹杂着低俗的内容,亦反映了晚明社会市民生活的特点。文人创作的剧本如汤显祖的《牡丹亭》《紫钗记》《邯郸记》《南柯记》等,不仅在故事情节上引人入胜,文本与台词也具有极强的文学性与艺术性。文人的整理与润色,提升了民间艺术的审美水平,使流传于民间的故事经过修饰后日趋雅致。此外,文人参与点评戏曲小说亦极大地提高了通俗文学的地位,充分肯定了小说、戏曲的文学价值,并带动了文人关注、创作通俗文学作品的风潮。晚明时人爱好戏曲,逢年过节、婚丧嫁娶,必有戏班助兴,专业的演出机构使戏曲演出水平日渐提高。受儒家思想影响,戏曲、小说承担教化的责任。高明在《琵琶记》中说:"不关风化体,纵好也枉然。"但一味迎合教化功能,却使文本内涵陷入僵化。李贽敢于脱开儒家教化看待戏曲小说的文学价值,这在当时是非常有先进意义的。

(二)文人视角,赋值民间草根文学

李贽对民间文学相当喜爱,先后批注过《西游记》《三国演义》《琵琶记》《红拂记》《北西厢记》等小说。流传下来的有《李卓吾先生批评忠义水浒传》《李卓吾先生批点西厢记真本》《李卓吾批评琵琶记》《李卓吾批评玉合记》《李卓吾先生批评幽闺记》《李卓吾先生批评浣纱记》《李卓吾先生批评三国志》等。

《红拂记》是明代张凤翼所著的传奇作品,后被改编为剧本。作者与李贽的好友袁宏道、汤显祖、李惟祯等人交往频繁,李贽近水楼台,先睹为快。此剧根据唐代传奇《虬髯客传》改编,原著以歌颂唐太宗李世民为主题,经过张凤翼改编成戏曲后,红拂女与李靖的爱情故事成为主线——红拂女与贫穷落魄的李靖相识,毅然抛下豪门锦衣玉食，深夜与李靖私奔。《红拂记》不同于传统的才子佳人故事，以侠女和英雄爱情为主线。李靖与红拂女一见钟情、不顾一切的爱情故事，和虬髯客仗义相助的豪迈情怀，给人以耳目一新的感觉。李贽对其评价颇高。对于故事情节与对白，他多次夹批"好关目""光景好""白好""妙""壮""奇"，有部分不关情节的被其称为"俗"。对于李靖这个人物形象，李贽更不惜褒美之辞，多次用到"英雄""洁俊""伟"等词赞颂之。李贽相当欣赏奇女子红拂，开篇便评曰："妓字不可以目红拂！"在李贽眼中，红拂女乃是"伟妇人"。她"有主张""有才有识有胆"，李贽赞曰："世上有这般女子！"① 无论歌伎出身，也不管她与李靖私奔的行为是否符合礼教，只教此情源于真心，即值得肯定之、歌颂之。

李贽在读了《红拂记》后，从关目、曲、白、故事等全方位肯定了这出剧目，为剧中人物大胆追求的行为叫好，并不吝将此剧提高到兴观群怨的高度：

> 此记关目好，曲好，白好，事好。乐昌破镜重合，红拂智眼无双，虬髯弃家入海，越公并遣双妓，皆可师可法、可敬可羡。孰谓传奇不可以兴，不可以观，不可以群，不可以怨乎？饮食宴乐之间，起义动慨多矣。今之乐犹古之乐，幸无差别视之其可！②

将民间文学与《诗经》的"风"相比拟，是对民间文学的充分肯定。这些民间文学剧本真实地反映了民风，具有真情实感。创作者从真心出发，观赏者被真情感动，回归真挚的审美，让李贽惊喜不已。

---

① 张建业、张岱：《焚书注》，社会科学文献出版社2013年版，第142-699页。
② 张建业、张岱：《焚书注》，社会科学文献出版社2013年版，第142-699页。

李贽"以狂释真"的文学创作观念与实践对当代文学的启示

《拜月亭》也称《王瑞兰闺怨拜月亭》《蒋世隆拜月亭》,元代关汉卿作,描写了书生蒋世隆与王瑞兰在兵荒马乱中的离合故事,共四折一楔子。李贽将其与《西厢记》相比,从主张恋爱自由的角度充分肯定了《拜月亭》。他在《杂说》中说:"《拜月》《西厢》,化工也;《琵琶》,画工也。"① 认为《拜月亭》在艺术上要胜于《琵琶记》。《琵琶记》的主人公赵五娘身上集中了传统女性的所有美德,孝顺、坚忍、任劳任怨;牛小姐顾全大局,忍辱负重;男主角蔡伯喈是封建礼教的代言人,虽然许多情节上经不起推敲,但仍被冠以孝顺、忠诚的美名,最后是大团圆结局。这个故事虽然受到人们的欢迎,但是编排的痕迹太重。李贽认为《琵琶记》站在传统思想的角度上演绎故事,故事虽好,但经过人工雕琢,已失其"真",只是肤浅地感人,没有真正打动人心。《拜月亭》才是一个好故事。主人公勇于追求,敢于反抗的精神比起一味顺从的传统女性形象来得生动鲜活。从这个角度看,《拜月亭》更能体现李贽反抗传统观念的精神。

"孰谓传奇不可以兴,不可以观,不可以群,不可以怨乎?"② 戏曲和小说不仅仅是人们消遣的方式,更具有与艺术价值。自古以来儒家强调正统诗文兴观群怨的社会功能,意为文学应当有引发感情、洞察世事、反映群情、讽谏政治的作用。程朱理学主张"文以载道",文章好坏的标准是内容是否符合礼教。传奇、小说、戏曲长期以来都被排斥在"雅"文学与主流文学之外。明代晚期由于市民意识的觉醒和文化的繁荣,戏曲小说有了长足的发展,孕育戏曲小说的土壤更加肥沃,俗文学也有了更加广阔的市场。一大批文人投入戏曲小说的创作,艺术水平有了很大程度的提高。戏曲小说成为

---

① 张建业、张岱:《焚书注》,社会科学文献出版社2013年版,第142–699页。
② 张建业、张岱:《焚书注》,社会科学文献出版社2013年版,第142–699页。

反映社会现实的工具，歌颂美好的品质，讽刺丑恶的现象，在思想高度上也有提升。李贽等文人关注戏曲小说、传奇故事的创作，自身投入创作，对戏曲小说走向主流有很大的推动作用。

李贽出生于商人家庭，后辗转各地为官，熟悉市井文化与市民生活，对世俗生活有着比较深刻的了解和体会。李贽等文人对小说戏曲的关注，使俗文学从边缘地带走出来。小说戏曲等形式同样具备了文学认识、教育、审美的功能，而且由于它的通俗性，更容易让草根阶层接受与喜爱。正如李贽所言，只要是表现真实的文学作品，都是天下至文。这种观点带动文人关注草根文学的风气，金圣叹等人的戏曲点评，也是受到李贽的影响。小说戏曲等艺术形式以往被道学家嗤之以鼻，认为不入流。而文人群体的肯定，对于小说戏曲的发展是具有积极意义的。许多文人亲身实践，投入小说戏曲的创作之中，使小说戏曲的创作质量不断提高。同时由于文人选本的水平较高，使草根文学更具有艺术性与审美意蕴，朝向高雅的方向发展。

三、不拘格套的创作实践

李贽的文学主张承袭了晚明文坛主"情"之脉络，又以其独特的狂禅精神为外显，形成颇具特色的个人风格。

（一）注重真情，承晚明文坛之风气

明代文坛的风潮一直在复古与反复古之间交替进行，但主"情"是一条明确的脉络。明代前期诗坛以复古风为代表，高启率先以"格"论诗，强调"师古"与"摹拟"。后有茶陵派李东阳提出"格

李贽"以狂释真"的文学创作观念与实践对当代文学的启示

调"的概念,即讲究声调格律。他推崇唐诗的格调之美,尤其是杜诗,并且认同严羽的"诗有别裁"之说。前七子中的李梦阳发展了"格调"的观点,认为优秀的诗作仅仅有声律格调是不够的,"格调"的核心应当是"情",而"格"包含了人的品格和诗的品格。前七子中的徐祯卿提出了"因情立格"说,说明诗人因"情"的不同而使作品各有变化。后七子中的谢榛主张从精神上效法古人,并注意到了"情"与"景"的关系。胡应麟将"格调"扩充为"体格声调",并认为诗应当是"体格声调"与"兴象风神"具备,实体结构与风采神韵兼备的才为佳作。强调诗的神韵、灵魂、精神气质。徐渭坚决反对复古派的主张,认为复古派是"鸟学人言"的行为,拟古之诗和鹦鹉学舌并无不同。徐渭的诗学观点是以"真我"为出发点,认为诗本发乎情,就必须"为情而造文"。他提出了"本色""真我"论。

李贽反对"格律说",注重文章的"真情",主张打破格律进行诗歌创作。他对复古派追求音律声调之美的做法很不以为然。他认为诗的风格应当是自然的流露:"性格清澈者音调自然宣畅,性格舒缓者音调自然舒缓,旷达者自然浩荡,雄迈者自然壮烈,沉郁者自然悲酸,古怪者自然奇绝。有是格,便有是调,皆性情自然之谓也。莫不有情,莫不有性,而可以一律求之哉。"[①]在他看来,古人之作之所以呈现不同的体貌特点,并不是刻意为之,而是自然而然的,是诗人性格特点的外显,不是从形式与音律上刻意拟古就能写出好文章。复古走到晚明,已有人为追求拟古,忽略了诗文应当反映自然心声,写出来的尽是虚伪造作的语言。李贽提出的打破格律进行创作的想法得到了当时很多文人的响应。

---

① 张建业、张岱:《焚书注》,社会科学文献出版社2013年版,第142-699页。

（二）率性而发，情重于形之创作

李贽的创作也本着自然而为、率性而发的宗旨，打破格律，突破行文的束缚，重意而不重形。如《朔风谣》[①]：

> 南来北去何时了？为利为名无了时。
> 为利为名满世间，南来北去正相宜。
> 朔风三月衣裳单，塞上行人忍冻难。
> 好笑山中观静者，无端绝塞受风寒。
> 谓余为利不知余，谓渠为名岂识渠。
> 非名非利一事无，奔走道路胡为乎？
> 试问长者真良图，我愿与世名利徒，
> 同歌帝力乐康衢。

此诗表达了李贽不愿追逐名利、愿世人共享太平的理想，非但不押韵，连句子也不对称。又如《九日同袁中夫看菊寄谢主人》[②]：

> 去年花比今年早，今年人比去年老。
> 尽道人老不如旧，谁信旧人老亦好。
> 秋菊总开旧岁花，人今但把新人夸。
> 不见旧日龙山帽，至今犹共说孟嘉？
> 去年我犹在阴山，今年尔复在江南。
> 傍人错指前身是，一是文殊一瞿昙。
> 花开于我复何有，人世那堪逢重九？
> 举头望见钟山高，出门便欲跨牛首。

---

① 张建业、张岱：《焚书注》，社会科学文献出版社2013年版，第142—699页。
② 张建业、张岱：《焚书注》，社会科学文献出版社2013年版，第142—699页。

李贽"以狂释真"的文学创作观念与实践对当代文学的启示

> 袁生袁生携我手，欲往何之仍掣肘。
> 虽有谢公墩，朝朝长在门。
> 虽有阶前塔，高高未出云。
> 褰裳缓步且相随，一任秋光更设施。
> 天生我辈必有奇，感君雅意来相期。
> 入门秋色上高堂，烹茶为具呼儿郎。
> 欢来不用登高去，扑鼻迎风尊酒香。
> 子美空吟白发诗，渊明采采亦徒疲。
> 何如今日逢故知，菊花共看未开时！

本诗是李贽写给僧友袁文炜的，全诗除了"虽有谢公墩，朝朝长在门。虽有阶前塔，高高未出云"之外，其余全是七言。其中插入五言两句，既不对称，也没有特别的意义，只能说这是作者的随性之笔。诗中"孟嘉龙山落帽"的典故放在此处也不恰当，也是信手拈来。诗作的随意，显出李贽与老友的交情匪浅，毫不见外，真情流露。

小品文是晚明风行的文体。"小品"一词来源于佛经，鸠摩罗什翻译佛经时，将详本称为"大品"，简本称为"小品"。小品文是散文的一种，内容与题材不限，表现形式多变。大多篇幅短小，不拘一格，内容也没有限制，很适合表达随感，可以叙事，也可以议论、抒情。讽刺是小品文的一大特色，一般通过诙谐幽默的叙事，让读者在笑过之后，反思文章中的深意，批评某些社会现象。

李贽犀利的小品文风格独树一帜，他利用小品文讽刺时弊，如《赞刘谐》。刘谐是隆庆五年（1571年）的进士，麻城人，他机智的言谈使迂腐的道学捍卫者哑口无言，李贽赞他为"聪明士"。当时许多人钻研八股文，死读诗书，教条地维护孔教正如文中的"道学"。平时宽袍大袖，衣冠楚楚，打着"天不生仲尼，万古如长夜"的旗号，凡事唯圣人所言为尊，没有独立思考的精神。刘谐只需一句玩笑话，就能噎得他说不出话来。李贽对刘谐大加赞赏，也借此文讽刺了道貌岸然、实则草包的道学家们。

李贽将散文、杂文创作作为他对道学家宣战的武器。如他写给耿定向的《答耿中丞》《又答耿中丞》《答耿中丞论谈》《与耿司寇告别》《又答耿司寇》《寄答耿大中丞》等文章，洋洋洒洒几万字，自陈观点，批驳耿定向虚伪的嘴脸。李贽从一开始对耿定向有所期待，真诚陈述自己的观点，希望对方可以理解，到最终对耿失望离开耿家，观点从未动摇。李贽本着尊重耿定向的态度，说道："公既深信而笃行之，则虽谓公自己之学术亦可也，但不必人人皆如公耳。"①然而互不妥协的两个人最终站到了对方的对立面。

四、结束语

由于李贽的狂放与真挚，站在草根的立场与道学中人激烈对抗，争取话语权，被所谓的"主流正统"视为"异端"。在文学史中，李贽"以狂释真"的文学实践，对后世文坛产生了极大的影响。

童心是狂禅的内核，狂禅是童心的外显。在李贽"以狂释真"的文学实践影响下，明清之际的文学有了新变化：以往为"道"服务的文学，逐渐转向为"心"、为"人生"的道路上来。李贽本着"童心"论文，打破文体的界限，不以出身论英雄，使所有文章都置于"去伪存真"的标准下论优劣。不论是雅文学还是俗文学，都有可能成为天下之至文。虽然他的主张没有挽救末世堕落的世风，但是"以狂释真"的主张和实践影响了士人，促成了后世性灵论的发

---

① 张建业、张岱：《焚书注》，社会科学文献出版社2013年版，第142-699页。

展，具有启蒙的意义。

一个时代有一个时代的文学，都不断推陈出新。近些年来，随着网络的发展，文学的形式也不断革新。社会各界对此褒贬不一，但我们不妨以李贽"以狂释真"的文学发展观看待新生的文学形式。只要本于真心，颂扬真情，网络文学形式也一样能够代表时代的特色。

（作者简介：泉州幼儿师范高等专科学校学前教育学院，讲师）

从高中历史教材中分析李贽的思想特点及其形成原因

王小龙

李贽是中国历史上一个"离经叛道"的思想家,在中国古代思想发展史上占据着一席之地。对中学生来说,了解李贽的主要途径是通过中学历史教材。而目前高中通用的教材有几种不同版本,如人民教育出版社(人教版)(2006年版本和2019年版本)、岳麓书社(岳麓版)(2006年版本)、北京师范大学出版社(北师大版)(2004年版本)以及人民出版社(人民版)(2009年版本)等。这些高中历史教材因为编写时间以及对高中历史课程标准的理解存在差异,所以对李贽的论述也呈多元化的特征。本文试图通过对不同版本高中历史教材内容的对比和分析,了解高中历史教材对李贽及其思想的介绍,概括其思想的主要特点,并根据教材内容,分析其"离经叛道"思想形成的原因。

不同版本的高中历史教材在介绍李贽的时候,首先以一个标题对李贽进行了定性。如岳麓版称李贽为"异端"思想家;北师大版的标题则是"离经叛道的思想",主要强调李贽思想的时代特点;人教版(2006)的标题是"李贽的离经叛道",从字面意思上来看,这个版本认为李贽无论思想或是行为都属于"离经叛道";人民版则称李贽的"反正统意识",对其思想的评价更为温和一些。虽然不同版本的教材都以"离经叛道"做了标签,然而,这些看似相似的标签后面却有略微不同的论述。通过不同版本高中历史教材的对比,我

从高中历史教材中分析李贽的思想特点及其形成原因

们试图通过不同版本教材的互相补充和印证,来描绘一个更加完整的李贽及其"离经叛道"的异端思想。

一、李贽的思想特点

(一)"童心说"

李贽哲学思想的核心就是"童心说",表达了"返璞归真"的愿望。① 在李贽看来,"夫童心者,真心也。若以童心为不可,是以真心为不可也。夫童心者,绝假纯真,最初一念之本心也。若失却童心,便失却真心;失却真心,便失去真人。人而非真,全不复有初矣"。"童心说"作为李贽思想的核心,包含了其对生活各方面的理解。比如,在批判道学家虚伪的时候,就提倡说真话、表达真实情感;批判"存天理、灭人欲"的程朱理学,以"人必有私"反对"天理"束缚人性发展,以"穿衣吃饭即是人伦物理",作为日常的需要,倡导每个人争取自己的利益;同时,在文学艺术的创作上,李贽认为要用"童心"坦率表露内心真实的情感和愿望。②

在高中历史教材中,对李贽的"童心说"这一概念较少提及。只有人民版提到,认为李贽用"童心说"来反对礼教的虚伪与官场的欺诈。作为李贽思想核心的"童心说"只是用以反对礼教和官场的欺诈,那就过于狭隘了。也许是考虑到高中生的理解能力和知识水平,教材并没有对"童心说"这一概念进行过多解释和解读。虽

---

① 姜波:《"返朴归真"思想及其当代价值探析》,《西南科技大学学报》(哲学社会科学版) 2010 年第 27 卷第 1 期,第 89-93 页。

② 张英:《李贽思想"异端性"的三重表现》,《今古文创》(45),第 44-46 页。doi: 10.20024/j.cnki.cn42-1911/i.2021.45.019.

然其他版本的高中历史教材并没有直接点明"童心说"这一概念，但在对李贽及其思想的介绍中，也显示了"童心说"这一概念所要表达的主题，即"绝假纯真"。例如，人民版的教材中提到李贽在诗文写作方面"主张用'真心'，反对当时盛行的摹古文风"，这是"童心说"在文艺领域里面的表现。北师大版的教材中提到李贽的进步文艺观："推崇反对礼教的《西厢记》和《拜月亭》，欣赏不受儒学束缚的司马迁、李白和苏轼。此外，他还提倡以鄙俗浅白的口语反映百姓生活……高度推崇戏曲、小说的社会性，反对复古思想。"李贽在文学艺术领域贯彻了"童心说"，对后世的文学艺术创作产生了重要影响。

关于"童心说"的另一个重要表现——"人必有私"，反对人性压抑的观点，则几乎在每一个版本的高中历史教材中都有提及。例如人民版中提到"李贽认为自私心是人类的天性"。而人民版、岳麓版和人教版（2006）则都提到了"穿衣吃饭，即是人伦物理"的主张，认为"追求物质享受乃是'秉赋之自然'。每个人都可以顺其'自然之性'，'各从所好，各骋所长'，使个性得到自由发展"。

（二）刚正不阿的批判精神

李贽思想的核心是"童心说"，其思想中"离经叛道"的部分，莫过于对当时主流意识形态程朱理学的无情批判。李贽的批判思想，主要分为以下几方面。

首先，李贽以"童心说"批判"存天理、灭人欲"的正统理学思想和封建道德对人的自然本性的压制，主张人应该按照自然本性来行事。"童心说"提倡"绝假纯真"，所以，面对虚伪的程朱理学和封建道德，李贽进行了无情的批判。他认为，那些"满口仁义道德、维护传统礼教的卫道士……借道学这块敲门砖，为自己谋取高

从高中历史教材中分析李贽的思想特点及其形成原因

官厚禄……他直接否定了'天理'的存在,认为'万物皆生于两',并非生自'三纲五常'的天理,从根本上动摇了'存天理,灭人欲'的理论基础"(岳麓版,2006)。李贽用"'人心皆私'来批判程朱理学对'人欲'的压制,'穿衣吃饭,皆人伦物理',认为'理'就在百姓的日常生活之中"(人民版,2009)。

其次,借批判儒家思想和以"四书五经"为代表的儒家经典,"否认孔孟学说是盛世之至论,认为人人都有权做出自己的判断,不应以'四书五经'作为统一的思考标准"(岳麓版,2006)。他认为"四书五经"之所以成为经典,是后人过分推崇的结果(北师版,2004)。所以,儒家经典并不是神圣不可侵犯的理论(人教版,2006),呼吁人们要学会独立思考。

在批判儒家道德思想的基础上,李贽进一步批判了儒家的代表人物孔子,批判"以孔子为圣"的道学家理论。[1] 他认为孔子并非圣人(岳麓版,2006),认为是非标准是随着时代变化而变化的,人们不应该"以孔子的是非为是非",以孔子的是非为标准(人教版,2006)。所以,李贽通过对孔子及儒家思想的批判,呼吁人们应该有自己独立的思想和人格,只要做到这些,人人皆可为圣人。

(三)追求平等的自由精神

李贽大力倡导平等思想,包括男女平等、民族平等、圣人普通人平等、万物皆平等。[2] 在李贽的思想中,"平等"主要体现在三方面:一是圣人与普通人的平等;二是提倡在封建社会少有的男女平等;三是提倡工商皆本,提高工商业者和商人的社会地位。

---

[1] 李超:《从高中历史教材看李贽的学术思想及成因》,《西部皮革》2016年第16期,第271–273页。

[2] 庄树宗、王四达:《论李贽"人道"观的内在结构及其当代价值》,《华侨大学学报》(哲学社会科学版)(01),第5–12页。

岳麓版、北师大版、人教版（2006）、人民版等都提到了普通人也可为圣人的观点。李贽认为每一个人，包括尧、舜都和普通人一样，都是平等的，每一个人都是圣人。同时，李贽否认以孔子的言论为判断是非的标准，正是体现了李贽的圣人与普通人皆是平等的思想主张。同时，在北师大版的教材中提到李贽主张"种地、做生意，一切谋生的活动，都是普通人的物质利益，这些就是'道'"，虽然其中没有明确提出工商皆本，但是将农业和商业都看作一种普通的职业，没有贵贱之分，正是从另一个角度呼吁提高商人的社会地位。

岳麓版中提到李贽主张男女平等的观点，宣称"有好嫂子便立家，何必男儿"。李贽对卓文君再嫁司马相如这一行动给予了积极评价："正获身，非失身"，"当大喜，何耻为"（岳麓版）。前面提过李贽进步的文艺观，他推崇反礼教的《西厢记》和《拜月亭》，也体现了他对个性自由以及爱情自由的推崇和赞赏。从这个角度来看，李贽的思想在整体上是前后呼应、一脉相承的。

二、高中历史教材中对李贽生平的介绍

各版本的高中历史教材除了对李贽"离经叛道"的思想进行介绍外，还对其生平进行了简单介绍。例如，岳麓版介绍了李贽的出生地及人生经历：

> 李贽，号卓吾，福建泉州晋江人，祖辈世代经商。26岁中举，以后20余年辗转各地任中下级官员。万历八年辞官，依靠朋友接济先后寓居湖北黄安、麻城和直隶通州等地，专心从事讲学和著述。

从高中历史教材中分析李贽的思想特点及其形成原因

简单地介绍了李贽的两本主要著作《藏书》和《焚书》：

> 《焚书》收录了李贽历年与朋友往来的信函及答问议论诸文。《藏书》评说了从战国至元代的800多个历史人物……李贽料定自己的思想学说不合时宜，出版后必遭排斥，所以给文集取名为《焚书》和《藏书》，意为"焚而弃之"和"藏于名山"。[人教版（2006）]

岳麓版高中历史教材总体上来看对李贽的介绍相对详细。然而，在介绍李贽生平的时候并没有介绍其结局。北师大版、人教版（2006）和人民版都对李贽的结局进行了补充：

> 李贽的这些言论，在当时惊世骇俗。统治者诬蔑李贽是"敢倡乱道，惑世诬民"的"妖人"，焚毁他的著作，并在他76岁时将他逮捕入狱，李贽在狱中自刎而死。[人教版（2006）]

在笔者看来，各教材中对李贽人生经历的补充，特别是李贽被捕、自杀，以及统治者对李贽著作的态度，更能点明各版本教材对李贽个人的"异端"和李贽思想在封建专制制度之下的"离经叛道"。

三、李贽"离经叛道"思想形成的原因

（一）冲破政治和思想束缚

岳麓版教材中认为李贽"离经叛道"思想的历史背景是"以程朱理学为标准的科举考试使思想界呈现出因循守旧、陈腐不化的

习气"。

人教版（2006）认为，明朝中后期，中国社会内部矛盾空前尖锐。然而，教材中并未对这尖锐的社会内部矛盾进行详细的解释和阐述，导致学生无法将这些矛盾与李贽做出联系，这样的叙述会给学生造成一定的困惑。明王朝统治后期的矛盾主要包括：土地兼并现象严重，朝廷横征暴敛，西北边陲战事频仍，穷苦的农民阶层承受着沉重的赋税和徭役。这些知识对学生理解李贽思想具有非常重要的作用，而各版本的教材却缺少这方面的讲述，甚是遗憾。

另外，北师大版教材提到，明朝中后期商品经济的发展，强烈地冲击了封建专制主义制度，侵蚀了几千年来自给自足的自然经济。商品经济一直比较活跃的泉州地区，自然对李贽异端思想的形成打下了社会基础。

（二）家庭和人生经历

人教版（2006）谈到了李贽为官的经历为其异端思想奠定了基础。指出他不愿意与腐败的官场同流合污，于是形成了离经叛道的个性。人民版则追根溯源，认为李贽的祖、父两辈都是从事商业活动的伊斯兰教徒，加上泉州以海外贸易而繁盛，李贽从小受传统思想的束缚较少，家庭和当地文化的特色影响了李贽的性格发展。人教版（2006）中所说的李贽的为官经历，为我们描绘了"离经叛道"的思想家的成长背景。

（三）经济原因

岳麓版认为，因为商品经济的发展导致整个社会拜金逐利风气盛行，传统的道德观念受到猛烈冲击。然而，明末商品经济的发展

从高中历史教材中分析李贽的思想特点及其形成原因

乃是社会发展的一个积极现象,它与社会拜金逐利风气盛行并无因果联系。岳麓版教材中的这段论述似乎将拜金逐利与李贽的"离经叛道"联系在一起,但是其后对李贽思想的论述中看不出来拜金逐利的风气与李贽思想的关联。岳麓版后面的论述着重于"人性"的讨论,对"存天理,灭人欲"的程朱理学进行了批判,关注人自身的需求和个性。从这方面来说,与其说李贽思想是批判程朱理学对人的束缚,不如说他的思想乃是商品经济冲击之下中国人文主义的萌芽。所以,北师大版在介绍李贽思想产生的背景时,强调的是在明朝中后期,封建制度对社会经济和商品经济的发展起到了越来越明显的阻碍作用,从而动摇了儒家思想的统治地位。同样,人教版(2006)也将工商业者作为社会的一种不可忽视的力量,将其视为社会发展的积极因素。正是在商品经济发展的背景之下,李贽思想的形成才有了现实的丰厚土壤。无论从他家庭的背景还是社会现实来看,李贽提倡"农商皆重"的理论就显得更加顺理成章。

四、总结

通过对不同版本的高中历史教材进行对比,可以看出,教材编写者针对高中学生的学习特点和学习能力,对其中某些重要的思想内容做了详细解释,力图让学生能够基本了解李贽思想的基本特点。对李贽思想的介绍,每一个版本的历史教材都有自己的侧重点。例如,高中历史教材中对李贽思想的核心——"童心说"的介绍非常简略。所以,只有在综合概括各版本教材内容的基础上,才能比较完整地了解李贽思想的主要特点。需要特别说明的是,这些详细介绍李贽思想和人生经历的教材版本,都是在2017年新的《高中历史课程标准》颁布之前编写的。在新的历史课程标准颁布之后,高中历史教材的内容进行了大幅度的修订。李贽仅仅作为明末清初的几位杰出思想家之一,用了四五个句子做了简单介绍。[1]一方面,这也体现了新的高中历史课程标准对高中学生学习历史的要求,从掌握史实过渡到培养历史科学素养上来。[2]另一方面,教材的简略,也让学生无法通过教材对李贽思想进行全面了解和深入学习,不得不说是一种遗憾。在笔者看来,泉州作为李贽的故乡,在新的历史课程标准之外,无论是从乡土教材的编写,还是培养学生对家乡历史的了解和热爱来说,李贽都应该是泉州的教师和学生无法忽略的一个重要历史人物。

(作者简介:泉州外国语学校,历史教师)

---

[1] 张海鹏、徐蓝:《普通高中教科历史必修中外历史纲要》(上),人民教育出版社2019年版。

[2] 中华人民共和国教育部:《普通高中历史课程标准》(2017年版,2020年修订),人民教育出版社。

李贽"咸以孔子之是非为是非"辨正

于水

"咸以孔子之是非为是非"是李贽在《藏书·世纪列传总目前论》中提出的重要观点,脱离具体语境和思想背景,此观点经常被简化、曲解为"不以孔子之是非为是非"。找寻其出处,梳理具体内涵,发掘其文本背景与现实面向,进一步可见二者的巨大差别,并非要"不以孔子之是非为是非"。此外,李贽思想的形成很大程度受王阳明影响。王阳明晚年思想逐步成熟,提出"致良知"说,"咸以孔子之是非为是非"是李贽的进一步发扬。在此基础上,以李贽的代表思想"童心说"为中心,考察"咸以孔子之是非为是非",可见他并不是要以孔子之是非为是非或不以孔子之是非为是非,而是指出童心之正,以"童心之是非即是非",孔子之是非的讨论只是围绕此展开论述的虚说,并无特殊含义。

一、"咸以孔子之是非为是非"而非"不以孔子之是非为是非"

针对"咸以孔子之是非为是非"看原文,首先可见李贽从未明言"不以孔子之是非为是非",即使讲"咸以孔子之是非为是非",其后仍有"故未尝有是非尔"补充:

李氏曰："人之是非，初无定质。人之是非人也，亦无定论。无定质，则此是彼非并育而不相害；无定论，则是此非彼亦并行而不相悖矣。然则今日之是非，谓予李卓吾一人之是非，可也。谓为千万世大贤大人之公是非，亦可也。谓予颠倒千万世之是非，而复非是予之所非是焉，亦可也。则予之是非，信乎其可矣。前三代，吾无论矣。后三代，汉、唐、宋是也。中间千百余年，而独无是非者，岂其人无是非哉？咸以孔子之是非为是非，故未尝有是非耳。然则予之是非人也，又安能已！夫是非之争也，如岁时然，昼夜更迭，不相一也。昨日是而今日非矣，今日非而后日又是矣。虽使孔夫子复生于今，又不知作如何非是也，而可遽以定本行罚赏哉！"[1]

李贽认为，人的是非，在最初"无定质"，而每个人对他人的是非评论则"无定论"。所谓"无定质"，指一个人这样做是可以的，不那样做也是可以的。"无定论"指当我们去评价别人时，他这样做也可以，不那样做也可以，没有确定的标准。李贽所提出的"是非"，不仅仅在于《藏书》中对历史人物的重新判断，更在于其背后无定的是非观。其内涵在于，对某件事的看法以及做法，我可能与孔子完全一致，但这种一致并非基于我对孔子之是非的盲从，而是经由我的思考与是非判断的结果。李贽认为这样的一种是非观，才是过往贤人所秉持与坚守的。李贽认为即使抛开汉前的千余年，随后的唐宋等朝代，是非观念当然是存在的，且自有其较为完整体系，不可能完全依照孔子的是非标准衡量当世是非。果真刻板地依此评判，便是连是非本身也失去。李贽由此总结，在一个已经远离孔子千余年的时代，仍以孔子之时的是非为是非，难道不是完全失掉了

---

[1] 刘幼生等整理：《李贽文集》（第二、三卷），社会科学文献出版社2000年版，第13页。

李贽"咸以孔子之是非为是非"辨正

自己的是非观吗？哪怕孔子到达李贽所处的时代，也断然不会采纳他曾经的是与非。因此，真正的是非不是照搬某个圣贤，哪怕孔子的是非判断，也需要经过自我的思考与独立的判断，才能有"我"的是与非。这样一种不盲从的心态，其实即"童心"。李贽言此，其实在于讲论童心对于人的重要性。后文将展开详述。

从另外一方面来看，李贽对孔子的整体态度也是辨析"咸以孔子之是非为是非"与"不以孔子之是非为是非"重要参照。关于此，朱绍侯先生在阅读《焚书》与《续焚书》后得出的结论是：

> 通观《焚书》与《续焚书》，尽管对孔子的思想言论不是全面肯定，也绝对不能说李贽是反孔的，甚至不能笼统地说李贽是反儒的。实际在李贽的著作中，对孔子的赞扬多于否定，也可以说对孔子是赞不绝口，而李贽真正反对的则是打着孔子和儒学的招牌的假道学先生。①

朱先生通过对《焚书》与《续焚书》的分析，判断李贽虽然难称孔子思想的忠实信徒，但对孔子保有相当的尊敬。对于儒学，李贽虽然在当世被认为是异端和反儒代表，但问题在于，李贽所面对的"假道学"并非孔子或者宋明道学的真正继承者。这样的"假道学"，难道不是值得批判的吗？被"假道学"定义为反孔与反儒的代表难道不应当被重新审视吗？这样的异端难道不正是对儒学正统的回归吗？朱绍侯先生于此其实可以从一个侧面证明李贽对于孔子的基本态度。而从李贽原著出发进行辨析，更可以清楚地得到李贽对孔子态度的大致样态。以《老农老圃论》为例。其原文散佚，仅部

---

① 朱绍侯：《李贽对孔子的真实态度——读〈焚书〉、〈续焚书〉札记》，《史学月刊》1993年第4期。

分见于李贽《焚书》的《卓吾论略滇中作》中。《卓吾论略滇中作》开篇以孔若谷讲述李贽的种种称呼，如因生于温陵自称"温陵居士"，"泉而生，又泉而官"的"百泉人"与"百泉居士"，性窄而常见人之过故希冀大气量的"宏父居士"，以及怀念父亲白斋公的"思斋居士"，等等，实际是以"卓吾"为名表现李贽人生经历的文章。文中提到的孔若谷，可能为当时与李贽较亲近的朋友或学生，也可能为托名。历史上孔若谷可察者，为孔子第四十七代孙，所处年代大约为北宋、南宋之际。所以李贽大概为托孔子后代以附会，不过各种原因则有待进一步考证。《老农老圃论》是李贽12岁时的文章，被认为是李贽议论《论语》中樊迟问稼一篇，批判孔子轻视农业，视樊迟为"小人"的行为：

> 年十二，试《老农老圃论》，居士曰："吾时已知樊迟之问，在荷蓧丈人间。然而上大人丘乙已不忍也，故曰'小人哉，樊须也'。则可知矣。"①

一方面，李贽认为樊迟与《论语·微子》中荷蓧丈人为同类，有才而不仕。孔子对此不忍，叹樊迟为"小人"，似乎契合前述定论。另一方面，"小人"并不为贬义，孔子所指应是樊迟作为一个穷苦出身，经过学习成长为有学识有能力的人，尤其作为自己的学生，理应志向远大，践行理想，做"大人"，而不是拘泥于农圃之间，甚至像当世的某些隐士一样沽名钓誉，云游山水之间。另一方面，李贽对自己的行为进行反思，认为自己当时年幼，虽说出惊人之语赢得邻居乡人称赞，父亲却不为所动，才明白自己所做的无非是博得一时虚名，没有太大意义。由此可见，无论后世做何评价，从李贽

---

① 〔明〕李贽：《焚书·续焚书》，中华书局1975年版，第83页。

李贽"咸以孔子之是非为是非"辨正

内心出发,对孔子持肯定态度是毫无疑问的,也就难称他想要"不以孔子之是非为是非"。

二、"咸以孔子之是非为是非"的文本背景与现实面向

在梳理李贽对孔子的基本态度以及"咸以孔子之是非为是非"具体文本所述内涵的基础上,需要进一步结合李贽提出此观点的背景以促进整体理解。这指向《藏书》的成书过程。《藏书》是一部类似《史记》的历史人物评传,主旨在对某些人物评价做出全新的解释。"世纪""列传"是全书篇目的两大类,前者载帝王之事,后者是其他人物传记。"总目"就是总目录。《藏书》有《世纪列传总目前论》和《世纪列传总目后论》两篇,也即前序与后序,其中李贽对自己写《藏书》的缘起和依据做了简要说明,"咸以孔子之是非为是非"便是集中体现。《世纪列传总目前论》一文写作的具体时间暂不可考,但李贽从万历十年(1582年)开始写作《藏书》,至万历二十七年(1599年)刊行[1],可以明确此文作于其间。至于为什么命名《藏书》,李贽讲"但可自怡,不可示于人"[2],认为这本书不可能得到当世的认可,只可用于自我满足。从其内容可以理解得更加清楚,《藏书》虽偏向史料的编纂,但也在一定程度上体现了李贽的哲学思想。它是一种非官方的历史记录,佐以不同角度的数据考证和推论方法,偏向以平民为出发点展开思考。《藏书》内容丰富,其中涉及的历史人物从春秋起,一直到宋元,将公孙述、窦建德、李密等"败寇"也加入世纪列传中,对秦始皇的高度赞扬,将陈胜等人

---

[1] 任冠文:《李贽史学思想研究》,广西师范大学出版社1999年版,第3页。
[2] 刘幼生等整理:《李贽文集》(第二、三卷),社会科学文献出版社2000年版,第7页。

的开拓功绩做出总结。李贽的这种编纂和评价法,自然难以得到官学的认可,因此将"咸以孔子之是非为是非"放置在《藏书》的背景下,可见李贽的真实指向绝非孔子而是上文提及的伪学。

更进一步来看,李贽提出"咸以孔子之是非为是非"面对的现实问题是当世伪学的猖獗。具体地说,他的"反叛"非但不是要否认孔子,反倒是对真正的孔子之学的期盼。因此与其说李贽是要借由孔子之是非否认孔子以及儒学,不如说李贽敏锐地意识到儒学发展存在的巨大问题,伪学猖獗即批判之必要所在。在李贽那里,伪学也即虚伪道学,集中表现即程朱理学的后学发展的官学形态。他们表面上承顺孔孟至程朱道统,言行似乎完全恪守道学,实际却用己意大加篡改,所言所行相差千里,完全失却道学者的仪态。李贽对他们的批判直接明了,同样借由孔子来表达:

> 今之学孔子者,非学其能在家也,学其能成孔子之道而已。①
> 孔子亦何尝教人之学孔子也哉!夫孔子未尝教人之学孔子,而学孔子者务舍己而必以孔子为学。②

我们通过阅读孔子的典籍,并非要重复孔子如何在家中的起居生活,而是要学习他能够成为孔子、为人所敬仰的根本原因,也即圣贤之道。孔子教人,也必然不会让弟子学习再做一个孔子。孔子没有这样去做,(现在)学习孔子的人却以此为纲,其实是荒唐的。李贽所言直指道学的虚伪一面,谴责表面上亦步亦趋地遵从孔子,却完全偏离了儒学根本,损害儒学的行径。如此言说,必然招致不少非议,乃至被视为"异端之学",于是,他反而大方承认:"又今

---

① 〔明〕李贽:《焚书·续焚书》,中华书局1975年版,第11页。
② 〔明〕李贽:《焚书·续焚书》,中华书局1975年版,第17页。

李贽"咸以孔子之是非为是非"辨正

世俗子与一切假道学,共以异端目我,我谓不如遂为异端,免彼等以虚名加我,何如?"由此看来,李贽所以为异端,虽然有其狂狷与偏激的一面,但从根本上说,不过是因他违背道学家的意愿,不愿与之同流。对此可以结合李贽晚年的人生经历简单分析。万历九年(1581年),李贽辞官退隐,借住在好友耿定理家中。万历十三年(1585年)耿定理去世,李贽与其兄耿定向不和,便于万历十六年(1588年)搬去麻城芝佛院居住。其间他懒于打理头发,就剃发为僧,这显然是对传统儒家"身体发肤受之父母"观念的反叛。剃发是不孝父母,入佛则是不敬儒道。晚年李贽在体现"反叛"精神的同时必然招致他所认定的"假道学"的猛烈攻势。万历三十年(1602年),他以"敢倡乱道,惑世诬民"的罪名被捕下狱。是年三月十五日,于狱中自杀,可见李贽受迫害之深。因此,《藏书》作为一部宏大的历史人物评传,在其世纪列传开篇即讲"咸以孔子之是非为是非,故未尝有是非尔",正是要表现决然的否定性和独立性。这种否定性和独立性并不针对儒学和孔子,而主要与李贽所面对的伪学直接关联。从整体文本的背景出发,结合现实所面临的具体问题,更可见李贽论讲此观点的指向所在。

三、"咸以孔子之是非为是非"的思想渊源与义理指向

李贽其人个性鲜明,特立独行,在当世就被称作异端,东林党人于孔谦更是直称他"名教罪人"。对李贽的思想定位,学界争论较多,其中以吴震先生的总结最精当。他指出李贽属晚明悲剧性人物代表,虽一定程度上承继阳明学的批判精神,但不宜夸大其思想对社会的影响,他"近承王畿、远绍阳明、学主童心、融通三教",给

337

予李贽思想一个准确的定位。① 从中亦可推知，李贽的思想与王阳明关联性很强，本文讨论的"咸以孔子之是非为是非"自然不例外。因此需要首先关注王阳明对于孔子是非的讨论。王阳明与罗钦顺论辩，以孔子为例探讨是非问题，其答案在于"求之于心"，隔一年便提出"致良知"说。可见对"致良知"的探索与思考，与"不以孔子之是非为是非"的表述相去甚远。

明正德十五年（1520年），"宸濠之乱"初步平息，但余波时现，阳明辞官不得，停滞江西。在此期间，他整理朱子晚年思想，自认为觅得心学意味，编《朱子晚年定论》一书，希望借此表明朱子并不完全否定心学因素，而是"朱、陆早异晚同"。同年六月，罗钦顺以《朱子晚年定论》及王阳明编《大学》古本删去程朱补充的"格物"之说责问，认为王阳明这样做是以程朱的格物说为向外寻求答案，意指王阳明认为学习只应当内求，格物之说求之于外，不合阳明学说而删去。阳明予以响应，进而引申出关于孔子是非的讨论：

> 学岂有内外乎？《大学》古本乃孔门相传旧本耳，朱子疑其有所脱误而改正补缉之；在某则谓其本无脱误，悉从其旧而已矣。失在于过信孔子则有之，非故去朱子之分章而削其传也。夫学贵得之心，求之于心而非也，虽其言之出于孔子，不敢以为是也，而况其未及孔子者乎？求之于心而是也，虽其言之出于庸常，不敢以为非也，而况其出于孔子者乎？且旧本之传数千载矣，今读其文词，即明白而可通，论其功夫，又易简而可入。亦何所按据而断其此段之必在于彼，彼段之必在于此，与此之如何而缺，彼之如何而补，而遂改正补缉之？无乃重于背

---

① 吴震：《"名教罪人"抑或"启蒙英雄"？——李贽思想的重新定位》，《现代哲学》2020年第3期。

李贽"咸以孔子之是非为是非"辨正

朱而轻于叛孔已乎？①

王阳明讲，学习怎么有内外之分呢？《大学》古本是孔子后人代代相传的版本。朱子认为流传过程中有散佚，所以增补格物一章。王阳明认为其中没有脱误，皆从旧本原貌。如果其中果真有过失，那便是太过相信孔子，并非故意删减，只是使其回归原本。所谓学习，最重要的在于得之于心，如果从内心真切地认为这样说是不正确的，哪怕它出自孔子之口，我（王阳明）也不敢以为正当，更何况不及孔子的人呢？如果探求内心，对此是完全认同的，哪怕它是一个庸俗的常人所说，我（王阳明）都不敢认为它是错误的，更何况出自孔子的说法呢？《大学》旧本已经传续千年，现在读来，仍旧感觉文句通顺，易于理解。若论其背后的修身功夫，也是很容易便可以学来。如果强硬地按照朱子的方法来划分文段，在一些地方做删补，难道不是为了尊奉朱子而背弃孔子吗？王阳明这里的论述十分精彩，他借由《大学》文本的编纂，明确指出以心求是非，真是则无论庸常，真非则不惧孔圣，何况未及孔子之非、出于孔子之是？不但很好地回答了罗钦顺的质疑，还提出自己关于此的具体思考。一方面，王阳明虽然对朱子《大学》古本的分章和补充不认同，但绝非意气之举，是经过仔细思考的结果，是求之于心的真实想法。王阳明并非要完全否决朱子，与罗钦顺论辩之前，王阳明编定《朱子晚年定论》便可见他仍然在寻求与朱子思想的共同点。另一方面，王阳明关于孔子是非的讨论不是随性而发的感慨，这与他长期对此的思考有关，接续对后文的分析可见：

> 来教谓："如必以学不资于外求，但当反观内省以为务，则

---

① 《王阳明全集》，上海古籍出版社1992年版，第75页。

'正心''诚意'四字亦何不尽之有？何必于入门之际，便困以'格物'一段工夫也？"诚然诚然！若语其要，则"修身"二字亦足矣，何必又言"正心"？"正心"二字亦足矣，何必又言"诚意"？"诚意"二字亦足矣，何必又言"致知"，又言"格物"？惟其工夫之详密，而要之只是一事，此所以为"精一"之学，此正不可不思者也。夫理无内外，性无内外，故学无内外。讲习讨论，未尝非内也；反观内省，未尝遗外也……故"格物"者，格其心之物也，格其意之物也，格其知之物也；"正心"者，正其物之心也；"诚意"者，诚其物之意也；"致知"者，致其物之知也。此岂有内外彼此之分哉？理一而已……故言之而是，虽异于己，乃益于己也；言之而非，虽同于己，适损于己也。益于己者，己必喜之；损于己者，己必恶之。然则某今日之论，虽或于朱子异，未必非其所喜也。①

罗钦顺再提问，如果为学不依靠向外求索，专务反观内省，那么"正心""诚意"便已经足够，为什么《大学》还要在一开始讲格物呢？王阳明对此表示认同，修身如果讲得足够，那何必去讲正心？正心如果讲得足够，何必去讲诚意？诚意如果讲得足够，何必去讲致知与格物？所谓八个条目的核心要义，其实是一件事，便是"精一"之学，也即自省内心，寻求答案。理、性、学都没有内外之分，我们所做的一切，看似在外，其实都是内在于心的。因此，真正的格物，不单纯是遍寻世间万物，逐个去格，而是要格内心之物，探求其中之理，这才是根本。而正心、诚意、致知，便是分别正、诚、致内心之物的心、意与知，使其中的道理能够合适地从内心生发外化，才能达成正心、诚意与致知。因此，每个人的是非，都应

---

① 《王阳明全集》，上海古籍出版社1992年版，第75页。

李贽"咸以孔子之是非为是非"辨正

该从内心出发,从内心认为它是正确的。即使和已有的观点不同,但对自己有益;从内心认为它不正确,即使与已有的观点相同,却对自己无益。对自己有益的,自己一定喜欢,对自己无益的,就一定不喜欢。王阳明的这番说法,虽然和朱子不同,但朱子未必会不欣赏。由此可见,王阳明针对孔子是非的讨论,根本上是在提出一种属于自己的是非观念。即对任何事情的是非看法,都需要寻求内心的答案,而不取决于出自某位圣贤。与罗钦顺论辩后一年多,王阳明便提出代表思想"致良知",可见二者关联之紧密。

王阳明关于孔子是非的讨论是李贽提出"咸以孔子之是非为是非"的重要参考。在王阳明看来,人生来便在内心有着对于事物是非的判断准则。使自己做出的判断真正符合自己内心之是,便是致自己的良知。每个人都拥有这样的良知,也都能做出符合良知的是非判断。因此,一方面,王阳明论讲孔子之是非,核心并不在于他想要主张"以孔子之是非为是非"或是"不以孔子之是非为是非",他的关注点不在于孔子或朱子等具体的某个圣贤。我当然有可能,甚至完全会做出与孔子完全相同的是非判断,但这背后绝不意味着我对圣贤的盲从,而源于我自有的是非观判断。所以,如果我发自内心对此一件事表示认同,不会因它出自庸人或是圣贤之口仍以为是,反之亦然。这样的一种是非观,是王阳明借由关于孔子是非的讨论希望得到的。另一方面,出自内心的是非判断又不是毫无根据的随意表达,而是内心已有良知的外化体系。良知既是人生来即具的道德标准,又是自我内心是非观念的可靠原则。依循良知认为是便是,认为非便非,不应受外部道德律条或圣愚之分的影响。归总而言,王阳明关于孔子是非的讨论可以被视为提出"致良知"说的探索,李贽所言正是对他的直接继承。

顺延以上讨论,王阳明"致良知"不但与他对孔子是非的讨论紧密关联,还表现在对李贽思想的影响,即李贽的"童心说","咸以孔子之是非为是非"正是由此引发的重要观点。"童心说"是李贽思想的核心，也可以说是他思想表述的基本来源，"咸以孔子之是非为是非，故未尝有是非耳"是"童心说"的具体表述之一。王阳明所讲"赤子之心"，也就是人生来即有的，纯净不被玷污的道德本心，这样的本心是至善无恶的。通过以上分析可见，李贽的"童心说"不但关联王阳明的"赤子之心"，其实与"致良知"说也有很大关系。"咸以孔子之是非为是非"观点的表达便是集中体现，推出孔子的是非做讨论，其实是要以良知的是非为是非，以童心的是非为是非。

"童心说"首见于《焚书·卷三》的《童心说》一文，根据《李贽年谱考略》，所作时间为万历十四年（1586年），系李贽为驳斥耿定向所写。万历十二年（1584年），好友耿定理去世。李贽此前一直借住耿家，但因与耿定理长兄耿定向志趣不同且多有争执，便搬出耿家移居麻城，独住麻城芝佛院。万历十三年（1585年），耿定向与周思久通信，提及"夫孔孟之学学求真耳，其教教求真耳。舍此一'真'，何以继往？何以开来哉"，认为李贽"淆乱正原，以妄乱真，教坏毒世，无以绍前启后，不容己于呶呶者，亦其真机不容己也"。从道统和正本的角度，设立他所继承的孔孟真学，并借此批判李贽以假乱真，毒害世人。周思久把信转交李贽，李贽于是写《童心说》辩驳。由此可见，李贽之所以强调"真"，恰恰无关是否从个体角度出发或是考虑权益与感受。简言之，李贽既然自认异端，着力批判"伪道学"，那么后者自然认李贽为虚假且应当被铲除的异类，因此李贽写《童心说》一文，最直接的目的便是要辩明"真"。其次，结合李贽原文展开分析：

> 夫童心者，真心也。若以童心为不可，是以真心为不可也。夫童心者，绝假纯真，最初一念之本心也……然童心胡然而遽

李贽"咸以孔子之是非为是非"辨正

失也？盖方其始也，有闻见从耳目而入，而以为主于其内而童心失。其长也，有道理从闻见而入，而以为主于其内而童心失。其久也，道理闻见日以益多，则所知所觉日以益广，于是焉又知美名之可好也，而务欲以扬之而童心失；知不美之名之可丑也，而务欲以掩之而童心失。①

所谓童心，也就是真心，童心是人具有的纯真之心，没有一丝一毫的假。如果认为童心不存在，那么真心同样不可能存在。但是为什么有的人失却了呢？原因在于一开始学习，听闻见到外部的知识，便以为这是内在于人的，因此忽视了童心。随着年纪增长，时间越来越久，从这些闻见的知识中获得所谓的"道"与"理"，这些"道""理"又关联着美名称誉，因此愈加倾心于外部的闻见之治，彻底忽视了童心。李贽在此首先讲明人初生便有着具备一切真的童心，人不需要外部的闻见知识便可以做出真假是非判断。但往往由于学习知识，追求其中的"道"与"理"，丢失了本有的童心。当然，李贽不是否认读书学习、求取知识，而是要突出内在于我之童心的至高与重要性。当世学者执着于读书学习获得闻见知识并以此作为最高标准，其实是误读圣贤书。在此基础上，李贽继续讲：

天下之至文，未有不出于童心焉者也。苟童心长存，则道理不行，闻见不立，无时不文，无人不文，无一样创制体格文字而非文者。②

无论多么高妙的文章，其出处没有能够超出童心的，圣贤正是

---

① 〔明〕李贽：《焚书·续焚书》，中华书局 1975 年版，第 98 页。
② 〔明〕李贽：《焚书·续焚书》，中华书局 1975 年版，第 99 页。

因其童心外发而做文章、教学生。因而阅读典籍，绝非单纯进行闻见知识的积累，而是从中探求圣贤的童心所在。这样的童心，是我与圣贤同样具备的。只要能够探求到童心，使之长久存有，就不必执着于闻见知识与"道""理"，便可以像圣贤一般，以童心外发而作文，不为时间与地域、文章格式等限制。

最后，借由对"童心说"的分析，可以对李贽"咸以孔子之是非为是非"观点有更好的理解。李贽认为人自其初生即有童心，童心就是人的至纯至真之心，是非判断自然也在其中。因此，当我们针对某一件事产生是非判断，其依据就不应当是任何外部的评价标准如圣愚之别等，而是出自内心的、初生即具的童心。我们向外求索知识，阅读古圣先贤的经典著作，不是要以他们为恒定不变的条框限制自己和他人，而是探寻圣贤能够成为圣贤、能够写出经典的童心所在。以此反观，明晰内在于我童心的存有进而去除障壁，使之得以真正显现。于是，"咸以孔子之是非为是非，故未尝有是非尔"既不是要否定前代圣贤，例如，孔子既有的是非，也不是要重新创立一个李贽之是非，而是强调人天生内在就存有评判是非的标准，依此便可以得到真正的是非判断。当然，是与非不会是一成不变的，针对同一件事，孔子之是非与李贽之是非很有可能完全不同，但他们所做的是非判断都是因童心的外发。因此借由对圣贤的学习，便是要找到自我的童心，去除外部障碍，不断发扬，自然可以有真正的是非判断。

四、余论

从总体上看，李贽虽然对当世的虚伪道学极尽嘲讽，大力批驳，反对做学问的形式化与虚张声势，但并未主张去除是非标准以及圣

李贽"咸以孔子之是非为是非"辨正

贤的经典之言,而更强调从中寻求自我的答案,以自我的童心体悟去寻找答案与形成是非判断,这是他所有思想核心的出发点。此外,李贽对孔子以及孔子之是非的思考并不止于本文所探讨的"咸以孔子之是非为是非",也体现在他的思想之中。例如,李贽早年讲"穿衣吃饭即是人伦物理",认为不止读书学习,在穿衣吃饭的过程中也体现着人伦道理,因此从中亦可以求得真知。进一步,延续王阳明"满街是圣人"之说,他讲:"耕稼陶渔之人既无不可取,则千圣万贤之善,独不可取乎?又何必专学孔子而后为正脉也。"圣愚之别是无意义的划分,愚人自有可学可取之处,也不必专门求取所谓孔子正脉,重要的是借由外部学习窥得自我的内心拥有的、与圣贤同样的童心,将之扩充以形成自己的判断,而非迷信某个圣贤,执着于固定的是非表达。借由时间线索与文本溯源,可以得到李贽"咸以孔子之是非为是非"观点相对明确的解释,进而理解李贽如此表达的思考历程和内在逻辑。由此可见,由这句话引申得来的李贽启蒙者身份,更像是外部的、几无关联理论的赋予。从李贽思想的内部出发,综合历史线索的考察,可以更好地理解李贽其人及其思想的真实内涵。

(作者简介:湖北大学哲学学院,硕士研究生)

探寻文化自信

——李贽的"真""我"精神

郭思嘉

作为晚明思想界一位特立独行的人物,李贽(1527—1602)向来备受关注。对于李贽,学界历来多持大力褒扬的态度,将其作为晚明个性解放思潮的先驱,其文艺思想尤其是"童心说"亦被当作重要的文艺理念而不断被发掘和再阐释。他追求纯粹真实,有着强烈的自我意识,并依照自我意识行事,本文将从李贽的"真""我"精神两方面,研究探讨民族传统文化自信。

一、"真"——真心、真人、真文

《童心说》开篇,点明"真心"即为"童心":

> 夫童心者,真心也。若以童心为不可,是以真心为不可也。夫童心者,绝假纯真,最初一念之本心也。若失却童心,便失却真心;失却真心,便失却真人。人而非真,全不复有初矣。童子者,人之初也;童心者,心之初也。夫心之初,曷可失也?然童心胡然而遽失也。(《童心说》)[①]

[①] 〔明〕李贽著,夏剑钦校点:《焚书·续焚书》,岳麓书社1990年版,第97-98页。

探寻文化自信

"真心"具有原初性、本根性、天然本净等特征，体现原初的、本真的状态。五代时期高僧永明延寿认为"一切理事，以心为本"①，明确将"真心"作为一切思想之本源。② 唐宋时《大乘起信论》《楞伽经》《楞严经》《宗镜录》等的传播，使佛教中的"真心"理论逐渐深入人心，宋儒引入此概念来构建自己的心性理论体系，道教学者亦吸收此思想阐发心性修养理论。虽然儒道二教此前并未明确提出"真心"这一概念，但其思想体系中存在与其内涵相通的说法，如儒家所谓"性"，道家标举之"道"及对"赤子之心"的描述等，均强调天然本净、原初本具、无形无相、无生灭变化等，都与佛禅"真心"概念相合。

与"真心"相对应，李贽提出了"私心"：

> 夫私者人之心也，人必有私而后其心乃见，若无私则无心矣。如服田者有秋之获而后治田必力，居家者私积仓之获而后治家必力，为学者私进取之获而后举业之治也必力。(《德业儒臣后论》)③

在李贽看来，"私心"也是"真心"。有"私"后有"必力"，说明"私"能够成为激发人们劳作之动力，在各行业得以有所获。同时，李贽认为"私"依然是"绝假纯真"的，并没有被生活中的"习气"所浸染。④ 可见，"私心"也是"真心"，"私"所体现的是人真实的正当利益与需要，所以"私心"依然关乎真实存在的本质。

---

① 星云大师：《万善同归集》，东方出版社2018年版，第272页。
② 曹磊：《"真心观"与宋元明文艺思想研究》，巴蜀书社2018年版，第62-63页。
③ 〔明〕李贽：《藏书》第3册，中华书局1974年版，第544页。
④ 〔日〕岛田虔次著：《中国近代思维的挫折》，甘万萍译，江苏人民出版社2018年版，第107-112页。

李赞将"真心"视为成为"真人"的前提,"正是这种与私心为一的童心,构成了人之所以为人的内在根据,一旦失去此心,则个体也就不成其为人了"。

若"失却真心",违背本心,会出现假仁义行卑劣之事的现象。因此,李贽愤然疾呼道:

> 夫既以闻见道理为心矣,则所言者皆闻见道理之言,非童心自出之言也。言虽工,于我何与,岂非以假人言假言,而事假事、文假文乎?盖其人既假,则无所不假矣。由是而以假言与假人言,则假人喜;以假事与假人道,则假人喜;以假文与假人谈,则假人喜。无所不假,则无所不喜。满场是假,矮人何辩也?(《童心说》)[1]

晚明时期,许多文人不满于时人之沽名钓誉、阿谀谄媚,而追求"真人",逐渐成为一时之风尚。在这样一个崇尚"真人"的氛围下,李贽拒斥"假人",提倡说真话、做真人,呼唤否定一切虚假价值观的真人。李贽与何心隐并无交往,但在《何心隐论》中高度评价何心隐,称赞其为真心谈道之人:

> 然则匹夫无假,故不能掩其本心;谈道无真,故必欲划其出类:又可知矣。夫惟世无真谈道者,故公死而斯文遂丧。公之死顾不重耶!而岂直泰山氏之比哉!(《何心隐论》)[2]

李贽直言当今没有真正谈道的人,何心隐之死也意味着这个

---

[1] 〔明〕李贽著,夏剑钦校点:《焚书·续焚书》,岳麓书社1990年版,第98页。
[2] 〔明〕李贽著,夏剑钦校点:《焚书·续焚书》,岳麓书社1990年版,第89页。

探寻文化自信

"斯文"随之丧失了。关于"谈道"之真有无,李贽的《虚实说》中也有相关论述。此篇主要谈论"学道""用道"过程中虚实问题,也表达了"真人"的重要性:

> 虚而实,实而虚,真虚真实,真实真虚。此唯真人能有之,非真人则不能有也。盖真人亦自有虚实,但不可以语于真人之虚实矣。故有似虚而其中真不虚者,有似不虚而其中乃至虚者。有始虚而终实,始实而终虚者。又有众人皆信以为至虚,而君子独不谓之虚,此其人犯虚怯之病。有众人皆信以为实,而君子独不谓之实,此其人犯色取之症。真伪不同,虚实异用,虚实之端,可胜言哉!且试言之。(《虚实说》)①

李贽认为学道、用道必须虚实结合,不虚其心的话,就会受观念的影响而不能深刻领会新道理。不实其心的话,就会难以坚守所获之道。李贽认为只有真人才能做到真虚真实。但路径不必一致,有的始虚而终实,有的始实而终虚。他对于虚实的判断又有众人与君子之别:众人以为虚者未必虚,众人以为实者又未必实。

《童心说》中也有诗文创作的相关要求:

> 天下之至文,未有不出于童心焉者也。苟童心常存,则道理不行,闻见不立,无时不文,无人不文,无一样创制体格文字而非文者。
>
> ……
>
> 夫学者既以多读书识义理障其童心矣,圣人又何用多著书立言以障学人为耶?童心既障,于是发而为言语,则言语不由

---

① 〔明〕李贽著,夏剑钦校点:《焚书·续焚书》,岳麓书社1990年版,第101页。

衷；见而为政事，则政事无根柢；著而为文辞，则文辞不能达。非内含以章美也，非笃实生辉光也，欲求一句有德之言，卒不可得。所以者何？以童心既障，而以从外入者闻见道理为之心也。

……

夫既以闻见道理为心矣，则所言者皆闻见道理之言，非童心自出之言也。言虽工，于我何与？岂非以假人言假言，而事假事文假文乎？盖其人既假，则无所不假矣。由是而以假言与假人言，则假人喜。以假事与假人道，则假人喜。以假文与假人谈，则假人喜。无所不假，则无所不喜。满场是假，矮人何辩也？然则虽有天下之至文，其湮灭于假人而不尽见于后世者，又岂少哉。（《童心说》）[1]

李贽认为诗文之艺和其他事物一样，都需要出自"童心"，都需要表达出自己的本然天性和真实情感。这一主张在很大程度影响了当世及后来的文学创作。如公安派讲求独抒性灵，汤显祖以至情为文，袁枚因情论诗，曹雪芹追求情爱自由，等等，都体现了以自然真实情感的释放与流露为创作手法，形成了尚真、重情的气象。若被封建制度的"道理闻见"限制视野，人就会丧失童心，童心既失就无法写出好文章。若是以"道理闻见"为心，那么其言亦皆为"道理闻见"之言，而非出自童心之言。这样的言论即使符合文学形式之美，但所表达的不过是"假事""假文"而已。这种"假事""假文"只会为那些对"道理闻见"习以为常的"假人"所喜欢。从"童心说"的观点看文学的标准，李贽特别强调作品的自然美。他在《读律肤说》一文中对此有清晰表述：

---

[1] 〔明〕李贽著，夏剑钦校点：《焚书·续焚书》，岳麓书社1990年版，第98页。

探寻文化自信

> 盖声色之来,发于情性,由乎自然,是可以牵合矫强而致乎?故自然发于情性,则自然止乎礼义,非情性之外复有礼义可止也。惟矫强乃失之,故以自然为美耳,又非于情性之外复有所谓自然而然也。(《读律肤说》)①

李贽把作品的自然美和作者的真情实感联系起来,意在表述真实情感为作者创作的原动力,而作品中感情的流露亦为自然之事。矫揉造作的文字难以表达作者的真情,自然流露的真情实感才合乎礼义,因此"自然"使人感到美。而"自然"之"性情"却受到权威经典的压抑:

> 诗何必古选,文何必先秦。降而为六朝,变而为近体,又变而为传奇,变而为院本,为杂剧,为《西厢曲》,为《水浒传》,为今之举子业,皆古今至文,不可得而时势先后论也。故吾因是而有感于童心者之自文也,更说什么《六经》,更说甚么《语》《孟》乎?(《童心说》)②

李贽批评当时的复古思潮,认为要改变这种状况,就要摆脱经典的束缚,率情任性地去追求个性解放。他提出作文不必师古,不必迷信经典,而应直抒胸臆,摆脱束缚,任童心真情自然流露。这种观念表现于创作中,就是要做到"无意于文"和不受格律限制而自然流畅。他说:"且夫世之真能文者,比其初,皆非有意于为文也。"③"非有意于为文"就是不以先入之见而限制童心的流露,而应任性情事感"蓄极积久",达到"势不能遏"之时,痛快淋漓地加

---

① 〔明〕李贽著,夏剑钦校点:《焚书·续焚书》,岳麓书社1990年版,第132页。
② 〔明〕李贽著,夏剑钦校点:《焚书·续焚书》,岳麓书社1990年版,第98页。
③ 〔明〕李贽著,夏剑钦校点:《焚书·续焚书》,岳麓书社1990年版,第97页。

以表现。他还提出,创作不可拘泥于形式,成为"拘于律则为律所制","其失也卑,而五音不克谐"①的"诗奴"。当然,诗律不可完全不循,"不受律则不成律,是诗魔也。其失也亢,而五音相夺伦"②。以上这两种倾向都是不可取的,李贽赞同"不克谐则无色,相夺伦则无声"③,诗歌既表"真",又具有艺术形式美。

二、"我"——自我、治我、文我

佛教思想对李贽的影响除"真心"外,还有对"我"的认识。"泛灵论",即"天下无一人不生知,无一物不生知,亦无一刻不生知者,但自不知耳,然又未尝不可使之知也"④。通过这一论述,李贽提出要尊重每个个体的价值,破除历史上的圣人权威。李贽,本来人人固有一段光明伟俊之业,只是因为"牵于意见,狃于成说",丧失了自我意识;而在补缀傅会,勉强凑合的穷于应付之中以"求万全,免讥毁",从而丧失了成功的机会。因此人们应当认真判断各种既成的价值、思想观念,确立自己的价值评判体系,并以此为基础注重发展自我意识与个性思想,形成不同于社会群体中其他成员的独特性,为自我的成功和自我价值的实现创造条件。

李贽在《答耿中丞》中说:"夫天生一人,自有一人之用,不待取给于孔子而后足也。若必待取足于孔子,则千古以前无孔子,终不得为人乎?"⑤他强调,每个人都有各自独立的人格,而不待取足

---

① 〔明〕李贽著,夏剑钦校点:《焚书·续焚书》,岳麓书社1990年版,第132页。
② 〔明〕李贽著,夏剑钦校点:《焚书·续焚书》,岳麓书社1990年版,第132页。
③ 〔明〕李贽著,夏剑钦校点:《焚书·续焚书》,岳麓书社1990年版,第132页。
④ 〔明〕李贽著,夏剑钦校点:《焚书·续焚书》,岳麓书社1990年版,第1页。
⑤ 〔明〕李贽著,夏剑钦校点:《焚书·续焚书》,岳麓书社1990年版,第16页。

于圣人，圣人与常人也是平等的。为了提倡个性自由，他说道："夫道者路也，不止一途；性者心所生也，亦非止一种。"① 他用道路的千万条来比喻人的个性的多样化，所有的事物包括人的个性都不是千篇一律的，这是自然的本性，人也是一样的，从而把主体意识和个体价值提升到了一个前所未有的高度。李贽的书信之中便流露出强烈的"自我"意识：

> 世俗非真能知丑美，习见如是，习闻如是。闻见为主于内，而丑美遂定于外，坚与胶脂，密不可解，故虽有贤智亦莫能出指非指，而况顽愚固执如不肖者哉！然世俗之人虽以是为定见，贤人君子虽以是为定论，而察其本心，有真不可欺者。……故《大学》屡言慎独则毋自欺，毋自欺则能自慊，能自谦则能诚意，能诚意则出鬼门关矣。（《答周柳塘》）②

这段话是李贽对耿定向给周柳塘的书信中言及李贽"狎妓"一事的回应。回应并非如往常的争辩那样锋芒毕露，而是略显和缓。李贽指出所谓美、丑其实只是相对的，正如老子所言"天下皆知美之为美，斯恶已"③。况且，主观判断往往未必就符合事物的客观情况。此外，个体若抛开习闻、习见，能够直现真实本心，就意味着可以自律，不欺骗自己，谦和并坦诚地敞开自我，从而不会受到外界迷幻、虚妄之相的困扰。所以李贽极力批判"存天理，灭人欲"的理念，认为人都是有私利和欲望的，私利欲望是人的本心。

李贽的"自我"意识并非仅局限于一人，他希望能够惠及人民，

---

① 〔明〕李贽著，夏剑钦校点：《焚书·续焚书》，岳麓书社1990年版，第87页。
② 〔明〕李贽著，夏剑钦校点：《焚书·续焚书》，岳麓书社1990年版，第26页。
③ 〔三国·魏〕王弼注：《老子道德经》（清武英殿聚珍版），载《四部要籍注疏丛刊》，中华书局1998年版，第85页。

所以在政治方面也提出"我"的意识。明确表达了自己肯定"圣人之治"而批判"君子之治",追求注重个体独立自主的价值观,注重自我价值实现的政治理想:

> 夫道者,路也,不止一途;性者,心所生也,亦非止一种已也。有仕于土者,乃以身之所经历者而欲人之同往,以己之所种艺者而欲人之同灌溉。是以有方之治而驭无方之民也,不亦昧于理欤!且夫君子之治,本诸身者也;至人之治,因乎人者也。本诸身者取必于己,因乎人者恒顺于民,其治效固已异矣。(《论政篇》)[1]

依据"道论",李贽区分了"君子之治"与"至人之治"的不同。他认为"君子之治",是试图把天下人都规范在圣人贤君所制定的条条框框之内,不允许个人思想和个体创造的存在,而"圣人之治"则是要顺应个人的天性,使每个人的特长与创造潜能都得到最大限度的发挥,实现每个人的价值,即"各从所好,各骋所长"[2],使天下之人"无一人不中用"[3]。

评判历史功过,李贽也有着自己的一套标准。他认为评论历史要有自己的价值评判标准,并在此基础上得出自己的结论。不尊古贱今,不尊人贱己,对于自成体系的看法、观点要勇于坚持,甚至可以推翻古代圣贤的结论:

> 李氏曰:人之是非初无定质,人之是非亦无定论。无定质,则此是彼非,并育而不相害;无定论,则是此非彼,亦并行而

---

[1] 〔明〕李贽著,夏剑钦校点:《焚书·续焚书》,岳麓书社1990年版,第87页。
[2] 〔明〕李贽著,夏剑钦校点:《焚书·续焚书》,岳麓书社1990年版,第17页。
[3] 〔明〕李贽著,夏剑钦校点:《焚书·续焚书》,岳麓书社1990年版,第17页。

探寻文化自信

不相悖矣。然则今日之是非，谓予李卓吾一人之是非，可也；谓为千万世大贤大人之公是非，亦可也；谓予颠倒千万世之是非，而复非是予之所非是焉，亦可也；则予之是非信乎其可矣。

前三代，吾无论矣；后三代，汉、唐、宋是也。中间千百余年而独无是非者，岂其人无是非哉？咸以孔子之是非为是非，故未尝有是非耳。然则予之是非人也，又安能已。夫是非之争也，如岁时然，昼夜更迭不相一也。昨日是而今日非矣，今日非而后日是矣。虽使孔夫子复生于今，又不知作如何非是也，而可遽以定本行罚赏哉！（《世纪列传总目前论》）①

在李贽看来，对历史事件和历史人物的评论，由于受评价者的个人经历、知识结构和基于自我意识所处立场等因素的影响，首先在价值评判标准的选择上会有所不同，产生的结论也会出现差异。"差异"的存在彰显了自我独特价值判断的存在。如李贽对"十朝元老"冯道的评论。欧阳修在《新五代史》冯道传中特地加了序，慨叹"其可谓无廉耻者也"，"道视丧君亡国亦未尝以屑意"。②司马光在《资治通鉴》中说："道之为相，历五朝、八姓，若逆旅之视过客，朝为仇敌，暮为君臣，易面变辞，曾无愧怍，大节如此，虽有小善，庸足称乎。"③历史上对冯道的评价大部分为负面，而李贽对冯道却是称赞的：

> 冯道自谓长乐老子，盖真长乐老子者也。孟子曰：社稷为重，君为轻。信斯言也，道知之久已。夫社者，所以安民也；稷者，所以养民也。民得安养而后君臣之责始塞。君不能安养

---

① 张建业主编：《李贽文集》第4卷《藏书》，社会科学文献出版社2000年版，第7页。
② 《新五代史》卷五十四，中华书局2015年版，第691页。
③ 〔宋〕司马光等著：《资治通鉴》，上海古籍出版社2017年版，第3317页。

斯民，而后臣独为之安养斯民，而后冯道之责始尽。今观五季相禅，潜移嘿夺，纵有兵革，不闻争城。五十年间，虽经历四姓，事一十二君并耶律契丹等，而百姓卒免锋镝之苦者，道务安养之力也。(《冯道论》)[1]

李贽的"我"的意识也突出表现在文学方面。首先，李贽始终把坦荡豪迈、率真自然的人格魅力放在诗文第一位。《增补二·复焦弱侯》中有"世未有其人不能卓立而文章垂不朽者"[2]一句，他认为"卓立"是成为"文章垂不朽者"的必备要素，而"卓立"体现在一个"我"所具有的才、胆、识上。李贽在《二十分识》中自评："出词为经，落笔惊人，我有二十分识，二十分才，二十分胆。呜呼！足矣，我安得不快乎。"[3]对李贽而言，文学书写不仅是一种审美境界，更是一种人格境界的传达。只有"卓立"之人，其文方能留传于世而千古不朽，这是李贽坚持真我在文学上的必然彰显。

其次，李贽在诗文中用真实朴素的手法抒发其真实自然的情感。李贽诗中有一个非常突出的特点，即"我"字频频出现。在其三百多首诗中，出现近80个"我"字，此现象在中国古代诗人集中非常少见。在诗句中他更喜用白描手法描绘内心情感。《哭陆仲鹤》二首诗悼念友人之情令人动容："二十年前此地分，孤帆万里出重云。滇南昔日君怜我，白下今朝我哭君。岁岁年年但寄书，草萍消息竟何如。巨卿未解山阳梦，垂老那堪策素车。"[4]诗中书写了他真实的喜怒哀乐、嬉笑怒骂，也书写了一个真实之"我"、独立之"我"。

---

[1] 张建业：《李贽文集》第4卷《藏书》，社会科学文献出版社2000年版，第1298页。
[2] 〔明〕李贽著，夏剑钦校点：《焚书·续焚书》，岳麓书社1990年版，第272页。
[3] 〔明〕李贽著，夏剑钦校点：《焚书·续焚书》，岳麓书社1990年版，第154页。
[4] 〔明〕李贽著，夏剑钦校点：《焚书·续焚书》，岳麓书社1990年版，第239页。

探寻文化自信

"大凡我书皆为求以快乐自己,非为人也"①,这是李贽《寄京友书》中的一句话,表明他书写的目的只为愉悦自己。正是因为李贽能够清楚地认识自我,他才能单纯追求自我审美愉悦而不被功利价值所捆绑。

三、文化展现——自信、自立

英国学者李约瑟说:"世人似乎应该劝告中国与自己的过去决裂,而迅速地模仿西方。事实上大约在50年前就流行着这类建议,甚至已为少数中国知识分子所接受,历史已证明这是完全荒谬的。重新调整内部的结构远比模仿外部世界更容易找中国问题的解决办法。一旦中国找到了解决问题的答案,它的经验对于世界其他国家将是无价之宝。"②这段话表明我们的传统文化蕴含着巨大的价值,而怎样取其精华,摒弃糟粕,最大限度地实现传统文化价值的现代诠释和转换是一个有深远意义的问题。从前述关于李贽"真""我"的思想,我们可以发现,李贽所提倡的理念同当代的主导价值观有许多契合之处,对于"文化自信"有着重要的启迪意义。

李贽为耿定理写传时就谈到了"自信"与"自是"的问题:

岁壬申,楚倥游白下,余时懵然无知,而好谈说。先生默默无言,但问余曰:"学贵自信,故曰'吾斯之未能信。'又怕自是,故又曰'自以为是,不可入尧、舜之道。'试看自信与自是有何分别?"余时骤应之曰:"自以为是,故不可与入尧舜

---

① 〔明〕李贽著,夏剑钦校点:《焚书·续焚书》,岳麓书社1990年版,第70页。
② 〔英〕李约瑟:《中国社会的特征》,潘吉星主编:《李约瑟文集》,辽宁科学技术出版社1986年版,第305—306页。

之道；不自以为是，亦不可与入尧舜之道。"楚倥遂大笑而别，盖深喜余之终可入道也。(《耿楚倥先生传》)[1]

二人的讨论由两个故事引出：一是孔子让漆雕开去做官，后者说自己没有信心；二是孟子"自以为是"与尧舜之道相悖，是"乡愿"[2]。李贽区分"乡愿"之"自是"与君子之"自是"，前者本质在于"伪心"，强以不知为知，故不可能求于真道；后者本质在于"真心"，真诚求道，故终可得道。换言之，求道要回归"童心"之本真。在李贽的眼里，自信的依据在于是否有真心、诚心。当个体进入自信之境，便可以不惧、不忧，坦荡而洒落。

一方面，自信是个体对真实自我及能力的确认，李贽"真"与"我"的思想从根源上给予我们"文化自信"的养料。中国现代的启蒙一般被学界定于五四运动，虽然中国传统文化中并无西方独立、自由的概念，但李贽所提出的"童心""自私自利""绝假纯真"等命题，皆包孕着现代启蒙的因子，对传统理学的统治地位产生了冲击，并引发了当时乃至当今人们对自身的反思，这在思想界、理论界都是前所未有的突破。在二百年后，黑格尔才在《精神现象学》中论述自我意识的独立是一种摆脱"奴隶"状态下的"主人"意识的获取。这也证明中国文化发展是有着自身独特的演进路径的，并非一些西方学者所宣称的，停滞的中国文化只能被动等待西方文化的撞击，以输入新鲜血液。

另一方面，在真实自我确认后，自信还需要与之相适配的掌控运用能力。李贽借杨慎评价荀卿及其弟子的一段话，引出了有"骨"即能"立"、能行的观点：

---

[1] 〔明〕李贽著，夏剑钦校点：《焚书·续焚书》，岳麓书社1990年版，第141页。
[2] 〔明〕焦循：《孟子正义》，上海书店出版社1986年版影印本，第605页。

探寻文化自信

  升庵先生曰："以荀卿大儒，而弟子有焚书坑儒之李斯；以李斯为师，而弟子有治行第一之吴公。人之贤否，信在自立，不系师友也。"卓吾子曰：能自立者必有骨也。有骨则可藉以行立。苟无骨，虽百师友左提右挈，其奈之何？一刻无人，一刻站不得矣。然既能行立，则自能奔走求师，如颜、曾辈之于孔子然，谓其不系师友，亦非也。(《荀卿李斯吴公》)①

  杨慎以为弟子的才能不在于师父的传授，而在于其自身有"立于世"即自我支配的能力，这种能力来自内在的"骨气"或"风骨"的存在。李贽引出"自立"之"骨"的目的，与"天行健，君子以自强不息"的精神相辉映，也与其严格的实践态度相一致。

  中国文化传承至今，盘根错节，旁逸斜出，千百年来累积的高尚品德思想一直在字里行间流传。李贽受到儒释道三教的影响，在文学作品中自然也有流露，更证明了中国文化具有包罗万象的能力。李贽在杂糅的思想中独树一帜，找到属于他自己的理论，并且能够做到表里如一，这本身便表示出了个人的强烈自信。他求真，便号召用真心，做真人，写真文；他识"我"，就选择有自我，有所思并有所行，文化自信也正源于此。

  文化自信其实也是一种共同意识，它需要社会集体之认同。李贽以一人之力，其观念在千百年后的今天仍有学习的价值，却不为当时正统所接纳认可。如今，李贽不仅为我们的"文化自信"提供了借鉴，其本身也成为中国文化自信的有力例证。集众人之力，找寻传统文化价值，中国文化必然自信。

  (作者简介：浙江工业大学人文学院，中国语言文学硕士研究生)

---

① 〔明〕李贽著，夏剑钦校点：《焚书·续焚书》，岳麓书社1990年版，第217页。

李贽民族观及其当代价值探析

谢坤宏　骆文伟

李贽是明代杰出的思想家、文学家。2016年习近平总书记在哲学社会科学工作座谈会的重要讲话中，把李贽列为中华文明历史长河中的思想大家之一，确立了其在中华文明史上的重要地位。

李贽从1556年任河南辉县教谕到1580年在云南姚安知府任上辞官，在宦海浮沉的25年中，其政治主张和抱负在担任云南姚安知府时才得以施展。李贽在"土流并治"的云南姚安任知府的三年间所形成的民族观，对新时代推动民族工作高质量发展有着重要的现实意义。

一、"疮痍满目"：嘉靖万历年间姚安的社会现状

李贽（1527—1602）生活在明代嘉靖至万历年间，为官主要在嘉靖至万历初年，彼时明代社会正处于动荡时期，政局动荡、国帑空虚、外敌侵犯，明朝由盛转衰。由于嘉靖、隆庆两代皇帝的怠政，造成朝臣内斗，严重影响了朝政运行；在外北方蒙古多次南下抢夺，东南沿海地区屡有倭寇侵犯，"阴阳不调，灾异数见，四夷未宾，边尘屡警"[①]。频繁的外敌入侵，使明朝军费投入甚多，造成国帑空虚。

---

① 张舜徽、吴量恺：《张居正集》第1册，武汉荆楚书社1987年版，第7-8页。

李贽民族观及其当代价值探析

财政方面的巨大压力导致对百姓的剥削加重，进一步加剧了社会矛盾。

姚安自先秦起属古滇国，汉代元封二年（前109）被汉武帝刘彻纳入中原的版图，位于云南往中原的古道上，自古便是朝廷治理西南边陲地区的重镇。洪武十四年（1381年），明太祖朱元璋平定西南地区之后，改姚安为府，设立土司制度以实现对当地的治理。但由于明代"以静治边，以夷制夷"的民族政策，土司势力不断扩张，权力得到进一步放大，当地百姓受到严重盘剥。加之云南少数民族众多，民族关系复杂，各民族之间的矛盾、土司（流官）之间的矛盾、土司（流官）与当地土民之间的矛盾[①]不断激化。一方面土司袭职制度不完善，地方治理混乱，土司之间为了各自的利益，械斗时有发生，给了当时东吁王朝入侵的机会，造成缅莽之乱。另一方面进贡制度的存在和明代朝廷对土司政治地位的承认，加深了土司对当地土民的欺压掠夺，百姓苦不堪言，土民与土司之间矛盾越发尖锐。

万历五年（1577年），李贽入滇出任云南姚安知府。姚安土司高氏家族势力庞大，在当地极具影响力，在当时"土流并治"的姚安也能实现"终身逸乐，累世富贵不绝"[②]。他们对当地人民的压迫与剥削，激化了土司与土民之间的矛盾。此外，云南地区佛教的传播与信仰，使当地百姓信佛信鬼神，民智未开，也增加了姚安地区的治理难度。面对此情此景，李贽写下"从故乡而来，两地疮痍同满目；当兵事之后，万家疾苦总关心"，不仅反映了当时姚安的情况，也表明他对时局的无奈和治理好姚安地区的政治抱负。

[①] 展龙：《论张居正改革时期的西南民族政策》，《西南大学学报》（社会科学版），2010年第4期。

[②] 张建业：《李贽全集注》第1册，社会科学文献出版社2010版，第308页。

二、"至人之治":李贽民族观的形成过程

彼时姚安府的社会现状是:高氏家族横行乡野,流官政治难以实行,盗贼滋生,百姓困苦,民智未开。李贽担任姚安知府三年间的一系列施政举措,改变了姚安的复杂情况,促进了姚安的经济发展,推动了民族团结。他的民族观也是在对姚安的治理中逐步形成和完善的,成为其思想中浓墨重彩的一笔。

(一)"恒顺于民"的民族治理观

明代地方官员在对西南边陲地区的治理多采用严苛的政策,非但没有解决当地民族矛盾问题,反而进一步激化矛盾。李贽到姚安后,在分析了历任官员对姚安当地治理的政策后,结合姚安实际情况,采取了和睦安定的"和抚"政策,主张"因乎人者恒顺于民"[1]。对于当地少数民族,李贽加强与其联系,鼓励他们走出大山与外界交流;同时为了消除当地百姓常年来对官府的不信任和畏惧情绪,李贽将办公地点搬到佛堂之中,拉近了与百姓之间的距离。[2] 对于当地流官,李贽一方面以己度人,体谅官员背井离乡到边疆民族地区为官不易,提出"但无人告发,即装聋哑,何须细问";另一方面禁止官员对少数民族严刑苛法,尽量满足少数民族的诉求;对于当地土司,李贽积极与之交流,构建良好关系,注意发挥土司在处理当地百姓矛盾冲突时的积极作用。李贽与时任姚安同知高金宸交往友善,并写下《高同知奖劝序》,对他进行劝勉。

---

[1] 张建业:《李贽全集注》第1册,社会科学文献出版社2010版,第242页。
[2] 薛丽云:《李贽与姚安》,《云南民族学院学报》(哲学社会科学版),2001年第5期。

李贽民族观及其当代价值探析

在对待姚安宗教信仰的问题上,李贽没有采用一味地打击,而遵循"原情论势"的施政方针,在充分了解姚安宗教信仰的基础上因势利导。姚安从大理国时期便有佛教信仰的习惯,鬼神思想在当地极为盛行,加之土司高氏家族在姚安传播佛法、修建寺庙,使在当时的姚安一带"全民信佛"。彼时的姚安城内火灾频发,尤其每逢西风起之时,火借风势,灾祸更为严重,百姓为此苦不堪言。面对连年发生的火灾,百姓认为是火神作乱,故而年年烧香拜佛祈求火患不再发生。李贽作为一个无神论者,并没有阻止当地百姓的行为。他深入实地考察,发现当地房屋多为木质结构,房屋与房屋之间毗邻紧密,且由于佛教信仰常年香火不断,使火灾多发。在深入了解情况后,李贽因势利导,大摆祭坛并发文要祭祀火神以求庇佑。祭祀当日,李贽焚香叩首,以知府身份祈神而得火神指示,说明之所以火灾频发,盖因百姓有失检点,以致神明降灾责罚。次日,李贽发出告示,让百姓将房前屋后堆的柴草搬走,草垛柴堆远离房屋。烧香时,人不得离开以示对神明的尊重。新建房屋不以木料为主,而以砖石搭建。房屋密集处设置防火道,并开塘掘井设立蓄水池。措施实施之后,姚安在李贽任内再未发生过火灾。百姓感其恩德建"光明宫"以纪念,李贽撰《光明宫记》记述建宫经过。

李贽在姚安的三年任期内,当地社会安定、民族和睦,缓和了当地各民族间的矛盾。李贽"为官三年,自劾免归,士民攀辕卧道,车不能发"。[①]后世史学家对李贽施政方略评价甚高,称"政令轻简,不言而治"。

(二)"本以为民"的民族民生观

李贽为政以安民养民为念,重视察民情、听民忧、解民困,提

---

① 张建业:《李贽全集注》第 26 册,社会科学文献出版社 2010 版,第 328 页。

倡民本思想。姚安是古代南方丝绸之路通往迤西之地，是商贾往来的必经之路。姚安到云南驿之间的连厂有一条弥溪（又称为涟水），每年夏天洪水暴涨之时，水流湍急，往来船只难以通行，严重影响商旅往来，造成交通不便，阻碍经济发展。此外，每年涨水之时，多有当地百姓因水患失去生命，因此当地百姓希望能够在这条大河上修桥以便通行。李贽在体察民情后，考虑当地百姓诉求和经济发展需要，于万历七年（1579年）在这条河上修建了一座桥。此桥采用双孔砖石结构，全长30米，宽4.5米，每孔跨径8.6米。原名"连厂桥"，后为了纪念李贽改名为"李贽桥"。李贽桥打通了涟水两岸的交通往来，为姚安百姓与外界交流做出了巨大贡献。

李贽十分重视生产，在位期间组织开垦良田，兴修水利，积极帮助当地少数民族改善生活条件，鼓励少数民族与外界交流沟通，互通往来。同时，李贽在乡野间推行内地先进生产技术，提供良种，以改善当地百姓的生活条件，提高生活质量，增强百姓对地方官员的认可度，缓和百姓与地方官员之间的矛盾。

（三）"淳淳亹亹"的民族教育观

姚安地处云南北部，四周群山环绕，交通不便，远离中原地区，先进文化难以传播进来。李贽秉持"至道无言，至治无声，至教无言"的思想，认为要达到"至人之治"，必行教化之事。为改变姚安文事不兴、人才凋零的现状，李贽在德丰寺开办三台书院，亲自为当地百姓授课讲学，"日集生徒于堂下，授以经义，训以辞章，淳淳亹亹，日昃忘倦"，为姚安培养了陶珽、陶琪等一批文人学者。《姚安县史地概要》中记载："明代邑中学术，自以陶珽、陶琪兄弟为最。珽受业晋江李卓吾。"李贽在姚安尽管只担任了三年的知府，但他对姚安的文化发展、思想解放、教育兴盛方面起到了积极的推动作用。从李贽创立三台书院以来,姚安改变了文化衰落、人才缺乏的局面,其后姚安涌现一批文人学者,如高奣映、饶乙生、由云龙等,都深受李贽思想的影响。

李贽主张人人平等的观念。在《念佛答问》一书中,李贽提出:"万物与我为一体,又谁是不如我者?"在三台书院教学中,李贽更是践行其平等的思想,招收学生不分男女贵贱,无论是官员子弟还是当地土人甚至女性,都能入学。这在当时"尊卑有别"的封建社会,尤其民族地区可谓惊世骇俗。李贽尤其注意对女性权利的维护,主张男女平等,打破"男尊女卑"的封建思想,开创了女性受教育的先河。

三、"华夷无间":李贽民族观的逻辑意蕴

姚安任职三年期间是李贽人生中的一个重大转折点,辞官之后,李贽潜心学问。在他离开中原赴滇为官的历程中,切身体会到了民间的困苦,深入基层了解到百姓的诉求所愿,为他后来的思想形成起到了巨大的推动作用。纵观李贽民族观的形成过程,对于国家与民族、民族与民族之间的关系认知,形成了其民族观的主要内容和逻辑架构。

(一)"大一统"的国家观

李贽主张加强中央集权,维护祖国统一。他对于秦始皇扫灭六国统一天下给予高度评价,称为"千古一帝"。对朱元璋一统寰宇,给予"盖秦皇所不能臣,汉武所不能服者"的高度评价。他强调只有国家强盛,边疆地区才能更好地发展,在《高同知奖劝序》中对

"惟是我朝，上下古今，俯仰六王，囊括并包，伦制兼尽，功德盛隆"，表现出强烈的国家认同感和自豪感，指出边疆民族地区的发展要依靠"其根本盛者"，才能达到"其枝叶无穷"。对于当地"只手遮天"的土司高氏家族，李贽与之耐心交流沟通，阐明凡是维护和归顺朝廷统治，"知恩则思报，思报则能谨守礼而重犯法，将与我国家相为终始"。同时李贽也劝其不要恃功自傲，应维护中央统一，"无负于我国家可也"。

（二）"华夷一家"的夷夏观

明太祖朱元璋自建立明朝以来，便深刻认识到制定正确的边疆地区民族政策对于长治久安的重要意义，宣传"华夷一家"的理念。《明太宗实录》中提道："夫天下一统，华夷一家，何有彼此之间？"《明太祖实录》中也提及"虽非华夏族类，然同生天地之间，有能知礼义、愿为臣民者，与中国之人抚养无异"[1]。在明代中央和地方官员的选拔上，不乏优秀的少数民族担任要职，这对于李贽反对"夷狄为贱"、提倡"一视同仁"的思想起到支持作用。

明代姚安生活着汉族、回族、彝族等多民族，各民族之间尤其是汉族与少数民族之间的矛盾一直是姚安当政者的治政难题。当地的统治者对于少数民族施以苛政，动辄镇压，反而激起少数民族的反抗，进一步激化了矛盾。李贽对此持否定态度，主张对少数民族地区治理以"和"为主，认为不应该滥用重刑，鼓励少数民族走出大山，对维护民族团结和祖国统一的给予关爱，做到"恒顺于民"。在少数民族反抗起义的问题上，他认为如果不清楚缘由一味通过暴力手段进行镇压，还会屡屡再犯，甚至愈演愈烈。李贽主张深入少

---

[1] 栾凡：《明朝治理边疆思想的时代特征》，《学习与探索》2006年第3期。

数民族之中，了解他们的诉求，帮助他们解决困难，从根本上缓和矛盾。

（三）"因性牖民"的治政观

李贽深谙内地与边疆地区在风俗上的不同，他主张要顺应当地的民族风俗和宗教信仰，遵循"因性牖民"的施政方针，尊重当地的风土民俗，根据当地的具体情况有针对性施政。对少数民族的内部事务，只要没有人告发，就不必凡事都用法律的手段进行制裁，可以通过内部一些约定俗成的方式进行消解。李贽在某种意义上认为要实现民族的"自治"，在《送郑大姚序》中，就提及"将民实自治，无容别有治之之方欤"。

对民族地区的治理问题，李贽辞官后仍十分关注。在读到杨慎称赞姜龙的诗文，了解姜龙使用安抚的手段使大姚县少数民族下山生活后，李贽写了《蜻蛉谣》，对姜龙的治政方针给予称赞。文章中也表现了李贽在姚安时期的治政方略，从"因性牖民"总结到"原情论势"。根据实际情况进行分析，以达到"至人之治"的地步，以保证当地的社会稳定，增强当地百姓对地方官员的信任，自觉维护国家统一。

四、"和合共生"：李贽民族观的当代价值

李贽的民族观深刻影响了姚安的民族交流与融合。姚安地区汉族、回族、彝族等各民族相处和睦、相互扶持，民族间团结共进，推动社会稳定发展。进入新时代，李贽的民族观有了时代赋予的新解读，在中华民族多元一体的格局下焕发出了新的生命力。

习近平总书记在全国民族团结进步表彰大会上指出，中华民族多元一体是先人们留给我们的丰厚遗产，也是我国发展的巨大优势。"一部中国史，就是一部各民族交融汇聚成多元一体中华民族的历史，就是各民族共同缔造、发展、巩固统一的伟大祖国的历史。"[1]在多元一体的格局下，李贽民族观闪烁着"和合共生"的价值意蕴。"和"则民族之间交流互通，和睦相处，以示"多元"之包容；"合"则民族团结共进，维护国家统一，以示"一体"之凝聚。"和衷共济、和合共生是中华民族的历史基因，也是东方文明的精髓。"[2]新时代下李贽民族观"和合共生"的意蕴，对于推进边疆民族地区高质量发展具有重要的价值。

（一）推进和完善民族区域自治制度

民族区域自治是在少数民族较多或者比较集中的地方，在国家的统一领导下，实现区域自治。坚持和完善民族区域自治制度，对于促进民族地区发展、增强民族团结、实现全过程人民民主具有重要的价值。我国西南边陲的云南省，生活着汉、回、彝等多个民族，推进该地区的民族团结、稳定和发展，一直以来都是我国民族工作的重点。新时代对维护民族团结和国家统一的民族工作也提出了新的要求，如何更好地推进中华民族伟大复兴，成为新时代民族工作的"时代之问"。

李贽的民族观，在对待国家和民族的关系上秉持"其根本盛者，其枝叶无穷"的理念，坚持维护祖国的统一，具有强烈的国家认同感。他认为少数民族应该服从国家的统一领导，地方官员应做到

---

[1] 习近平：《在全国民族团结进步表彰大会上的讲话》，《人民日报》2019年9月28日。
[2] 习近平：《中国发展新起点 全球增长新蓝图——在二十国集团工商峰会开幕式上的主旨演讲》，《人民日报》2016年9月4日。

李贽民族观及其当代价值探析

"因其政不易其俗,顺其性不拂其能",最终达到"至人之治"。他在云南姚安治政的成功范例,体现了统一与自治的结合、民族因素和区域因素的结合,有助于推进和完善民族区域自治制度。

(二)推动民族地区经济发展与文化建设

改革开放以来,我国坚持以经济建设为中心,对于少数民族地区的经济建设与发展也成为民族工作开展的基础。在社会主义现代化建设的道路上,我国制定了一系列优惠政策,对少数民族地区实行经济方面的扶持,并取得了成效。经济的高速发展,使精神文明建设相对滞后,产生了一系列的社会问题。要实现社会的和谐稳定和可持续发展,就必须正确把握物质和精神的关系,推动物质文明和精神文明建设的协调发展。

李贽治理姚安时,一方面重视改善民生,开展基础设施建设,修建桥梁,疏通河道,保证姚安与外界的交通便利,为姚安的经济发展奠定基础;另一方面注重文教,开办三台书院,主张人人平等,兴教化、启民智,推动当地的文化建设。李贽在推动少数民族地区的经济发展的同时注重文化建设,其准确把握物质文明和精神文明协调发展,也体现了他的民族观的现实意义。

(三)铸牢边疆民族地区的中华民族共同体意识

党的二十大报告指出:"以铸牢中华民族共同体意识为主线,加强和改进党的民族工作。"[①]中华大地上的各民族在历史长河中交汇、融合,形成"你中有我,我中有你"的"和合"关系。在新时代要

---

① 习近平:《高举中国特色社会主义伟大旗帜 为全面建设社会主义现代化国家而团结奋斗》,《人民日报》2022年10月26日。

推进民族工作高质量发展，必须坚持把铸牢中华民族共同体意识作为民族工作的主线，增进民族的认同，推进各民族的交流融合。

李贽的民族观体现在治理云南姚安的实践中，尊重各民族的风俗，努力搭建汉族与各少数民族间的亲密关系；主张"人人平等"的观念，反对"贱夷狄""轻夷狄"的封建思想，积极推进民族对话。尽管李贽的民族观在今天看来有一定的局限性，但在增进各民族团结、共进、发展的关系，铸牢边疆地区中华民族共同体意识等方面具有一定的借鉴意义。

（作者简介：谢坤宏，华侨大学马克思主义学院，2022级硕士研究生；骆文伟，华侨大学中华文明与世界遗产研究中心主任、马克思主义学院副教授、硕士生导师，泉州市李贽学术研究会副会长）

纪念李贽诞辰495周年"李贽思想的当代价值"学术研讨会综述

陈永章

2022年12月21日,由中共泉州市委宣传部等有关单位联合主办的纪念李贽诞辰495周年系列活动之"李贽思想的当代价值"学术研讨会在李贽的故乡福建泉州召开。时任中共泉州市委常委、宣传部部长、统战部部长陈辉宗同志在致辞中高度评价李贽在中国思想文化史上的重要地位,希望能以本次学术研讨会为契机,加强沟通交流,促进学术发展,进一步挖掘、研究、阐释李贽思想在新时代的价值和启示,让李贽思想闪耀时代光芒。中国李贽学术研究学会筹委会会长、首都师范大学张建业教授通过书面发言,认为李贽是一位具有世界影响的思想家,以李贽为代表的传统文化中的启蒙思潮,既体现着中华文化传统中的精华所在,并与当今的时代有一定程度的内在相通,加强这方面的研究,是一项极为重要和迫切的任务,我们应该为此而努力。

本次研讨会共向海内外专家学者征集到相关研究论文60余篇,其中包括来自韩国、中国香港、中国台湾、北京大学、清华大学、武汉大学、厦门大学、北京师范大学、东南大学、西北大学、中国传媒大学、陕西师范大学、上海师范大学、中央财经大学、首都师范大学、湖北大学、福州大学、福建师范大学、闽南师范大学、河南财经政法大学、北方工业大学、中共湖北省委党校等高等学校,泉州市李贽学术研究会等各学术研究机构的专家学者和福建、云南等地机关单位、相关职能部门领导和研究人员撰写的研究论文，是近年来李贽学术研究的一次集中展现和表达。

一、本次学术研讨会主要特点

本次研讨会群贤毕至、少长咸集，呈现出以下三个特点。

1. 时代性

党的二十大报告提出，全面建设社会主义现代化国家，必须坚持中国特色社会主义文化发展道路，增强文化自信，增强实现中华民族伟大复兴的精神力量。习近平总书记指出："文化是一个国家、一个民族的灵魂。历史和现实都表明，一个抛弃了或者背叛了自己历史文化的民族，不仅不可能发展起来，而且很可能上演一幕幕历史悲剧。文化自信，是更基础、更广泛、更深厚的自信，是更基本、更深沉、更持久的力量。坚定文化自信，是事关国运兴衰、事关文化安全、事关民族精神独立性的大问题。"[①] 李贽是中国历史上著名的思想家、文学家、史学家，李贽思想是中华优秀传统文化的宝贵财富。有学者认为，李贽思想的当代价值被严重低估。也有学者认为，李贽学说思想的理论系统性及社会影响等还需要深入研究。[②] 那么在当今时代，如何重新发现李贽、重新评估李贽思想的当代价值，就成为一个亟须解决的重要问题。

2. 广泛性

本次研讨会共征集到 60 余位中外专家学者的最新研究成果，其中有来自韩国的著名李贽研究学者金惠经教授，还有来自中国台湾

---

① 2016 年 11 月 30 日，习近平在中国文联十大、中国作协九大开幕式上的讲话。
② 吴震：《"名教罪人"抑或"启蒙英雄"？——李贽思想的重新定位》，《现代哲学》2020 年第 3 期。

纪念李贽诞辰495周年"李贽思想的当代价值"学术研讨会综述

屏东大学的林其贤教授,也有来自中国香港地区的孙立川先生,同时得到了中国内地高校、学术研究机构等各界李贽思想研究专家学者的大力支持,中外学者共同表达对李贽及其思想的崇敬之情。

3. 多样性

多样性主要体现在以下三点。第一是学科背景的多样性。入选研讨会论文集的专家学者,其学科背景出现了可喜的多元样态,其中既不乏文学、史学等传统的学科滋养,也有传播学、教育学等新兴力量的加入,这也表现出当今李贽研究热点的深化和拓展。第二是研究力量的多样性。通过分析可以发现,当前李贽研究的学术团体表现出了老中青相结合的趋势,这次研讨会既得到了李贽研究前辈,如张建业教授、胡沧泽教授、傅小凡教授等大力支持,也同时得到当下李贽研究代表性学者如吴根友教授、王宝峰副教授等的垂青。可喜的是,越来越多的博士、硕士研究生进入了李贽研究的领域,他们将成为李贽研究的源源不断的后续力量。三是研究重心的多样性。李贽研究重心多点开枝散叶,包括了北京、陕西、河北、湖北、云南、福建等各地高校和研究院所,呈现出一片欣欣向荣的景象。

二、本次研讨会的热点问题分析

1. 李贽思想的时代价值研究

福建师范大学胡沧泽教授论及李贽的重商思想的时代性,认为李贽是我国封建社会后期重要的思想家,李贽出生于我国东南沿海港口城市泉州一个世代为商的家庭。泉州是宋元时期中国的世界海洋商贸中心,明代商品经济活跃,海外贸易兴盛,这些都对李贽的思想形成有重大影响。李贽的思想体大思精,充满强烈的反对封建传统的战斗精神,李贽提出的"人必有私"观点,是对当时封建正统思想的直接冲击。李贽重视商人的作用,替商人说话,为商人的才干讴歌,为他们的致富欣喜,是当时新兴的市民阶层思想的体现,适应了资本主义萌芽发展的趋势,因而形成了时代的最强音。因此,胡沧泽教授定言,李贽敢于冲破封建思想的羁绊,提出符合社会历史发展方向的进步主张,对于今天的改革开放、解放思想具有重要的借鉴意义。李贽重视商人,重视发展商业,重视各种经济活动,对于今天的国内外经济建设,发展国有经济、民营经济,加强中外经济交流,也具有重要的现实意义。

华侨大学田文兵副教授深入分析了李贽文艺思想的当代价值,李贽文艺思想的核心观念是真实,所谓真实不仅要求文学内容的真实,同时情感也必须真实。如果说继承文学的现实主义传统能保证内容的真实,那么怎样的情感才算是真实的情感呢?李贽在民间文艺作品中体味到了人情世俗的真实性,因此他非常重视通俗文学,并对《西厢记》《拜月亭》《水浒传》等这些封建正统文人羞于挂齿的戏曲和小说给予了极高的评价。李贽以"童心说"为基础,改变了自古以来人们对小说戏曲等通俗文学的看法,对以诗文为核心的正统文学极大的冲击,使通俗文学逐渐登上大雅之堂。李贽高扬真实性的文艺思想,着力推崇真情自然流露的通俗文艺,为大众喜爱的通俗文艺争取到了应有的地位。田文兵副教授认为,尽管李贽推崇的是通俗文学,但对大众文化盛行的当下,解决文艺和大众的关系这个中国当代文坛面临的重要问题有着一定的启示作用。当文学遭遇大众文化,面临被消费、被娱乐的处境时,李贽的"童心说"给精神生活贫乏的国人一个警示:衡量一个人生活质量的价值尺度很多,但精神生活质量的高低绝对是一个重要维度,因为它不仅决定了人的内在素养,更是一个民族素质高低的重要标志。这就要求当代作家要担负起一种社会责任,在创作中重建人文精神,而不是

纪念李贽诞辰495周年"李贽思想的当代价值"学术研讨会综述

去创作那些迎合大众甚至低级庸俗的作品。

中国传媒大学秦学智副教授把李贽与孔子做比较,认为李贽的思想启迪人们要不断解放思想,实事求是,做到一切从实际出发,从人民群众的根本利益和需求出发,坚决破除本本主义、教条主义和偶像崇拜,大胆设想、小心论证和谨慎出台新的政策、方针、办法和措施,不断及时修正和完善法律法规、制度和机制等,积极主动、切实有效地扫除社会健康和科学发展的障碍,尽一切可能使社会生产力得到最大解放,使人民获得最大幸福和富裕,使国家和社会得到长治久安和繁荣富强。

云南姚安戴国斌聚焦于李贽在姚安的治理思想的时代意义,李贽赴云南姚安任知府后,他能从当地具体实际出发,积极组织发动百姓开展基础设施建设,发展生产改善民生;因地制宜,"因性牖民"处理民事、推进民族团结;开办书院传播先进文化,坚持男女平等、将女性纳入同等招生;躬身垂范,推行清明政治和清廉吏制;等等。李贽的这些治理思想闪耀着超越时代、跨越时空的实践光辉。同时,李贽的边疆治理思想与当下我们所坚持的人民至上和以人民为中心等理念相契合,与实行的各民族平等团结、男女平等政策以及强力推进的反腐败斗争等有许多相通或者相近之处,很有现实价值和意义。

泉州幼儿师范高等专科学校于婧关注于李贽的文学创作观念的时代价值。在李贽"以狂释真"的文学实践影响下,明清之际的文学有了新变:以往为"道"服务的文学,逐渐转向为"心"、为"人生"的道路上来,晚明的文坛更加丰富。李贽本"童心"论文,打破文体尊卑的界限,不以出身论英雄,使所有文章都置于"去伪存真"的标准下论优劣,不论是雅文学还是俗文学,都有可能成为天下之至文。虽然他的主张没有挽救末世堕落的世风,但是"以狂释真"的主张和实践影响了士人心态,并且促成了后世性灵论的发展,具有启蒙的意义。于婧倡议以李贽"以狂释真"的文学发展观看待新生的文学形式，以及信息化社会的创作内容，这些是时代真实的需求和创作的风格，其中也不乏优秀，体现真情实感的作品。认为只要本于真心，颂扬真情，网络小说或其他网络文学形式，也一样能够代表时代的特色。

云南姚安杨海虹聚焦于李贽民族观的时代性，认为在铸牢中华民族共同体意识的要求中，可以看到李贽"其本盛者，其枝叶无穷"的远大眼光和强大的生命力；在坚持和完善民族区域自治制度中看到了"因俗而治"的成功范例；在构筑中华民族共有精神家园上引导各族人民在文化上相互尊重欣赏，相互学习借鉴；在加强中华民族大团结中做到"人人平等"，在治理能力和治理水平现代化中实现"各民族共享太平"；在提升民族地区治理能力和水平的实践中紧守"非惟制其不叛，重在使其无叛"治理原则。

2."童心说"研究

中国李贽学术研究学会筹委会会长、首都师范大学张建业教授深刻分析了"童心说"的美学意义和影响。张建业教授认为，李贽提出文艺要表现"童心"，其矛头正是指向封建统治者要文艺成为孔孟之道的传声筒的理论。李贽说得很明白，如果以"多读书识义理"而得来的"闻见道理"充斥内心，那么人就变成了"假人"，写出的文章也只能是"皆闻见道理之言，非童心自出之言"的"假文"。而统治阶级所鼓吹的"文以载道"，正是以"假人""言假言""事假事""文假文"的假文学，这种文艺只会"障其童心"，使人们成为"假人"一类奴隶。总之，文学作品应是发自作家的内心，来自对现实生活的深刻感受，而不是什么充满"闻见道理"宗经、宗圣、宗道之作。很明显，"童心说"的真谛，就是提倡绝假纯真地表现情感和表现生活，要求文学打上创作者的个人印迹而具个性美，这实际上是李贽在人生哲学上张扬个性的思想在文学主张上的表现，是与泯灭个性的封建统治与传统思想相对立的。李贽强调"童心""真心"在文学创作中的决定作用,强调文学要表现"童心""真心""最初一念之本心",用现代理论术语看,就是要求文学表现人类的自然本性,这是对文学作为人学这一根本的文学内在规律的肯定,是对人的价值和尊严的肯定,是和他要求尊重个性的社会思想相一致。张建业教授论定,"童心说"是李贽文艺美学的核心,贯穿在李贽文艺理论与文艺批评的各方面。李贽对小说戏曲的评点,正是遵循着"童心说"这一美学思想进行的,同时又是这一美学思想的具体体现。李贽在小说戏曲的批点中,特别注意情感的作用,从具有普遍意义的情感考察,肯定小说戏曲的创作价值与意义。李贽的"童心说"及其启蒙思想,对晚明和清代以及五四时期的新文化运动都产生了重大影响。举其要者如以公安三袁为代表的诗歌创作的"性灵说",以汤显祖为代表的戏曲创作的"至情说",冯梦龙的"情教观",张岱的文学理论与创作,清代曹雪芹的《红楼梦》,五四时期以鲁迅为代表的新文化运动,无不受到李贽"童心说"的影响。

广州华商学院章志炜诠释了"童心说"与李贽易学思想的关系,指出李贽以心解《易》,以《易》证心,其易学思想与"童心说"相互渗透、相互发明。从"人人各具有是首出庶物之资"的人学本体论出发,到"物情不齐""顺民之性"的自然人性论,再到"自然之为美"的文学创作论,李贽构建了一个"真人—真心—真文"的逻辑严密而完整的思想体系和评价标准,而自然无伪的"童心",是贯穿其中的核心精神。

3.李贽个性及其成因研究

韩国国立韩巴大学金惠经教授分析了韩国对李贽思想的接受和研究过程,他认为,李卓吾在韩国一方面是相当有名气的中国思想家,另一方面也被认为是很难了解的人物,而且对他的评价也褒贬不一。在对汉字古文没有读写障碍的朝鲜时代,士人学者们写下了许许多多对李贽及其论著的解读与评论的文章,如许筠、丁若镛、李建昌等朝鲜名士,就都是李贽的忠实读者,他们或创作有纪念李贽的诗,或创作有积极反映李贽思想的文章,颇具学术与历史价值。但到了现代韩国,却与此相反,李贽对道学的反叛性和论著的深奥难懂,使对中国古文造诣不深的现代韩国人无法很好地理解,再加上韩国人特有的道德主义倾向等原因,李贽的作品便没能像其名气那样在韩国广为流传,这就导致其论著的诸多领域至今仍受冷遇。当然,无论怎样得益于关注李贽思想价值的学者还是始终存在的,近来随着对其著作的翻译与研究论文的日益增多,在韩国对他的探索也越来越多,而且正在不断地扩充、深化。

北京师范大学贾新奇教授认为李贽思想相当复杂,得出了许多论题与命题,而这些论题与命题都有着复杂的来龙去脉。李贽思想主要包括两方面:其一是社会哲学及伦理学上的,即对传统道德主张的批判,其二是人生哲学上,即对传统儒学人生哲学的偏离,试图引入其他学说,尤其是佛学来实现传统儒学人生哲学的突破。李贽思想的风格有两条最值得深思,一是李贽思想体现了强烈的独立思考精神,二是高度的开放性。

福州大学陈笃彬研究员把李贽的个性定义为"宁折不弯",认为李贽的一生是在唯心与唯物、理想与现实以及个人与家族的矛盾重压下度过的。在那个时代,他挣扎、奋斗,并没有得到实际的成效。他宁折不弯,最后只能以自刎这个极端的形式,来表达对那个时代的不满。李贽提出的反封建、追求民主平等的启蒙思想,浓厚的家国情怀以及宁折不弯的斗争精神,在中国古代思想史上树立起一座丰碑,至今仍熠熠生辉,令人景仰。

泉州晚报社郑运钟提出以往学者强调李贽反传统与思想启蒙,是以西方历史与价值观为中心去发现李贽思想的近代意识,不仅是戴着有色眼镜去看待李贽的身世及其成长环境,对其思想的认识也不全面。要回到民族文化的源头去寻找灵感，也即建立文化自信，才能找到适合自己的发展道路。

泉州外国语学校王小龙别出心裁，对比了不同版本的高中历史教材中对李贽及其思想的描述，并且在对比的基础之上，统合概括李贽的思想特点，并从政治、家庭及人生以及经济角度分析其学术思想形成的原因。

泉州市李贽学术研究会李正清副会长把李贽经济思想与泉州精神联系起来，指出李贽经济思想具有开拓性、超前性和强烈的进取性，冲破了明末封建社会的思想桎梏，对社会发展有着积极意义。其思想来源与李贽故里泉州"爱拼敢赢"的进取精神息息相关，也离不开之前不少思想家的真知灼见。

4. 李贽著作研究

清华大学黄振萍副教授认为在新时代应该对李贽研究史和李贽文献学进行更深入的研究。首先他介绍了我国的李贽研究史，认为对李贽的研究，不仅仅是对李贽本人的研究，也是透过李贽来研究历史。其次，黄振萍副教授介绍了我国的李贽文献学研究，其中包括《李卓吾文献辑刊》，认为李贽的影响巨大，是与李贽著作的编纂、阅读与收藏分不开的，相比于朱熹、王阳明等大儒，李贽著作的文献学研究需要进一步深入。即使托名于李贽的伪作也值得研究，因为它们反映了真实的历史图景。

北京大学胡琦助理教授从《读律肤说》出发，讨论了李贽乐论与明代心学歌法的关系，认为李贽对传统诗歌创作思想进行了转化，提出"受而不拘""成而不制"的观点，而李贽这一说法有着比较深厚的学术史渊源和脉络。

中国香港紫荆文化集团孙立川总编辑考证了日本国会图书馆藏《李卓吾批评〈西游记〉》的真伪问题，认为《国会图书馆汉籍分类目录》将日本国会图书馆收藏的《西游记》明刊本定为《李卓吾批评〈西游记〉》是错误的，在书原本的第十一册卷后有"全像唐三藏西游记卷终"数字，因此此书的正名当是"唐三藏西游记"，与《唐僧西游记》的睿山文库藏本属同一系统，而与世传的《李卓吾先生批评〈西游记〉》实为二书。

中国台湾屏东大学林其贤教授比较了李贽的《史纲评要》和李志夫的《评〈史纲评要〉》的异同，发现其中两位共同评点的有1280则，李贽评点而李志夫没有评述的有150则，李贽未有评论而李志夫单独评点的有516则。李志夫不仅评点《史纲》，且评点李贽之"评要"。认为不同时代或思想观念不同，对同一史事之评价自然有别。从评点之评点中，更容易对比出思想观念与价值判断之差异，开显更多元之思维向度。读史，固不只在于认知史实，而更可由此开发思辨能力。

新华社原主任编辑林坚关注明刻陈仁锡评正本《续藏书》版本的考证，认为明代天启三年（1623年）陈仁锡评正本《续藏书》是李贽著作早期刻本中的一个重要版本，它的最大特点是刊有明代学者陈仁锡的评语。其评点内容，有助于人们对李贽《续藏书》中所体现的历史观、人物论的深入理解，也有助于对陈仁锡本人思想的认识。林坚认为，明刻陈仁锡评正本《续藏书》版本值得海内外研究者重视，其眉评内容有待学者整理并做深入研究。

中国闽台缘博物馆庄小芳副研究馆员借李贽的《因记往事》《二十分识》分析李贽对"海盗"林道乾的评价，认为李贽从不同于常人的视角来评议林道乾，对于我们评价历史人物，尤其是历史上的所谓负面人物具有积极的启发，我们应将他们放在历史的长河里，以发展的眼光做出新的评价。同时李贽《二十分识》《因记往事》里所蕴含的人才思想，对于我们今天人才的选拔和利用依然具有积极的意义。李贽通过《二十分识》《因记往事》文论对林道乾的评价，虽然简短，却包含着思想家李贽重商意识、人才观等丰富的思想内

纪念李贽诞辰495周年"李贽思想的当代价值"学术研讨会综述

涵,也让我们抽丝剥茧地了解到他所处社会的变化及暗涌的各类思潮,意识到李贽思想中"奇"与"常"的辩证关系,也能进一步感受到思想家李贽立足实际的抗争精神和爱国情怀。

泉州经贸职业技术学院叶茂樟教授、国际关系学院国家安全学院硕士生叶帆认为可以通过李贽的《阳明先生道学钞》,站在李贽的角度了解王阳明及其学说,也可以从李贽选文的角度认识和了解李贽及其思想。从《道学钞》中,读出了李贽的童心、本心和真心,看到一位离经叛道、以民为本、毁誉荣辱不动其心的真人形象,使本书具有特殊的文献价值与思想价值。

5.李贽女性观研究

河南财经政法大学刘亚轩教授侧重李贽女性观的发现,认为在李贽的异端思想中,其对于女性的看法颇为引人注目。明朝以降,众多欧洲人来到中国。他们留下了大量文献,记载了礼教压迫下中国女性的状况,从另一方面印证了李贽女性观的超前性。李贽的女性观在今天并不过时,仍然有着现实价值。要努力促进社会和谐,塑造公平公正的社会环境,为女性事业的发展铺路,让女性真正成为半边天。

北方工业大学王水涣比较了李贽、俞正燮、康有为三者关于女性权利的论述,李贽主要从女性受教育权方面做出了系统论述,俞正燮批判压抑女性诸多不合理制度深入而广泛,但在实践改变路径上建树有限。康有为则结合维新派改革实践,并结合个人亲属经历和海外游历观察所得,从多个实践角度对李、俞二人的倡议和呼吁做了补充与落实,维新派推动的女性受教育权也得以在较大范围内付诸实践,实现了李贽当年在理论中的设想期待。从这一曲折思想历程中,也可以折射出近世中国平等观念演进过程中的内外思想语境之复杂层次与多元视角。

• 381 •

三、结语

本次研讨会围绕"李贽思想的当代价值"这一主题,从思想、文学、历史等不同的视角,进行了认真的探讨和论辩,其中不乏具有重要学术价值的新观点、新材料、新突破和新发现,也有许多对于当代中国颇具重要社会价值意义的新亮点和新思路。

本次研讨会是纪念李贽诞辰495周年系列活动中的重要组成部分,同时也拉开了李贽诞辰500周年纪念活动的序幕。通过本次研讨会活动,从不同角度、不同维度重新认识李贽,重新评价李贽思想的价值,是对过去五年的总结,也是一个新的开始,使李贽思想研究上了一个新台阶。

(作者简介:华侨大学政治与公共管理学院,副教授,硕士研究生导师;泉州市李贽学术研究会秘书长)

附录

关于李卓吾评《水浒传》

[日]佐藤炼太郎著　张志合译

明末清初刊行的李卓吾评《水浒传》现存有下列四种繁本。

A. 容与堂刊《李卓吾先生批评忠义水浒传》一百卷一百回。

B. 袁无涯刊《李卓吾批评忠义水浒全传》一百二十回。

C. 芥子园刊《李卓吾评忠义水浒传》一百回。

D. 无穷会所藏《李卓吾评忠义水浒传》一百回。

究竟哪个版本是真正的李卓吾评本？前人的看法颇不一致。本文拟就评语的真伪做一些考证。作为底本，A用北京大学图书馆藏书影印本，B用东京大学综合图书馆所藏本，C用国会图书馆所藏本，D用无穷会图书馆所藏本。有关序文和评语一并参照马蹄疾编《水浒资料汇编》（中华书局，1980）暨《水浒传会评本》（北京大学出版社，1981）。如蒙雅正，则不胜荣幸。

A. 容与堂本

本书卷首的李卓吾《忠义水浒传叙》和《焚书》中所收的序文相同。只是在《传叙》末尾刻有"庚戌仲夏日虎林孙朴书于三生石

畔",据此可以认为本书刊行于万历三十八年。在同书卷首怀林的《批评〈水浒传〉述语》中有:

> 和尚(卓吾)自入龙湖以来,口不停诵,手不停批者三十年,而《水浒传》《西厢曲》尤其所不释手者也。(中略)和尚又有《清风史》一部。(中略)和尚读《水浒传》,第一当意黑旋风李逵,谓为梁山泊第一尊活佛,特为手订《寿张县令黑旋风集》。

不过这里有几个疑点,第一,卓吾移居湖北麻城县的龙湖,据《续焚书》卷一《与弱侯焦太史》等可知是万历十三年的事。而从《焚书》卷六《哭怀林四首》中可以看出,卓吾是在万历二十五年旅居大同时接到侍僧怀林的讣报的,所以不可能师事怀林三十年。因此,不能认为《述语》是怀林的手笔。

第二,《黑旋风集》是叶昼编辑的书,同卓吾无关。在附有万历四十一年的序文的钱希言《欢瑕》卷三《膺藉》中便载有:

> 比来盛行温陵李挚书,则有梁溪人叶阳开名昼者,刻画摹仿:次第勒成,托于温陵之名以行。(中略)李宏义批点《水浒传》《三国志》《西游记》《红拂》《明珠》《玉合》数种传奇及《皇明英烈传》并出叶笔,何关于李?(中略)昼,落魄不羁人也。家故贫、素嗜酒,时从文贷饮,醒即著书,辄为人持金鬻去。不责其值,即所著《樗斋漫录》者也。近又辑《黑旋风集》行于世,以讽刺进贤,斯真滑稽之雄也。

第三,对李逵的评价也高于宋江,这同卓吾的序是有矛盾的。同样,卷首的《梁山泊一百单八人优劣》中亦称"李逵者,梁山泊

附录　关于李卓吾评《水浒传》

第一尊活佛也",说宋江"是假道学,真强盗也"。以上三点可以看作本书评语纯属伪托的根据。

附在书本正文(半页十一行,每行二十二字)的眉批、夹批中,作"画""妙""是""佛"之类的赞词和"痴""好货"等贬词占了一大部分。并且在各回回末所附的总评都是以"李载挚曰"或"李挚曰""李秃翁曰""秃翁曰""李秃老曰""秃老曰""李生曰""李卓吾曰""卓吾曰""李卓老曰""卓老曰""卓翁曰""李和尚曰""卓吾老子曰"开始的,此处便是评语的重点所在。而卓吾因讳隆庆帝之名把自己的名字"载贽"改为"贽"以后,就从未再自称"李载贽"了。再者,书写格式的不统一,也可以证明评语是伪托的。

就评语的内容看,第十二回有"小人忌贤嫉能,遗祸国家不小";第四十五回有"呜呼!天下岂少有用之人哉!特无用之者耳"。这可算是对官僚人事的批判。另外,第二十二回有挖苦知县相公断案不公的话;第六十二回有宣扬为官应当向君主尽忠的话;第八十二回有"梁山泊买市十日,我道胜如道学先生讲十年道学。何也?以其实有益于人耳"的讽刺之语。这类总评和李卓吾的批评意图是一致的。但是,在第一百回总评中说:

　　施(耐庵)、罗(贯中)二公真是妙手,临了以梦结局,极有深意。见得从前种种都是说梦。不然,天下哪有强盗生封侯而死庙食之理?只是借此以发泄不平耳,读者认真,便是痴人说梦!

这种把《水浒传》视为虚构的清醒见解和第四十一回眉批上所说的"毕竟宋江假,李逵真",都是同李卓吾给宋江很高评价的序相矛盾的。崇祯六年去世的盛于斯,也在其编著的《休庵影语》所收的《〈西游记〉误》里说:

· 385 ·

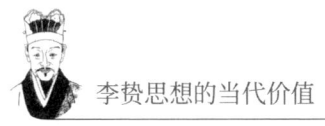

> 若《四书眼》《四书评》、批点《西游》《水浒》书，皆称李卓吾，其实乃叶文通手笔也。

从上述事例来看，把本书评语看成叶昼的伪作比较合适。叶昼的传记，载于周亮工《因树屋书影》卷一，其文如下：

> 叶文通，名昼，无锡人。多读书，有才情，留心二氏学，故为诡异之行，迹其平生，多似何心隐。或自称锦翁，或自称叶五叶，或称叶不夜，最后名梁无知，谓梁溪无人知之也。当温陵《焚》《藏书》盛行时，坊间种种借温陵之名以行者，如《四书》第一评、第二评、《水浒传》《琵琶》《拜月》诸评，皆出文通手。文通自有《中庸颂》《法海雪》《悦容编》诸集；今所佳者独《悦客编》耳。文通甲子、乙丑（天启四、五年）间游汴梁，与雍丘侯五汝戢倡为海金社，合八郡知名之士人，镌一集以行，中州文社之盛，自海金社始。后误纳一丽质，为其夫殴死，文通气息仅属，独鸣邑令前，惜平无有白其事者。候汝箴言，其遗骸至今旅泊雍丘郭外。

《容本》卷首《又论水浒传文字》中说《水浒传》"贯串三教"，可以认为是三教兼修的意思。据《顾文端公年谱》载，叶昼于万历二十二年从学于顾宪成，攻朱子之学。本书第二十七回眉批有"天理何曾泯灭"；第四十三回眉批有"李大哥好处正在一毫不计利害"。这与李卓吾几乎不用天理之语而肯定功利是不同的。叶昼离开无锡时，正当东林党人受魏忠贤奸党弹压之际。他评《水浒传》的万历三十年，正处于万历朝三大征讨之后，正是由于横征暴敛而不断发生民变的时期，明朝的财政和治安状况比李卓吾的时代更加恶化。或许是因为这些，评语中对于官僚丑态的讽刺以及对社会不公正的

附录　关于李卓吾评《水浒传》

义愤，比起为国尽忠来，它更重视社会正义。可以认为，正是它抒发了当时读者共同的心声。在卷首的《〈水浒传〉一百回文字优劣》中表达了以当时社会现实为背景来编写《水浒传》的看法。由此可以窥见叶昼对于文学作品的虚构性和真实性所持的见解。到目前为止，尚未找到足够的证据能证明本书评语的伪作者不是叶昼。本书评语被天启年间钟伯敬所评的四知馆本继承。

B. 袁无涯本

本书的刊行时间，在容与堂本卷首的《批评〈水浒传〉述语》末尾注有"本衙已精刻《黑旋风集》《清风史》将成矣，不日即公海内，附告"。又，万历四十年刊行的《樗斋漫录》卷六中记有：

> 李有门人，携（《水浒传》）至吴中，吴士人袁无涯、冯犹龙（梦龙）等，酷嗜李氏之学，奉为奢葵（蔡）见而爱之，相与校对再三，删削讹谬，附以余（叶昼）所示《杂志》（《癸辛杂识》）、《遗事》（《宣和遗事》），精书妙刻，费几不资，开卷琅然，心目沁爽，即此刻也。其大旨具李公序中，余屑屑辩驳，亦痴人前说梦云尔。

由此可以推断是在万历三十九年前后刊出的。许自昌的《樗斋漫录》，据钱希言说是叶昼所著。"痴人前说梦"这样的话似乎是叶昼惯于使用的。袁无涯本卷首附有《宣和遗事》以及它的第三回眉批"真恁爽利"；第六回眉批"前前后后形容败落寺院如画"；第二十一回眉批"此一回不惟能画眼前，且画心上；不惟能画心上，且并画意外"等语，都同容与堂本的眉批及总评类似，这也揭示出叶昼与本书的评语有关，但从叶昼反驳袁无涯等这一点看，可以认为他参与的程度是很有限的。

据本书卷首杨定见《忠义水浒传全书小引》载，师事晚年李卓吾的杨定见携《水浒传》游吴县，是在麻城人陈无异（名以闻）任吴县知县的万历三十六年到三十八年间的事[①]。拜访陈无异的杨定见即在此地结识了私淑李卓吾的袁宏道的门人袁无涯（名叔度，苏州书林，种书堂之主人）。杨认为非无涯不能发卓老之精神，乃托无涯刊印《忠义水浒传》。

袁无涯在万历三十六年至三十八年间刊行的袁中道所著《瓶花斋集》《锦帆集》《解脱集》等书的卷末均题有"门人袁叔度无涯校梓"，且记有"陈无异阅"，可见上述叶昼的话是有可靠性的。袁中道《珂雪斋近集》卷二《答袁无涯》有云：

> 李龙湖之书又被人假托混入，殊可恨，近日定往吴县与兄（袁无涯）一起处置。

由此可知袁无涯也是个有见识的人物。那么，袁无涯和冯梦龙是怎样校订杨定见带来李卓吾评本《忠义水浒传》的呢？这从袁中道说"诸处与昔无大异，唯稍有增加耳"的话中，可知本书实际上是个增订版。

根据白木直也氏所著的《水浒全书发凡之研究》（1966年），在袁本卷首《出像评点〈忠义水浒全传〉发凡》中，从载有王庆、田虎故事的简本和属于旧分卷本系统的容与堂本二者对立的立场出发，把王庆、田虎故事纳入袁本是理所当然的了。但从李卓吾没有在序言中言及王庆、田虎故事这一事实看，可以认为李卓吾所评的原本中是没有这些故事的。再者，《发凡》第十则中，曾言及叶昼校订《寿张

[①] 参照王利器：《〈水浒全传〉田王二传是谁所加》（《文学遗产增刊》第一辑，北京作家出版社，1955）。

附录　关于李卓吾评《水浒传》

县令黑旋风集》一事，证明《发凡》并非出自自刻于万历三十年的李卓吾之手。《发凡》末尾有"李贽"的署名，当是书肆干的勾当。

下面，再来看看附在本书正文（半页10行，行22字）各回末的总评吧！在第三回回末，引用了根据《陈眉公先生集》卷四《侠林序》中的"人心平稳雷不鸣，吏得其职侠不出"而推出的陈继儒的"天上无雷霆，则人间无侠客"一语，可是，从时间上来看，李卓吾是不可能引用它的。再者，把与第八十回内容有关的评语误置于第八十二回末以及从它附有李卓吾评本中所不应有的王庆、田虎故事的总评等情形判断，把回末总评看作袁无涯等所附加并无不妥。但从总评的内容看：在第六十九回、第八十五回、第一百一十三回中，从国家大局出发，主张文臣武将的调和、公正的论功行赏和尊重人的必要性；在第三十六回、第七十一回、第八十六回中称赞宋江以忠孝为重，常怀报国之心。从眉批看：第十九回、第二十二回中批判了压制人才的贪官污吏；第八十五回、第一百一十四回中表彰了宋江的忠义。通览全部评语，可以看到对真假的辨别，对情的重视，对英雄的赞美，对知己的憧憬以及重视民生的观点。所以，本书的评语还是反映了李卓吾的批点意图的。

C. 芥子园本

本书刊行的时期，从插图上看，镌有"黄诚之刻""新安刘启先刻""白南轩刻"等刻工的名字。黄诚之在《黄氏宗谱》一百一十七页写作"黄一遂"（崇祯五年—康熙三十八年）。因此可以视其为康熙年间刊行的。由于这个缘故可以把本书看作删除了袁本中的王庆、田虎故事和各回回末总评而增补了眉批和夹批的百回本。但是，连孙楷第《中国通俗小说书目》也认为其刻书样式同明万历末、天启初的版本相似，因而可以推断本书当有同一版本的先行本。《徽派版

画史论集》①所载插图三一九、三二〇的题解云：

> 《李卓吾先生批评忠义水浒传》一百回，明施耐庵撰，李贽评，刘君裕刻，明末三多斋本，大兴傅氏藏。解放后，北京人民美术出版社影印了所谓的杨定见本的插图，就是据这个版本印出的。后二十回的插图是从别的版本中借取的。版口全被削去，故不足考订。另有署名"轩刻"的版本，藏湖南省图书馆，插图和这个版本相类，是后印本。

三多斋本就是这样的本子。刘君裕也是袁本插图六十页的刻工，可以把他看作万历年间的刻工。上述题解中所说的是杨定见本，北京大学图书馆所藏明版《忠义水浒全传》即袁无涯本。因此，在本书中出现取自三多斋本的袁无涯本的插图的可能性是存在的。本书第七十二回四大寇条眉批和袁本相同：

> 世本添演王庆、田虎者，即可笑，又有去王庆、田虎，攻入蓟北辽国者，因有征辽事耳，与添演王庆、田虎何异？不知入庆、虎方成一类，辽则不止于寇矣。且后文正不必（四大寇）一一照出。

可以认为这段眉批是对载有王庆、田虎故事的版本和写为三大寇的版本的批判，因此，作为袁无涯本的眉批是存在矛盾的。总之，如果不认为袁无涯本是从本书的祖本原封不动地转载过来的话，就无法解释了。而三多斋本是不是本书的祖本，则有待于在中国仔细调查。

说本书出自袁无涯本，是因为它是清初的版本，并且把它跟出自郁郁堂本（袁无涯本的翻刻本）的李玄伯排印本的底本（佚书）

---

① 参照周燕编著：《徽派版画史论集》，安徽人民出版社1984年版。

附录 关于李卓吾评《水浒传》

看成同一个本子。①但是，在本书的正文中可以看到同袁无涯本和李玄伯本并不一致的地方。如，第二十五回中的七言诗的第三句，在袁无涯和李玄伯本中作"谁知武二刀头毒"，可是在本书中却作"虔婆淫妇心头毒"；第四十二回中五言诗的第三、四句，在袁本与李本中作"外夷及内寇，几处见奇功"，而本书作"北幽南至睦，两处见奇功"；在紧接征辽故事的第九十回中，与李本不同，没有看到王庆、田虎故事的出场人物中有陈瓘、伟蒙等名字。因此还不能把本书跟李玄伯本看为同一个本子，也不能认为它是现在已成佚书的李玄伯本的底本的修订本。从以上的事实看，有必要重新考虑本书同袁本的关系，过去一直认为本书的眉批是在袁本眉批的基础上增补的，但是，果真可以这样看吗？

本书的眉批和夹批跟袁无涯本重复的占一大部分，除王庆、田虎故事部分外，对比一下，就多达五百六十余条，部分重复的评语也有四十多条。下面试举几个例子来看：

芥子园本	袁无涯本
（第一回眉批）	（第一回眉批）
○词中写出时景映合三月说中不复出更隐秀省姿气	○词中写出时景映合
○极没要紧亦有点缀正似春秋纪年之始	○正似春秋纪年之始
（第二十七回眉批）	（第二十七回末总评）
○使当路者如此爱惜人才天下岂有乱时	○张生不坏三等人是何等爱惜人才使当路者尽如此天下岂有乱时
（第三十三回眉批）	（第三十三回末总评）
○恩将仇报世上多有此事真使人恨	○恩将仇报世上多有此事只看刘知寨妻认公明为贼真使人恨极
（第九十四回眉批）	（第九十四回眉批）
○于兄弟有情于山水有情才是好男子	○于兄弟有情于山水有情
○看至此未有不堕泪者情之感人如此	○看至此未有不堕泪

---

① 参照王重民：《中国善本书提要》，上海古籍出版社，1983年8月。

上表中第一回、第九十四回中的例子，究竟是本书的眉批在袁本眉批的基础上有所增添，还是袁本把本来有的句子略加删削，尚无从判断。另外，第二十七回、第三十三回的例子中，到底是袁本的总评被移为本书的眉批，还是相反，也只能说是两种可能性都有。

此外，还有一种说法，认为本书的评语是大涤余人所作。那么，就对大涤余人试做考证吧！在本书卷首大涤余人《刻〈忠义水浒传〉缘起》中有如下的评论：

> 欲世知忠孝节义之事当由童而习之。如晦翁之《小学》、闲翁之《小儿语》，早宜讲明。（中略）故特评此传行世，使览者易晓。亦知水浒唯以招安为心，而名始传，其人忠义也。（中略）盖正史不能摄下流，而稗说可以醒通国，

此序中所说的《小儿语》是吕得胜（隆庆二年卒）的著作，其子吕坤亦著《续小儿语》为之大力宣扬。吕坤自万历二十五年辞去刑部左侍郎到万历四十六年去世为止，一直家居讲学。他同顾宪成是知交。从拿《小儿语》与朱子《小学》并称这一点看，这个大涤余人很可能是与东林党立场接近的文士的笔名。如果这个笔名是来自浙江省余杭县西南的大涤山，那么要探寻这位人物，第一当推笔名叫作大涤子并将其书屋名为大涤草堂的释道济。道济，字石涛，号清湘老人，明亡后，带发为僧，是明代楚藩的后裔。死于清康熙年间。所著有《苦瓜和尚画语录》《大涤子题画诗跋》，堪称独特的艺术论，但同本书的序毫无关联。第二，本书的版心有"芥子园藏版"字样，康熙初年经营芥子园的是李渔，然而用芥子园刊《三国演义》卷首李渔的序同本书序文对照看来，其文体与内容都无相同处。只是不知李渔是否也受李卓吾的影响，在他所著的《闲情偶寄》

附录 关于李卓吾评《水浒传》

中体现出小说戏曲有益于教化的思想。但是，这两种推想都不能确证其就是大涤余人。

本书的评语是在袁无涯本的基础上增补而成的呢？还是袁本的评语是根据本书的祖本写成的呢？抑或评语另有其原作者？这些问题都有待于对早于本书的三多斋本的考证，不然，再去讨论也是个争论不休的问题。

D. 无穷会本

本书刊行的时期，由于在卷首《读忠义水浒传序》中除掉了对异族蔑称的文字（夷狄、犬羊），就连卓吾的署名也被删去，故本书的刊行当在清初。从本书封面题名"绘像李卓吾先生评水浒传"中没有"忠义"二字，而目录和正文的版心上却印有"忠义水浒传"；目录后面的插图页是容与堂本插图的翻刻，只此一点有分卷本的形式，以及从没有《引首》等情况看，可以认为封面和插图是刊行时拼凑上去的。与本书属同一祖本的日本刻本《忠义水浒传》的前二十回（前十回刊于日本享保十三年，后十回刊于日本宝历九年）里，目录之前有《引首》，而后面无插图，这也可证明它是拼凑的。

本书正文（半页十行，行二十二字）中，例如，第四回第十四页正面所载张旭的《醉歌行》，也有内容与堂本一致的字句；可是第二十五回七言诗的第三句却与袁无涯本相同，都作"谁知武二刀头毒"；而第四十二回五言诗的第三、四句却与芥子园本相同，作"北幽南至睦，两处见奇功"；等等。可见，本书同分卷本和不分卷本类似的句子都兼而有之。它似乎是介于两者之间。可是，正文是不分卷本形式，各回首无诗词，第二十回中有阎婆惜的故事，却无王庆、田虎故事以及第九十回中见不到陈瓘、伟蒙这些王庆、田虎故事中出现的人物的名字，等等，这又都同芥子园本一致，所以说无穷会

• 393 •

本属于不分卷本系统是不错的。

本书正文的特色是，其他版本中作四大寇（山东宋江、淮西王庆、河北田虎、江南方腊）的地方，在本书第七十二回第五页正面却作三大寇山（东宋江、蓟北辽国、江南方腊）。倘使依据前面提到的以袁无涯本和芥子园本四大寇条的眉批来看，作"三大寇"的版本在万历三十九年前后就已经有了。而且，袁无涯本《发凡》第六则有云：

> 郭武定衣，即旧本，……其于寇中去王、田而加辽国，尤是小家照应之法。不知大手笔者，正不尔尔。

这段话着意批判了写成三大寇的版本。所谓照应，不是把辽国和方腊作为南北人来对照的，而是指对照本文的内容写成三大寇的，同时，本书的祖本在万历三十九年前后就已存在，这也是很明确的了。

本书正文中附有眉批（小字数行，行五字）和少数夹批，而无回末总评。眉批有被削去的痕迹，上部或全体缺落的例子很多，这很令人惋惜。从白木直也氏的日本刻本与袁无涯本的《比较表》中可以清楚地看出，本书的眉批与袁无涯本和芥子园本有一致的地方，也有本书独有的东西。因此，本书的眉批是早于袁无涯本的眉批呢？还是相反？尚难断定。

把标为李卓吾的四种版本的评语予以辨析的结果，可以得出以下结论：容与堂本的评语是叶昼伪托的，其评语重视社会正义，嘲讽了社会的黑暗和贪官污吏的丑态。袁无涯本的评语，是袁无涯和冯梦龙以李卓吾原评本为底本，增加了王庆、田虎故事，他们一面继承了卓吾批点的意图一面着于评点，并在各回回末附上了总评。过去被认为出自袁无涯本系统的一百二十回的芥子园本是有它的祖本的，如三多斋本，这个祖本与袁无涯本同时存在的可能性是否定不了的。关于在袁无涯本中没有、而只在芥子园本内独有的评语，是否为清初增补的？要确定这一点尚有待于对三多斋本的考证。评语跟袁无涯本的芥子园本有着密切关系的无穷会本，从它写成三大寇等情况来看，可以认为它的祖本是和袁无涯本同时存在或早于袁本而存在。

（附记）本文是根据在昭和五十九年度东京大学中哲文学会上的发言稿改写的，承伊藤漱平先生赐教，在此谨表谢意。又，关于无穷会本的问题，请一并参照《汲古》杂志第八号（汲古书院，1985年12月）所刊拙文。

（作者简介：日本北海道大学，教授）

李卓吾与利西泰

——万历中西超儒之晤

[中国澳门] 刘月莲

本文引述比照各种有关李贽与利玛窦（字西泰）于1599年至1600年间先后"三度"接触往来的中外文献资料，推论两人有所默契进而深交的特定时代与人文背景，誉之为"万历中西超儒之晤"，侧重于对李、利二位文化巨人之思想品质和人格魅力的引证和评述。利氏作为一位伟大的超越东西方界限的"西儒"，虽然融入明代儒家社会，但未能实现其超越儒家传统的个人理想；李贽却是一位真正敢于"就正吾夫子于杏坛之上"的明代超儒，其思想影响及于明清易代之际，乃至成为清末民初启蒙运动大军的一面旗帜。

引 言

《利玛窦中国札记》里说到利玛窦首晤李贽，将卓吾老姓名用意大利文拼作Liciou[①]，似接近明代南京官话或闽腔官话的发音效果。利氏本名意大利文为Matthaeus（或写作Matteo, Mathew）Ricci，音译汉名"玛窦"为领洗名，"利"取姓氏之首音，据说此西儒汉名有

[①] 《利玛窦中国札记》，何高济等译，中华书局1997年版。359页中译者注："按此人为李贽，意大利文写作Liciou（李卓吾）。"

附录 李卓吾与利西泰

特殊意义。① 然而"无巧不成书"的是，利玛窦和李贽有缘深交，首先意外地就巧合于两人的名号上。西儒利氏曾被晚明文人尊称为利子，而著书立说的李贽亦被友好尊为李子。这么说，李子与利子，或 Liciou 与 Ricci，扯高嗓门呼喊起来确有声韵调门儿切近大同小异之趣。

此"大同小异"云者，乃"异中求同"之理趣也。本文题中"超儒"应有之义，并非"合儒、补儒、超儒"中的"超儒"所指的动宾结构词义，而是以元典本义之"儒"为中心词，参照现代汉译"超人"（Superman）的构词法，摹造一偏正结构的"超儒"（Superconfucianist）这么一个专有名词，好拿来标示像李卓吾这样的王学左派异端特立独行之士；也可拿它来套在 16 世纪天主教改革先锋、德行崇高②的入华耶稣会士利西泰身上。将李贽与利玛窦相提并论异中求同，两人实堪称万历时期中西"超儒"之翘楚。

从万历二十七年（1599年）就与利氏有君子之交的南京礼部侍

---

① 方豪：《中西交通史》第四册。林金水：《利玛窦与中国》（中国社会科学出版社1996年版）第1页注（1）说："利氏采用的中国式名字，它开西洋人取汉名之先河。"但方豪上揭书同页说范礼安、罗明坚、巴范济三教士是"前乎利氏者"具有汉式姓名。（方著见岳麓书社1987年版）乔纳森·斯彭斯的《利玛窦传》（王改华译，陕西人民出版社1991年版，内部发行）第316页说到利氏为自己选取的汉语名字，"利"是表达收获得益的常用字，"玛"象征着骑马的国王，"窦"则选自《三字经》——按照中国这本古典教科书所述，中国古代的窦燕山是一位深思熟虑、学识渊博的人，由于他"掌握了正确的施教方法"，所以他用极其聪明的方法严教自己的孩子。他是一位中国传统提倡的有道德有良知的最佳典范。（见316页）

② 参阅 R. B. 沃纳姆编：《新编剑桥世界近代史》第三册《反宗教改革运动和价格革命：1559—1610年》，中国社科院世界史所组译，中国社会科学出版社1999年版，第三章。T.M.帕克：《教皇，天主教的改革和基督教的传播》第91页："反宗教改革运动的最终力量在于灵性的复兴。""'崇高的圣德'是基本的要求，它必须是严格的'崇高'，远远超过一般的虔诚和善功。与其他时期相比较，把16世纪晚期描述为圣者的时代并不过分，在此期间天主教所取得的成果，真正的秘密就在于此。"——此说亦为笔者将利子誉为"超儒"的根据之一。

郎、后升北京朝廷阁老的叶向高，曾写过一首《赠西国诸子诗》给有"西来孔子"之誉的艾儒略（Giulio Aleni，1582—1649）：

> 天地信无垠，小智安能拟？
> 爰有西方人，来自八万里。
> 蹑履历穷荒，浮槎过弱水。
> 言慕中华风，深契吾儒理。
> 著书多格言，结交皆名士。
> 俶诡良不矜，熙攘乃所鄙。
> 圣化被九埏，殊方表同轨。
> 拘儒徒管窥，达观自一视。
> 我亦与之游，泠然得深旨。

这首诗①说是赠给"西国诸子"的，当然包括利玛窦，委实很恰当。诗中所描述的正是利玛窦的高尚人格。叶向高就是奏议恩赐利氏墓地的那位卓识儒士，他的慧眼，早看透了充斥于名利场熙攘管窥的小智拘儒②，与"言慕中华风，深契吾儒理"之圣化达观的殊方西儒，何啻有天壤之别！"圣代披九埏，殊方表同轨"则反映了当时的士林精英确实是把来华耶稣会士看作归化儒家天下的"西儒"。冯应京首创称呼利玛窦为"利进士"③。徐光启甚至把传教士比作中国古代的"客卿"，认为"诸陪臣（指利氏等晋京耶稣会士）所传事

---

① 晋江天学堂辑：《闽中诸公赠诗》，巴黎国立图书馆藏《熙攘崇正集》（影印本），《天主教东传文献》，第693页。罗光《利玛窦传》所引同诗第十五、十六两句掉转，第二句"安能"作"安足"，第十一句"俶"作"淑"，诗题则为"赠思及艾先生诗"。
② 所引系罗光先生之评语，见罗氏《利玛窦传》，台湾辅仁大学出版社1982年版，第92页。
③ 《16世纪的中国——利玛窦1583至1610年日记》，第395-396页："冯应京是第一个给利玛窦加上'博士'头衔的人。"据该书称"博士"即指"进士"。

天之学，真可以补益王化，左右儒术"，"灼见国家致盛治保太平之策，无过于此"。① 这种说法毋疑就是将利西泰供上"超儒"之殿堂了。

当然，本文所指称的"超儒"，是由参照欧洲文艺复兴时代所产生的"巨人"的含义而来。此"超儒"乃指批判东方儒家王道的思想界巨人，可视为伟大的中国儒家传统之伟大末世的精神遗产。然而，西方百科全书式的启蒙主义"巨人"与东方继绝拯溺式的仁政理想之"超儒"，在世界观和认识论方面毕竟存在着历史背景的区别，这倒是我们在思索中西文化磨合会通的特殊问题时须加以警惕的。尤其是在考察李贽与利玛窦交往之特殊历史意义的课题时，应先自觉地避开"欧洲中心论"梦魇的困扰。

万历二十七年前的李卓吾

万历二十七年（1599年）是李卓吾与利玛窦首次邂逅的年份。李贽（1527—1602）出生于有"东海邹鲁"之称的泉州，而泉州是宋元设有蕃坊的世界第一大港。李贽家族具有色目人血统②，本姓林③。该家族林李通姓现象，源于闽中赘习，尤其是航海世家姓李、蒲和丁、迭、金、马、夏五大望族，向有通婚赘习，"皆从妈氏异教"④。

---

① 王重民辑校：《徐光启集》卷九《辨学章疏》，中华书局1963年版。
② 《清源林李宗谱》载其先世远航经商；纨绔子弟林驽于洪武年间发舶西洋，"娶色目人，遂习其俗"。四世祖恭惠为海外诸国入京进贡任事，"景泰天顺间奉简书使外国"，后嗣袭职，"非一世也"。有关李贽家世资料转引自张建业著《李贽评传》，福建人民出版社1992年版。
③ 《清源林李宗谱》卷四《恩纶志》载："老长房李讳贽，原姓林，入泮学，册系林载贽，旋改李姓。"
④ 《凤池林李宗谱》，第15页。"妈氏异教"系指海神妈祖崇拜的民间信仰。泉州望族多系信奉回教的先朝入华穆斯林后裔。

因此亦当与妈祖本姓之林族通婚互赘，遂出现林李双姓族谱的特别情况。李贽自幼跟任私塾教师的父亲林白斋读书，"倔强难化，不信道，不信仙释，故见道人则恶，见道学先生则尤恶"①，11岁就写了一篇《老农老圃论》讽刺孔夫子轻视农事，早露异端苗头。他"平生不爱属人管"，故"一生坎坷，以大地为墨难尽写也"②。熬到26岁，居然靠日诵时文，临场得五百篇"作缮写誊录生"③而中举。嘉靖三十年出任河南教谕，四十二年（1563年）在北京候补到南京国子监博士一职，却接祖父死讯奔丧回家，把50年来先后去世的曾祖父母、祖母、父母三代无地掩埋的寄厝棺木一并归土了事。④三年后，复上北京出任礼部司务，上司就是他敬重的张居正。那五年间他深研王学，标榜"唯阳明之学乃真夫子"⑤。隆庆五年赴南京任刑部员外郎，结识焦竑、耿定理、王畿、罗汝芳，拜泰州学派传人王襞为师，成为左派王学的杰出学者，聚友讲学，"全以当下自然指点后学"，一时学人"趋之若狂"⑥。自己则因厌恶"圣教"之伪说而埋头钻研宣扬众生平等的佛学。⑦

万历五年（1577年）升为郎中，出仕云南姚安知府，混上了平生最高的四品官，甫到任即在衙门高悬两副对联。其一曰："从故乡而来两地疮痍同满目；当兵事之后万家疾苦总关心。"此联可视作东林党人之先声。另一联是"做官无别物祇此一庭明月两袖清风"，

---

① 《王阳明先生道学钞》附《王阳明先生年谱后语》。
② 〔明〕李贽：《焚书》卷四《豫约·感慨生平》。
③ 〔明〕李贽：《焚书》卷三《卓吾论略》。
④ 〔明〕李贽：《焚书》卷三《卓吾论略》。
⑤ 〔明〕李贽：《续藏书》卷一二《席书传》。
⑥ 《顾端文公遗书》卷一四《当下绎》。
⑦ 李贽瞩意禅理固然是受王畿、罗汝芳等的影响，但在礼部时对王阳明"满街皆是圣人"和"良知良能、愚夫愚妇与圣人同"的命题已悟到平等观念的精神价值。

谐谑妙语①，可想见其严洁之性与无为之治。据李元阳《姚安太守卓吾先生善政序》所记，李贽以郎署出守姚安三载，"日集生徒于堂下，授以经义……庙学颓圮，罄俸以营之。……凡关系山川风土形势，有政作不易者、制度不可阙者，悉悉力为之。处置有法，而民不知劳"。结论是："善学孔子，非先生而谁？"②难怪地方志褒赞他"为官三年，自劾免归，士民攀辕卧道，车不能发"③。"而囊中仅图书数卷。"④由此亦可见李贽绝非一位狂狷的空谈家，倘其得居高位，当也是一位张居正型的社会改革家。李贽称"唯王阳明乃真夫子"，他重视的是王阳明的武功业绩，而非《传习录》，更不是王学末流的空谈心性。李贽曾这样评论王阳明："呜呼！天生先生，岂易也耶！在江西为三大忠，在浙江为三大人，在今古为三大功，而况理学又足继孔圣之后者哉！"⑤李贽精研孙子兵法，绝非纸上谈兵之辈。曾任大同巡抚、官至兵部侍郎的梅国桢，就曾在云中"广为其传"李贽的《孙子参同》，言"思可共事无如秃翁"⑥，可见卓吾子也是深识禅机通兵法者。

自万历十年（1582年）后，李贽先后在黄安、麻城寄居，潜心著作，到处讲学，"出为议论，皆为刀剑上事"⑦，以"异端之尤"自居。万历十四年（1586年）李贽60岁了，他病中书《答耿司寇》万言书，揭露批判假道学的虚伪贪鄙，张扬"人人可以为圣"的儒

---

① 昆明师范学院史地系编：《李贽在云南的著作集录》，转引自张建业：《李贽评传》，第57页。
② 《李中溪全集》文集卷六。
③ 道光《云南通志》卷一三〇《秩官志·循吏》下。
④ 康熙《姚州志》卷四《名宦》，或道光十三年重修《姚州志》下册。
⑤ 〔明〕李贽：《续藏书》卷十四《勋封名臣·新建侯王文成公》，《李贽全集》第四卷，第318页。
⑥ 〔明〕李贽：《孙子参同·梅国桢叙》，《李贽全集》第七卷，第447页。
⑦ 〔明〕袁中道：《李温陵传》，《珂雪斋近集文钞》卷八。

家思想，遂致"胥天下之为伪学者，莫不胆张心动，恶其害己，于是咸以为妖为幻，噪而逐之"①。万历十六年（1588年）李贽落发避居龙潭芝佛院，公开以异端姿态迎战恶势力假道学的围攻，发奋著述，锋芒毕露。万历十九年（1591年）后，李贽靠刘东星、梅国桢、焦竑、马经纶诸高朋挚友接济，精神上得到极大慰藉，得以在不幸的晚年完成被称为"此真孔子之书矣"，"他时后日可以就正吾夫子于杏坛之上矣"②的《九正易因》这部具有素朴唯物论和辩证思想因素的哲学著作。

直到万历二十七年（1599年）与利玛窦会晤之前，李贽已成为当时名震朝野之最激进的异端思想家。"好为惊世骇俗之论，务反宋儒道学之说。其学以解脱直截为宗。少年高旷豪举之士，多乐慕之。后学如狂，不但儒家防溃，而释氏绳检亦多所屑弃。"③离开佛老，超越陆王，李卓吾成为中国历史上第一个带有近代人文精神的启蒙思想家。

明中叶江南及沿海商品货币经济的繁荣催生了商业资本社会生产关系的萌芽，尤其是始行于嘉靖初年至万历二十年通行于全国的"一条鞭法"赋税货币化的经济改革，触发了市民社会早期启蒙思想的萌动，传统社会关系和儒家意识形态皆发生前所未有的异动裂变，出现了中国近世史前期（16—17世纪）"天崩地解"的征兆。其时，适乎时代启蒙思想理路的阳明学派急遽分化，有言"泰州之后其人多能赤手搏龙蛇，传至颜山农、何心隐一派，遂非名教所能羁络矣"④。就在此种"掀翻天地"抗议权威的社会思潮中，"最后李

---

① 〔清〕钱谦益：《列朝诗集小传》闰集《卓吾先生李贽》，上海古籍出版社1983年版，第704-706页。
② 马经纶评语，见《九正易因》序，《李贽文集》第七卷，第89页。
③ 〔明〕沈瓒：《近事丛残》。
④ 〔清〕黄宗羲：《明儒学案》卷三十二《泰州学案》。

附录　李卓吾与利西泰

卓吾出，又独创特解，一扫而空之"①！卓老摆开"堂堂之阵正正之旗"，"颠倒千万世之是非"而"决于一己之是非"，鼓吹"人皆有私"，反对封建的人身依附关系，强烈追求个性自由和男女平等②；揭露"假人"，唤醒"童心"，敢说富商大贾为善尽其才、南海大盗为英雄豪杰云云，让焦竑赞不绝口地称卓吾"可肩一狂字，坐圣人第二席"③。难怪其"祝发住楚黄州府龙潭山中，儒释从之者，几千、万人"④，刻印《焚书》自序敢说"所言颇切近世学者膏肓，既中其痼疾，则必欲杀我矣，故欲焚之"，而批判鄙儒、俗儒、迂儒、名儒"今之讲周程张朱者，可诛也"⑤。因其说"最能惑人，为人所推，举国趋之若狂"，"今日士风猖狂，实关于此，全不读四书本经，而李氏《藏书》《焚书》人夹一册，以为奇货"。⑥就在利玛窦见到李卓吾的前一年（1598年），焦竑主顺天乡试因举子"文多险诞语"被劾，"载贽再往白门，而焦竑以翰林家居，寻访旧盟，南都士更靡然向之，登坛说法，倾动大江南北。北通州马经纶以御史谪籍，延载贽舍下焚香执弟子礼，而燕冀人士望风礼拜尤盛"⑦。尤值得研究者注意的是，李贽当时与名震东南缙绅趋之若鹜的达观紫柏禅师并称"两大教主"，甚至与创立"三一教"的莆田人林兆恩一起被目为"闽中二异端"。⑧李贽被视为叛逆文人异端思想和狂禅超圣异端学说之集大成者，"狂诞悖戾""惑世诬民"⑨，扬言"后士风大都由其染

---

① 〔朝〕沈德符：《万历野获编》卷二七《紫柏评晦庵条》。
② 此观点引自傅衣凌主编、杨国桢、陈支平著：《明史新编》第9章第2节，第362页。香港中国图书刊行社1994年版。
③ 〔明〕汤显祖：《玉茗堂全集》尺牍卷一《寄石楚阳》。
④ 〔明〕沈瓒：《近事丛残》。
⑤ 〔明〕李贽：《焚书》卷二《又与焦弱侯》。
⑥ 〔明〕朱国桢：《涌潼小品》。
⑦ 沈金夫：《李卓吾传》。
⑧ 《静居志诗话》卷十四《林兆恩》。
⑨ 《明神宗万历实录》卷三六九《张问达疏劾》。

化，亦孔子之道一大厄也"①。

李贽抨击的是"迂腐不才而不切于用"之"昔人之所忻艳以为贤者"②的假道学："吾独怪乎今之学者以圣人而居市井之货也。阳为圣人，则炎汉宗室以为篡位而诛之，阴为市井，则屠狗少年又以为穿窬而执之，非但灭族于圣门，又且囚首于井里，比之市交者又万万不能及矣，吾又不知其于世当名何等也？"③此论之理路已进入唯物史观的视野。

李贽的启蒙激进思想直接鼓动了晚明社会思潮的高涨，尤其影响及文学领域。追求个性解放的精神张扬，像焦竑、汤显祖、袁宏道、冯梦龙等晚明文学的革新家都是李贽的追随者。南京大学卞孝萱教授认为："过往的研究往往强调了晚明文学思潮与正统儒学的对立方面，而往往忽视了在明代中后期称盛的儒学固有的狂者精神对晚明文人心态的影响。"④此论揭橥的明中后期称盛的"儒学固有的狂者精神"，就是拙文竭力标榜的李贽的"超儒"品格。

容肇祖教授早在20世纪30年代就指出，李贽思想"是从王守仁一派解放的革命思想而来，他几乎把一切古圣贤的思想或偶像打破了，到了极自由极平等极解放的路上。而他又是个自然主义的适性主义的思想家，在批评（判）方面贡献了不少创新的独特的见解"⑤。黄仁宇教授也指李贽是明代"最杰出的反对传统思想的人"，"在一个法学不发达而哲学学说说教至高无上的时代，李贽提出，包含在有关法令的法律中的传统行为准则可以被思想认识取而代之，

---

① 《明书》卷一六〇《异教传·李贽传》（传维鳞撰）。
② 〔明〕李贽：《焚书》卷六《读书乐引》。
③ 〔明〕李贽：《续焚书》卷二《论交难》。
④ 周群：《儒释道与晚明文学思潮》，上海书店出版社2000年版。卞孝萱（序）。
⑤ 容肇祖：《明代思想史》。

附录　李卓吾与利西泰

因而迈出了更远的一步"。①哲学家李贽和政治家张居正一样有志于改革和创造，却同样为时代所遏止。"李贽近于马基雅维利，但是他的环境不容许他像霍布斯（Hobbes）和洛克（Locke）一样，从个人主义和唯物主义出发，构成一个新的理论体系。他察觉到自己有自私自利的一面，别人也如此，但他不能放弃孔子所提倡的仁。"②尽管如此，李贽正是不能放弃孔子所提倡的仁，也不可能萌生"用数目字管理社会"的观念，却称得上是一位"超儒"，一位新儒家，一位中国儒家末世社会的启蒙主义思想前驱。

会晤李贽之前的利玛窦

利子1552年10月6日诞生于教皇国的马切拉塔城，少年受业于名贤孟尼阁。③17岁到罗马攻读法学三年。其间加入圣母会接受严格修身训练。19岁入耶稣会。20岁进依纳爵创办的罗马学院④，受教于当时最孚名望的数学家克拉维乌斯[Christopher Clavius，1537—1612，开普勒和伽利略⑤的同道挚友，修改罗马儒略历颁布格列高利历（1582年）的领导人⑥]；此外有格里布格（Grienberger）、沙因厄

---

① 《剑桥中国明代史》第9章《隆庆和万历时期，1567—1620》，中国社科出版社1992年版，第596-597页。
② 〔美〕黄仁宇：《万历十五年》，台湾食货出版社1994年增订二版，第291页。
③ 艾儒略著，向达校：《大西西泰利先生行迹》，上海编译馆1947年版。孟尼阁即 Nicolo Benivegni，《利玛窦中国札记·金尼阁致读者》，中华书局1997年版，第37页。
④ 德礼贤编：《利玛窦年谱》，方豪译，收入周康燮编：《利玛窦研究论集》，香港1971年版。
⑤ 伽利略亦为罗马学院客座教授。林金水《利玛窦与中国》说克氏是"哥白尼和伽利略的朋友"。此举开普勒系据柯毅霖（G. Criveller）《晚明基督论》第一卷19页注[15]，引自 SEBES, "The Precursors of Ricci"。
⑥ 利氏在汉语著作中称这位恩师为"丁氏"，Clavius 的拉丁文词义为"钉"，故利氏为其选译了"丁"的汉姓。

· 405 ·

（Scheiner）、吉尔开（A. Kircher）等名师和教授辩论术的贝拉明。因此，罗马学院成为当时世界上最先进的科学研究中心之一，像范礼安、艾儒略、汤若望、卫匡国等著名来华耶稣会士皆出身罗马学院。哲学家罗素曾以自身非基督徒的观点评价耶稣会士所施的教育说："在不夹缠着神学的时候，总是无可它求的良好教育。"[①] 拉吉因（Raguin）认为，耶稣会士如果没有接受这种教育背景就不可能理解儒家。[②] 耶稣会创始者强调，中世纪的宗教热情和文艺复兴时期人们关于世界与未来的大历史视野共存不悖。罗马学院积极地将文艺复兴人文主义新的世界观整合到科学的课程设置之中，就是受到当年依纳爵所在的巴黎大学教学方法的影响。其课程设置被移植于作为远征耶稣会士培训基地的葡萄牙科英布拉大学[③]，甚至成为多个世纪以来理解先进教育的蓝本。"这种教育方法所取得的成绩，不仅表现于从耶稣会内部在数学、天文学、历史学、语言学和其他学科以及神学领域所培养出来的一批著名学者，而且也表现在所培养出来的一些卓越的世俗人士，如卡尔德隆、塔索、伽利略和笛卡儿等。"[④]

利子在罗马学院得到天才导师克拉维乌斯三年严格的数理培训，他的神学学科的专修却是待到1580年在印度果阿完成的。罗马学院的新生（Los Logicos）在第一学年要读完欧几里得十六册，其中有一个半月数学专门实践和两个半月观测行星运行特征实践；第二学年（Los Philophos）有两个月的星盘计算、四个月的行星理论

---

① 〔英〕罗素：《西方哲学史》下卷，商务印书馆译本1986年版，第43页。
② RAGUIN, An Example of Inculturation, p.32。转引自柯毅霖上揭书19页注文[18]。
③ 利氏来华之前1557年曾于科英布拉（Coimbra）大学逗留八个月学习葡语和研究亚里士多德哲学。其时该大学出版的用亚里士多德和阿奎那思想体系的教科书被销往各天主教和新教大学，成为耶稣会宣教之基础，也是西方学术之基础，亦成为利氏等传教士开展"西学东传"的依据。
④ 《新编剑桥世界近代史》第3册第三章（T. M. 帕克：《教皇，天主教的改革和基督教的传播》），中国社会科学出版社1999年版，第85页。

附录 李卓吾与利西泰

学、三个月的透视画法,课余时间学习钟表制造与基督教历法计算理论;第三学年安排优异生进行自学阅读教程,钻研先进星球理论,使用象限仪制作万年历折算表。① 耶稣会士出现了许多语言天才,16世纪90年代就有能操27门不同语言的神父。利子于1582年抵达澳门,五个月后便可以正确地写出他所见过的任何"奇奇怪怪"的汉字;1585年11月在肇庆已能流利地讲汉语;1594年10月他在南昌说:"我鼓足勇气,使自己从现在起能用汉语写作了。"② 西班牙的耶稣会士桑切斯(A. Sanchez)这样描述他的同伴:"利玛窦,意大利人,各方面都像中国人,以至于可以说他是个中国人。他英俊、体贴、温和、文雅,受人敬重。首先,他能力强,记性好。他除了作为一名优秀的神学家和天文学家(这是人们喜欢和知道的),他还在很短的时间内学会他们的语言……"因此,哈里斯认为利子的魅力"乃是因为他那心灵和人格的独特质量,这些质量在中国人的生活中碰巧是最受推崇的"③。

圣方济各·沙勿略在果阿和日本之先锋传教特征是采取成批受洗的方式,即追求大规模皈依仪式的直接传教策略。然而,沙勿略"在仅仅名义上是基督教徒的帕拉瓦人中间住了两年",他还得想法去"改变(占领果阿的)葡萄牙人自身的道德行为"。巡视员范礼安(Alexander Valignano)甚至把印度人比作非洲人,通通划入"天生尽做坏事、被卑劣的本能所驱策并且被欧洲基督徒所蔑视"的一

---

① 〔美〕乔纳森·斯彭斯:《利玛窦传》,王改华译,原书名为《利玛窦的记忆秘宫》(The Memory Palace of Matteo Ricci),陕西人民出版社,内部发行1991年版,第180-182、172-175页。
② 〔美〕乔纳森·斯彭斯:《利玛窦传》,王改华译,原书名为《利玛窦的记忆秘宫》(The Memory Palace of Matteo Ricci),陕西人民出版社,内部发行1991年版,180-182、172-175页。
③ 柯毅霖上揭书61页注[44],转引自 Fonti Ricciane,(I),p.163 和 HARRS,The Mission of Matteo Ricci,pp.161-162。

· 407 ·

类。①后来范礼安也跟先驱者沙勿略那样，对日本人传教的信心破灭了，就把罗明坚（Michele Ruggieri）和利玛窦送往澳门，希望开教于远东文明乐土的中国。而在1595年利子离开广东之前，他随罗明坚以"天竺西僧"的身份在肇庆、韶州传教却遇到诸多挫折。如果不是范礼安果断地将罗明坚调回欧洲的话，"那就会使利玛窦很难采取主动并为（中国）传教团奠定一个新方向，因为罗明坚与利玛窦相反，他一直是偏爱僧装有甚于儒生的生活方式"②。利子终于在他的第一位中国弟子瞿太素③的劝告下转向儒家博士的生活方式。这就充分说明了利子不甘心做一个神秘主义的僧侣，"他最后表现为一名学者形象，其理由不在于策略而在于他基本上是一名人文主义者"④。

1595年6月利子到南昌，以"熟悉中国礼仪、精通儒家经典"被称为"西方超人"⑤的儒士姿态亮相，受到巡抚陆万垓的赏识。他在与儒士们聚会辩论的场合逗趣（Per ricreazone）表演他那惊人的记忆术，即当场把别人给他看的一段文章背诵出来，甚至倒背如流，令擅长子曰诗云的中国文人目瞪口呆。⑥罗马学院苏尔兹教授的占位记忆法（记忆秘宫法）可以归溯为西蒙尼戴兹法，即修辞学和语法学基础（the saurus eloquantia），加上罗马雄辩大师小普林氏的《自

---

① 《新编剑桥世界近代史》，第728–729页。
② 《利玛窦中国札记》附录：史若瑟（罗马格里哥利大学耶稣会士）《1978年法文版序言》，第674页。
③ 瞿汝夔，字太素，常熟著名的铁琴铜剑楼瞿氏礼部尚书文懿公景淳的长子，他是利氏在中国学术传教的得力支持者。
④ RAGUIN, An Example of Inculturation, p.22，见柯毅霖上揭书81页注[8]。
⑤ 《16世纪的中国——利玛窦1583年至1610年日记》，香港：崇文书店1953年版，第275–276页。
⑥ 利氏于1593年年底制订了攻读"四书"的速成计划，请了一位博学的中国老师在10个月里每天跟着学习两节长课，学会了用汉语写作，并且尝试把"四书"译为拉丁文。在他写给阿奎维威尔会长的信中，可知利氏在1595年开始给中国人传授"记忆秘宫"。见斯彭斯上揭书，第174–177页。

附录　李卓吾与利西泰

然历史》中有关"历史上伟大的记忆大师"和西塞罗的《致艾莱尼五本书》等有关记忆术方法论的知识，构成了利玛窦1596年在南昌用汉语撰写《西国记法》①一书的根据。此书在追求先进的士子群体中引起极大兴趣，南昌的两位王公竟也邀利子为王府②的贵宾，并起并坐，敬若师友，尤其欣赏利子赠送的《世界图志》和《交友论》二书。

用汉语文言3500字写成的《交友论》是欧西人文主义新伦理观思想光芒的反映，利子因此获得了遐迩闻名之"德高才溢"的学者声誉。像泰州学派的理学硕儒祝世禄、李心斋，博览群书的卓然名家焦竑和"王学异端之尤"李卓吾，皆由《交友论》而赏识利子。太史王公樵还特别先遣一名门生做代表拜利子为师，其子王肯堂将《交友论》和利子的另一著作《二十五言》编入《郁冈斋笔尘》，说《交友论》令他"病怀为之爽然"③。《交友论》把古罗马（西塞罗）和文艺复兴（爱拉斯谟等名家）赞颂友谊的格言哲理引进中国古圣贤哲有关五伦中"朋友有信"的儒家语境，提倡"交友之后宜信"，患难之交才是真正的友谊；如说"交友之贵贱在所交之意耳"却是对理学三纲五常封建伦理观念的冲击。爱拉斯谟曾受到依纳爵的严厉批评，而利子却大量引用其令人惊叹的警句，竟使《交友论》在中国士大夫之间争相传抄。④利子"没有采用更多的基督教方面不妥

---

① 据林金水《利玛窦中国》第44页，《记法》仅存孤本于巴黎国家图书馆，其藏书番号为Chinois5656，计序三咊，订阅人姓氏半咊，原文30咊，共34咊。末似尚缺一二咊。半咊九行，行19字。惟内有二行20字，似补入者。方豪将此书辑入《天主教东传文献》（台湾学生书局1965年版）。
② 指宁王朱权的第六代后裔建安王朱多㸅和乐安王朱多㷓。
③ 徐宗泽：《明清间耶稣会士译着提要》，中华书局1949年版，第344—346页。
④ 《交友论》被明、清学人编入各种文集丛钞，所知有李之藻《天学初函》、陈继儒《宝颜堂秘笈》、冯可宾《广百川学海》、屠本畯《山林经济籍》、陶珽《说郛续集》、吴从先《小窗别记》、（清）褚人获《坚瓠秘集》、管庭芬《一瓻笔存》和《图书集成》中的《友谊典》等。

协与激进的训练手段,这就使中国的高级学者都以几乎相同的方式接受了他"①。这也表现了利子入华传教的"适应"策略具有更深刻、更开辟的人文视野,而文艺复兴时代赋予他所有的"文化巨人"的智慧和优秀品德,成全他成为自西方而来的中国儒士的第一位伟大的国际友人。

李卓吾欣赏《交友论》,将此书赠给湖广的弟子们传阅,看来是心有灵犀相通、英雄所见略同所致。卓老早就写了一篇《论交难》,说"天下尽市道之交也","唯君子超然势利之外以求同志之勤,而后交始难耳",所以说,"孔子固难遇而七十子尤难遘也"。他独怪"今之学者以圣人而居市井之货,而比之市交者又万万不能及矣"②。可见在当时伪君子充斥于名利场,同志友谊弥足珍贵。卓老《何心隐论》赞曰:"人伦有五,公舍其四,而独置身于师友圣贤之间。"他亮出王学左派的异端思想特点,极具启蒙主义的独立人格色彩。何心隐被朝廷诬杀于1579年(其时利玛窦尚未入华),后来李贽就是极端不满在朝的耿定向对师友见死不救,而愤然与之绝交并公开大加批判,竟至于因此而酿成杀身之祸。

其实,利子所接触到的中国,是16—17世纪世界上一个拥有高度发达和相当丰富的特色思想文化的国家。尤其是他主动融入儒士上层的生活圈子之后,当时锐进的王学左翼学者的精神氛围,对他形成了亲和力,推动他置身儒学思想语境中去探索中国人所信仰的古老而常新的自然宗教之道。然而,"中国人对基督教的反应并非首

---

① 〔美〕乔纳森·斯彭斯:《利玛窦传》,王改华译,原书名为《利玛窦的记忆秘宫》(*The Memory Palace of Matteo Ricci*),陕西人民出版社,内部发行1991年版,190页。
② 李贽:《续焚书》卷二,见张建业整理:《李贽文集》,北京燕山出版社1998年版,第427页。

先是对西方文化的反应，而是对当地的异端反应的结果"①，这也是利子被南昌士人引为同调赞赏有加的缘由。像庐山白鹿洞书院院长章潢（1527—1608），为"江右四君子"之一的学术领袖人物，与利子交谊颇深。利氏说："白鹿洞书院的读书人待我十分客气与景仰。……他们的院长章本清和我是最好的朋友。我们时常见面，对我们的教义与礼规倍加赞扬。他遣发他的弟子来向我请教，对天主也赞颂不已。"②这位号称"应辟真儒"的江右王门理学名儒，其巨著《图书集成》（《图书编》）共125卷，后被乾隆列为禁书。书中转录许多利氏之说，特别是第16～23卷的天文编、第29～30卷的地图学，成为"自利氏入华后，最早在中国理学家文集中体现西学东渐产生影响的一部著作"③。

1597年9月，数千秀才联袂而来南昌应乡试。利子目睹盛况，即函告欧洲师友，赞扬"在管理、政治与秩序方面，中国的确超过其他民族"。在上一年十月，他已在信里对极想来华传教的校友说："你没有必要为了成为一个殉难者而朝钢铁上猛撞……"言下之意，他已经抛弃了早年耶稣会士抱负的塞巴斯蒂安式的狂热幻想。他已经寻获会通西方道德思想和儒家伦理的共同基础即自然道德，那就是"少数几个可以取代扩张世界的、残忍的欧洲中心主义的方法之一"④，这也就是利子的名声在南昌就传到明朝15个省中的10个省份的主观条件。谢肇淛《五杂俎》云："余甚喜其说为近于儒，而劝世较为亲切，不似释氏动以恍惚支离之语，愚骇庸俗也。"陈仪《性学粗述·序》说利子与中士"投刺交欢，倒屣推重，倾一时名

---

① 〔比利时〕钟鸣旦：《基督教在华传播史研究的新趋势》，见任继愈主编：《国际汉学》第四辑，郑州大象出版社1999年版，第489页。
② 《利玛窦书信集》，台湾：光启出版社，第211页。
③ 林金水：《利玛窦与中国》，中国社会科学出版社1996年版，第48页。
④ East Neets West, p.XVII，转引自柯毅霖：《利玛窦中国札记》，第61页注[47]。

流"。因此，从南昌至南京，最后到北京，"士大夫视与利玛窦订交为荣"，形成了万历年间一股西来的清新的"利西泰旋风"。

1598年夏，利子前往北京，又折回南京，结交了应天巡抚赵可怀[①]、南京提学使后任福建巡抚的陈子贞。到9月跟王弘海上京贡物未果，又南下跟瞿太素到南京，住在承恩寺。南直隶各部名宦达官纷纷与之交游[②]，更有公侯显贵[③]。而与之肝胆相照的儒林豪杰则有名闻大江南北的李心斋、祝世禄、王肯堂、焦竑和本文推为有明一代超儒的李贽。

我们在《利玛窦中国传教史》[④]中可读到被金尼阁擅自删掉[⑤]的一段话："他们（指儒士）可以属于这种学派，又成为基督徒，因为在原则上，没有违反天主教之基本道理的地方，而天主教信仰，对儒家书中所关切的社会安宁与和平之实现，不但无害，反而大有帮助。"利子似乎已站在基督信仰中国本土化的立场上来了，"对中国文化表示尊重推崇，这不只是一份善意的表现（captatio benevolentiae），而且是对新祖国一份真诚的挚爱"[⑥]。

中西超儒之晤

我们从利子于1595年11月4日致罗马耶稣会总会长的信中了

[①]《四州通志》卷一四六："可怀居官四十余年，历抚五省，清贫如秀才时。"
[②] 据记载有南刑部尚书赵参鲁、刑部侍郎王樵、南京户部尚书张孟男、南礼部侍郎叶向高等。
[③] 包括魏国公徐弘基、丰城侯李环、皇宫总监冯保。
[④] 即台湾光启出版社、辅仁大学出版社联合发行的《利玛窦全集》中的第一、二册，系译自利氏意大利文原稿。
[⑤] 指《利玛窦中国札记》。
[⑥] 柯毅霖：《利玛窦中国札记》，第8章《利玛窦要理对话：评价》，第125页。

附录　李卓吾与利西泰

解到，通过瞿太素引荐，利子与白鹿洞书院院长章潢（本清）结缘深交，竟使之在此长函中三次谈到有一千多弟子的书院和良善的院长："章本清和我是最好的朋友，我们时常见面。"院长遣发他的弟子向利子请教，极赏利子从来不说谎话的操守，作为"奇迹"到处宣扬，为利子树立了西儒超人的形象。① 翌年10月13日利子致总会长函则说，他正在校正的"撰写已久的《天主实义》"让"一些我们的朋友"看过，《交友论》亦已由冯应京写序，"不少学者争相传阅抄录"。② 到了万历二十七年（1599年）利子第三次到南京住进承恩寺之后，《交友论》在士人之间引起更大的轰动效应："中国人来拜访我，有些人像发了狂，争先恐后，络绎不绝……《论友谊》（《交友论》）为我与欧洲人争了不少光彩，比我所做的其他事件都要大。"③

看来，李贽在会晤利玛窦之前的一两年间，已经知悉《交友论》及利子其人，因为章潢和李贽皆王学左派的著名学者，而李贽曾经"命人把利公的《交友论》誊录了好几份，加上几句推崇的话，寄给他湖广一带为数很多的门生"④。看来李子对利子是神交在先而并非偶遇。在《续焚书》卷一《与友人书》中，李贽谈及他曾与利子"三度"相会以及对利子的整体印象：

　　承公问及利西泰，西泰大西域人也。到中国十万余里，初航海至南天竺始知有佛，已走四万余里矣。及抵广州南海，然

---

① 《利玛窦全集》第3册《利玛窦书信集》（上），罗渔译，台湾光启、辅仁联合出版1986年版，第191–215页。
② 《利玛窦全集》第3册《利玛窦书信集》（上），罗渔译，台湾光启、辅仁联合出版1986年版，第231页；1599年8月14日《利氏致高斯达神父书》，第258页。
③ 《利玛窦全集》第3册《利玛窦书信集》（上），罗渔译，台湾光启、辅仁联合出版1986年版，第231页；1599年8月14日《利氏致高斯达神父书》，第258页。
④ 〔法〕裴化行：《利玛窦司铎和当代中国社会》第一册，王昌社译，1943年上海震旦大学史学研究所出版。

后知我大明国土先有尧、舜，后有周、孔。住南海肇庆几二十载，凡我国书籍无不读，请先辈与订音释，请明于《四书》性理者解其大义，又请明于《六经》疏义者通其解说，今尽能言我此间之言，作此间之文字，行此间之仪礼，是一极标致人也。中极玲珑，外极朴实，数十人群聚喧杂，雠对各得，傍不得以其间謦之使乱。我所见人未有其比，非过亢刚过谄，非露聪明则太闷闷瞆瞆者，皆让之矣。但不知到此何为，我已经三度相会，毕竟不知到此何干也？意其欲以所学易吾周、孔之学，则又太愚，恐非是尔。①

李贽对利子入华的经历颇有了解，尤其欣赏利子在"数十人群聚喧杂"的辩论会上沉着应战的"中极玲珑、外极朴实"的儒雅风度，令刚烈好辩的李卓老竟说出"我所见人未有其比"的超常评价。《利玛窦中国札记》里有一段相应的记载：

当时，在南京城里住着一位显贵的公民，他原来得过学位中的最高级别。中国人认为这本身就是很高的荣誉。后来，他被罢官免职，闲居在家，养尊处优，但人们还是非常尊敬他。这个人素有我们已经提过的中国三教的领袖的声誉，他在教中威信很高。②他家里还住着一位有名的和尚，此人放弃官职，削发为僧，由一名儒生变成一名拜偶像的僧侣，这在中国有教养的人中间是很不寻常的事情。他七十岁了，熟悉中国的事情，

---

① 见张业整理上揭书378页。
② 指焦竑，万历十七年廷试第一名，授翰林修撰，东宫讲官。万历二十五年（1597年）主顺天乡试，因举子文多险诞语被劾。与李贽为至交，"笃信卓吾之学"，说李贽"可肩一狂字坐圣门第二席"。见《明史·本传》和《明儒学案》卷三五。

附录 李卓吾与利西泰

并且是一位著名的学者,在他所属的教派中有很多的信徒。① 这两位名人都十分尊重利玛窦神父,特别是那位儒家的叛道者;当人们得知他拜访外国神父后,都惊异不止。不久以前,在一次文人集会上讨论基督之道时,只有他一个人始终保持沉默,因为他认为,基督之道是唯一真正的生命之道。他赠给利玛窦神父一个纸折扇,上面写有他做的两首短诗……②

《札记》指李贽70岁,那年是万历二十四年(1596年),显然有误。焦竑主乡试被劾是二十五年(1597年)。二十四年李贽赴山西沁水依刘东星,二十五年夏赴大同依梅国桢,秋至往北京住西山极乐寺,到二十六年(1598年)与焦竑经运河联舟南下,到南京寓居永庆寺,时年72岁。卓老在南京居留近两年,与焦竑等挚友研究《周易》,编刻《藏书》③,又与官至吏部右侍郎兼侍读学士的理学大儒杨起元一起在南京讲学。两人同为罗汝芳弟子,"天生此两人激扬一大事于留都,非偶然也"④!艾儒略(Julius Aleni,1582—1645)的《大西西泰利先生行迹》记述:

> 万历二十六年,戊戌,王大宗伯忠铭者,素闻利子名,将入京,欲麇偕往。过韶州,遂麇郭子仰凤,共到豫章,偕利子之京都。利子到京师,适关白倡乱,朝鲜多事,未有求见之机,复同郭子南回。时冬日河冻,暂留郭子于山东,独回苏州,与故人瞿太素之南都。

---

① 指李贽。意大利文写作 Liciou(李卓吾)。此为该书中译者之说。
② 《利玛窦中国札记》,何高济等译,第358—359页。
③ 《藏书》由焦竑主持,在万历二十七年(1599年)秋刻印,好友焦竑、梅国桢、祝世禄、耿定力皆为之序,影响很大。
④ 〔明〕焦竑:《澹园集》卷二二《题杨复所先生语录》。

利子上北京是想趁神宗诞辰典礼进贡西方奇器，未遂意而折回苏州，再抵南京已是万历二十七年（1599年）春。艾儒略记述随后的李、利会面云：

> 温陵卓吾李公，时在南都，过访利子。谈论间，深识天学之为真，因赋诗为赠，具载《焚书》篇中。

《焚书》卷六收入《赠利西泰》诗：

> 逍遥下北溟，迤逦向南征。
> 刹利标名姓，仙山纪水程。
> 回头十万里，举目九重城。
> 观国之光未？中天日正明！①

裴化行《利玛窦司铎和当代中国社会》第一册记述李、利会见则有细节描绘的情景：

> 那位啸傲王侯目空一世，不肯轻易晋谒达官显宦的李贽和尚，竟不惜纡尊枉驾先来拜访利公。利公前往答拜的时候，他带了许多随侍左右的子弟们簇拥着出来相见，彼此畅谈宗教，谈得很久，但他不肯讨论也不肯辩驳，只说你们的天主教是好的。他送给利公两把扇子，上面写着两首小诗，是他亲笔写作；这两首诗后来有许多人抄读，还收入他的诗集中，刊印出来。末了，他命人把利公的《交友论》誊录了好几份，加上几句推

---

① 据中华书局1974年版第667页和《李贽全集》所录。罗光《利玛窦传》：[台湾辅仁大学丛书（7）1982年第三版] 99—100页所载："卓吾诗文集焚书中有赠西人利西泰一诗"颔联为"刹利标姓名，山山纪水程"。尾联为"观国之光辉，中天日正明"。

附录 李卓吾与利西泰

崇的话，寄给他湖广一带为数很多的门生。

《利玛窦札记》说李贽赠诗两首，裴氏说两诗写在两扇上，恐系将一首律诗当成两首绝句看了。倘有两首，卓老亲手编《焚书》岂肯割爱，当不会将"毕竟不知到此何干"也写进赠诗中去。艾儒略所记"谈论间深识天学之为真，因赋诗为赠"则颇合情理，原诗中"中天日正明"含"天学为真"之意境，"谈论间赋诗为赠"，可以想见中西超儒言谈之投契。

艾儒略和裴化行所记，赠诗之场景绝非李、利"第一度"或"第一次"会晤。前引李贽《与友人书》中说利子于"数十人群聚喧杂"的辩论场面中"雠对各得，傍不得以其焯之使乱"，与前引《利玛窦札记》中所记"不久以前，在一次文人集会上讨论基督之道时，只有他一个人始终保持沉默，因为他认为，基督之道是唯一真正的生命之道"云云，两人所指的时空场景是一致的，可确证在赋诗赠扇之前，李、利二人已在南京文人组织的中西耶释辩论会上心有灵犀彼此默识，甚至互相钦慕起对方来了。

那就是利子与雪浪大师在南京进行的一场精彩迭出轰动杏坛的儒释之辩。据罗光《利玛窦传》，瞿太素介绍利子与南京大理寺卿李汝桢往来。李府常有辩论聚会。工部主事刘斗墟一天在座听见李汝桢当众扬佛诋儒，起身怒斥汝桢身为中国人竟好外夷的佛道，说南京有一外国学者利西泰尚且敬服孔子，何况你一个中国人，令主客不欢而散。《利玛窦中国札记》是这样描述刘斗墟打断李汝桢的狂妄说教的：

他大声抗议说，讲话人来参加一次完全是儒者、完全是中国人的集会，却竟然狂妄到违背孔夫子并赞美从外界传到中国来的偶像崇拜，这是很不得体的，很不合适的。后来，他又说，

· 417 ·

外国人利玛窦神父也是儒家，就很值得钦佩，因为他理解孔夫子，反对偶像的狂妄，那本来是外国人自己也早已在他们本国清除了的。这位发言者从来没有遇见过利玛窦神父，因此他这样坦率地说利玛窦是很不平常的。这段插话使那位拜偶像者十分尴尬。为了掩盖他的狼狈处境，他就说他已经见过这位利玛窦神父，神父似乎还不特别熟悉中国的情况。他声称："也许还需要一些时间，我们才能慢慢教育他懂得更好的东西。"会议就这样不欢而散。①

李汝桢心里不服，有意安排释坛名僧Sanhoi（三淮或三槐，1545—1608，俗名黄洪恩，即著名的雪浪大师）来难倒利子。三请利子乃至，李府已有二十多位鸿儒高僧就座，其中应该有李卓吾、焦竑等禅学居士在场。

罗传提及居首席的利子缄口寡言，三淮忽纵谈人性善恶，众起应和，唯利子静听不答。座客多以为他不甚懂中国语言，显出鄙夷的神气。三淮喜形于色，笑问神父有何高见？这当儿利子才娓娓说起，归纳众说，详加分析，令鄙夷者转为钦佩，三淮亦顿时敛容了。最后利子结语说："万物既是上天所造，人性也来自上天。上天为神明，为至善；适才三淮大师且说人性与上天的性理相同，那么我们怎样可以怀疑人性为不善呢？"三淮见众人喝彩，浓眉直竖，就援引佛家经典证明万化皆空、无分善恶，又据老庄事真亦假之论，反驳利子。利子则博引六经，一一辩证，即《天主实义》开篇所言"论天主始制天地万物而主宰赡养之"与结篇之"中士曰：嘻！丰哉论矣！释不能释，穷所不能穷矣！某闻之而始见大道以归大元矣！"②

---

① 《利玛窦中国札记》，第364页。
② 罗传所据数据系参考Fonti Ricciane, Vol. Ⅱ; lib. Ⅳ, cap. Ⅴ, Ⅵ, Ⅶ. 转引自罗光上揭书101页。

附录 李卓吾与利西泰

这次大辩论透露了利子的宗教观和思辨理趣，也反映了耶稣会士对佛学流传中的"误读"。原来自称"西和尚"的入华耶稣会士们（罗明坚和利玛窦等）穿了九年僧袍才换上儒服不久，利子"他最后表现为一名学者形象，其理由不在于策略而在于他基本上是一名人文主义者"①。通过这次大辩论，利子易佛补儒的立场完全确定。1603 年出版的《天主实义》，初稿已在 1595—1596 年完成，他将随后与高僧、佛学家辩论的重要内容写进书中，巧妙地运用对话体，通过对实在的推理性描述进行逻辑的和辩证的论证。②这位文艺复兴人文主义者与中国的佛学理想主义者所进行的激辩，李卓吾在场，而且"只有他一个人始终保持沉默"。他通过这次西儒与禅道之辩体悟到"基督之道是唯一真正的生命之道"——这不仅在他赠给利子的诗里可感觉到，还可能在交谈中向利子透露了对人生归宿的思考。既然这次辩论影响巨大，我们不妨从另一方面深入了解《利玛窦中国札记》所记述的真实情况：

> 这位被请来的智者和利玛窦神父坐在一起，身穿线织的法衣，掩饰着一种目空一切的态度，装作一副要辩论的样子。利玛窦神父接受了挑战，在讨论中首先发言说："在我们开始进行辩论以前，我愿意知道你对天地的根本原则和我们称之为天主的万物的创造者有什么看法。"他的对手激动地回答说：他并不否认有一个天地的主宰者的存在，但是他同时认为他并不是神或具有任何特别的尊严。他接着说："我认为，我和在座的其他人都和他是一样的；我看不出有任何理由，我们在哪方面不如他。"他说这番话的时候，带着一副轻蔑的腔调，眉头紧皱，

---

① RAGUIN, An Example of Inculturation, p.22.
② 利氏与三淮的辩论在《天主实义》第四章内有所反映。

就仿佛他希望人们把他本人看得甚至比他刚才提到的那位最高主宰还要高明似的。于是，利玛窦神父问道，一些显然是由天地的创造者所创造出来的事物，他是否也能创造出来？因为从他的学说看来他似乎是办得到的。于是他承认他可以创造天地。

利子忽然请三淮大师先创造一个眼前使用的火炉。三淮怒言此事太不合时宜了。利子也跟着大声反驳和尚食言。加入论战的所有人吵作一团，最后瞿太素平息了风波。随后，三淮又开始发难，问"听说以杰出占星家闻名"的利子是否精通数学？然后诘问利子：

"那么当你看太阳或月亮的时候，你是升到天上去了呢，还是那些星宿下降到你这里来了呢？"利玛窦神父回答说："两者都不是。当我们看见一个东西的时候，我们就在自己的心里形成它的影像。当我们想要谈论我们所看到的东西时，或想到它时，我们就把贮存在我们记忆中的这件东西的影像取出来。"听到这话，那位僧侣就从他的座位上站起来说："这就对了。换句话说，你已经创造了一个新太阳、一个新月亮，用同样的办法还可以创造任何别的东西。"于是，他骄傲地环顾四周，又坐了下去，泰然自得，就像是他已经清楚地证明了他的论点。

现在轮到利玛窦神父了。他解释说，人们心里形成的影像，是太阳或月亮在心里的影子，并不是实物本身。他接着说："人人都可以明显地看出实物和影像有多大的差别。事实上确实如此，如果一个人从来没有见过太阳或月亮，他就不可能在心里形成太阳或月亮的形象，更不要说实际上创造太阳和月亮了。如果我在一面镜子里面看见了太阳或月亮的影像，就说镜子创造了月亮或太阳，那不是太糊涂了吗？"

附录 李卓吾与利西泰

眼看理亏的三淮把他的论点的价值付之随之而来的喧嚣，急得东道主匆匆打断了这场天主和佛陀的门户之战。接下来是宴席上对于人性的讨论，其要点在前引罗传的简洁记述中可见轮廓：

> 是性本善呢，还是性本恶呢，还是两者都不是呢？如果是善，人性中的恶又从何而来？如果是恶，它常常有的善又从何而来？如果两者都不是，为什么它既有善，又有恶？由于这些人缺乏逻辑法则，又不懂得自然的善和道德的善的区别，他们就把人性中所固有的东西和人性所获得的东西混淆起来了。至于人性怎样在原罪之中堕落，上帝又怎样运用神恩，当然他们就更是绝对毫无所知了，因为他们连想都没有想到过这种事情。直到今天，他们的哲学家们还在继续辩论人性问题，从来没有能够在这个问题上得出任何明确的结论。这一次，他们对这个问题讨论和辩论了整整一小时。由于利玛窦神父坐在那里静听，有些人就推断他们在这个问题上争论或许是太微妙了，利玛窦一定听不懂。不过，也有一些别的人迫切希望听听他对解决这样一个复杂问题的意见。因此，当利玛窦准备发言时，他们全都肃静下来，正襟危坐，洗耳恭听。
>
> 他首先根据记忆详细叙述了所有从前关于这个问题的说法，使得他们全都目瞪口呆。接着，他就说："我们必须把天地之神看作无限地善，这是不容置疑的。如果人性竟是如此之脆弱，乃至我们对它本身究竟是善是恶都怀疑起来的话，如果人也和上帝一样是天地的创造者，像是三淮大师几分钟之前断言的那样，那么，我们就必须承认，神究竟是善是恶，也要值得怀疑了。"

瞿太素①唯恐在座各人未听明白利子的话，做了一番充分而极好的解释，就请三淮回答。三淮傲慢地借用佛教的荒唐看法加以反驳。利子严肃地打断他的话：

"我们的论证必须从理性出发，决不能靠引据权威。我们双方的教义不同，谁都不承认对方经典的有效性。既然我也能从我的经典里引证任意多的例子，所以，我们的论辩现在要由我们双方共同的理性来加以解决。"不过，那位崇拜偶像的和尚似乎并不认输。他不进行争论，而是闪闪灼灼地随口念了几句对仗整齐、声音铿锵的中国成语，佯装已经证明了善人也可能成为恶人。于是，利玛窦神父也正像他的对手一样巧妙地说，太阳十分明亮，以致由于它的天然固有的明亮性，它就不能不是十分明亮的。对他们来说，这是一种很有力量的新观念，道理很简单：他们根本不懂得本质和偶然的区别。②

这场辩论使李汝桢的好些门生抛弃了泛神论观念，其中一个弟子拜读了利子的教义问答手册有关这次辩论的章节，说：谁要是否认利子论证的真理，就是否认太阳是明亮的。原先他们以为是"蛮夷之道"的，现在则都刮目相看了。当今我们研究李贽思想的人，如果没有深入了解这场辩论的起因、细节和真实内容，对李贽赠利子诗的结句"观国之光未？中天日正明"也就吃不透摸不准了。只有亲历利子与三淮精彩的辩论过程在先，事后李贽才会"不惜纡尊枉驾先来拜访利公"，才会说"你们的天主教是好的"，才会送给利

---

① 利子在南京的入门弟子有瞿太素、张善默学人李心斋的二门生。此处指依上下文推想而来，当时最理解利子的亦当推瞿太素。
② 辩论会记述引自何高济等译《利玛窦中国札记》第四卷第七章，中华书局1997年版，第362-369页。

附录 李卓吾与利西泰

公亲笔题诗的文人扇子,才会在诗中写上"观国之光未?中天日正明"的绝妙诗句。

乔纳森·斯彭斯在《利氏的记忆之宫》里概述这次辩论会的一文亦有助于我们理解利子论辩思想的理论核心,不妨摘引如下:

> (……)里奇(Ricci)与三淮就创世以及这一创世过程中,人类头脑所发挥的作用争辩着。(……)当三淮论及人脑所富有的创造力时,里奇用人类头脑创造的记忆能力,以及人脑的记忆力达到神奇的超自然状态的反应能力给以驳斥。他告诉三淮,镜子自身毕竟不能创造出它所反射的太阳光来。
>
> (……)一小时之后,里奇针对这位佛教和尚模棱两可的看法,针对其他客人的糊涂论述,借助自己的记忆力,对他们所提出的问题一一做了概括。接着,他就人类的原罪与天主的恩慈观念进行引申,阐明了天主所固有的恩慈,这是天经地义的事实。他力图用推理的方式向三淮证明:万物的创造者不可能有同人类一样的本体。尽管三淮固执地坚持说他不会信服。①

从以上的数据分析,卓老与利子的"第一次"或称"第一度"会晤是包括了辩论会及其后卓老拜访利子以及赠诗的全过程。辩论会是第一次会晤的前提和引子,看来李、利在喧闹的辩论会上并没有进行直接的对话,或者说,并没有机会让他俩进行私人的接触。但这次辩论会给两位中西超儒留下了默认对方的深刻印象,而使之随后就惺惺相惜求友若渴地深交起来了。此外,我们想象那"第一次"或"第一度"中西超儒之晤,可能还是李卓吾、利西泰、焦弱侯、瞿太素四君子之晤,标志着万历时期中西人文主义合流的一个

---

① 王改华译上揭书页320。

高潮的到来。

李贽与利氏"第二次"往返超过"两度"的相晤是在1600年5月末6月初之间。

万历二十八年（1600年）三月，李贽被刘东星接到济宁漕署照顾生活和探讨学问。刘东星，隆庆二年（1568年）进士，曾任湖广左布政使，万历二十年（1592年）升右佥都御史。二十六年（1598年）为工部左侍郎兼右佥都御史，总理河漕，因治河有功升工部尚书兼右副都御史。就是这位山西沁水人，于万历十九年（1591年）卓老在黄鹤楼受耿定向喽啰围逐，在场的袁宏道向刘东星求援接了李贽"迎食别院，或偃息官邸，朝夕谈吐，始恨相识之晚"①。刘东星为栋梁之材，李贽曾有"今天下多事如此"，惜刘未得"辅主安民"而慨叹。②

李贽在南京进行编录《阳明先生道学钞》《阳明先生年谱》的工作，令门生汪本钶校录《王阳明先生全书》，到济宁完成了，"乃敢断以先生之书为足继夫子之后"③，"此书之妙千古不容言"④的编写工作。刘东星曾为李贽的《藏书》作序，序云："予为左辖时获交卓吾先生行楚。"⑤两人交情深厚，鱼雁不断。刘东星的儿子曾在南京跟卓老去拜见利子，对利子怀有仰慕之情。

艾儒略在《大西西泰利先生行迹》中说：

> 万历二十八年庚子，遂与同会庞子顺阳（庞迪我）以礼科文引躬询阙廷，贡献方物，稍效芹曝之私。诸当道款接如礼，

---

① 〔明〕刘东星：《书〈道古录〉首》，见《李贽全集》。
② 〔明〕李贽：《焚书》卷二《书晋翁寿卷后》（1599年）。
③ 《阳明先生道学钞》卷首。
④ 〔明〕李贽：《续焚书》卷一《与方伯雨》。
⑤ 〔明〕李贽：《藏书》。

附录 李卓吾与利西泰

> 而山东开府心同刘公者,阅诸贡物,倍加优待。

山东开府刘心同即山东漕运总督刘东星。裴化行的《利玛窦司铎和当代中国社会》中亦有关于利子上北京路过济宁的描述:

> 教士们沿途经过的地方,最受欢迎的,要自济宁了。这是山东境内的一个大商埠,那官阶和督抚相等的漕运总督,便在这里驻节。那时,做漕督的名刘心同,是山西人,曾屡次听他儿子和李贽讲起利公……
>
> 李贽这时恰在济宁,住在督署毗邻,有暗门可以相通。利公到了济宁,向李贽投帖拜访,漕署便立即派人带了护卫,押着轿,去迎接利公。他和利公谈了很久,末了,他说:"西泰,我愿和你同上天堂。"这句话的意思,就是说他宁愿舍弃富贵尊荣,只要救得灵魂。利公一回到船上,济宁城里便大起谣言,说总督排出全部仪从,亲自去看贡品。当下,就有许多人跟他学样。刘大人翻开利公的日课经,见了幅救世主像,便向利公乞取了。下一天,利公到他衙门里去回拜,同他的儿子和李贽,盘桓了整整一天。利公曾记着:"他情谊殷切,令人有除了欧洲热心教友外,在异教国中,走到天边无觅处的感想。"①

由此可知,利子拜访李、刘后,刘、李又去回访利子,一来一往,可算为"一次"或"两度"见面了。《利玛窦中国札记》里有精彩的细节描写,在我们眼前重现了万历中西超儒伟大的会晤镜头:

> 在山东省有一位总督,他管辖着所有内河船只,甚至包括

---

① 〔法〕裴化行:《利玛窦司铎和当代中国社会》第一册。

给皇城运粮的船只。他的地位高于那些其职务为保证皇城没有缺匮之虞的官员门。当时这位总督 Leusintum 是山西人，是一个虔诚的偶像崇拜者，但对于来生来世十分关心。他的儿子曾由一位名叫李卓吾（Liciu）的朋友介绍，见过利玛窦神父，所以他也从儿子那里听到了很多有关基督信仰的事。恰巧这位李卓吾和总督都住在济宁（Zinim）城。船在那里停泊，利玛窦神父派使者去见他的朋友李卓吾，说是想要拜会他，谈谈去北京的事。

他的朋友（李卓吾）在官场中是位有名的交际家，又是一位老成持重的幕僚。他是总督的挚友，彼此交情很深，总督甚至在相邻的双方宅第之间的墙上开了扇门，以便彼此天天相互拜访。李卓吾听说利玛窦神父要来，马上就转告自己的邻居。总督十分高兴，向神父发了正式邀请，派出了轿子轿夫，把他接进府来。他们热情接待了神父，然后听他谈了一些欧洲的情况以及总督十分关心的有关前生来世的问题。当神父后来要告辞时，总督对他说，"玛窦"，他用尊敬的名字来称呼西泰（Sithai），"我也想上天堂"。这表明了他所关心的并不是财富和尘世的荣誉，而是自己的永恒得救。

从利子介绍李贽的这段话可知，李贽当时在南京官场中的影响力。所谓"官场交际"往往是南京上层社会儒士云集讲学串联的政治活动的需要，而且往往是王学传人泰州学派自由论政的场所。利子甚至说李贽是刘东星之"一位老成持重的幕僚"，反映了他对刘、李的密切关系有所了解。李贽到济宁之前，曾于万历二十七年（1599年）在南京写的《书晋川翁（刘东星）寿卷后》已有言："公今暂出至淮上，淮上何足烦公耶？然非公亦竟不可！……在公虽视中外如一，但居中制外，选贤择材，使布列有位以辅主安民，则居中为便。吾见公之入矣,入即持此卷以请教当道。今天下多事如此,将何以辅佐圣主择材图治?当事者皆公信友,吾知公决不难于一言也,是又余之所以为公寿也。"① 由此亦突出地显示了李贽作为后来者东林党人精神先驱的鲜明形象。前引刘东星尊敬地对利子说"我也想上天堂",亦非客套话,而是一位理想主义者人生终极关怀的倾诉。刘不仅视利子为"西儒",而且是"西方圣者"。首晤结束时刘东星为利子起号"西泰"(Sithai)②,景仰之情,意味深长。刘东星在利氏走后,马上赶去船上向贵宾做"官式"的礼节性拜访:

> 利玛窦神父一回到船上,城里就响起了一阵不寻常的类似骚乱的喧哗。这是总督大驾前来,扈从前呼后拥所致。他急于赶到利玛窦神父的船上,所以对路上耽搁时间太长很不耐烦。管事的太监对于这种不寻常的骚动感到十分惊讶,港内其他船上的人也都一样。总督最后上了船,行过正式访问时遵行的常礼。他赞叹不绝地观赏送给皇帝的礼物。他的扈从莫不如此,不能拒绝他们进行参观。随他之后,来了该城的其他官员。
>
> 第二天,利玛窦神父正式回访,作为交换礼物,他送给总督一些欧洲饰物,这些东西制作新奇,他们缺乏估价。他在官府中待了一整天,和李卓吾及总督的孩子共同进餐。他发现这次访问是这样愉快高兴,以致他完全觉得自己是在欧洲的家里,或者跟他的朋友在他教会的教堂中,而不是在世界另一面的异教徒中。

这已是利子和刘总督在短暂的两天时间里"第三度"的会晤了。

---

① 〔明〕李贽:《焚书》卷二。
② 《16世纪的中国——利玛窦1583年至1610年日记》,第358页。

《札记》没有提到第一天刘东星上船正式拜访利子时李贽是否在场，然而第二天和李贽聚会了一整天，完全像待在自己的家里一样，令人神往！《札记》接着说，总督看了利子准备上呈皇帝的文书，"其中有些话他不喜欢，因此他认真地另写一份"，叫他的私人秘书整齐地重抄一遍，又写了许多引荐信给神父们便于在北京活动。罗传根据中外资料[①]对上述之"两度"会晤有不同描述，可以印证当时的真实情况：

> 船至济宁，利玛窦听说友人李卓吾住在城内，遣人往约，愿得一见，共商进京大事。卓吾那时住在漕运总督府的隔壁，和当时的粮道刘东星友善。卓吾听说利玛窦来到，立即走告刘粮道，粮道随即遣轿一乘，接玛窦进府。三人相见，互道寒暄。刘东星乃详询西洋风俗人情，又问及天主教教义，利神父欣然为他讲说一切。粮道听毕，叹息一声说："在下愿随西泰先生进天堂。"
>
> 利玛窦告别回船，随后有粮道府差人上船送帖，报告刘粮道偕李卓吾当天要登舟回拜。不一时，岸上即有锣响，粮道轿子已到码头，玛窦率庞迪我出迎。刘粮道和李卓吾登舟，玛窦出示进贡礼物。李卓吾问及玛窦的进贡表章，玛窦捧出，刘东星和李卓吾看后，嫌文字欠妥，稍加删改，麕回府中，令书吏誊清。

耶鲁大学的乔纳森·斯彭斯写《利氏的记忆之宫》时，以史学家的态度，查阅了大量资料，引证了利氏及其他重要人物大量书信

[①] 系根据《明史》第二百二十三卷 12 页和 Fonti Ricciane, Vol. Ⅱ, p.105，见罗传第 107–108 页。

附录　李卓吾与利西泰

笔札。①该传第 322 页记述济宁利、李之晤后，利子记述了李贽和他的朋友们，"一整天以极其真诚、温暖、慈爱的友情款待了他，使他这位神父觉得，在这些异教徒中，非但没有如在世界末端之感，反而好像回到他最友好虔诚的欧洲基督信徒之中了"。

  李贽把里奇介绍给他在北京的几位朋友。这些友人，加上里奇原先在南昌、南京或其他什么地方结识的人，使他最终在都城北京安置停当之后，得以有机会同那个时代最有上进心、最有才华的知识界人士交游。②

《札记》和罗传都提到刘东星夫人曾梦见一女神偕两个小孩，跟刘东星在利子船上所见圣母怀抱圣婴和圣童约翰的油画形象很像，应了梦兆，要丈夫派个画师到船上去临摹回来。利子就把随身所带的一张"中国修士摹写的圣母像"③赠予刘夫人。当利子要离开济宁时，刘东星派了一个属员带路通过狭窄的河道。离开码头时岸上挤满好奇的观众，差点引起骚乱。④

到了 1603 年，利子仍在"继续梦想着使李贽皈依，或者，至少如他所觉察出来的那样，让李贽对基督教更感兴趣"⑤。当时，他们做不到这一点，因为他们访问的时间短暂，也因为负责北京之行的人⑥行动匆忙。那个时期的三年内，总督和李卓吾都死了。总督在离任退休前去世，而卓老在北京牢狱自刎而死。利子对卓老之死甚表

---

① 〔美〕乔纳森·斯彭斯：《利玛窦的记忆秘宫·译者的话》，第 3、322 页。
② 〔美〕乔纳森·斯彭斯：《利玛窦的记忆秘宫·译者的话》，第 3、322 页。
③ 《札记》云"那是南京教堂的一个年轻人制作的"，那年轻画家当指跟随利子入华的澳门青年游文辉（1575—1630）。
④ 《利玛窦中国札记》，第 387 页。
⑤ 〔美〕乔纳森·斯彭斯：《利玛窦的记忆秘宫·译者的话》，第 322 页。
⑥ 系指率领六艘马船载丝绸上北京的太监刘某（Leupusie）。见《札记》，第 384、387、388 页。

· 429 ·

关注，所悉内情显然得自于为李贽打抱不平的众多师生朋友：

> 一些不知姓名的官员向皇帝上章控告李卓吾，谴责他写的书。因此皇帝下诏把他的书全部焚毁，并把他投入囹圄。李卓吾不能忍受公开地遭到贬抑，以致他的名字成为他的敌人的笑谈。作为中国人中罕见的典例，他要向他的弟子证明，如他平常告诉他们那样，他完全不因畏死而动容，并且这样一死来使他的敌人失望，他们想要看到他受辱而死。①

附　论

卓吾虽经"三度"与利子相会，且交谈投契，却终疑利氏"毕竟不知到此何干也？意其欲以所学易吾周孔之学，则又太愚，恐非是尔"。中西文化差异的客观存在是难以混同弥合的，更无法取而代之。当时与利子接触的士大夫，欣赏这位"西进士"的博雅丰采，却没有李贽的犀利目光，看出利子一厢情愿想改造中国人信仰的愚骏。谢肇淛《五杂俎》只是将利氏视为"与人言，恂恂有礼、词辩扣之不竭"而"儒雅与中国无别"的一位海外智者贤士；又说："余甚喜其说为近于儒，而劝世较为亲切，不似释氏动以恍惚支离之谬愚骇俗也。"这也就是李贽夸奖利氏"言我此间之言，作此间文字，行此间之仪礼"的别样表述态度。李贽对利子的兴趣并没有着意于"西方奇器"方面，而对于"天学"所引发的对存在价值的思考才是李贽怀疑论的哲学旨趣所在。李贽肯定的是以"天学"来修正儒学

---

① 系指率领六艘马船载丝绸上北京的太监刘某（Leupusie）。见《札记》，第384、387、388页。

附录 李卓吾与利西泰

的"西儒"理路,肯定的是以平等观念来修正儒家伦理的西方人文主义态度,而最重要的是期待把"西来超儒"在中国文化背景之下苦心锻造的"新儒学"引为泰州学派异端思想群体的同盟军。然而,思想敏锐的李贽终于看出入华耶稣会士的传教目的碍于儒教传统的巨大阻力而不可能用上帝信仰来改造"咸以孔子之是非为是非"的千年犬儒教条。尽管利玛窦一个劲儿易佛补儒,以古儒非今儒,把中国的天道解释为天主之道,用心良苦,厥功至伟,甚至不乏与李贽学派的批孔方式有异曲同工之妙,在万历年间确实也在士人俊彦之中产生了思想共振的轰动效应。然而意欲"易吾周孔之学"则未免太不自量力了。泰·哈尔认为中国人对基督教的反应并非首先是对西方文化的反应,而是对当地的异端的反应的结果。[①]意大利当代学者彼埃罗·科拉迪尼(Pierro Corradlini)是利玛窦故乡玛切拉塔大学的教授,现任罗马大学汉学教授。他对利氏的评价深刻之处在于让我们感悟到衬托李、利交臂身影的巨大历史背景:

> 他(利子)还是文艺复兴中的人物,拥有真正的科学好奇心,才前去考察中国大陆及其文明的。在中国这一大陆和国家中,科学、哲学和政治的辩论正在以新的方式发展。他在该国中发现了某些在欧洲看不到的事物。[②]

这是千真万确的。利子确实是一位伟大的超越东西方界限的"西儒"——他融入明代儒家社会,却未能实现超越儒家传统的个人

---

① 〔荷〕泰·哈尔(B.J. Ter Haar):《中国宗教史上的白莲教》(莱顿,布莱尔出版社1992年版),转引自任继愈主编:《国际汉学》第四辑,内收(比利时)钟鸣旦《基督教在华传播史研究的新趋势》,第371、489页。
② 〔荷〕泰·哈尔(B.J. Ter Haar):《中国宗教史上的白莲教》(莱顿,布莱尔出版社1992年版),转引自任继愈主编:《国际汉学》第四辑,内收(比利时)钟鸣旦《基督教在华传播史研究的新趋势》,第371、489页。

理想。然而，上帝将他推向东西方文化接触会通的史无前例的伟大交点，让他承担了17世纪"西来超儒"的人类神圣的历史使命。

而作为"王学异端之尤"的李贽，不仅仅在政治哲学方面，"同欧洲哲学家马基雅维利（Machiavelli）极其相似"①，他在中国思想史上，真正是一位童心未泯而竟敢于"就正吾夫子于杏坛之上"②的"超儒"。其思想影响不仅及于明清易代之际，乃至成为清末民初启蒙运动大军的一面旗帜。

请允许笔者冒昧地引用一位潜心于研究晚明中西异质思想对话的青年学者③对李贽和利玛窦所做比较的一段大胆论断，借做本文结语：

> 李贽的思想本身正是要将裂变了的晚明思想，推到主体性高昂的极致，是与晚明后期在思想上厌弃王学、返归朱子的动向相反的。而利玛窦引入的天主教思想本质（……）乃是将全部存在的依据归之于超越万物的具有意志的天主，其思想的教条性与蒙昧性较暮气沉沉了的明代程朱理学，有过之而无不及。李贽思想与利玛窦天主教两者之差别，何啻霄壤！④

（作者简介：澳门文化研究会原秘书长，澳门镜海学园原校长）

---

① 〔美〕黄仁宇：《万历十五年》，台湾食货出版社1994年版，第七章《李贽——自相冲突的哲学家》，第284页。
② 《李贽全集》第七卷《九正易因》（序），第89页。
③ 何俊（1963— ），原杭州大学哲学系学士、历史学硕士和哲学博士，该校哲学社会学副教授。
④ 何俊：《西学与晚明思想的裂变》，上海人民出版社1998年版，第三章《以耶易儒或以耶补儒》，第112页。